Binner
Prozeßorientierte TQM-Umsetzung

Reihe

ORGANISATIONSMANAGEMENT UND FERTIGUNGSAUTOMATISIERUNG

Herausgeber:

Prof. Dipl.-Ing. Klaus-Jörg Conrad, Fachhochschule Hannover

Prozeßorientierte TQM-Umsetzung

von

Prof. Dr.-Ing. Hartmut F. Binner

Fachhochschule Hannover

Mit 225 Bildern

Carl Hanser Verlag München Wien

Die Deutsche Bibliothek – CIP-Einheitsaufnahme

Ein Titeldatensatz für diese Publikation
ist bei Der Deutschen Bibliothek erhältlich.

ISBN 3-446-21263-9

© 2000 Carl Hanser Verlag München Wien
http://www.hanser.de
Umschlaggestaltung: MCP • Agentur für Marketing - Communications - Production, Holzkirchen
Druck: Druckerei Wagner GmbH, Nördlingen
Printed in Germany

Vorwort

Bereits in den Bänden „Organisations- und Unternehmensmanagement" und „Prozeß-orientierte Arbeitsvorbereitung" in dieser Reihe wurde der Paradigmenwechsel von der Funktionsorientierung (erstes industrielles Paradigma) zur Prozeßorientierung (zweites industrielles Paradigma) ausführlich behandelt. Er steht auch in diesem Band wieder zur Diskussion, weil insbesondere das Qualitätsmanagement von diesem Paradigmenwechsel betroffen ist.

Deshalb werden in diesem *Lehrbuch für Studenten an Universitäten und Fachhochschulen* intensiv die paradigmenrelevanten Qualitätsmanagement-Inhalte zusammen mit den vorliegenden Qualitätsmanagement-Normen behandelt. Eine herausragende Bedeutung besitzt dabei die DIN EN ISO 9000, die als Entwurf für die neue ISO 9000:2000 seit Mai 1999 die prozeßorientierte Einführung von Qualitätsmanagement-Systemen empfiehlt. Diese Entwicklung hängt sehr eng mit der Erweiterung des Qualitätsmanagement-Begriffes zu einem umfassenden Qualitätsmanagementansatz (TQM) zusammen, der durch die Strategiefelder:

„Kundenorientierung, Mitarbeiterorientierung und Prozeßorientierung"

gekennzeichnet ist. Die Inhalte dieser Strategiefelder werden ausführlich behandelt, stellen sie doch die Erfüllung des obersten Zieles des Unternehmens, die Erfolgsorientierung, sicher. Anschließend werden eine große Anzahl von Qualitätstechniken, d.h. also Qualitätsmethoden und -werkzeuge erläutert, die im Rahmen des Total Quality Management einsetzbar sind. Die praktische Umsetzung dieses Total Quality Management mit Hilfe eines prozeßorientierten Qualitätsmanagement-Systems wird in einem eigenen Kapitel separat behandelt. Den Schluß bildet das immer mehr an Bedeutung gewinnende Qualitätscontrolling mit der Bildung von Kennzahlen und Kennzahlensystemen, die eine Bewertung des Unternehmens zulassen. Aus diesem Grund sind auch die Inhalte der Qualitätspreise beschrieben und die Selbstbewertung nach den EFQM-Methoden ausführlich erläutert. Dies bereits unter dem Gesichtspunkt, daß durch die integrierte Managementsystem-Bildung zukünftig ein umfassendes und ganzheitliches Excellence Business Modell entsteht, das den Qualitätsmanagementaspekt angemessen berücksichtigen wird.

Die in diesem Band erläuterten Aussagen und Beschreibungen stammen ebenfalls aus einer großen Anzahl von Betriebsanalysen und Unternehmensberatungen, die den Praxisbezug garantieren.

Auch hier gilt der Dank meinen Mitarbeitern, die mich bei der Bucherstellung unterstützt haben. Insbesondere sind zu nennen *Herr Dipl.-Ing. Dipl.-Wirt.Ing. Roland Meiswinkel* und *Herr Dr.-Ing. Mathias Roth*, die die Koordination der von meiner Schreibdame, *Frau Sigrid Lippke,* geschriebenen Texte mit vielen Zeichnungen und Bilddarstellungen, die von einer ganzen Anzahl meiner Studenten gezeichnet wurden, übernommen haben. Als Lektorin hat *Frau Petra Hüsges* ebenfalls wieder große Verdienste erworben. Bedanken möchte ich mich, auch wenn nicht namentlich genannt, bei meinen zahlreichen Gesprächspartnern in der Industrie, Wirtschaft und Verwaltung, die mir immer wieder die Möglichkeit geboten haben, den umfassend dargestellten prozeßorientierten Qualitätsmanagement-Gestaltungsansatz zu reflektieren und in einzelnen Bereichen weiter zu entwickeln.

Hannover, im Oktober 1999 *Hartmut F. Binner*

Reihe Organisationsmanagement und Fertigungsautomatisierung
herausgegeben von *Prof. Dipl.-Ing. Klaus-Jörg Conrad*

Bisher in der Reihe erschienen:

Hartmut F. Binner

Organisations- und Unternehmensmanagement
Von der Funktionsorientierung zur Prozeßorientierung

256 Druckseiten, mit 189 Bildern. Carl Hanser Verlag München Wien, 1998
ISBN 3-446-19375-8

Dieses praxisorientierte *Lehrbuch* für Studenten ingenieur- und wirtschaftswissenschaftlicher Fachrichtungen an Fachhochschulen und Universitäten ist zugleich *Handbuch und Nachschlagewerk* für Mitarbeiter und Führungskräfte in Industrie- und Dienstleistungsunternehmen. Es vermittelt in systematischer Darstellung neben den Grundlagen der Organisations- und Führungslehre auch die einzelnen Unternehmensaufgaben mit den wichtigsten eingesetzten Methoden und Hilfsmitteln, und zwar in ihrer Prozeßorientierung.

Der Text ist durch viele *Bilder* und *praxisorientierte Beispiele* ergänzt, die immer auf die ablaufenden Geschäfts- und Betriebsprozesse im Unternehmen ausgerichtet sind.

Hartmut F. Binner

Prozeßorientierte Arbeitsvorbereitung

372 Druckseiten, mit 214 Bildern. Carl Hanser Verlag München Wien, 1999
ISBN 3-446-21114-4

Im Mittelpunkt dieses Lehrbuches stehen Planung, Gestaltung, Steuerung, Ausführung und Controlling von Prozessen zur Erzeugung von Produkt- oder Dienstleistungen mit den Tätigkeitsschwerpunkten in der Arbeitsplanung und Arbeitssteuerung. Die Schnittstellen zur Konstruktion, zum Marketing und zu weiteren Funktionsbereichen sind ausführlich beschrieben.

Nach der Erläuterung der Grundbegriffe der AV-Aktivitäten erfolgt eine funktionsorientierte Betrachtung der notwendigen vorbereitenden Aufgaben für den eigentlichen Wertschöpfungsprozeß in der Produktion. Dazu gehören z.B. die Fabrik- und Betriebsstättenplanung, die Arbeitsgestaltung und das Zeitmanagement. Die dazu benötigten Grunddaten für eine reibungslose Auftragsabwicklung mit den erforderlichen Datenträgern, z.B. Erzeugnisgliederung, Stücklisten, Arbeitspläne, werden mit Blick auf den Einsatz der Datenverarbeitung ebenfalls beschrieben.

Inhalt

1 Grundlagen des Qualitätsmanagements

1.1 Ausgangssituation

1.1.1 Veränderungsprozesse

Eine sehr häufig verwendete Interpretation des Qualitätsbegriffes oder des Qualitätsverständnisses lautet, daß unter der Qualität die umfassende Erfüllung der Kundenanforderungen zu verstehen ist. Werden diese Forderungen oder Erwartungen erfüllt, die sowohl subjektiver als auch objektiver Natur sind, wird der Kunde mit der erbrachten Unternehmensleistung zufrieden sein. Der aus dieser Formulierung abgeleitete Umkehrschluß erlaubt, daß auftretende Fehler oder **Qualitätsmängel** als „Nichterfüllung einer festgelegten Forderung" interpretiert werden können. In diesem Sinne ist auch in der DIN EN ISO 8402 die **Fehlerdefinition** vorgenommen.

Die Ausgangssituation für ein Unternehmen stellt sich, wie Bild 1-1 zeigt, so dar, daß eine Vielzahl von Forderungen und Ansprüche an ein Unternehmen existieren. Diese Forderungen orientieren sich nicht nur allein am Kunden, sondern hier sind alle Beteiligten oder Partner mit angesprochen, mit denen dieses Unternehmen in seinem Umfeld geschäftliche Verbindungen unterhält. Anspruchsgruppen sind beispielsweise Verbände, Gewerkschaften, Arbeitnehmer, Banken, Versicherungen, Behörden und andere staatliche Stellen, die Öffentlichkeit und Nachbarschaft aber auch die Gesellschafter und Anteilseigner.

Nicht erfüllte Forderungen weisen auf Fehlerquellen hin, die die Qualität beeinträchtigen.

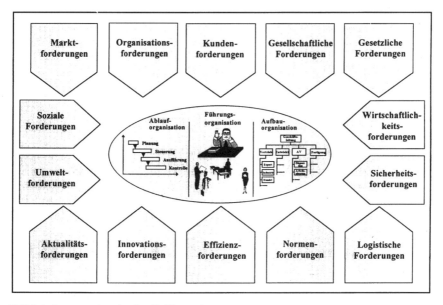

Bild 1-1 Ausgangssituation für die Unternehmen

Das Unternehmen muß sich so organisieren, daß diese Ansprüche und Forderungen erfüllt werden. Hierbei ist es zweckmäßig die Unternehmensorganisation in Führungs-, Aufbau- und Ablauforganisation zu unterteilen.

Durch die **Aufbauorganisation** werden die Aufgaben eines Unternehmens auf verschiedene Instanzen bzw. Stellen aufgeteilt und die Zusammenarbeit dieser Stellen geregelt. Unter einer Stelle ist die kleinste organisatorische Einheit innerhalb der Aufbauorganisation zu verstehen, der ein Bündel von Teilaufgaben zugeordnet ist. Häufig ist eine Stelle mit dem Arbeitsplatz, an dem diese Aufgaben erfüllt wird, identisch.

Die Ablauforganisation regelt und strukturiert das Zusammenwirken der einzelnen Arbeitsschritte für eine durchgängige Bearbeitung in den unterschiedlichen Funktionsbereichen oder Organisationseinheiten mit dem Ziel, eine wirtschaftliche Leistungserstellung zu gewährleisten. Die vorgegebene Reihenfolge der Aufgabenerledigung und der zeitliche Zusammenhang des Leistungsprozesses sowie die Koordination der beteiligten Funktionsbereiche und Stellen soll ein rationelles und störungsfreies Vorgehen sicherstellen. Für die Beschreibung der Abläufe gibt es Verfahrensanweisungen, Arbeitsanweisungen oder Organisationshandbücher.

Bei der **Führungsorganisation** ist nach Unternehmensführungsaufgaben und operativen Führungsaufgaben zu unterscheiden. Die Unternehmensführung ist für die Gestaltung der Unternehmensorganisation verantwortlich, die operative Führung wird innerhalb der Aufbauorganisation in den zugeordneten Instanzen oder Stellen durch die unmittelbaren Vorgesetzten ausgeübt. Das Führen selber ist dabei ein Prozeß der Verhaltensbeeinflussung durch den Vorgesetzten auf die ihm unterstellten Mitarbeiter zur Erreichung vorgegebener Unternehmensziele. Aus diesem Grund wird Führung auch als Menschenführung bezeichnet.

Bei der funktionsorientierten Betrachtungsweise der Unternehmensorganisation erfolgt eine aufbauorganisatorische (vertikale) und ablauforganisatorische (horizontale) Zerlegung von Aufgaben und Abläufen. Dabei entstehen funktionale, organisatorische und personelle Schnittstellen, die zu Fehlern und Reibungsverlusten führen. Bei der vertikalen Zerlegung findet die **Arbeitsteilung** ihren Ausdruck in der Trennung zwischen dispositiven, d.h. planenden, steuernden sowie kontrollierenden Aufgaben und den operativen, d.h. arbeitsausführenden Aufgaben und Aufgabenträgern. Die horizontale Arbeitsteilung führt zu einer hohen Spezialisierung aufgrund der Ausführung von Teilaufgaben oder einzelnen Arbeitsschritten.

Bei der prozeßorientieren Unternehmensorganisation werden die bei der **Funktionsorientierung** auftretenden gravierenden Schnittstellenprobleme durch die Übertragung ganzheitlicher Aufgabenumfänge in Verbindung über ein Netzwerk von Prozessen gelöst. Der übergeordnete Prozeß der Leistungserbringung ist gekennzeichnet durch flache Hierarchien, Funktions- und Verantwortungsintegration, Selbstmanagement, Selbstcontrolling und kontinuierliche Verbesserungen durch die Mitarbeiter.

Die in Bild 1-1 genannten Kunden-, Markt-, gesellschaftlichen, gesetzlichen oder Normen- und Richtlinienforderungen besitzen keinen Anspruch auf Vollständigkeit, weil sich diese Forderungsaufzählung fast beliebig weiter fortsetzen läßt. Jedes Unternehmen wird mit diesen Forderungen konfrontiert und muß sie möglichst fehlerfrei erfüllen, weil ansonsten eine nachfolgende Fehlerbeseitigung zusätzliches Geld und Zeit beanspruchen würde. Es ist deshalb wichtig, diese Forderungen im Detail zu kennen, um sie exakt zu erfüllen. Hierbei liegt normalerweise in der Praxis nicht das Problem. Aus den Erfahrungen und der Lernfähigkeit bei Bearbeitung dieser Forderungen wird ein Wissensspeicher aufgebaut, der dazu führt, daß die Leistungen für den Kunden fehlerfrei erbracht werden können. Das Problem liegt vielmehr in der dynamischen Veränderung dieser Forderungen. **Veränderungen** im Kundenverhalten, auf den Märkten, in den gesellschaftlichen Werthaltungen, in der Gesetzeslage, bei den Produkten und Prozessen, in den Technologien sowie in der Umwelt führen dazu, daß, wie Bild 1-2 zeigt, ein sehr hoher Leistungs-, Konkurrenz-, Anpassungs-, Verantwortungs-, Erfolgs-, Zeit- und Kostendruck entsteht. Die Unternehmen müssen funktions- oder prozeßorientiert diesem Druck standhalten und besser sein als der Wettbewerb, um den Unternehmenserfolg für die Zukunft zu sichern.

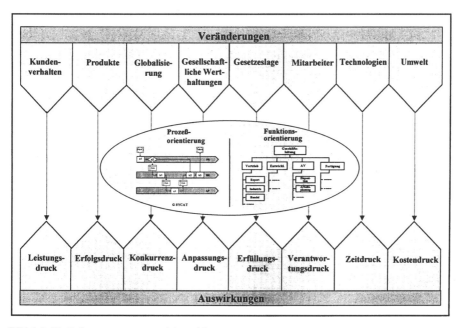

Bild 1-2 Veränderungsprozesse und Auswirkungen

Die veränderten **Kundenerwartungen** führen dazu, daß die Konsumenten in zunehmendem Maße eine individuelle **Bedürfnisbefriedigung** bei den angebotenen Produkten und Dienstleistungen verlangen. Die Unternehmen müssen dieser Entwicklung in der Form Rechnung tragen, daß sie immer individuellere Leistungen anbieten und verstärkte Aktivitäten auf dem Gebiet der Kundenbetreuung unternehmen. Hierbei reicht es nicht mehr aus, daß nur ein zuverlässiges und funktionstüchtiges Produkt angeboten wird. Die Kunden erwarten vom Unternehmen, daß sehr viele Zusatznutzenkomponenten, wie beispielsweise Image, Serviceleistungen, Aktualität oder Innovationen, geboten werden. Außerdem erwartet der Kunde die sofortige Verfügbarkeit des Produktes zu einem überaus günstigen Preis.

Das Bereitstellen dieser Leistungsangebote führt in industriellen Unternehmen zu einer steigenden Produkt- und Teilevielfalt mit kleiner werdenden Losgrößen und zu kürzeren Produktlebenszyklen. Da die einzelnen Produkte während ihres Produktlebens die angefallenen Entwicklungs- und Produktionskosten amortisieren müssen, um einen Beitrag zum Unternehmenserfolg zu leisten, entsteht ein sehr hoher Erfolgsdruck, der sich auch auf die Innovationsfähigkeit des Unternehmens auswirkt. Die steigende **Innovationsdynamik** zeigt sich beispielsweise darin, daß in sehr vielen großen Unternehmen ein stark wachsender Anteil neuer Produkte am Umsatz bzw. Gewinn des Unternehmens beteiligt sind. Beispielsweise erwirtschaften bei der Siemens AG diejenigen Produkte, die weniger als 5 Jahre auf dem Markt sind bereits 55% des Umsatzes.

Durch den weltweiten Abbau von **Handelsschranken** zusammen mit der wirtschaftlichen Integration der europäischen Länder in Form einer länderübergreifenden Zusammenarbeit entsteht ein internationaler Markt mit einer Vielzahl von Wettbewerbern, der die nationalen Märkte in sich aufnimmt und eine völlig neue Wettbewerbssituation erzeugt. Die Auswirkungen und Ziele für die Unternehmen durch diese neue Wettbewerbssituation sind in Bild 1-3 genannt. Die Sättigung der Märkte bedingt durch den Angebotsüberschuß mit dem Aufbau von Überkapazitäten und einer größeren Anzahl von Mitbewerbern führt gerade im kleinen mittelständischen Unternehmensbereich zu einem starken Konkurrenzdruck, dem nur die leistungsfähigsten Unternehmen gewachsen sind.

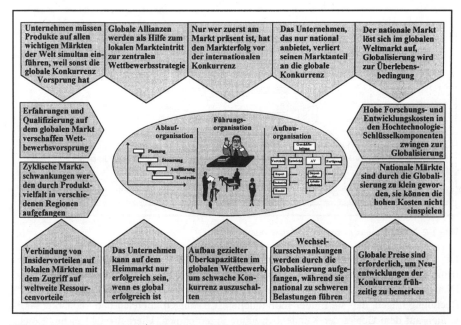

Bild 1-3 Neue Wettbewerbssituation durch globale Märkte

Die bereits erläuterte Entwicklung zur individuellen Bedürfnisbefriedigung hängt mit einem **Wertewandel** im sozialen und gesellschaftlichen Umfeld zusammen, der nach der Wiederaufbauphase nach dem zweiten Weltkrieg Ende der 60er Jahre eingesetzt hat. Hierbei werden traditionelle Werthaltungen und Normen, die sich beispielsweise in Pflichtbewußtsein, Selbstbeschränkung, Leistungsbereitschaft, Arbeitsorientierung, Sparverhalten, Besitzdenken, Technikgläubigkeit oder Berufszentrierung ausdrücken, durch eine Sein-Orientierung ersetzt, die beispielsweise gekennzeichnet ist durch Sein-

Bewußtsein, Selbstentfaltung, Leistungsverzicht, Freizeitorientierung, Individualstreben, Bedürfniserfüllung, Erlebnisdenken, Technikfeindlichkeit und Familienzentrierung.

Angestrebt wird eine ganzheitliche **Lebensqualität**, in der auch Forderungen nach Freizeitqualität, mehr Arbeitsqualität und Umweltqualität mit enthalten sind. Hierbei zeigt sich ein Wandel von einer „entweder-oder" zu einer „sowohl-als-auch" -Mentalität, bei der der Mensch in allen Lebenssituationen aus einer Vielzahl von Alternativen auswählen kann, ohne sich dabei grundlegend festlegen zu müssen. Beim nächsten Mal kann er in der gleichen Situation eine ganz andere Alternative auswählen. Dies gilt in gleicher Weise für sein Kaufverhalten und führt zu unberechenbaren und turbulenten Marktentwicklungen. Die Konsumenten haben Spaß an Veränderungen und sind auf der Suche nach etwas Neuem oder nach einem Zusatznutzen, den andere Produkte nicht bieten können. Auch hier zeigen sich die Auswirkungen auf die Unternehmen in der Art, daß sie mit einem sehr unregelmäßigen Bedarf und stark schwankenden Produktionsmengen bei kurzen Lieferzeiten und einem hohen Service am Markt bestehen müssen.

Begleitet wird dieser **Wertewandel** durch eine Veränderung der Gesetze und Normen, Richtlinien oder Standards. Eine Ursache liegt in der Vereinheitlichung der Gesetzgebung im Rahmen der europäischen Union, eine andere in der Verschärfung der Rechtslage z.B. bei Sicherheitspositionen. Beispielsweise sei das neue Arbeitsschutzrahmengesetz, mit dem die Sicherheit und der Gesundheitsschutz bei der Arbeit wesentlich verbessert wird, genannt. Beim neu geschaffenen Produkthaftungsgesetz werden die Unternehmer, vertreten durch Inhaber, Geschäftsführer oder Vorstände, verpflichtet, im Rahmen ihrer Organisationsverantwortung die notwendigen und erforderlichen Maßnahmen zu treffen, um nur ausreichend sichere Produkte in den Verkehr zu bringen. Maßstab für die Bewertung der Erfüllung dieser Produkthaftungsanforderungen ist das technisch mögliche und wirtschaftlich zumutbare, gemessen am Stand der Technik und den voraussehbaren Folgen beim Versagen der einzelnen Erzeugnisse bei unterschiedlichen Anwendungen. Nach § 1 des Produkthaftungsgesetzes gelten als notwendige Tatbestandsvoraussetzungen, die Verletzung des Körpers, der Gesundheit oder einer Sache für eine Rechtsgutverletzung der Fehler eines Produktes.

Grundlage für die **EG-Produkthaftung** ist eine neue erweiterte Definition des Fehlers eines Produktes. Danach hat nach § 3 das Produkt einen Fehler, wenn es nicht alle Sicherheit bietet, den die Berücksichtigung aller Umstände insbesondere

- seiner Darbietung des Gebrauchs (auch bestimmungswidriger Gebrauch) und

- der Zeitpunkt, in dem es in Verkehr gebracht wurde

berechtigterweise erwartet werden kann.

Hierbei wird nur noch geprüft, ob das Produkt einen Fehler hat. Wer diesen Fehler verursacht oder verschuldet hat, spielt für das Entstehen der Haftung keine Rolle mehr. Der Hersteller ist nach dem Produkthaftungsgesetz als jemand definiert, der das Endprodukt, den Grundstoff oder ein Teilprodukt hergestellt hat oder sich durch Anbringen seines Namens, seines Warenzeichens und sonstigen Kennzeichen als Hersteller ausgibt. Nach § 5 haften als Gesamtschuldner alle am Entstehen eines Fehlers Beteiligten für den vollen Schaden, wobei der Geschädigte den Gesamtschaden von jedem Unternehmen einklagen kann, der das fehlerhafte Halbzeug oder das fehlerhafte Zulieferteil lieferte bzw. daran eine fehlerauslösende Bearbeitung durchführte oder fehlerhafte Produkte in Baugruppen in das Endprodukt einbaut. Weiterhin gilt als Hersteller auch, wer im Rahmen seiner geschäftlichen Tätigkeit Produkte in die europäische Gemeinschaft einführt. Der EU-Importeur haftet voll mit für die Sicherheit des von ihm in der EU in Verkehr gebrachten Produktes als Stellvertreter für Hersteller außerhalb der EU. Ist der Hersteller eines Produktes das zu einem Schaden führt nicht feststellbar, so gilt jeder Lieferant als Hersteller des Produktes, solange er nicht innerhalb eines Monats den Hersteller oder denjenigen benennt, der ihm das Produkt geliefert hat.

Die gesellschaftliche Werthaltung und die Veränderungen in der Gesetzeslage berühren auch die Veränderungen des Verhältnisses zwischen Unternehmen, Unternehmer und Mitarbeiter, weil die gestiegenen Lebensqualitätsansprüche in bezug auf den Arbeitsbereich zu höheren Selbstentfaltungsansprüchen und zu Forderungen nach einer aktiven Mitgestaltung führen. Die Mitarbeiter wollen und sollen zu Mitdenkern im Unternehmen werden. Das bedeutet eine permanente Qualifikationszunahme, verbunden mit der Bereitschaft Problemlösungskompetenz zu übernehmen. Der Unternehmer hat Verantwortung für seine Mitarbeiter zu tragen. Psychologische und soziologische Faktoren, die sogenannten Soft-Facts (weiche Faktoren), werden von der später erläuterten Unternehmenskultur, Qualitätspolitik, Führungskultur und Führungsethik beeinflußt. Die gestiegene Innovationsdynamik führt weiter dazu, daß bisheriges Wissen an Bedeutung verliert. Deshalb beziehen sich die Innovationen nicht allein auf Produkte, sondern auch auf Technologien, Prozesse und Verfahren, weil gerade neue Produkte erst durch den technischen Fortschritt, beispielsweise aufgrund neuer Werkstoffkombinationen, produzierbar werden.

Durch das Anbieten innovativer Produkte aufgrund innovativer Technologien läßt sich eine Differenzierung gegenüber der Konkurrenz und somit ein Wettbewerbsvorteil erreichen. Allerdings ist gerade für deutsche Unternehmen festzustellen, daß ihre technologischen Know-how-Vorteile gegenüber der internationalen Konkurrenz nicht mehr vorhanden sind und deshalb eine sinkende Wettbewerbsfähigkeit zu beobachten ist. Eine hohe technisch funktionale Produktqualität reicht unter heutigen Wettbewerbsbedingungen nicht mehr aus. Um so mehr ist gefordert neue Verfahren, gerade auf dem Gebiet der Informationsverarbeitung und Softwareentwicklung, durch beherrschte Prozesse effizient, ökologisch und wirtschaftlich zu unterstützen.

Da Lebensqualität sehr viel mit **Umweltqualität** zu tun hat, ist ein typisches Merkmal des bereits beschriebenen Wertewandels die Veränderung vom konsumorientierten zum ökologieorientierten Verhalten des Menschen. Die Kunden bzw. die Gesellschaft achten sehr stark darauf, daß die Unternehmen ihre gebrauchten Produkte zurücknehmen, um sie in aufbereiteter Form dem Nutzungskreislauf wieder zur Verfügung zu stellen. Recyclingfunktion, Entsorgungsfähigkeit und Ressourcenschonung sind weitere wichtige Fähigkeiten, die ein Unternehmen beherrschen muß. Dies führt zu einem zusätzlichen Kostendruck.

Die bereits genannten Forderungen, Veränderungen, Reaktionen und Auswirkungen beziehen sich auf den gesamten Lebenszyklus eines Produktes, wie er in Bild 1-4 in 11 Einzelschritten dargestellt ist.

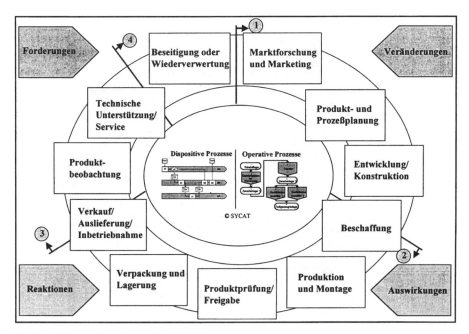

Bild 1-4 Lebenszyklusphasen eines Produktes

Nach der DIN EN 53350 wird diese grafische Darstellung des **Produktlebenszyklus** auch als Qualitätskreis bezeichnet, weil er das Ineinandergreifen aller qualitätswirksamen Tätigkeiten im Unternehmen zur Durchführung des Qualitätsmanagements abbildet. Aufgrund dieser Bedeutung wird diese Darstellung des Qualitätskreises im folgenden noch häufig verwendet, um die Prozesse, Tätigkeiten, Aufgaben, Werkzeuge und Methoden des Qualitätsmanagements zu erläutern. Bei dieser ersten Qualitätskreisabbildung geht es um die Beschreibung der erforderlichen Aufgaben innerhalb des Leistungsprozesses zur Produkt- oder Dienstleistungserstellung.

Unterschieden wird dieser Lebenszyklus in die Phasen:

1. Planung und Entwicklung
2. Realisierung
3. Nutzung
4. Entsorgung

Er beginnt in der Planungs- und Entwicklungsphase bei der **Marktforschung** und dem Marketing mit der Feststellung des quantitativen Marktbedarfes im betrachteten Marktsegment und der Bestimmung der Kundenanforderungen. Es schließt sich die Produkt- und Prozeßplanung für die geplante Absatzmenge an, wobei an dieser Stelle aber auch übergeordnete Überlegungen zur Unternehmensplanung als Vorgaben für die Produkt- und Prozeßplanung stattfinden können. Es folgt die Entwicklung und Konstruktion dieser Produkte, häufig in Zusammenarbeit mit dem Normenbüro, dem Musterbau sowie dem Patentwesen. Die Konstruktionsaufgaben bestehen darin, daß Produkt entsprechend der mit Hilfe der **Marktanalyse** festgestellten **Kundenanforderungen** hinsichtlich seiner

Form und Gestalt auszulegen, zu berechnen und zu dokumentieren. Die für diese Produkte benötigten Materialien, Teile und Baugruppen werden am Beginn der Realisierungsphase auf der Grundlage der Programmplanung durch den Einkauf beschafft. Danach kann die Produktion und Montage beginnen, wobei die Arbeitsvorbereitung und die Fertigungssteuerung durch ihre Vorarbeiten dafür sorgen, daß die Produktion störungsfrei ablaufen kann. Nach Fertigstellung wird über eine Produktprüfung die Freigabe für die qualitätsgerecht hergestellten Produkte erteilt. Danach können diese Produkte im Fertigwarenlager gelagert und für die bevorstehende Auslieferung verpackt werden. Es folgt der Versand dieser Produkte an den Kunden und nach der Auslieferung an den Kunden die Inbetriebnahme, d.h. die eigentliche Nutzungsphase.

Sie beinhaltet die **Produktbeobachtung** im laufenden Betrieb. Um die Kundenzufriedenheit zu erhalten und bei Reklamationen des Kunden sofort angemessen reagieren zu können, müssen über aktuelle Schadensfallauswertungen und Statistiken Informationen über Fehlerquellen und Fehlerkosten gesammelt werden. Gleichzeitig sind die Fehlerursachen zu lokalisieren und die Fehlerorte zu bestimmen, so daß die Beteiligten in den einzelnen Abteilungen im Schadensfall sofort informiert werden.

Auch die in dieser Phase stattfindende Unterstützung und der Service geben aufgrund der stattfindenden Wartungs- und Serviceaktivitäten wertvolle Hinweise auf Produktschwachstellen, die bei zukünftigen Entwicklungen zu beseitigen sind. Beispielsweise ist der Ersatzteilverbrauch ein Indikator, der zeigt wo besonders häufig Fehler bei der Produktnutzung auftreten und welche Einzelteile zu Schadensfällen führen. Bei der letzten hier genannten Phase im Lebenszykluskreis geht es um die Beseitigung oder Wiederverwendung der Produkte. Nach der VDI-Richtlinie 2243 wird unter **Recycling** die erneute Verwendung oder Verwertung von Produkten, Baugruppen oder Einzelteilen in Form von Nutzungskreisläufen verstanden. Dabei lassen sich mehrere Kreislaufarten unterscheiden:

- Produktionsabfallrecycling • Produktrecycling • Altstoffrecycling

Hierfür sind optimale **Entsorgungsstrategien** zu entwickeln. Sie enthalten z.B. die Demontage und Rücknahme über definierte Rücknahmestellen, Sammelcontainer oder dafür speziell eingesetzte Spediteure. Um den Aufwand bei Rücknahme von Verpackungen zu reduzieren, bietet es sich an, Pendelverpackungen oder Mehrwegverpackungen einzusetzen.

Wie diese Ablauf- und Aufgabenbeschreibung zeigt, sind an jeder Stelle dieses Produktzyklusses qualitätsrelevante Zusammenhänge zu beachten. Das Zusammenspiel von Produktinnovation, Prozeßinnovation, Beratung, Zuverlässigkeit, Wirtschaftlichkeit, Gebrauchstauglichkeit, Termintreue, Service und Umweltverträglichkeit muß unter den einleitend geschilderten dynamischen Veränderungsprozessen mit abnehmenden Produktlebenszyklen und immer komplexer werdenden Produkten hervorragend organisiert sein, um alle Forderungen zur Schaffung der Kundenzufriedenheit und zur Verbesserung der Wirtschaftlichkeit des Unternehmens zu erfüllen. An jeder Stelle innerhalb der **Wertschöpfungskette** ist die Qualität zu gewährleisten. Das Beherrschen der einzelnen Geschäftsprozesse innerhalb dieses Produktlebenszyklusses ist eine Grundvoraussetzung für das Erreichen dieser Ziele. Da der Kunde seine Forderungen mit wachsender Erfüllung ständig weiter steigert, muß ein ständiger Verbesserungsprozeß diesen Produktlebenszyklus begleiten. Nur diese kontinuierlichen Verbesserungen ermöglichen es, den Kunden an das Unternehmen zu binden.

1.1.2 Strategische Bedeutung des Qualitätsmanagements

Weil die Qualität innerhalb des beschriebenen Produktlebenszyklus für den Kunden ein Integrationsfaktor ist, auf dem er sein Vertrauen in die Unternehmensleistung aufbaut und dabei erwartet, daß das Zusammenspiel der einzelnen Phasen dieses Zyklusses fehlerfrei funktioniert, erhält das Qualitätsmanagement eine herausragende Bedeutung als Wettbewerbsfaktor.

Aufgabe des **Qualitätsmanagement** ist es dafür zu sorgen, daß unter den genannten Rahmenbedingungen die qualitätsrelevanten Forderungen erfüllt werden. Dies bedeutet, daß wie Bild 1-5 zeigt, in jeder einzelnen Phase des Qualitätskreises die Erfüllung der vorher definierten Qualitätsforderungen gesichert sein muß. Damit sind beispielsweise von Marktforschungs- und Marketingqualität, Prozeßplanungsqualität, Entwurfsqualität, Zuliefererqualität, Fertigungsqualität, Prüfungsqualität, Logistikqualität, Versandqualität, Produktqualität, Servicequalität und Umweltqualität genannt.

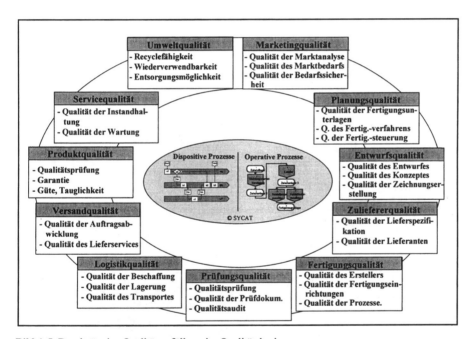

Bild 1-5 Durchgängige Qualitätserfüllung im Qualitätskreis

Die Analyse herausragender Unternehmen hat die strategische Bedeutung „Erfolg durch Qualität" eindrucksvoll bestätigt, weil diese erfolgreichen Unternehmen sich auszeichnen durch:

- Ausrichtung auf Kundenorientierung mit Vorgabe klarer Qualitätsstandards und einer eindeutigen Qualitätspolitik

- Mitarbeiterbeteiligung und -einbindung

- Prozeßorientierung mit systematischer Strukturierung und Verbesserung der Arbeitsabläufe.

Auch unterschiedliche Marketing- oder Erfolgsfaktorstudien haben die Wichtigkeit des Erfolgsfaktors „Qualität" festgestellt. In der sehr bekannten PIMS-Studie des Strategic-Planning-Institute mit der ständig weiter ergänzten PIMS-Datenbank (PIMS: Profit-Impact of Market-Strategy), die die wichtigsten Markt-, Wettbewerbs- und Produktions-daten von über 2.000 Unternehmen enthält, wurden zwei Gesetzmäßigkeiten herausgear-beitet.

Es besteht eine sehr hohe Wechselbeziehung zwischen der vom Kunden wahrgenomme-nen Qualität und den vom Markt akzeptierten Preisen. Im Vergleich zu den Wettbewer-bern kann damit ein höheres Preisniveau erzielt werden, das in der Regel auch zu höheren Gewinnen führt. Gleichzeitig kann der höhere Marktanteil aufgrund der größeren Stück-zahlen zu niedrigeren Stückkosten führen. Damit wird eine zusätzliche Gewinnsteigerung möglich.

Diese Ergebnisse zeigen, daß die heute immer noch anzutreffende Meinung, daß Qualität zusätzliche Kosten verursacht, d.h. also eine hohe Qualität auch hohe Kosten impliziert, so nicht mehr stimmt. Aus diesem Grund haben sich die Inhalte des Qualitätskostenbegriffes, wie in Kapitel 6 ausgeführt, ebenfalls gewandelt. Hier wird jetzt der Begriff der qualitäts-bezogenen Kosten verwendet. Außerdem hat sich, wie Bild 1-6 zeigt, der Qualitätsbegriff aufgrund der gestiegenen Kundenerwartungen beträchtlich erweitert. Die geforderte **Dienstleistungsqualität** hat in ihrer Bedeutung für die Kundenanbindung die vorzuhal-tende **Produktqualität** bereits überholt.

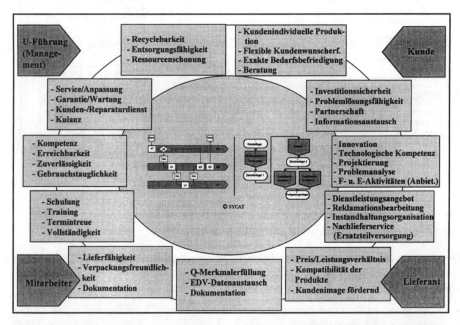

Bild 1-6 Kennzeichen kundenorientierter Nutzenvorstellung innerhalb eines Produktlebenszyklus

Innerhalb der einzelnen Phasen des Produktlebenszyklusses sind die Nutzenkomponenten dargestellt, deren Erfüllung der Kunde vom Unternehmen erwartet. Die Aufstellung zeigt, daß ein ganzheitliches Qualitätsdenken funktionsübergreifend vom Marketing bis zur Entsorgung mit dem Schwerpunkt der Qualitätssicherung unternehmensinterner Prozesse durch die Beteiligten, d.h. Unternehmensführung, Mitarbeiter und Lieferanten, erbracht werden muß, um so die Qualität als schärfste Wettbewerbswaffe im Unternehmen im Kampf um Marktanteile und Gewinnverbesserungen zu nutzen. Der daraus abzuleitende Umkehrschluß zeigt auf, daß eine relativ schlechte Qualität gegenüber den Mitwettbewerbern ein deutliches Warnzeichen für eine sich abzeichnende Krisensituation darstellt.

1.1.3 Sichtweisen des Qualitätsbegriffes

Bis heute existiert kein einheitlicher und allgemein anerkannter Definitionsansatz, der die Qualität begrifflich eindeutig und umfassend beschreibt, vielmehr gibt es eine Vielzahl von unterschiedlichen Erklärungsansätzen, *Garwin* hat bereits 1984 versucht, eine Systematisierung zu finden. Er unterscheidet dabei absatz-, produkt-, prozeß-, anwender- und wertbezogene Erklärungsansätze bzw. Sichtweisen, die aber nach heutigem Kenntnisstand noch um die mitarbeiterbezogenen, gesellschaftsbezogenen und umweltbezogenen Sichtweisen zu ergänzen sind (siehe Bild 1-7).

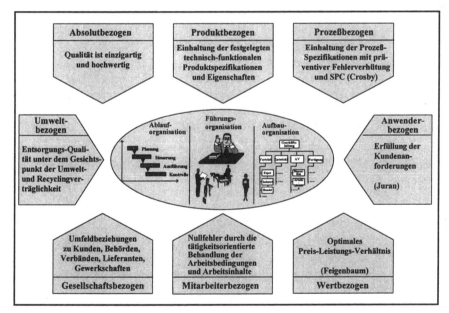

Bild 1-7 Sichtweisen des Qualitätsbegriffes

Die absolute oder transzendente Sichtweise stellt die **Qualität** als etwas einzigartiges und hochwertiges dar, die nur subjektiv, d.h. durch Erfahrungen geprägt und empfunden werden kann. Im Vergleich zu künstlerisch hochwertigen Arbeiten läßt sich hierbei eine präzise Definition der Qualität nicht vornehmen. Umgangssprachlich läßt sich das Qualitätsverständnis nach diesem absoluten Qualitätsbegriff, z.B. durch die verschiedenen Klassen

- sehr gute Qualität
- mittlere Qualität
- schlechte Qualität

kategorisieren.

Im Gegensatz dazu ist bei der produktbezogenen Sichtweise die Qualität präzise feststellbar und meßbar, weil sich aufgrund der definierten Produkteigenschaften Qualitätsunterschiede durch die unterschiedlichen Ausprägungen dieser einzelnen Produkteigenschaften objektiv feststellen lassen. Die noch im einzelnen analysierten Definitionen des Qualitätsbegriffes durch die DIN EN ISO 8402, in der die Qualität als die „Gesamtheit von Merkmalen einer Einheit bezüglich ihrer Eignung festgelegte und vorausgesetzte Erfordernisse zu erfüllen hat" kommt dieser produktbezogenen Sichtweise sehr nahe. Bei der prozeßbezogenen Sichtweise geht es um die Einhaltung der vorgegebenen Prozeßspezifikationen mit einer präventiven Qualitätssicherung. Durch den Einsatz z.B. von SPC (Statistical Process Control) sollen Fehler gar nicht erst auftreten können.

Bei der anwenderbezogenen Sichtweise definiert der Kunde im Sinne einer subjektiven Bewertung die von ihm vorgestellte Qualität aufgrund seiner individuellen Wünsche und Bedürfnisse. Erzeugnisse, die den größten Gesamtnutzen bieten, besitzen für ihn die beste Qualität. Damit wird deutlich, daß sowohl subjektive wie auch objektive Kriterien zur Qualitätsdefinition herangezogen werden.

Bei der wertbezogenen Sichtweise wird Qualität mit einem bestimmten, vom Anwender akzeptierten Preis-/Leistungsverhältnis gleichgesetzt. Bei diesem Ansatz werden also auch die Kosten und Preise berücksichtigt. Hierbei resultiert Qualität aus einem günstigen Preis-/Leistungsverhältnis. Damit wird aber gleichzeitig deutlich, daß sich die Qualität auf unterschiedliche Qualitätsniveaus oder Güteklassen beziehen kann.

Bei der mitarbeiterbezogenen Sichtweise der Qualität geht es darum, eine Null-Fehler-**Strategie** dadurch umzusetzen, damit die eigene Arbeit gleich beim ersten Mal richtig gemacht wird. Einbezogen in diese Sichtweise ist die tätigkeitsorientierte Betrachtung der Arbeitsbedingungen und Arbeitsinhalte unter partizipativen Gesichtspunkten, d.h. Handlungsspielraum- und Mitgestaltungsmöglichkeiten durch die Mitarbeiter.

Bei der gesellschaftsbezogenen Sicht wird das Unternehmen als ein Gegenstand des öffentlichen Interesses verstanden und die Qualität der Beziehungen zu Kunden, Behörden, Verbänden, Lieferanten, Gewerkschaften oder anderen gesellschaftlichen Gruppen betrachtet. Bewertungsmerkmale sind beispielsweise Beiträge zur Gestaltung der Infrastruktur oder zur Schaffung von sicheren Arbeitsplätzen sowie die Unterstützung von kulturellen oder wissenschaftlichen Einrichtungen.

Bei der umweltbezogenen Sichtweise wird stärker als bei allen anderen Qualitätssichtweisen nicht nur die Versorgungskette, sondern ebenso die Entsorgungskette mit einbezogen. Deshalb liegen hier die Schwerpunkte in der Umweltverträglichkeit, Recyclingfähigkeit und in der Ressourcenschonung.

Alle Sichtweisen gemeinsam ergeben ein integriertes Qualitätsverständnis, das mit Hilfe eines umfassenden Qualitätsmanagements über alle Phasen des Produktlebenszyklusses zur Erreichung der Qualitätsziele anzuwenden ist.

1.1.4 Entwicklung der Qualitätsfähigkeit (Qualitätsforderungen)

Unter **Qualitätsfähigkeit** wird die Leistungsfähigkeit eines Unternehmens verstanden, die Qualitätsforderungen der Kunden oder des Marktes und die daraus abgeleiteten unternehmensspezifischen Qualitätsziele über alle Phasen des Produktlebenszyklusses zu erfüllen. Dies unter Berücksichtigung der einleitend genannten Forderungen und Rahmenbedingungen, d.h. mit der stark ansteigenden Dynamik der Abläufe, beispielsweise im Bereich innovativer Entwicklungen oder bei der flexiblen Auftragsabwicklung mit der Garantie einer ständigen **Lieferbereitschaft** und Produktion auf Abruf oder mit der Einbindung von Zulieferern aufgrund eines immer höher werdenden Zuliefereranteiles am eigenen Produkt.

Aus den vorausgegangenen Betrachtungen des Produktlebenszyklusses wird klar, daß eine bereichsübergreifende Zusammenarbeit mit der Verknüpfung von Funktionsbereichen zu zusammenhängenden Geschäftsprozessen, die durch interne Kunden/Lieferanten-Verhältnisse beschrieben sind, eine Voraussetzung für das Erzeugen dieser Qualitätsfähigkeit ist. Systematisch muß das optimale Zusammenwirken von Management, Mitarbeitern, Maschinen, Material, Mitwelt und Methoden organisiert sein, um den Wettbewerbserfolg zu erreichen.

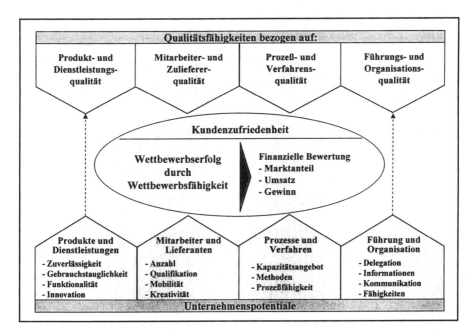

Bild 1-8 Wettbewerbsfähigkeit über Qualitätsfähigkeit

Wie Bild 1-8 zeigt, läßt sich die Qualitätsfähigkeit folgenden **Fähigkeitskomponenten** zuzuordnen:

- Produkt- und Dienstleistungsqualität
- Prozeß- und Verfahrensqualität
- Mitarbeiter- und Zuliefererqualität
- Führungs- und Organisationsqualität

Diese Qualitätskomponenten werden an späterer Stelle ohne den Zusatz „Qualität" zu Qualitätseinheiten transformiert. Erzeugt wird die Qualitätsfähigkeit innerhalb dieser Qualitätskomponenten über die im Unternehmen bereitgestellten oder vorhandenen Potentiale, die entscheidend die Kernkompetenz des Unternehmens bestimmen. Unter Potential werden dabei die im Unternehmen vorhandenen Ressourcen, Methoden und Fähigkeiten verstanden, die bei koordiniertem Einsatz einen Wettbewerbsvorteil gegenüber der Konkurrenz ermöglichen. Bezüglich Produkte und Dienstleistungen sind diese Potentiale beispielsweise die Zuverlässigkeit, Gebrauchstauglichkeit, Funktionalität und Innovation der Produkte. In bezug auf die Mitarbeiter und Lieferanten sind es die Mitarbeiteranzahl, die Qualifikation, die Mobilität und die Kreativität. Bezogen auf die Prozesse sind die Potentiale das vorhandene Maschinenkapazitätsangebot und die Kapazitätsauslastung, die eingesetzten Fertigungsmethoden und die Prozeßfähigkeit der Verfahren. Bei der Führung und Organisation sind die Potentiale in der Delegationsfähigkeit, der Kommunikation, Informationsbereitstellung und den Führungsfähigkeiten zu sehen.

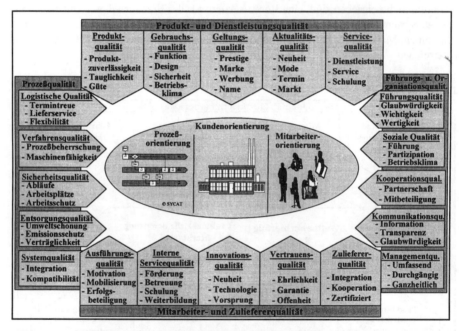

Bild 1-9 Notwendige Qualitätskomponenten zur Sicherung der Qualitätsfähigkeit

Die innerhalb der genannten Qualitätsfähigkeitskomponenten vom Unternehmen abzudeckenden Einzelkomponenten zur Sicherung der Qualitätsfähigkeit sind in Bild 1-9 dargestellt. Beispielsweise ist die Produkt- und Dienstleistungsqualität charakterisiert durch die **Produktqualität, Gebrauchsqualität, Geltungsqualität, Aktualitätsqualität** und **Servicequalität**. Mitarbeiter- und Zuliefererqualität sind z.B. durch **Ausführungsqualität**, interne Servicequalität, Innovationsqualität oder **Vertrauens- und Zuliefererqualität** gekennzeichnet. Über diese Betrachtung läßt sich eine Integration der beschriebenen Qualitätssichtweisen mit den Phasen des Produktlebenszyklusses in der Form herbeiführen, daß zu jedem Zeitpunkt ein umfassender kundenbezogener Qualitätsanspruch erfüllt ist.

Dies unter der Voraussetzung, daß diese Qualitätskomponenten mit den dahinter stehenden Qualitätsmerkmalen, die noch im einzelnen erläutert werden, erfüllt werden.

Die über die vorhandenen Potentiale und daraus resultierenden Qualitätsfähigkeiten erzeugte Kundenzufriedenheit sichert den Wettbewerbserfolg, der über finanzielle Bewertungskriterien, wie beispielsweise Marktanteile, Umsatz und Gewinn, meßbar wird.

Der Umsetzung dieser **Qualitätsfähigkeit** stehen in den Unternehmen noch vielfach hochgradig arbeitsteilige Organisationsstrukturen entgegen, die aufgrund der tayloristischen Arbeitsteilung zu einer Vielzahl der bereits genannten organisatorischen, funktionalen, personellen oder informationellen Schnittstellen führen. Aus diesem Grund ist auch das zentrale Thema dieses Buches die

„Prozeßorientierte TQM-Umsetzung"

Hierbei stehen, wie Bild 1-10 zeigt, die ablaufenden Geschäftsprozesse im Mittelpunkt der Betrachtung. In Kapitel 1 und 2 werden die Grundlagen des Qualitätsmanagements zusammen mit den existierenden Qualitätsnormen und Definitionen behandelt. Zur Aufbereitung dieses Grundlagenwissens erfolgt in Kapitel 3 die Erläuterung einer umfassenden Qualitätsmanagementstrategie, mit der die in Bild 1-9 beschriebenen notwendigen Qualitätskomponenten erfüllt werden. Eine große Anzahl von TQM-Werkzeugen und –Methoden wie beispielsweise QFD, FMEA, Poka-Joke, KVP, Sieben Basiswerkzeuge und noch viele weitere TQM-Instrumentarien werden dann in Kapitel 4 beschrieben. Sie unterstützen die Qualitätsfähigkeit der einzelnen Phasen im Produktlebenszyklus und damit auch den TQM-Ansatz.

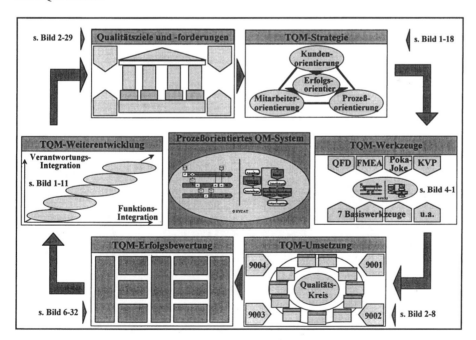

Bild 1-10 Rahmen für die prozeßorientierte TQM-Umsetzung

Grundlage für die TQM-Umsetzung ist die Einführung eines prozeßorientierten Qualitätsmanagementsystems nach der DIN EN ISO 9001. Eine praxisorientierte Beschreibung
dieser Qualitätsmanagement-Systemeinführung erfolgt in Kapitel 5. Es schließt sich Kapitel 6 mit der Total-Quality-Management-Erfolgsbewertung an. Diese kann in Form von
Qualitäts-Controlling-Maßnahmen, Qualitäts-Audits, aber auch in einer Qualitäts-
Selbstbewertung nach unterschiedlichen Bewertungskriterien erfolgen, wie sie beispielsweise bei Qualitätspreisen vorgegeben sind. Die unterschiedlichen Qualitätspreise sind
ebenfalls in Kapitel 6 detailliert beschrieben. Abschließend wird ebenfalls in Kapitel 6 die
TQM-Weiterentwicklung behandelt, die sich durch die Schlagworte „integrierte Managementsysteme, lernendes Unternehmen oder Wissensmanagement" charakterisieren läßt.
Damit ist der Rahmen der hier behandelten Thematik „Erzeugen der Qualitätsfähigkeit
durch prozeßorientierte TQM-Umsetzung" festgelegt.

1.2 Entwicklung des Qualitätswesens

1.2.1 Produktkontrolle

Die Entwicklung bzw. die Geschichte des Qualitätswesen läßt sich in fünf chronologisch nicht exakt abgrenzbaren Entwicklungsstufen beschreiben, wobei jeder Entwicklungsstufe eine eindeutige Ausprägung des Qualitätsdenkens und -handelns zugeordnet werden kann.

Die Ausprägungen der einzelnen Entwicklungsstufen können, wie Bild 1-11 zeigt, vertikal über den Grund der Qualitätsmanagement-Verantwortungsintegration und horizontal über die Qualitätsmanagement-Funktionsintegration beschrieben werden. Hinsichtlich der Qualitätsmanagement-Verantwortungsintegration geht es um die Einbindung der Mitarbeiter in dem Sinne, daß sie Qualitätsverantwortung mit übernehmen. Dies setzt vom Management die Veränderungsbereitschaft voraus, Verantwortungen und Kompetenzen zu delegieren und Hierarchien abzubauen. Bei den Mitarbeitern muß der Willen zur Höherqualifizierung vorhanden sein. Bei der Qualitätsmanagement-Funktionsintegration geht es um die Schnittstellenreduzierung bei der Ausführung der qualitätsrelevanten Aufgaben, um das Vereinfachen der Prozeßabläufe und um das Reduzieren von Blindleistungsfunktionen.

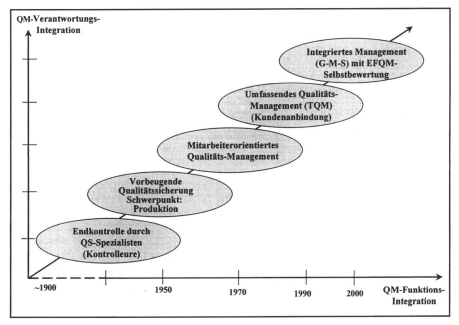

Bild 1-11 Qualitätsmanagement-Entwicklung

Im Anfang der Industrialisierung bis in die Mitte des 19. Jahrhunderts wurde aufgrund der tayloristischen Arbeitsteilung eine scharfe Trennung zwischen dispositiven, (d.h. planenden und steuernden) sowie operativen (d.h. ausführenden) Tätigkeiten vorgenommen. Aus diesem Grund lag die Prüfung ausschließlich im Bereich der Produktion im wesentlichen in der Endkontrolle der gefertigten Teile. Die Qualitätsverantwortung wurde auf Spezialisten übertragen, die ausschließlich produktorientiert handelten und die Qualitätssicherung als rein technische Funktion verstanden. Durch diese Kontrollen wurden Produktfehler erkannt, sie mußten nachträglich über zusätzliche Nacharbeit beseitigt werden. Dies in Verbindung mit zusätzlichen Kosten und sinkender Produktivität. Hierauf beruht auch die bereits genannte Einstellung, daß entweder nur Kosten oder die Qualität optimiert werden können, weil ein Zielkonflikt bei beiden entstünde. Diese Denkweise ist also dadurch entstanden, daß in dieser Phase versucht wurde Qualität durch Kontrolle oder Inspektion in das Endprodukt hineinzukontrollieren.

1.2.2   Statistische Qualitätssicherung

Aufgrund der zunehmenden Komplexität von Produkten und Herstellungsprozessen bei wachsenden Märkten wurde die Qualitätskontrolle immer stärker in die Entwicklungs- und Produktionsprozesse integriert, um Fehler nicht mehr dort zu beseitigen wo man sie entdeckt hat sondern wo sie entstanden sind. Durch die von *Chewart* in der Mitte der 20er Jahre entwickelte Kontroll- und Regelkarte mit den dazugehörenden statistischen Verfahren, die verstärkt in den 60er Jahren in Deutschland eingesetzt wurden, wurde die Richtungsänderung vom Qualitätswesen hin zu einer Präventiv-Strategie unterstützt.

1.2.3   Null-Fehler-Programme

Aufgrund der Spezialisierung und hohen Arbeitsteilung, häufig auch mit zunehmendem Einsatz ungelernter Arbeitskräfte in der Massenproduktion, war das Qualitätsbewußtsein der einzelnen Mitarbeiter kaum gefordert. Über die in den USA eingeleiteten „Zero-Defect-Programs", die sogenannten Null-Fehler-Programme, wurde versucht durch eine direkte Verhaltensbeeinflussung der Mitarbeiter eine Einstellung dieses Qualitätsbewußtseins zu erzeugen. Zum einen sollten durch diese Programme der Mangel an Fähigkeiten und Fertigkeiten durch eine Ausbildung beseitigt werden. Gleichzeitig wurde dabei die Sorgfalt, Aufmerksamkeit und Konzentration auf die Fehlervermeidung gelegt. Der Grundgedanke dabei war, den Menschen direkt in den Prozeß der Qualitätssicherung mit einzubinden und ihm durch erweiterte Handlungsspielräume und veränderte Arbeitsbedingungen die Möglichkeit zu geben, fehlerfrei zu arbeiten. Im nachhinein läßt sich allerdings feststellen, daß diese Programme bereits Mitte der 70er Jahre scheiterten, weil sie sich nur an die Mitarbeiter der operativen Ebene richteten, die natürlich nur für einen kleinen Teil der aufgedeckten Qualitätsfehler verantwortlich waren, weshalb dieser Appell zu einem qualitätsbewußten Verhalten nur wenig Erfolg haben konnte. Aus diesem Grund ist es fast naheliegend, daß sich aus diesen Erkenntnissen in der folgenden Stufe ein umfassender Qualitätsmanagementansatz entwickelte.

1.2.4   Umfassendes Qualitätsmanagement (TQM)

Die von verschiedenen Autoren verfaßten - im folgenden noch erläuterten - Qualitäts-Management-Ansätze, mit den davon ausgehenden Impulsen, führten Ende der 80er Jahre zu einem umfassenden Total-Quality-Management-Konzept, das nach *Zink* durch folgende Kernelemente zu charakterisieren ist:

- konsequente Anwendung statistischer Maßnahmen

- Übergang vom ergebnis- zu präventivorientierten Maßnahmen

- Qualität als unternehmensweite Aufgabe und als Managementaufgabe

- Reintegration der Qualitätsverantwortung in Linie

- Durchführung umfassender Schulungsprogramme

- Top-down-Ansatz sowie

- verstärkte Kundenorientierung.

Hierbei entstand ein unternehmensweit gültiger **Qualitätsgestaltungsansatz** der im folgenden auch immer stärker die Aktivitäten von Kunden und Lieferanten sowie die ökologische Umwelt einbezog. Als wichtigster Maßstab für die Qualität dient die Kundenzufriedenheit. Sie wird in der Form erreicht, daß alle Prozesse im Unternehmen so gestaltet werden, daß Produkte und Dienstleistungen in ihrer Qualität aus Kundensicht kontinuierlich verbessert werden. Die Auswirkung dieses Wandels des Qualitätssicherungs-Gedankens, ausgehend von der produktorientierten Endkontrolle hin zu einem umfassenden Qualitätsmanagement, sind in Bild 1-12 noch einmal zusammenfassend dargestellt.

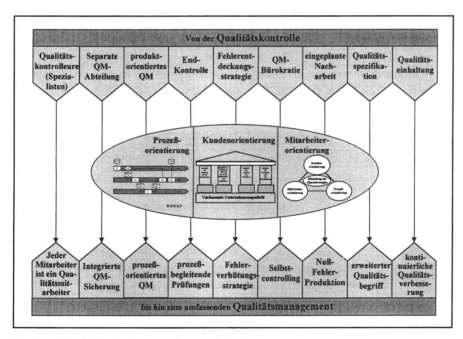

Bild 1-12 Wandel des Qualitätsmanagement-Gedankens

Qualitätskontrolleure (Spezialisten) werden hierbei ersetzt durch die Mitarbeiter in allen Geschäftsprozesse im Unternehmen, unabhängig davon ob es sich um die direkte Wertschöpfung handelt oder ob es sich um Mitarbeiter in planenden und steuernden Bereichen handelt. Das Qualitätswissen ist nicht mehr in separaten Qualitätsabteilungen vorhanden, sondern steht allen Mitarbeitern im Rahmen eines integrierten Qualitätsmanagements zur Verfügung. Die produktorientierte Qualitätssicherung hat sich hin zum prozeßorientierten Qualitätsmanagement entwickelt. Statt einer produktbezogenen Endkontrolle finden in allen dispositiven und operativen Geschäfts- und Betriebsprozessen prozeßbegleitende Präventivüberlegungen und Prüfungen statt, um damit zu einer Fehlerverhütungsstrategie anstatt einer Fehlerentdeckungsstrategie zu kommen. Dabei sind die Mitarbeiter selber für die Organisation der Prüfungsdurchführung verantwortlich. Es ist keine ausgeprägte Qualitätssicherungsbürokratie mehr nötig. Statt einer von vornherein eingeplanten Nacharbeit soll jetzt eine Null-Fehler-Produktion erfolgen, wobei sich diese Null-Fehler nicht mehr nur auf Produktspezifikation, sondern auch auf Qualitätsmerkmale innerhalb des gesamten Qualitätskreises des Produktlebenszyklus beziehen. Statt einer statischen Qualitätseinhaltung wird über eine kontinuierliche Qualitätsverbesserung die Qualitätsfähigkeit stetig gesteigert.

1.2.5   Integriertes Management

Die nächste Entwicklungsstufe zeichnet sich bereits ab. Qualitätsmanagement als strategischer Erfolgsfaktor muß zusammen mit weiteren Managementstrategien im Sinne einer General-Management-Strategie, wie sie unter Punkt 1.4 ausführlich beschrieben ist, so gebündelt werden, daß alle vorgegebenen Unternehmensziele mit unterschiedlichen Zielrichtungen in einem Unternehmenszielnetzwerk umfassend erfüllt werden können. Dies ist deshalb schon nötig, weil viele der einleitend genannten Forderungen an das Unternehmen nicht mehr allein vom Qualitätsmanagement zu bedienen sind, sondern beispielsweise auch Zeit-, Kosten- oder Umweltmanagement-Ansatzpunkte für die Forderungserfüllung notwendig werden. Die in Kapitel 6 noch ausführlich behandelten Kriterien der Qualitätspreise, wie beispielsweise European-Quality-Award (EQA), Malcolm-Baldrige-National-Quality-Award oder Deming-Price, weisen in ihren Einzelkriterien auf diese Entwicklungsstufe hin.

Über Self-assessments (Selbstbewertungen) werden die Anstöße für Prozeßverbesserungen geliefert. Gleichzeitig wird der Wandel im Unternehmen unterstützt.

1.3 Umfassende Qualitätsmanagement-Ansätze

1.3.1 Deming-Ansatz

Die vorher beschriebenen fünf Entwicklungsstufen, die den Veränderungsprozeß des Qualitätsverständnisses bis zum heutigen Tag darstellen, sind entscheidend von der Entwicklung umfassender **Qualitätsmanagementkonzepte** beeinflußt, deren wesentlichste Autoren im folgenden kurz vorgestellt werden.

Zu den Pionieren des Qualitätsmanagement gehört *Deming*, der bereits nach dem zweiten Weltkrieg in Japan die von ihm entwickelte Philosophie einer ständigen Verbesserung der Prozesse im Unternehmen eingeführt hat. Die von ihm aufgestellte Kernthese lautet, daß hohe Produktqualität nicht ergebnisbezogen erprüft, sondern ausschließlich durch kontinuierliche Verbesserung der Produktionsprozesse realisiert werden kann. Die Qualitätsregelkreisbildung mit der Erfassung von Prozeßdaten aufgrund statistischer Methoden und die daraus abgeleiteten Konsequenzen für den verbesserten Produktionsprozeß ist die Umsetzung seiner These in der von ihm entwickelten *Deming*-Kette, die sich wie folgt aufbaut:

- Qualitätsverbesserung erzeugt Produktionsverbesserung,
- diese wiederum führen zu Kostenreduzierung mit nachfolgender Preisreduzierung,
- dies erhöht Marktanteile und sichert damit die Marktposition,
- was wiederum abschließend zur Sicherung der Arbeitsplätze führt und
- somit den langfristigen Unternehmenserfolg sicherstellt

Die Kernaussagen dieses Ansatzes sind in Bild 1-13 als 10 Punkte eines Qualitätsmanagementkonzeptes dargestellt.

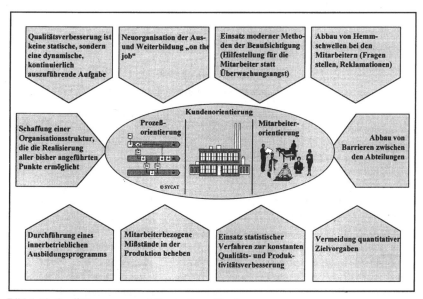

Bild 1-13 Qualitätsmanagement-Konzept von *Deming*

Im Mittelpunkt steht dabei der Prozeß der sich durch eine kontinuierliche Qualitätsverbesserung optimieren läßt (continuous improvement process (cip)). Es besteht eine enge Verbindung zu den noch später erläuterten japanischen KAIZEN-Prinzipien. Hierbei handelt es sich um die Philosophie ständiger Verbesserung von Prozessen und Zuständen.

Dieser PDCA-Zyklus zur systematischen Problembearbeitung unterteilt sich in die vier Phasen:

- Plan (plane die Verbesserung)   • Check (überprüfe den Erfolg)

- Do (führe sie durch)   • Act (fixiere die Verbesserung),

wobei die Einzelaktivitäten zu den jeweiligen Phasen wie folgt zugeordnet sind:

- Planen: Weg zum Ziel festlegen

                 - Problem erkennen

                 - Ziel formulieren (realistisch, planbar, meßbar)

                 - Problem analysieren

                 - Lösungswege suchen

                 - Lösungswege bewerten

                 - Maßnahmen auswählen

- Ausführen   : Plan ausführen

                 - Aktionsplan festlegen

                 - Aktionsplan durchführen

- Prüfen: Auswirkungen prüfen

                 - Merkmale messen

                 - Ergebnis beurteilen

- Umsetzen: Geänderte Vorgehensweise festlegen

                 - Änderungen festschreiben (z.B. Verfahrensanweisung)

                 - Ergebnis präsentieren/dokumentieren

                 - Erfahrung nutzen (bei ähnlichen Problemen)

1.3.2 Juran-Ansatz

In dem bereits 1951 von *Juran* veröffentlichten Qualitätssicherungskonzept wird der anwendungsbezogene Qualitätsbegriff unter dem Schlagwort „Fitness for use" geprägt. Deshalb setzt sich dieser Qualitätsbegriff aus objektiven, aber vor allem auch aus subjektiven Gebrauchsnutzen-Überlegungen der anzubietenden Leistungen zusammen. Weiter gehört dazu auch die Einbeziehung der unternehmensinternen Kunden sowie deren Forderungen beispielsweise nach Arbeitsplatzsicherung. Gleichzeitig unterscheidet er zwischen dem Wert der Qualität und den Kosten für Qualität. Wobei das eine der Einkommenseffekt und das andere der Qualitätskosteneffekt ist. Aufgabe der Unternehmensleitung ist es nun, ein

Gleichgewicht zwischen diesen beiden Effekten zu schaffen. Wie dies möglich ist zeigt *Juran* in seiner Quality-Trilogy. Hier stellt er einen umfassenden Managementprozeß zur kontinuierlichen Qualitätsverbesserung dar, der aus drei Stufen besteht. In der ersten Stufe geht es um die Qualitätsplanung. In der zweiten Stufe um die Qualitätssteuerung und in der dritten Stufe um Qualitätsverbesserung. Die Verknüpfung dieser drei Stufen erfolgt in Form eines Kriterienkatalogs.

Diese Quality-Triology stellt nach *Jurans* Auffassung vor allem eine qualitätsorientierte Unternehmensphilosophie dar, in die auch personalwirtschaftliche und führungsbezogene Fragestellungen mit aufgenommen werden.

1.3.3 Feigenbaum-Ansatz

In dem 1961 von *Feigenbaum* erschienenen Werk geht er mit dem von ihm eingeführten Begriff „Total Quality Control" (TQC) über den bis dahin traditionellen produktbezogenen Qualitätsbegriff weit hinaus und setzt die Kundenforderungen als Maßstab für die Bestimmung des Qualitätsniveaus. Dabei bezieht Feigenbaum auch den Preis in seine Überlegungen mit ein. Über die Betrachtung des Preis-/Leistungsverhältnisses wird also ein wertmäßiger Qualitätsbegriff formuliert. Weiter führt er aus, daß sich die Qualitätsbemühungen nicht nur auf den eigentlichen Fertigungsbereich konzentrieren dürfen, sondern auch die gesamten weiteren Funktionen, wie bereits im Produktlebenszyklus-Ablauf beschrieben, umfassen müssen. Das von *Feigenbaum* charakterisierte TQC-Konzept wird durch die in Bild 1-14 dargestellten sieben Punkte charakterisiert.

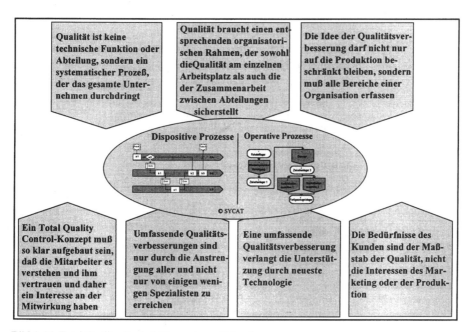

Bild 1-14 Total-Quality-Control-Konzept von *Feigenbaum*

In dem 1987 von *Feigenbaum* veröffentlichten Qualitätsmanagement-Konzept hat er diese sieben Punkte um weitere TQC-Inhalte ergänzt. Diese Ergänzungen beziehen sich im wesentlichen auf

• eine stärkere Betonung von Kunden- sowie Prozeßorientierung

• die Partizipation aller Mitarbeiter z.B. im Teamkonzept

• die Ausdehnung präventiver Maßnahmen auf den gesamten Verwaltungs- und Dienstleistungsbereich im Unternehmen also auch auf das Finanz- und Rechnungswesen sowie auf die mit dem Unternehmen in Beziehung stehenden Lieferanten

• ein erweitertes Qualitätsberichtswesen bzw. Qualitätscontrolling.

1.3.4   Crosby-Ansatz

Crosby geht in seinen Qualitätsmanagementüberlegungen davon aus, daß die Qualitätsproblematik in den Unternehmen hinsichtlich ihres Wertes als strategischer Erfolgsfaktor unterbewertet ist und deshalb kein Qualitätsbewußtsein vorherrscht. Aus diesem Grund stellt er 1986 in seinen „Vier-Geboten" „Die Erfordernisse eines unternehmensweiten Qualitätskonzeptes" dar. Diese „Vier-Gebote" lauten:

1. Qualität als Übereinstimmung mit den Anforderungen. Hierbei geht er von einem herstellerorientierten Qualitätsbegriff aus, d. h. das Unternehmen gibt sich von seinen Leistungsmaßstäben bzw. Potentialen die Qualität vor, die der Kunde erwartet.

2. Vorbeugung als Grundprinzip. Hierbei spricht er sich für die Vorteilhaftigkeit der Fehlervorbeugung mit dem Prozeß der Leistungserstellung in den Mittelpunkt aus.

3. Null-Fehler als Standard. Dies geschieht in Form einer philosophischen Vorgabe, um sich bewußt von den bisherigen Überlegungen hinsichtlich einer akzeptablen Qualität mit einem gewissen Maß als nicht vermeidbar angesehener Fehler abzugrenzen.

4. Kostenerfüllung von Anforderungen als Maßstab für Qualität. Hierbei will *Crosby* die Führungskräfte für die Qualitätsproblematik durch Sensibilisierung und Bewußtseinsteigerung auffordern sich damit auseinanderzusetzen. Unterstützt wird diese Aufforderung durch die Quantifizierung von Qualitätsdefiziten in Form monetärer Größen.

In Bild 1-15 sind von *Crosby* 14 Schritte genannt, die dem Unternehmen helfen sollen, diese vier Gebote konkret im Unternehmen umzusetzen.

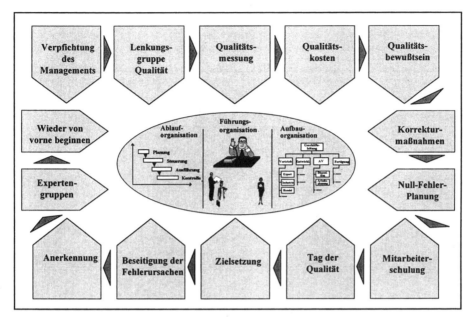

Bild 1-15 Qualitätsmanagement-Ansatz von *Crosby* (14 Schritte)

1.3.5 Ishikawa-Ansatz

Aus den Erkenntnissen von *Deming, Juran, Feigenbaum* und *Crosby*, ergänzt aber auch durch die eigenen Erfahrungen, hat *Ishikawa* ein besonders mitarbeiterorientiertes Konzept entwickelt, in dem der jeweils nachfolgende Arbeitsprozeß als Kunde dargestellt wird. Diese als Total-Quality-Control-Konzept japanischer Ausprägung bezeichneten Überlegungen gehen jedoch weit über die anderen, bisher beschriebenen TQM-Ansätze hinaus und wurden deshalb 1968 zur besseren Unterscheidung als „Company Wide Quality Control" (CWQC) oder „Company Wide Quality Improvement" (CWQI) bezeichnet. In diesem Konzept soll jeder Mitarbeiter im Rahmen seiner Möglichkeiten eigenverantwortlich für die Qualitätsaufgaben zuständig sein. Gleichzeitig muß er dabei gezielt in Qualitätszirkeln mit anderen Kollegen auf allen Hierarchieebenen zum Zwecke der kontinuierlichen Qualitätsverbesserung zusammenarbeiten.

In diesem von *Ishikawa* entwickelten CWQC-Konzept bildet die erste Stufe die Qualitätssicherung von Produkten und Dienstleistungen mit dem Schwerpunkt im Bereich der Produktentwicklung. Daneben betrachtet er in der zweiten Stufe als einen eigenen Schwerpunkt die nicht direkt an der Wertschöpfung beteiligten Geschäfts- und Betriebsprozesse, wie z.B. Verwaltungsabläufe oder Lieferantenbeziehungen. In der dritten Stufe setzt dann der bereits von *Deming* entwickelte Prozeßverbesserungsablauf in vier Schritten „plan-do-check-active" ein. Hierin sind alle Mitarbeiter eingebunden, um eine umfassende Qualität zu erreichen. Dabei kommen auch die bereits obengenannten Quality Circles auf allen Ebenen zum Einsatz. Dieses mehr philosophisch ausgerichtete CWQC-Konzept wird ergänzt durch ein ganzes Bündel von Qualitätsmethoden, die sogenannten „7 Tools of Quality", die in Kapitel 4 noch ausführlicher beschrieben werden. *Ishikawa*'s Konzept des „Company Wide Quality Control" läßt sich durch die in Bild 1-16 genannten Aussagen beschreiben.

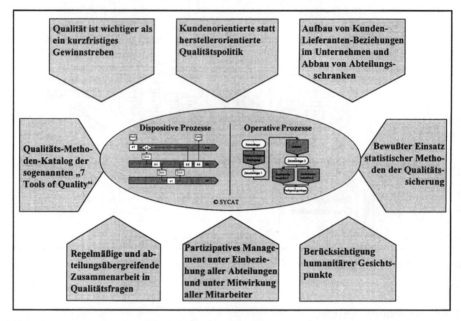

Bild 1-16 Konzept des „Company Wide Quality Control" nach *Ishikawa*

1.4   Ganzheitliche Unternehmensentwicklung und -gestaltung

1.4.1 Anwendung der General-Management-Strategie (GMS)

Aus der Beschreibung der Inhalte unterschiedlicher Qualitätsmanagementansätze vom *Deming, Juran, Crosby, Feigenbaum* und *Ishikawa* wird deutlich, daß hier sehr tiefgreifende und umfassende Erfahrungen zum Qualitätsmanagement vorliegen und auch konzeptionell aufgearbeitet sind. Allerdings steht bei diesen Konzepten immer nur das Qualitätsmanagement im Mittelpunkt der Betrachtung. Die einleitend genannten Forderungen an das Unternehmen und die Dynamik der **Veränderungsprozesse**, die kontinuierlich zu einer Steigerung dieser Anforderungen führen, lassen sich aber von einer einzelnen Managementstrategie allein nicht mehr bewältigen. Hier muß vielmehr ein Netzwerk von Einzelstrategien Anwendung finden, die synergetisch zusammenwirken, um die aus unterschiedlichen Managementsichten abgeleiteten Unternehmensziele zu erfüllen; dies auf der Grundlage eines nachfolgend beschriebenen umfassenden Unternehmens-, Entwicklungs- und Gestaltungsansatzes, der viele Managementkonzepte integriert.

Voraussetzung ist, daß in den Unternehmen ein **Umdenkprozeß** stattfindet, der wie in Bild 1-17 dargestellt, auf die Markt- und Kundenveränderungen, auf den Führungsstrukturwandel und auf den Arbeitsausführungswandel strategisch eingeht und anforderungsgerechte Problemlösungen entwickelt.

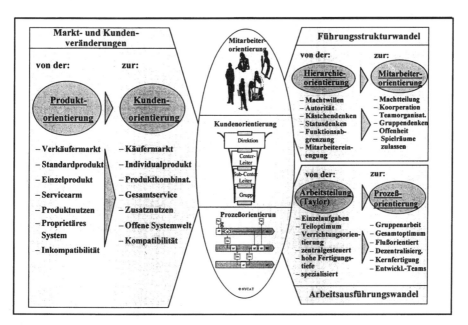

Bild 1-17 Reaktionen auf Veränderungsprozesse

Bezüglich der Markt- und Kundenveränderungen lautet die Antwort des Unternehmens sich von der Produktorientierung zur Kundenorientierung zu bewegen. Der Kunde entscheidet über die Qualität des Produktes und nicht der Verkäufer. Der Kunde wünscht ein Individualprodukt und kein Standardprodukt. Viel lieber ist ihm dabei eine Produktkombination zur Erfüllung einer komplexen Aufgabenstellung, als daß er selbst das Zusammenfügen von Einzelprodukten übernimmt, um gleiche Problemlösungen zu erhalten. Weiter legt er Wert auf einen Gesamtservice, der ihm einen großen Zusatznutzen bietet. Offenheit und Transparenz sowie Kompatibilität sind weitere Anforderungen, denen sich das Unternehmen stellen muß. Das Strategiefeld „Kundenorientierung" muß dem Kunden also eine Nutzenmaximierung seiner Wünsche und Vorstellungen bieten.

Beim **Führungsstrukturwandel** entwickelt sich das Unternehmen von der Hierarchieorientierung hin zur Mitarbeiterorientierung. Machtwillen, Autorität, Kästchendenken, Statusdenken, Funktionsabgrenzungen und Mitarbeitereinengung sind aufgrund der gewandelten gesellschaftlichen Normen- und Wertevorstellungen nicht mehr gefragt. Gefordert wird viel mehr Machtteilung, Kooperation, Teamorganisation, Gruppendenken und die Möglichkeit des Mitgestaltens über neu geschaffene Handlungsspielräume. Mitarbeiterorientierung ist also das Strategiefeld, bei dem sich die Vorgesetzten auf die Ansprüche der Mitarbeiter einstellen müssen, um so die Veränderung beim Kunden und auf den Märkten erfolgreich zu kompensieren. Die Tätigkeiten müssen so gestaltet sein, daß durch die Selbstentfaltung am Arbeitsplatz ein hohes Maß an Motivation und Zufriedenheit gewährleistet ist.

Bei dem **Arbeitsausführungswandel** muß die tayloristische Arbeitsteilung, die gekennzeichnet ist durch z.B. Spezialisierung, Einzelaufgaben, das Teiloptimum am Arbeitsplatz, Pflichtungsorientierung, eine zentrale Steuerung, eine hohe Fertigungstiefe und durch Spezialistentum der Prozeßorientierung mit dem Gesamtoptimum, Dezentralisierung und Kernfertigung weichen. An der Spitze stehen dabei Generalisten und keine Spezialisten mehr, die in Gruppen arbeiten und den gemeinsamen Erfolg suchen. Die Prozeßorientierung soll diese tayloristische Arbeitsteilung überwinden und schlanke und effektive Geschäftsprozesse garantieren, die dem Kunden einen hohen Nutzen bieten.

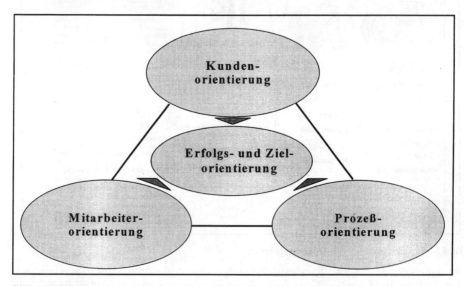

Bild 1-18 TQM-Ansatz

Eine „**General Management Strategie**", die sich dadurch auszeichnet, diese drei Strategiefelder, wie in Bild 1-18 gezeigt,

- **Kundenorientierung**   • **Mitarbeiterorientierung**   • **Prozeßorientierung**

optimal abzudecken, erfüllt damit zum einen den obersten Unternehmenszweck, d.h. den finanziellen Erfolg, innerhalb des in Bild 1-19 gezeigten Unternehmensziel-Netzwerkes. Dieses **Unternehmensziel-Netzwerk** setzt sich aus unterschiedlichen Zielsetzungen zusammen, die nach Umsatz-, Wirtschaftlichkeits-, Sicherheits-, Sozial-, Unabhängigkeits- und Organisationszielen unterteilt sind. Es sind wieder alle Phasen des Produktlebenszyklusses betroffen, die ihren Beitrag für das Erreichen dieser Zielsetzungen leisten müssen.

In der strategischen Bedeutung ist bei den Umsatzzielen als erstes die Produktqualität genannt. Gleichzeitig kommen weitere Qualitätskomponenten, wie z.B. Termintreue, Lieferservice und Flexibilität hinzu.

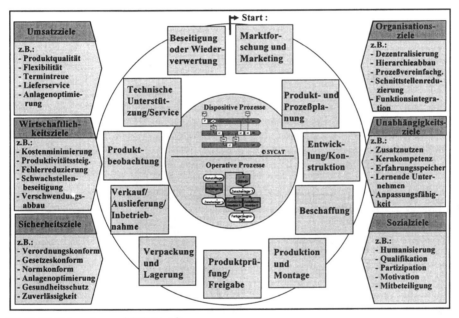

Bild 1-19 Unternehmensziel-Netzwerk

Bei den Wirtschaftlichkeitszielen geht es beispielsweise um die Durchsetzung der **Kostenminimierung** in Verbindung mit Produktivitätssteigerungen, um die Fehlerreduzierung und Schwachstellenbeseitigung bzw. ganz allgemein um den Abbau von Verschwendungen. Sicherheitsziele sind das Durchsetzen der Gesetzes-, Verordnungs- oder Normkonformität oder des Arbeits- und Gesundheitsschutzes. Bei den sozialen Zielen wird die Partizipation der Mitarbeiter in Verbindung mit Qualifikation, Humanisierung der Arbeitswelt, Motivation und Mitbeteiligung dokumentiert. Unabhängigkeitsziele des Unternehmens sind das Bieten von Zusatznutzen, der Aufbau der - von anderen Unternehmen schlecht zu imitierenden - Kernkompetenz durch Erfahrungsspeicher, der dann auch zum Lernunternehmen hinführt, wie es in Kapitel 6 beschrieben ist. Organisationsziele sind beispielsweise in der Dezentralisierung, im Hierarchieabbau, in der Prozeßvereinfachung durch Schnittstellenreduzierung und Funktionsintegration zu sehen.

1.4.2   Beschreibung der General-Management-Strategie-Felder

Bei der Betrachtung des Unternehmenszielnetzwerkes wird deutlich, daß eine Strategie für sich allein diese Ziele nicht erfüllen kann. Vielmehr bedarf es einer Erfolgsfaktorbündelung vieler Einzelstrategien um den Markterfolg zu sichern, wobei unter kritischen Erfolgsfaktoren die zur strategischen und operativen Zielerreichung wichtigen Eigenschaften und Fähigkeiten gehören, die bei der Umsetzung innerhalb der Kernprozesse als Schlüsselergebnisse den Erfolg eines Unternehmens bestimmen. Im Bild 1-20 sind diese Erfolgsfaktoren innerhalb der Strategiefelder genannt.

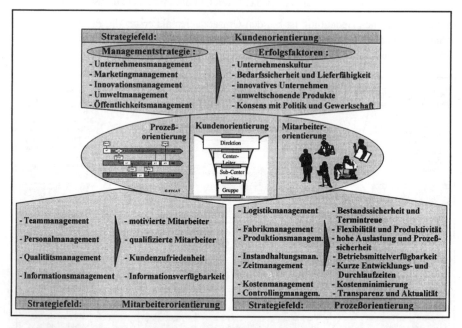

Bild 1-20 G-M-S - Erfolgsfaktorbündelung führt zum Markterfolg

Gleichzeitig sind aber auch die Einzelmanagementstrategien aufgeführt, die für das Erreichen dieses Erfolgsfaktors verantwortlich sind. Beispielsweise ist das Unternehmensmanagement zuständig für die Vorgabe der Unternehmenskultur. Diese Unternehmenskultur ist die Summe von vorgegebenen Normen, Werten und Idealen in Form von einer Absichtserklärung, z.B. als Unternehmensleitsätze formuliert, nach der sich die Unternehmensleitung mit ihren Mitarbeitern bei der Unternehmenstätigkeit im Denken und Handeln zur Erreichung der vorgenannten Zielvorgaben richten soll. Natürlich muß diese Vorgabe einer Unternehmenskultur auch die Bedürfnisse der Mitarbeiter, Kunden, Lieferanten oder anderer Geschäftspartner berücksichtigen. Zwischen den einzelnen genannten Managementstrategien sind auch starke Abhängigkeiten vorhanden. Beispielsweise ist dem Qualitätsmanagement hier der Erfolgsfaktor „Kundenzufriedenheit" zugeordnet. Deshalb muß die Unternehmenskultur dem Unternehmensmanagement für die Qualitätskultur und die daraus umgeleitete Qualitätspolitik die Vorgaben geben bzw. in enger Wechselbeziehung mit dem Qualitätsmanagement stehen. Zu beachten ist dabei die fundamentale Wechselbeziehung dieser Strategiefelder. Sie stehen gleichrangig nebeneinander und hängen in ihrem Erfolg unmittelbar voneinander ab. Der optimale Kundennutzen im Strategiefeld „Kundenorientierung" kann den Kunden nur erreichen, wenn damit das optimale „Mitarbeiter-Know-how" im Strategiefeld „Mitarbeiterorientierung" aktiviert werden kann. Dies wiederum wird nur möglich sein, wenn innerhalb der ablaufenden Geschäftsprozesse des Strategiefeldes „Prozeßorientierung" die Mitarbeiter selbständig, verantwortlich und kundenorientiert agieren können. Ohne durchgängige Prozesse wird also keine erfolgreiche Kundenorientierung durch die Mitarbeiter möglich sein, weil ohne das Erzeugen eines Kundennutzens der Wettbewerbserfolg nicht eintritt.

Die bereits beschriebenen **Integrationsansätze** gehen aber, wie Bild 1-21 zeigt, noch sehr viel weiter, weil es sich hierbei nicht nur um eine Strategieintegration handelt, sondern auch um die Partnerintegration, Mitarbeiterintegration, Prozeßintegration, Anforderungsintegration, Organisationsintegration, Informationsintegration und Methodenintegration, ebenfalls wieder auf alle Phasen des Produktlebenszyklus bezogen.

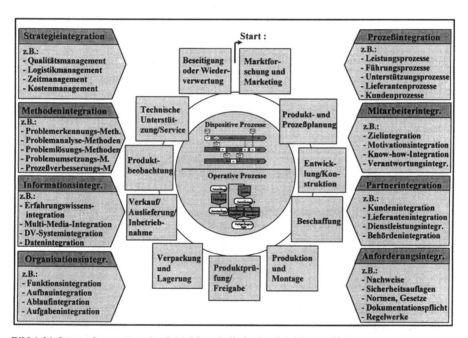

Bild 1-21 Integrationsansätze der G-M-S innerhalb des Produktlebenszyklus

Damit wird dieses Konzept tatsächlich zu einem umfassenden, ganzheitlichen und durchgängigen Unternehmensentwicklungs- und -gestaltungsansatz, der es dem Unternehmen erlaubt, auf die vielfältigen steigenden Anforderungen aus den Veränderungsprozessen richtig zu reagieren. Die Eingliederung der Integrationskomponenten selber wird im wesentlichen durch die Kommunikation erfolgen. Je besser und ausführlicher diese Kommunikation stattfindet, um so umfassender ist die Umsetzung aller Anforderungen, Handelsanweisungen, Maßnahmen und Aktivitäten der einzelnen Managementstrategien innerhalb der GMS.

1.4.3 Durchgängiges Unternehmensmodell

Da diese Strategien, Handelsanweisungen, Maßnahmen und Aktivitäten über alle Hierarchien und Ebenen im Unternehmen durchgängig erfolgen sollen, muß ein Ordnungs- und Koordinierungsrahmen vorgegeben werden, der diese Durchgängigkeit ermöglicht. In Bild 1-22 ist ein hierarchisch vernetztes Unternehmensmodell dargestellt, daß sich in Form kybernetischer Regelkreise bei der funktionsorientierten Unternehmensorganisation über die vier hierarchischen Ebenen „Direktion, Hauptabteilung, Abteilung oder Meister" zusammensetzt und so die obengenannte Kommunikation steuert.

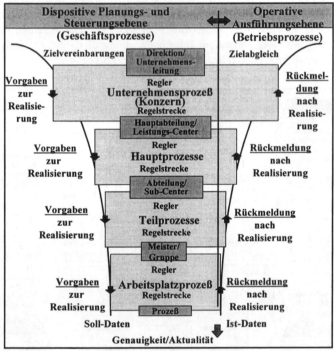

Bild 1-22 Hierarchische Regelkreise der vorgegebenen Führungsstruktur im Unternehmen

Bei prozeßorientierten Grundstrukturen setzen sich diese Regelkreise ebenfalls hierarchisch aus dem Unternehmensprozeß, den Hauptprozessen, den Teilprozessen und den Prozessen am Arbeitsplatz zusammen. Es wird in eine dispositive (planende und steuernde) Ebene - d.h. hier laufen die Geschäftsprozesse ab - und eine operative (ausführende) Ebene, wo die direkte Wertschöpfung betrieben wird, unterschieden. Top down erfolgen dann von oben nach unten über die einzelnen Ebenen die Vorgaben zur Realisierung, die mit zunehmender Nähe immer genauer und detaillierter werden. Nach der Prozeßdurchführung und den dabei gewonnenen Ist-Daten kann über einen Soll-Ist-Vergleich der Zielerfüllungsgrad der jeweiligen - ebenfalls nach unterschiedlichen Managementstrategien differenzierten - Zielgrößen gemessen werden. Dieses **Zielcontrolling** bezieht sich dann also auf Qualitäts-, Logistik-, Kosten-, Zeit- oder auch viele andere Kenngrößen innerhalb des erläuterten Unternehmenszielnetzwerkes. Über dieses Unternehmensmodell läßt sich die derzeit gültige betriebswirtschaftliche Systemtheorie visualisieren, in der ein Unternehmen als **kybernetisches System** mit hierarchisch gegliederten und vernetzten Regelkreisen angesehen wird, das sich über Kommunikation sowie Information steuert bzw. selbst regelt. Über den hier beschriebenen Generalansatz ist es möglich, innerhalb des komplexen Unternehmensgesamtsystems zielorientierte Sub-Regelkreise für unterschiedliche Strategien und handhabbare Stellgrößen für die Mitarbeiter in der jeweiligen Ebene zu bilden.

1.4.4 Qualitätsmanagement-Strategieumsetzung innerhalb der G-M-S

Die Umsetzung des Qualitätsmanagements innerhalb dieser „General Management Strategie" mit dem Ziel, die bereits beschriebene Qualitätsfähigkeit zu garantieren, um die Qualität als strategischen Erfolgsfaktor zu stabilisieren, erfolgt in acht Schritten.

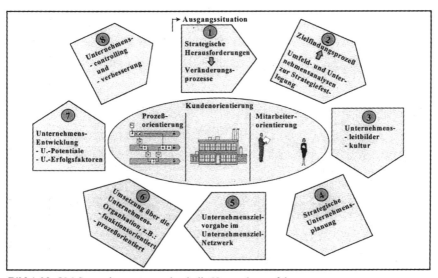

Bild 1-23 QM-Strategieumsetzung durch die Unternehmensführung

Diese acht Schritte besitzen, wie Bild 1-23 zeigt, wiederum eine Allgemeingültigkeit, die für jede Einzelstrategie durch die dafür Verantwortlichen anwendbar ist. Am Anfang steht das Erkennen der strategischen Herausforderung über die laufenden Veränderungsprozesse mit einem daraus resultierenden Zielfindungsprozeß auf der Grundlage von Umfeld und Unternehmensanalysen zur Qualitätsstrategiefestlegung, wobei unter Strategiefestlegung das Finden eines globalen Weges zur Zielerreichung verstanden wird. Aus dieser Qualitätsstrategiefestlegung leiten sich die Qualitätskulturvorgaben, beispielsweise in Form von Qualitätsleitbildern, ab. Es folgt die strategische Qualitätszielplanung mit Vorgabe dieser Qualitätsziele im vorher beschriebenen Unternehmensmodell-Ordnungsrahmen als Vorgabe für die Umsetzung durch die Mitarbeiter.

Das Erreichen dieser vorgegebenen Qualitätsziele erfolgt über die bereits genannten **Unternehmenspotentiale**, die in Bild 1-8 den Produkten und Dienstleistungen, Mitarbeitern und Lieferanten, Prozessen und Verfahren sowie der Führung und Organisation zugeordnet sind. Ein sich an den beschriebenen Unternehmensmodellstrukturen orientiertes, hierarchisch vernetztes Unternehmenscontrolling zeigt dann, ob die vorgegebenen Unternehmensziele tatsächlich in allen Ebenen oder Phasen des Produktlebenszyklusses erreicht werden. Durch das hier vorgestellte Unternehmensmodell soll sichergestellt werden, daß die Qualitätsorientierung von oben nach unten durchgängig durchsetzbar ist. Eine Voraussetzung dafür ist, daß die TQM-Prinzipien in der obersten Hierarchieebene von Seiten des Managements vorgelebt werden.

Eine ähnliche Überlegung liegt dem „**Sankt-Gallener-Management-Konzept**" zugrunde, hier werden allerdings nur drei Ebenen vorgegeben. Dabei handelt es sich um die Ebene

- normatives Management   • strategisches Management   • operatives Management

Innerhalb dieses „Sankt-Gallener-Management-Konzeptes" wurde von *Seghezzi* das Teilkonzept „Intelligentes-Qualitätsmanagement" eingeführt, da jede Ebene, wie Bild 1-24 zeigt, noch in die Strukturbildung, Aktivitätenbildung und das damit erreichte Verhalten unterteilt ist. Auch bei diesem Konzept soll die Entwicklung der Qualitätsfähigkeit des Unternehmens erreicht werden. Wobei in der normativen Management-Ebene die Qualitätsgrundsätze des Unternehmens formuliert, die Qualitätsaktivitäten begründet und die generellen Ziele, Prinzipien, Normen und Regeln vorgegeben sind. In der strategischen Managementebene werden die Handlungen des Unternehmens auf die normativen Ziele hin ausgerichtet und über das Modul „Quality-Policy-Deployment" umgesetzt.

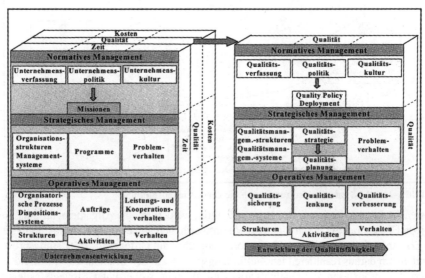

Bild 1-24 Das Sankt Gallener Management-Konzept

Im „Sankt-Gallener-Management-Konzept" werden die Managementaufgaben in bezug auf die einzelnen Führungsebenen, die organisatorischen Strukturen, die Aktivitäten und das Verhalten von Führungskräften und Mitarbeitern integriert. Jeder Ebene sind unterschiedliche Aufgaben zugeordnet. Innerhalb der jeweiligen Ebene werden drei Dimensionen unterschieden, die die Unternehmensentwicklung steuern. Hierbei handelt es sich um Strukturen (Regelungen), Aktivitäten (Ziele) und das Verhalten aller Mitarbeiter. Auf der operativen Managementebene werden die normativen und strategischen Vorgaben dann im Rahmen der Prozeßbearbeitung innerhalb des Produktlebenszyklusses zugeordnet und umgesetzt. Die operative Managementebene ist dabei für die vier Aufgabenbereiche „Qualitätsplanung, -lenkung, -sicherung und kontinuierliche Verbesserung" zuständig. Das dem operativen Aufgabenbereich zugeordnete Modul „Qualitätsplanung" dient dem Übergang von der strategischen zur operativen Managementebene.

2 Qualitätsnormen und -definitionen

2.1 Qualitätsnormen und -grundbegriffe

2.1.1 Qualitätsnormen

Normen sind Hilfsmittel zur Ordnung, mit denen die Austauschbarkeit, Kommunikation und Arbeitsteilung gefördert werden soll. Sie schaffen für alle Beteiligten eine gemeinsame Arbeitsgrundlage, reduzieren den Abstimmungsaufwand und falsche Interpretationen und sind damit ein wesentlicher Ansatz zur Rationalisierung.

Die strategische Bedeutung der Qualitätsnormung entwickelte ich in den 70er Jahren, weil der Druck der Kunden zu immer höheren Qualitätsanforderungen zu einem Wandel der Zulieferer-Abnehmer-Beziehungen führte. Hiervon war insbesondere die Automobilindustrie betroffen, weil sie aus Gründen der **Flexibilitätssteigerung** und Durchlaufzeitverkürzung immer mehr Zuliefererteile in die eigenen Produkte einbrachte. Dabei wurde die Qualitätsfähigkeit eines Zulieferers das wichtigste Lieferantenauswahlkriterium. Weiter spielte in zunehmendem Maße die Durchführung von Qualitätsaudits durch die Automobilhersteller bei ihren Lieferanten eine wichtige Rolle. Um diesen Auditierungsprozeß effizienter abwickeln zu können entstand der Bedarf nach

- **Standardisierung** (Sicherstellung der Vergleichbarkeit)
- **Dokumentierung** der Qualitätsmanagement-Systeme
- **Zertifizierung** (Auditierung des Zuliefersystems durch eine unabhängige Stelle)

Ende der 70er Jahre wurde das „**Technical Committee TC176 Quality-Management und Quality-Assurance**" bei der internationalen Normungsorganisation ISO gegründet. Aus der Arbeit dieses Komitees entstanden im Laufe der 80er Jahre die ISO-Normenreihe, welche in der Zwischenzeit in der nationalen Normung von über 80 Ländern Eingang gefunden hat. Gleichzeitig führte die Harmonisierung der Normen, insbesondere in der Europäischen Gemeinschaft, zur Abschaffung unterschiedlicher nationaler Normen und einzelner staatlicher Vorschriften. Dies wiederum führte zu einer Verringerung bestehender Handelshemmnisse in Europa.

Die Normung wird auf nationaler, regionaler und internationaler Ebene durchgeführt. Wie Bild 2-1 zeigt, gibt es unterschiedliche Normarten für Qualitätsnormen, die hier wieder dem gesamten Produktlebenszyklus zugeordnet sind bzw. für diesen gelten.

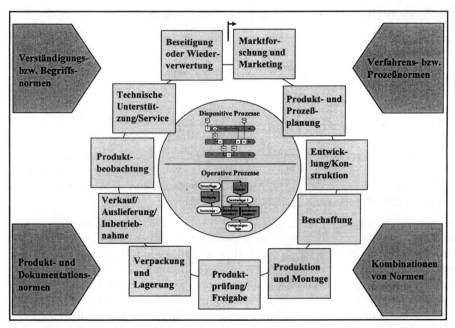

Bild 2-1 Arten von Qualitätsnormen und -standards

Als erstes sind Verständigungs- bzw. Begriffsnormen genannt. Sie dienen zur Festlegung von Begriffen, Zeichen, Systemen und werden deshalb häufig auch als Terminologie-Normen bezeichnet, beispielsweise die DIN EN ISO 8402 „Qualitätsmanagement-Begriffe" oder die DIN 55350 (1955) „Begriffe zu Qualitätsmanagement und Statistik". Weiter sind Produkt- und Dokumentationsnormen genannt, sie enthalten Festlegungen zu Merkmalen und Merkmalswerten für materielle oder immaterielle Produkte bzw. Dokumente und dienen somit zur Beschreibung von Qualitätsforderungen, die beispielsweise in Form von Sortenbeschreibungen oder von Beschaffenheitsanforderungen formuliert sind. Weitere spezielle Qualitätsforderungen können sich auf Qualitätsmerkmale wie Kompatibilität, Sicherheit, Instandhaltbarkeit und Umweltschutz beziehen. Als Nächstes sind die Verfahrensprozeß-Normen genannt, hier geht es um die Beschreibung von Qualitätsanforderungen an Abläufen, Tätigkeiten, Prozesse oder Verfahren in Form von Merkmalen und Merkmalswerten, zum Beispiel die DIN EN ISO 9000ff-Norm zur Implementierung eines Qualitätsmanagement-Systems.

Normen zu **Prozeßdokumentationen** sind zum Beispiel „ANSI/IEEE Std 829-1983" oder Normen zum Endprodukt zum Beispiel „DIN ISO/IEC12 119: 1995": Softwareerzeugnisse-Qualitätsanforderungen und Prüfbestimmungen.

2.1.2   Normkonforme Qualitätsdefinition

Nach der DIN EN ISO 8402, die ebenfalls zur 9000-Normserie gehört, wird unter dem Begriff **Qualität** verstanden:

Die Gesamtheit von Merkmalen einer Einheit bezüglich ihrer Eignung festgelegte und vorausgesetzte Erfordernisse zu erfüllen.

Dies ist eine wertneutrale Qualitätsdefinition, die erst durch die Zuordnung von Merkmalen und Eigenschaften beschreibbar wird. In diesem Sinne wird unter Qualität nichts anderes als die Erfüllung von bestimmten, festgelegten oder vereinbarten Merkmalen verstanden, wobei letztendlich der Kunde über die Qualität der erbrachten Leistung entscheidet. Diese Entscheidung kann sowohl subjektiver als auch objektiver Art oder auch eine Kombination aus beidem sein. Der Begriff Qualität ergibt sich dabei, wie Bild 2-2 zeigt, aus den fünf Grundbegriffen Beschaffenheit, Merkmal, Einheit, Qualitätsforderung und Anspruchsniveau.

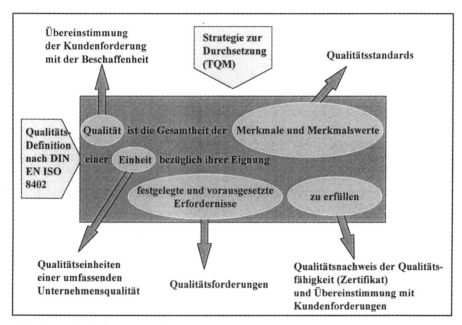

Bild 2-2 Qualitätsdefinition nach der DIN EN ISO 8402

Unter der **Beschaffenheit** ist die Gesamtheit aller Merkmale und Merkmalswerte einer Einheit definiert, wobei Merkmale die Eigenschaften einer Einheit sind, die die quantitative oder qualitative Unterscheidung der Einheit innerhalb einer Grundgesamtheit ermöglichen.

Einheiten sind materielle oder immaterielle Gegenstände der Betrachtung. Der Begriff Merkmal wird als Eigenschaft zum Erkennen oder zum Unterscheiden von Einheiten definiert. Die Qualitätsforderung ist dann die geforderte Beschaffenheit der betrachteten Einheit, wobei es sich hierbei um eine Gesamtheit aller Einzelforderungen handelt, wie z.B. die Sicherheit, die Zuverlässigkeit oder Umweltverträglichkeit. Auch ein angemessener Mitteleinsatz sowie der Verbleib (Rücknahme, Entsorgung) nach dem Nutzungsende materieller Produkte können Qualitätsforderungen sein.

Die bisher genannten, in Normen festgelegten Qualitätsforderungen an eine Einheit sind ein Bestandteil der gesamten Qualitätsforderung an die betreffende Einheit, d.h. daß bezogen auf die Qualitätseinheit eine Kombination der vorbeschriebenen drei Hauptkategorien möglich ist. Die Qualitätsforderungen bzw. -merkmale sind fest definierte Aussagen, die jedermann zur Anwendung frei stehen und durch ihre sachliche und fachliche Kompetenz als fachanerkannte Regel der Technik etabliert sind. Aufgrund von Rechtsvorschriften oder vertraglichen Vereinbarungen kann die Anwendung von Normen zwingend vorgeschrieben werden.

Das Anspruchsniveau ist ein Rangindikator für unterschiedliche Qualitätsforderungen an Einheiten, die dem gleichen Zweck dienen. Qualität ist damit also nichts absolutes, sondern muß immer in Abhängigkeit des individuellen Qualitätsstandards festgelegt werden. Hierbei ist es notwendig, daß das Unternehmen bzw. der Hersteller mit dem Kunden kommuniziert um festzustellen, auf welchem Anspruchsniveau er seine Qualität versteht.

Da sich diese Normen kontinuierlich ändern, sollte der jeweilige aktuelle Stand beim **DIN (Deutsches Institut für Normung)** oder dem Beuth Verlag in Berlin abgefragt werden.

2.1.3   Qualitätsmanagement

Nach der ins Deutsche übertragene Definition der DIN EN ISO 8402 sind unter Qualitätsmanagement alle Tätigkeiten der Gesamtführungsaufgabe zu verstehen, welche die Qualitätspolitik, -ziele und -verantwortungen festlegen sowie diese durch Mittel wie Qualitätsplanung, -lenkung, -darlegung und -verbesserung im Rahmen des Qualitätsmanagementsystems verwirklichen.

Bis zum Frühjahr 1993 wurde für die Gesamtheit der qualitätsbezogenen Tätigkeiten und Zielsetzungen im deutschen Sprachraum der Oberbegriff „Qualitätssicherung" verwendet. Wegen der fehlenden Begriffsrangordnung zwischen den Begriffen „Quality-Control", „Quality-Assurance" und „Quality-Management" hatte die internationale Organisation für Normung (ISO) 1993 entschieden, zukünftig als Oberbegriff „Qualitätsmanagement" für die Gesamtheit aller qualitätsbezogenene Tätigkeiten zu verwenden.

In Anlehnung an die klassische Ablauforganisation läßt sich das Qualitätsmanagement funktionsorientiert in die vier Phasen

*   **Qualitätsplanung**
*   **Qualitätslenkung**
*   **Qualitätprüfung**
*   **Qualitätsverbesserung / Qualitätsdarlegung**

unterscheiden, wobei sich diese vier Funktionen bzw. Phasen, wie Bild 2-3 darstellt, als Qualitätsmanagement-Regelkreis darstellen lassen. Für die Beschreibung dieser vier Funktionen können unterschiedliche Definitionen Verwendung finden.

Nach der DIN EN ISO 8402 ist die **Qualitätsplanung** definiert als

> Das Erarbeiten und Weiterentwickeln der Produkte entsprechend der Zielsetzungen, den Qualitätsanforderungen sowie den Anforderungen an die Anwendung des Qualitätsmanagement-Systems gerecht zu werden.

Bei der Produktplanung geht es um das Feststellen, Qualifizieren und Gewichten der Qualitätsmerkmale sowie das Festlegen der Ziele. Beim Qualitätsmanagement-System geht es um die ablauforganisatorischen Ausführungsplanung mit Vorbereitung der Anwendung des Qualitätsmanagements einschließlich der Ablauf- und Zeitplanung. Ebenfalls nach der DIN EN ISO 8402 ist die **Qualitätslenkung** definiert als

Arbeitstechniken und Tätigkeiten, die zur Erfüllung der Qualitätsanforderungen angewendet werden.

Gemäß Anmerkung in dieser DIN gehören dazu alle Maßnahmen zum Zwecke der Prozeßüberwachung und der Fehlerursachenbeseitigung in allen Phasen des Produktlebenszyklusses bzw. Qualitätskreises.

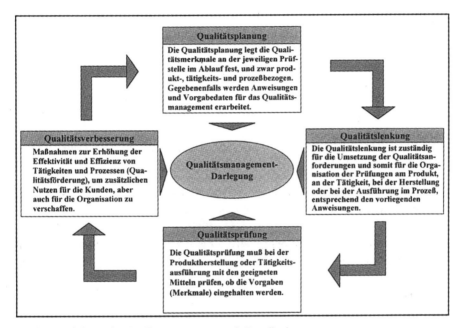

Bild 2-3 Funktionen des Qualitätsmanagements als Regelkreis

Zur Prozeßlenkung und -überwachung gehören notwendigerweise Qualitätsprüfungen. Im Gegensatz zur DIN 55350 Teil 11 wird Qualitätsprüfung bei der DIN EN ISO 8402 allerdings nicht als eigenständige Teilfunktion genannt, sondern ist dort der Qualitätslenkung zugeordnet.

Die Deutsche Gesellschaft für Qualität (DGQ) hat die 4 Qualitätsfunktionen in Anlehnung an die DIN 55350 Teil 11 wie folgt festgelegt. Die **Qualitätsplanungs**-Definition lautet:

„Auswählen, Klassifizieren und Gewichten der Qualitätsmerkmale sowie schrittweises Konkretisieren aller Einzelforderungen an die Beschaffenheit zur Realisierungsspezifikation, und zwar im Hinblick auf die durch den Zweck der Einheit gegebenen Erfordernisse, auf die Anspruchsklasse und unter Berücksichtigung der Realisierungsmöglichkeiten (DGQ 1995 B, Seite 95).“

Die Aufgabe der Qualitätsplanung, als notwendige Voraussetzung eines systematischen und erfolgreichen Qualitätsmanagements, läßt sich in folgende Einzelschritte zerlegen:

• Bestimmung der Qualitätsposition des Unternehmens

- Ermittlung der Kundenerwartung im Hinblick auf die Produkt- und Dienstleistungs-qualität

- Vorgabe von konkreten Qualitätszielen

- Entwicklung von Konzepten zu deren Verwirklichung

Nach der DGQ-Definition läßt sich die **Qualitätslenkung** wie folgt beschreiben:

„Die Qualitätslenkung beinhaltet sämtliche vorbeugenden, überwachenden und korrigie-renden Tätigkeiten bei der Realisierung einer Einheit mit dem Ziel unter Einsatz von Qualitätstechnik die Qualitätsforderung zu erfüllen (DGQ 1995 B, Seite 97)".

Bei der nachfolgenden Qualitätsprüfung soll die tatsächliche Erfüllung der vorgegebenen Qualitätsmerkmale festgestellt werden. Nach der DGQ-Definition gilt es in der Phase der **Qualitätsprüfung** für das Unternehmen festzustellen:

Inwieweit eine Einheit die Qualitätsforderungen erfüllt, d.h. sämtliche qualitätsbezogenen Elemente, Prozesse, Tätigkeiten und ähnliches sind im Hinblick auf die Erreichung der geplanten Qualitätsziele zu analysieren (DGQ 1995 B, Seite 108).

Durch die Qualitätsprüfung selber wird also festgestellt, in wie weit die Produkte- oder Dienstleistungen die an sie gestellten Qualitätsforderungen erfüllen. Dies geschieht durch Vergleich der vorgegebenen Prüfmerkmale mit den Ist-Werten, die bei der Qualitätsprü-fung ermittelt werden. Die Qualitätsprüfung ist also die Feststellung des Ist-Zustandes.

Aus den Prüfergebnissen ergeben sich die Anstöße für Qualitätsverbesserungen, d.h. die Maßnahmen zur Erhöhung der Effektivität und Effizienz von Tätigkeiten und Prozessen. Dazu gehört beispielsweise die Entwicklung von Fehlerverhütungsprogrammen und Qua-litätsverbesserungsseminaren.

Über alle beschriebenen Phasen bzw. Funktionen des Qualitätsmanagement erfolgt eine Qualitätsmanagement-Darlegung. Nach DGQ-Definitionen wird unter einer **Qualitäts-managementdarlegung** verstanden, daß:

Alle geplanten und systematischen Tätigkeiten innerhalb des Qualitätsmanagement-Systems verwirklicht sind und wie erforderlich dargelegt werden, um ausreichendes Ver-trauen zu schaffen, daß die betrachtete Qualitätseinheit die Qualitätsforderungen erfüllt (DGQ 1995 B, Seite 145).

Hierbei sind interne und externe Zwecke der Qualitätsmanagement-Darlegung zu unter-scheiden. Extern ist diese Darlegung auf den Kunden gerichtet, intern geht es darum, auch bei den Führungskräften und Mitarbeitern des Unternehmens das Vertrauen in die eigene Qualitätsfähigkeit zu schaffen und somit eine Motivation zur Qualitätsverbesserung zu erzeugen.

Aus diesen Funktionsbeschreibungen heraus lassen sich eine große Anzahl von einzelnen Qualitätsmanagement-Aufgaben ableiten, wie sie beispielhaft und ohne Anspruch auf Vollständigkeit in Bild 2-4 dargestellt sind.

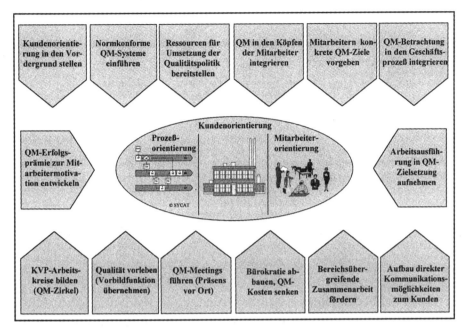

Bild 2-4 Qualitätsmanagement-Aufgaben

Es gilt die Kundenorientierung, d. h. den Kundennutzen in den Vordergrund zu stellen und den Mitarbeitern konkrete Qualitätsmanagement-Ziele vorzugeben. Dabei muß auch eine Vorbildfunktion vom Management übernommen werden. Dies kann beispielsweise durch Qualitätsmanagement-Meetings erfolgen, die die Präsenz der Führung vor Ort am Arbeitsplatz zeigt. Weiter sind Ressourcen für die Umsetzung der Qualitätspolitik und zum Erreichen der Qualitätsziele bereitzustellen. Diese Ressourcen beziehen sich auf sachliche, organisatorische, personelle oder informationelle Voraussetzungen. Das Qualitätsmanagement ist in den Köpfen der Mitarbeiter zu integrieren, zur Mitarbeitermotivation sollten Qualitätsmanagement-Erfolgsprämien entwickelt werden. Die Arbeitsausführungen sind mit in die Qualitätsmanagement-Zielsetzung aufzunehmen ebenso wie die Geschäftsprozeßbetrachtungen im Sinne der Prozeßorientierung. Dabei ist die bereichsübergreifende Zusammenarbeit zu fördern und Schnittstellen zu reduzieren, gleichzeitig die Bürokratie abzubauen und Qualitätsmanagement-Kosten zu senken. Durch den Aufbau direkter Kommunikationsmöglichkeiten zum Kunden kann ein aktuelles Feedback erfolgen, um jederzeit zu wissen, ob die Kunden mit der gebotenen Produkt- und Dienstleistungsqualität tatsächlich zufrieden sind.

In wie weit das Qualitätsmanagement in der Lage ist diese Aufgaben wahrzunehmen, kann die Auswertung der nachfolgenden Checkliste ergeben. Im einzelnen handelt es sich dabei um folgende Fragen:

- Gibt es eine schriftlich formulierte Management-Aussage zur Qualitätsphilosophie und in welcher Form liegt sie den Mitarbeitern vor?

- Wie sind die Qualitätsziele innerhalb der Unternehmensbereiche formuliert und in welcher Form liegen sie den Mitarbeitern vor?

- Wie ist die Qualitätspolitik im Unternehmen formuliert und wie wird sie dem Mitarbeiter deutlich gemacht?

- Wie ist das Qualitätsmanagement organisatorisch eingeordnet? Bildet es einen eigenen Bereich? Ist es der technischen Geschäftsleitung direkt unterstellt? Ist sie dem technischen Leiter unterstellt?

- Gibt es einen auf dem neuesten Stand befindlichen und unterzeichneten Organisationsplan, aus dem deutlich Management, Verantwortlichkeiten und Zuständigkeiten zu ersehen sind?

- Gibt es Abteilungen für Qualitätssteuerung und Qualitätssicherung? Steht ein auf dem neuesten Stand befindlicher und unterzeichneter Organisationsplan zur Verfügung? Ist diese Qualitätssicherung anderen Abteilungen gleichgestellt und erlaubt die Organisationsstruktur Zugang zum Top-Management?

- Wie ist das Qualitätsmanagement personell besetzt (Anzahl und Qualifikation)? Ingenieure, Techniker, Meister, Güteprüfer (Werkstoffprüfer etc.)?

- Sind alle Qualitätssteuerungs- und Qualitätsmanagement-Funktionen durch eine detaillierte Aufgabenbeschreibung abgedeckt?

- Ist ein Qualitätsmanagement-Handbuch vorhanden? Welche Form hat es? Wie wird es gepflegt? Wie ist die Angemessenheit der Anweisungen zu beurteilen?

- Verfügt das Qualitätsmanagement-Personal über ausreichendes Wissen hinsichtlich der Prüfplanung, statistischer Auswertung und anderer Qualitätsmanagement-Techniken? Wann wurde das Personal im Werk zum letzten Male ausgebildet? Prüfung der Ausbildungsunterlagen und der erreichten Qualifikation.

2.1.4   Weitere Qualitätsbegriffe

Weitere hier verwendete und im folgenden noch ausführlich erläuterte Qualitätsbegriffe sind z.B.:

Der **TQM-Ansatz** als:

auf der Mitwirkung aller ihrer Mitglieder beruhende Führungsmethode einer Organisation, die die Qualität in den Mittelpunkt stellt und durch Zufriedenstellung der Kunden auf langfristigen Geschäftserfolg sowie auf Nutzen für die Mitglieder der Organisation und für die Gesellschaft zielt.

Qualität:

Gesamtheit von Merkmalen einer Einheit bzgl. ihrer Eignung festgelegte und vorausgesetzte Erfordernisse zu erfüllen.

Qualitätspolitik:

Die umfassenden Absichten und Zielsetzungen einer Organisation, wie sie durch die oberste Leitung formell dargelegt werden.

Qualitätsmanagement (QM):

Alle Tätigkeiten einer Gesamtführungsaufgabe, welche die Qualitätspolitik, Ziele und Verantwortungen festlegt.

Qualitätsmanagement-System (QMS):

Die Organisationsstruktur, Verantwortlichkeiten, Verfahren, Prozesse und erforderlichen Mittel für die Verwirklichung des Qualitätsmanagements.

Qualitätsmanagement-Handbuch:

Ein Dokument, in dem die Qualitätspolitik dargelegt wird und das Qualitätsmanagement-System einer Organisation beschrieben ist.

Darlegungsforderung:

Forderung einer Darlegung der Realisierung von Qualitätsmanagement-Elementen (Führungs-, Ablauf- und Aufbauelemente).

Zertifizierung:

Anerkennung eines Qualitätsmanagement-Systems entsprechend eines anerkannten Standards (DIN EN ISO 9000ff) durch eine autorisierte Institution (DQS, TÜV-Cert).

2.2   Qualitätsmanagement-System - Vorgaben nach der DIN EN ISO 9000 ff.

2.2.1   Aufbau der DIN EN ISO 9000 ff.

Ein hervorragendes Führungsinstrument für die Durchsetzung des Qualitätsmanagements ist die international festgelegte „DIN EN ISO 9000-Familie". Ein Regelwerk, in dem Forderungen und Hinweise an Qualitätsmanagement-Systeme vorgegeben sind. Allerdings ist es nicht Zweck der Normen der „DIN EN ISO 9000", die Qualitätsmanagement-Systeme zu normen, weil das jeweilige Qualitätsmanagement-System auf die vorhandenen Gegebenheiten, Absichten und Zielsetzungen der betrachteten Organisation individuell angepaßt werden muß. Ein genormtes Managementsystem kann es deshalb nicht geben, auch nicht für Teilziele.

Zweck und Nutzen dieses Qualitätsmanagement-Systems ist, wie Bild 2-5 zeigt, eine Vorgabe zur Schaffung von Kompetenz und Vertrauen in die Qualitätsfähigkeit eines Unternehmens aufzuzeigen.

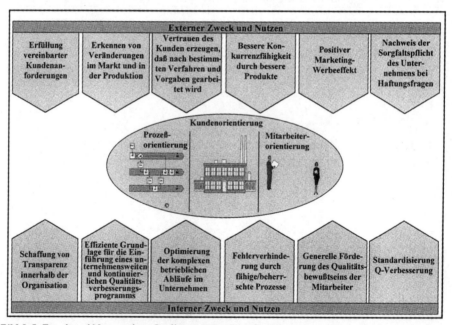

Bild 2-5 Zweck und Nutzen eines Qualitätsmanagement-Systems

Gleichzeitig soll das Qualitätsmanagement-System aber auch nach innen in das Unternehmen hinein allen Beteiligten Hilfestellung in der Form zu geben, daß die an jeder Stelle im Prozeßlebenszyklus gestellten Qualitätsforderungen an die Produkte und Dienstleistungen, an die Führung und Organisation, an die Mitarbeiter und Zulieferer sowie an die Prozesse und Verfahren erfüllt sind. Der Kunde kann sich darauf verlassen, daß sein Lieferant im Sinne der Norm die von ihm gestellten Qualitätsforderungen an die Produkte und Dienstleistung tatsächlich erfüllen kann. Die Vorgaben, Forderungen und Hinweise der DIN EN ISO 9000ff tragen dazu bei dieses Ziel zu erreichen. Ein wirksames Qualitätsmanagement-System ist also so ausgerichtet, daß es die Erfordernisse und Erwartungen des Kunden erfüllt (extern) und dabei gleichzeitig auch die Wahrung der Interesse des Unternehmens (intern) wahrnimmt. Die Struktur der DIN EN ISO 9000-Familie stellt sich wie folgt dar: In der DIN EN ISO 8402 wird in Form von Begriffsfestlegungen eine Verständigungsgrundlage geschaffen. In der DIN EN ISO 9000 wird in Form von Leitfäden zur Anwendung und Interpretation in das Thema eingeführt. Bei der DIN EN ISO 9001/9002 und 9003 werden in Form Qualitätsmanagement-System-Mindestforderungen externe Darlegungen der Qualitätsfähigkeit gegenüber Interessen und Partner festgelegt. In der DIN EN ISO 9004 und DIN EN ISO 10011-1, DIN EN ISO 11011-3 und DIN EN ISO 10012-1 werden Qualitätsmanagement-System-Elemente und Techniken beschrieben und interpretiert. In Bild 2-6·werden die einzelnen Komponenten dieser Norm noch einmal im Zusammenhang genannt.

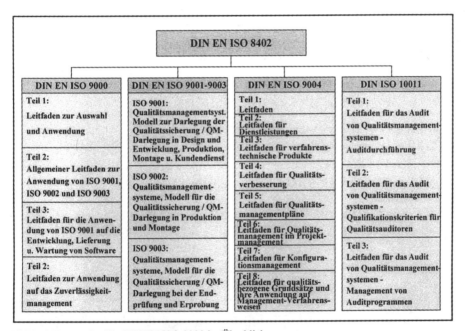

Bild 2-6 Normenfamilie DIN EN ISO 9000 im Überblick

Die Struktur dieser DIN EN ISO 9000-Familie läßt sich nach einer vertraglichen und nichtvertraglichen Situation unterscheiden. Im ersten Fall schließen der Kunde und das Unternehmen bzw. der Lieferant einen Vertrag über die zu liefernden Produkte oder Dienstleistungen. Dabei verpflichtet sich das Unternehmen schriftlich ein Qualitätssicherungssystem zu betreiben, das einer der Darlegungsstufen DIN EN ISO 9001 / 9002 oder 9003 entspricht. Hierbei steht also das Kunden-Lieferanten-Verhältnis im Vordergrund. Die drei genannten Darlegungsmodelle haben das Ziel, daß Vertrauen des Kunden in das Qualitätsmanagement-System des Lieferanten sicherzustellen und dienen gleichzeitig als Basis für die Qualitätsmanagement-System-Zertifizierung. Im zweiten Fall der nichtvertraglichen Situation verwendet der Lieferant die DIN EN ISO 9004 als Leitfaden ohne

sich vertraglich dem Kunden gegenüber festzulegen. Die Unterscheidung zwischen Darlegungsstufen und Leitfäden wird schon in den Formulierungen der Norm deutlich. Bei den
Darlegungsstufen werden in der Norm Forderungen erhoben, denen sich der Lieferant
zwingend unterwerfen muß. Deshalb wird im Normtext immer die Formulierung "Der
Lieferant muß...." verwendet. Statt dessen geben die Leitfäden Umsetzungshinweise. Deshalb ist hier immer die Rede von „Der Lieferant sollte ....", wobei die DIN EN ISO 9004
nur als Dokument für den internen Gebrauch durch die Organisation gedacht ist. Sie ist
nicht als Leitfaden zur DIN EN ISO 9001, 9002 oder 9003 zu verstehen. Dafür steht wie
bereits oben erwähnt die ISO 9000 Teil 2 zur Verfügung. Genauso wie die DIN EN ISO
9000 kann auch die DIN EN ISO 9004 nur zusammen mit einer der Norm DIN EN ISO
9001 bis 9003 angewendet werden. Für diesen Normenteil ist keine Zertifizierung möglich, weil sie nur aus übergeordneter Sicht für das Qualitätsmanagement die möglichen
Elemente eines Qualitätsmanagement-Systems beschreibt und dabei keine vertraglichen
Vereinbarungen irgendwelcher Art tangiert. Im letzten Jahrzehnt hat sich die ISO-Familie
permanent vergrößert, insbesondere ist durch das Hinzufügen der einzelnen Teile immer
stärker der Dienstleistungsanteil erhöht worden und damit der Faktor „Mensch" bei der
Erbringung der Dienstleistung immer stärker mit berücksichtigt. So wurde auch der Vor-
wurf entkräftet, der in den 80er Jahren immer wieder genannt wurde, daß diese Norm zu
technisch aufgebaut ist und sich nur auf das industrielle Umfeld bezieht.

2.2.2   Inhalte der DIN EN ISO 9001/9002/9003

Die normkonformen Anforderungen an die Qualitätsmanagement-Organisation sind in
Bild 2-7 ohne Anspruch auf Vollständigkeit dargestellt.

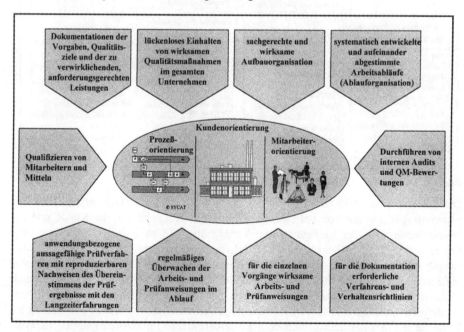

Bild 2-7 Normkonforme Anforderungen an die Qualitätsmanagement-Organisation

Diese Anforderungen werden in der ISO 9001 bis 9003 in Form von **Qualitätsmanage-ment-Elementen (QME)** fixiert, wobei im Vorwort zur DIN EN ISO 9001 ausdrücklich darauf hingewiesen wird, daß der Anwender aufgefordert ist, die Beschreibung und den Umfang des einzelnen Qualitätsmanagement-Elementes an die Gegebenheit der eigenen Organisation anzupassen. Die Qualitätsmanagement-Einheiten enthalten Vorgaben, die die Anforderungen des Qualitätsmanagements in der Aufbau- und Ablauforganisation eines Unternehmens erfüllen, wobei diese Empfehlungen und Forderungen branchenneutral formuliert sind:

- Dokumentationen der Vorgaben, Qualitätsziele und der zu verwirklichenden, anforderungsgerechten Leistungen

- Lückenloses Einhalten von wirksamen Qualitätsmaßnahmen im gesamten Unternehmen

- Sachgerechte und wirksame Aufbauorganisation

- Systematisch entwickelte und aufeinander abgestimmte Arbeitsabläufe (Ablauforganisation)

- Durchführen von internen Audits und Qualitätsmanagement-Bewertungen

- Für die Dokumentation erforderliche Verfahrens- und Verhaltensrichtlinien

- Für die einzelnen Vorgänge wirksame Arbeits- und Prüfanweisungen

- Regelmäßiges Überwachen der Arbeits- und Prüfanweisungen im Ablauf

- Anwendungsbezogene, aussagefähige Prüfverfahren mit reproduzierbaren Nachweisen des Übereinstimmens der Prüfergebnisse mit den Langzeiterfahrungen

- Qualifizieren von Mitarbeitern und Mitteln

Wie Bild 2-8 zeigt, orientieren sich die Darlegungsstufen inhaltlich an dem Abdeckungsgrad innerhalb der Produktlebenszyklen bzw. des Qualitätskreises.

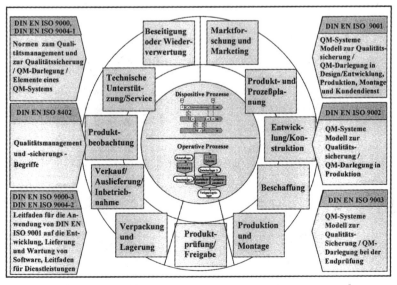

Bild 2-8 DIN EN ISO 9000 ff

Nach dieser Darstellung ist also die DIN EN ISO 9001 die umfassendste Darlegungsstufe, weil sie den gesamten Produktlebenszyklus umfaßt, angefangen bei der Entwicklung neuer Produkte oder Dienstleistungen über die Leistungserbringung bis hin zum Einsatz beim Kunden. Dieses Regelwerk enthält insbesondere Darlegungsforderungen an Unternehmen, die ein eigenes oder im Kundenauftrag erstelltes Produkt entwickelt haben, es herstellen und auch vertreiben. Die DIN EN ISO 9002 ist das Modell zur Qualitätssicherung/Qualitätsmanagement-Darlegung in Produktion, Montage und Wartung und enthält im Gegensatz zur DIN EN ISO 9001 nicht das Element Designlenkung. Deshalb wird diese Darlegungsstufe von Unternehmen gewählt, die keine eigene Entwicklung betreiben bzw. darlegen wollen. Die Darlegungsstufe für Qualitätssicherung/Qualitätsmanagement-Darlegung bei der Endprüfung DIN EN ISO 9003 kommt für die Zulieferer in Frage, die den Nachweis ihres Qualitätsmanagement-Elementes bezüglich der Endprüfung erbringen wollen. Diese Darlegungsstufe findet nur sehr begrenzt Anwendung und wird im allgemeinen auch nicht als Qualitätsnachweis empfohlen, weil sie beispielsweise das Qualitätsmanagement-Element „Beschaffung" nicht berücksichtigen.

In Bild 2-9 sind die Darlegungsmodelle mit ihren Qualitätsmanagement-Elementen genannt und die Unterschiede zwischen den einzelnen Darlegungsstufen aufgezeigt.

Titel	Zugehöriger Abschnitt der Norm		
	ISO 9001	ISO 9002	ISO 9003
Verantwortung der Leitung	4.1 ●	●	◐
Grundsätze zum Qualitätsmanagementsystem	4.2 ●	●	◐
Auditieren des Qualitätsmanagementsystems (intern)	4.17 ●	●	◐
Qualitätsbezogene Wirtschaftlichkeit	—	—	—
Qualität im Marketing (Vertragsprüfung)	4.3 ●	●	●
Qualität bei Auslegung und Design (Designlenkung)	4.4 ●	—	—
Qualität bei der Beschaffung (Beschaffung)	4.6 ●	●	—
Qualität in der Produktion [Prozeßlenkung] (in Produktion und Montage)	4.9 ●	●	—
Produktionslenkung	4.9 ●	●	—
Lenkung und Rückverfolgbarkeit von Material (Identifikation von Produkten)	4.8 ●	●	◐
Überwachung des Verifizierungsstatus (Prüfstatus)	4.12 ●	●	◐
Produktverifizierung (Prüfungen)	4.10 ●	●	◐
Prüfmittelüberwachung (Prüfmittel)	4.11 ●	●	●
Fehler (Lenkung fehlerhafter Produkte)	4.13 ●	●	◐
Korrekturmaßnahmen	4.14 ●	●	◐
Handhabung und Aufgaben nach der Produktion (Lagerung der Dokumente)	4.15 ●	●	●
Wartung	4.19 ●	●	—
Qualitätsdokumentation und Qualitätsaufzeichnungen (Lenkung, Verpackung, Versand)	4.5 ●	●	◐
Qualitätsaufzeichnungen	4.16 ●	●	◐
Personal (Schulung)	4.18 ●	●	◐
Produktsicherheit	—	—	—
Gebrauch statistischer Methoden (Statistische Methoden)	4.20 ●	●	◐
Lenkung der vom Auftraggeber beigestellten Produkte	4.7 ●	●	●

Schlüssel: ● volle Forderung   ◐ weniger streng als 9001   ▬ QM-Element kommt nicht vor

Bild 2-9 Vergleichstabelle DIN EN ISO 9001-9001/2/3

Um die Einführung und Aufrechterhaltung eines Qualitätsmanagement-Systems im Unternehmen zu vereinfachen, lassen sich die oben beschriebenen **Qualitätsmanagement-Elemente** nach unterschiedlichen Gesichtspunkten strukturieren. Ein Modell teilt, wie Bild 2-10 zeigt, die Qualitätsmanagement-Elemente in Führungselemente, phasenspezifische und phasenübergreifende Qualitätsmanagement-Elemente ein.

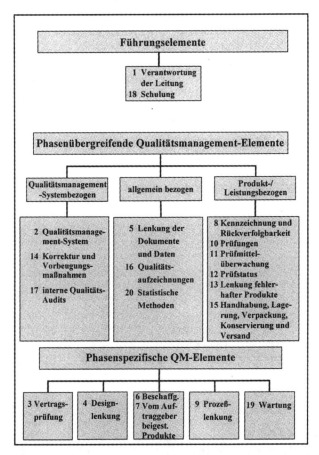

Bild 2-10 Qualitätsmanagement-System-Modell nach DIN EN ISO 9001

Führungselemente sind dabei bereichs- und abteilungsübergreifend wirksam. Sie stellen Forderungen auf, denen jede Führungskraft des Unternehmens; gleich in welcher Hierarchieebene; nachkommen muß. Die Aufgabe des Managements ist es, notwendige Rahmenbedingungen für das Qualitätsmanagement verantwortlich festzulegen und dessen Wirksamkeit zu prüfen und wenn nötig lenkend einzugreifen. Weiter sind die Mitarbeiter über Maßnahmen, Methoden und Strategien des Qualitätsmanagement zu schulen und in die Verantwortung für die Qualität z.B., durch Selbstprüfung, mit einzubeziehen. Zusätzlich ist es nötig, die Mitarbeiter durch regelmäßige Informationen über Ziele und Ergebnisse im Bereich des Qualitätsmanagement zu motivieren und die Philosophie, daß Qualität die Aufgabe eines jeden Mitarbeiters ist, praktisch umzusetzen.

Bei den phasenübergreifenden Qualitätsmanagement-Elemente sind Funktionen und Aufgaben bzw. Anforderungen definiert, die mehrere Phasen des Lebenszyklusses betreffen, also keinen festen Abschnitt der Leistungserstellung zuzuordnen sind. Sie gehören nicht zu den Führungselementen, stellen jedoch für verschiedene Unternehmensbereiche eine große Bedeutung dar. Die phasenspezifischen Qualitätsmanagement-Elemente umfassen Aufgaben und Maßnahmen zum Qualitätsmanagement die einzelnen Produktlebenszyklus-Phasen zugeordnet werden können. Sicherlich werden sich die einzelnen Qualitätsmanagement-Elemente in ihrer Bedeutung für die jeweiligen Unternehmen unterscheiden, allerdings wird keines der genannten Qualitätsmanagement-Elemente innerhalb der Darlegungsstufe wirklich unwichtig sein. Es ist eher davon auszugehen, daß wichtige Qualitätsmanagement-Elemente fehlen. So ist aus Sicht der Produkthaftung der Charakter des Inhalts der Darlegungsstufen DIN EN ISO 9001 bis 9003 unverbindlich, unverständlich und ergänzungsbedürftig. Die Argumente der Kritiker liegen beispielsweise in vieldeutigen oder unklaren begrifflichen Ansätzen

- unzureichend beschriebenen oder fehlenden Schwerpunkten

- einer ungenügenden oder fehlenden Auswertung des Standes der Technik, (z.B. VDI, VDE, DIN-Vorschriften)

In Bild 2-11 sind ergänzend rechtliche Anforderungen genannt, die von der Normreihe DIN EN ISO 9000 ff nicht erfüllt werden.

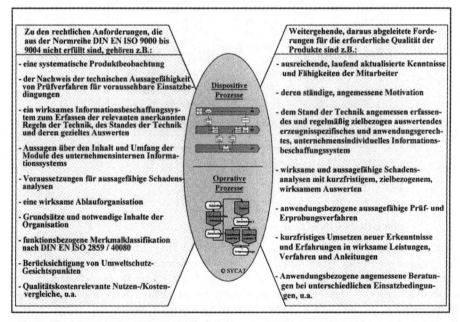

Bild 2-11 Defizite der Qualitätsmanagement-Norm aus rechtlichen Anforderungen der Produkthaftung

Aus dieser Aufstellung wird deutlich, daß eine ganze Anzahl Aspekte unzureichend berücksichtigt sind. Aus diesem Grund werden in Bild 2-12 noch einmal ausdrücklich die

Hinweise auf die Umsetzung der DIN EN ISO 9000 ff. herausgehoben, wie sie in dieser Normenreihe selbst formuliert sind.

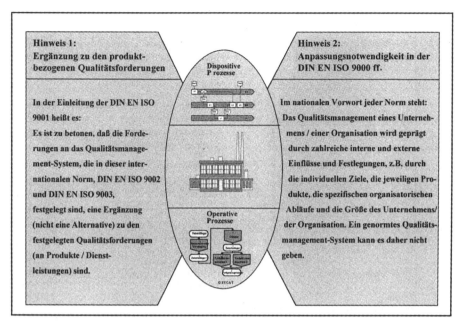

Bild 2-12 Hinweise auf die Umsetzung in der DIN EN ISO 9000

2.2.3 Inhalte der DIN EN ISO 9004

Die DIN EN ISO 9004 Teil 1 enthält im Gegensatz zu den erläuterten drei Darlegungsmodellen der DIN EN ISO 9001, 9002, 9003 Empfehlungen in Form eines Leitfadens zur Einführung und Entwicklung eines Qualitätsmanagement-Systems nach dem heutigen Stand. Damit soll die Auswahl geeigneter Qualitätsmanagement-Elemente sowie das Anpassen auf die jeweiligen Bedürfnisse erleichtert werden. Gleichzeitig dient sie dem ausdrücklichen Ziel, beschreibend und erklärend alle Elemente eines Qualitätsmanagement-Systems darzustellen und zu erläutern. Aus diesem Grund enthält sie auch Gesichtspunkte, die in den bisherigen drei Darlegungsmodellen bisher nicht betrachtet wurden. Einmal geht es dabei um die finanziellen Überlegungen zum Qualitätsmanagement-System (Wirtschaftlichkeit), zum zweiten um die Produktsicherheit (Produkthaftung).

In Bild 2-13 wird eine direkte Gegenüberstellung zwischen den Qualitätsmanagement-Elementen der DIN EN ISO 9001 und den Qualitätsmanagement-Elementen der DIN EN ISO 9004 vorgenommen, um die Unterschiede herauszustellen. Auch bei der DIN EN ISO 9004 kann in ähnlicher Weise, wie vorher bereits in Bild 2-9 gezeigt, eine Unterteilung der Qualitätsmanagement-Elemente in Führungselemente, phasenübergreifende und phasenspezifische Qualitätsmanagement-Elemente, vorgenommen werden.

QM-Element in ISO 9001 Bezeichnung der Elemente	QM-Element in ISO 9001 Abschnitt	QM-Elemente inISO-9004-1 Bezeichnung der Elemente	QM-Element in ISO 9004-1 Abschnitt
Verantwortung der Leitung	4.1	Verantwortung der Leitung Struktur des QM-Systems Bewertung des QM-Systems	4 5.2 5.5
Qualitätsmanagementsystem	4.2	Qualitätsmanagement-Elemente (QM-Elemente)	5
		Finanzielle Überlegungen zu Qualitätsmanagement-systemen (QM-Systemen)	6
Vertragsprüfung	4.3	Qualität im Marketing	7
Designlenkung	4.4	Qualität im Marketing Qualität bei Auslegung und Design	7 8
Lenkung der Dokumente und Daten	4.5	Dokumentation des QM-Systems Qualitätsbezogene Dokumente	5.3 17
Beschaffung	4.6	Qualität bei der Beschaffung	9
Lenkung der vom Kunden beigestellten Produkte	4.7		
Kennzeichnung und Rückverfolgbarkeit	4.8	Überwachung von Material, Kennzeichnung und Rückverfolgbarkeit	11.2
Prozeßlenkung	4.9	Qualität von Prozessen Prozeßlenkung	10 11
Prüfung	4.10	Produktprüfung	12
Prüfmittelüberwachung	4.11	Prüfmittelüberwachung	13
Prüfstatus	4.12	Überwachung des Prüfstatus	11.7
Lenkung fehlerhafter Produkte	4.13	Lenkung fehlerhafter Produkte	14
Korrektur- und Vorbeugungsmaßnahmen	4.14	Korrekturmaßnahmen	15
Handhabung, Lagerung, Verpackung, Konservierung und Versand	4.15	Handhabung	10.4
Lenkung von Qualitätsaufzeichnungen	4.16	Qualitätsbezogene Dokumente	17
Interne Qualitätsaudits	4.17	Auditieren des QM-Systems	5.4
Schulung	4.18	Personal	18
		Produktsicherheit	19
Wartung	4.19	Aufgaben nach der Produktion	16
Statistische Methoden	4.20	Gebrauch statistischer Methoden	20

Bild 2-13 Vergleichsmatrix DIN EN ISO 9001 - 9004 Teil 1

Führungselemente sind:
- Managementaufgaben (Abschnitt 4)
- Grundsätze zum Qualitätsmanagement-System mit dem internen Qualitätsaudit (Abschnitt 5.4)
- Wirtschaftlichkeitsbetrachtungen - Überlegungen zu qualitätsbezogenen Kosten (Abschnitt 6)
- Ausbildung und Qualifikation von Mitarbeitern (Abschnitt 18)
- Produktsicherheit und Produkthaftung (Abschnitt 19)

Als phasenübergreifende Elemente können angesehen werden:
- Rückverfolgbarkeit von Material (Unterabschnitt 11.2)
- Prüfstatus (Unterabschnitt 11.7)
- Produktprüfungen (Abschnitt 12)
- Prüfmittelüberwachung (Abschnitt 13)
- Behandlung fehlerhafter Einheiten (Abschnitt 14)
- Korrekturmaßnahmen (Abschnitt 15)
- Qualitätsaufzeichnungen (Abschnitt 17)
- Anwendung statistischer Verfahren (Abschnitt 20)

Als phasenbegleitende Elemente verbleiben:
- Qualität im Marketing (Abschnitt 7)
- Qualität bei Auslegung und Design (Abschnitt 8)
- Qualität bei der Beschaffung (Abschnitt 9)
- Qualität in der Produktion (Abschnitt 10)
- Produktionslenkung (Abschnitt 11)
- Lagerung, Verpackung, Versand, einschl. Kundendienst (Unterabschnitt 16.2)

2.2.4 QS-9000 und VDA 6.1

Weil die bewußt branchenneutral aufgebaute DIN EN ISO 9000 ff. Normreihe den drei großen US-Automobil-Firmen Ford, GM, Chrysler nicht nachweisintensiv genug war, haben sie 1994 unter der Bezeichnung QS-9000 eine automobilspezifische Variante der DIN EN ISO 9000 entwickelt und sie für ihre eigenen Zulieferer eingeführt. Diese QS 9000 setzt, wie Bild 2-14 zeigt, auf den 20 Elementen der ISO 9001 auf, ergänzt sie aber um zusätzliche Forderungen.

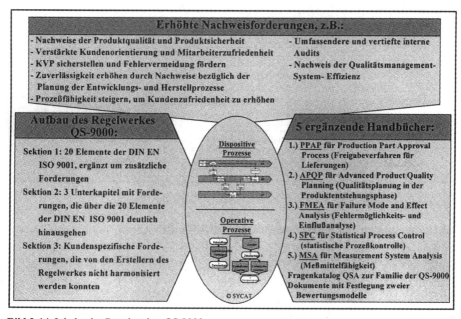

Bild 2-14 Inhalte des Regelwerkes QS 9000

Diese zusätzlichen Nachweisforderungen betreffen vor allem Nachweise der Produktqualität und Produktsicherheit, verstärkte Kundenorientierung und Mitarbeiterzufriedenheit mit der Sicherstellung von KVP und der Förderung der Fehlervermeidung. Weiter soll die Zuverlässigkeit durch Nachweise bezüglich der Planung der Entwicklungs- und Herstellprozesse erhöht werden. Hinzu kommt, daß umfassendere und vertiefte interne Audits vorgeschrieben sind. Auch der Nachweis der Qualitätsmanagement-Systemeffizienz des Zulieferers muß erbracht werden.

Den Aufbau dieses **Regelwerkes QS 9000** zeigt ebenfalls Bild 2-14. Es ist in die drei Sektionen unterteilt. Weiter gibt es fünf ergänzende Handbücher, in denen die obengenannten Nachweisforderungen spezifiziert sind. Da sich die QS 9000 sehr schnell ausbreitet und auch in Deutschland von Ford und Opel gefordert wird, ist davon auszugehen, daß die QS 9000 auch bald von den betroffenen Zulieferern übernommen wird.

In Deutschland haben die Automobilhersteller ein ähnliches erweitertes Modell zur Qualitätssicherung/Qualitätsmanagement-Darlegung unter der Bezeichnung VDA 6, Teil 1, eingeführt. In Bild 2-15 sind die einzelnen Segmente dieses Modells dargestellt.

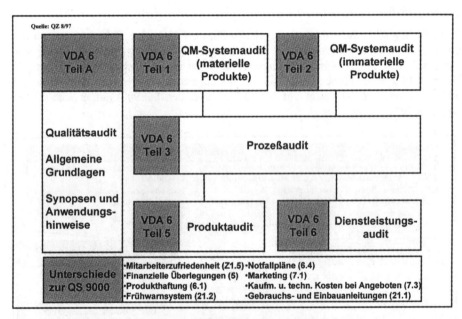

Bild 2-15 Qualitätsstandard der deutschen Automobilindustrie (nach VDA 6)

2.2.5   Normkonforme Dokumentation und Zertifizierung

Die Realisierung der in der Normreihe DIN EN ISO 9000 ff geforderten Forderungen zum Aufbau und zur Einführung eines Qualitätsmanagement-Systems erfordert eine klare und verständliche Dokumentation. Über diese Dokumentation wird die Verwirklichung der eigenen Qualitätsansprüche nachgewiesen. In Bild 2-16 ist der hierarchische Aufbau der Dokumentation eines Qualitätsmanagement-Systems nach der DIN EN ISO 10013 dargestellt. Hier unterschieden nach dem Qualitätsmanagement-Handbuch, -Verfahrensanweisungen, -Unterlagen und sonstigen Dokumenten. Wobei je nach Betriebsgröße und Art des Unternehmens unterschiedliche Abstufungen möglich sind, die über diese obengenannten Einstufungen hinaus gehen oder auch beispielsweise das Qualitätsmanagement-Handbuch und die Verfahrensanweisungen in einem zusammenfaßt.

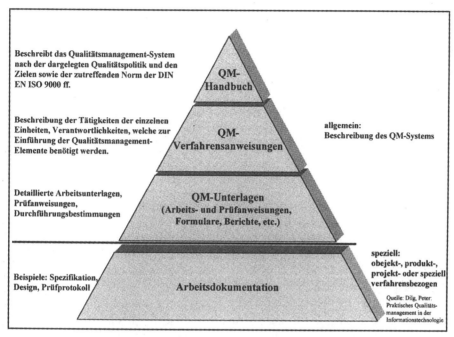

Bild 2-16 Die Hierarchie der Dokumente eines Qualitätsmanagement-Systems
(nach DIN EN ISO 1.0013)

Das Qualitätsmanagement-Handbuch wird in der Begriffsnorm DIN EN ISO 8402 definiert, also ein Dokument, in dem die Qualitätspolitik festgelegt und das Qualitätsmanagement-System einer Organisation beschrieben ist. In Anmerkung 2 dieser Norm wird weiter festgelegt, daß Aspekte wie:

- Qualitätspolitik
- Verantwortung
- Befugnisse

- Verfahren
- Abläufe des Systems
- Pflege und Änderungsdienst

im Qualitätsmanagement-Handbuch enthalten oder darauf verwiesen werden sollte. Auch in den anderen, bereits genannten Normen der Normreihe DIN EN ISO 9000 befinden sich weitere Anforderungen an das Handbuch. Beispielsweise wird in der DIN EN ISO 9001 unter Abschnitt 4.2.1 festgestellt, daß ein Qualitätsmanagement-Handbuch erstellt werden muß, das die Forderungen der internationalen Normen beinhaltet. Dabei können die Verfahrensanweisungen entweder darin enthalten sein oder es muß ein Verweis auf sie erfolgen. Weiter muß auf Basis dieser Norm im Qualitätsmanagement-Handbuch die Struktur der Dokumentation des Qualitätsmanagement-Systems geklärt werden.

Inhaltlich beschreibt das Qualitätsmanagement-Handbuch auf relativ grober Ebene den Aufbau und die Wirkungsweise des Qualitätsmanagementsystems im Unternehmen. Es kann dabei den Mitarbeitern und Kunden als Beschreibungs- und Arbeitsunterlage dienen. Da das Qualitätsmanagement-Handbuch häufig auch an Kunden weitergegeben wird, sollten schützenswerte interne Unternehmensinformationen nicht im Qualitätsmanagementhandbuch selber, sondern in nachgeordneten Qualitätsmanagementdokumenten stehen. Im Qualitätsmanagement-Handbuch selber sind Verweise auf den nachgeordneten Qualitätsmanagement-Dokumente erforderlich. Da ein **Qualitätsmanagement-Handbuch** immer aktuell sein muß, unterliegt es auch dem Änderungsdienst. In Kapitel 5 wird bei der Beschreibung eines normkonformen Qualitätsmanagement-Systems in der Praxis auf diese Dokumentation sowie auf die nachfolgende Zertifizierung dieses Qualitätsmanagement-Systems noch einmal näher eingegangen.

Ebenfalls wird von der DIN EN ISO 9000 ff gefordert, daß für bestimmte Aufgabenstellungen, z.B. Lenkung von Dokumenten und Daten, Verfahrensanweisungen zu erstellen sind. Verfahrensanweisungen sind unternehmensweit gültige Beschreibungen der betrieblichen Abläufe und für jedermann im Unternehmen verpflichtend. Jede Verfahrensanweisung hat einen Verantwortlichen im Unternehmen, der für den zu beschreibenden Ablauf und auch für die Verfahrensanweisung verantwortlich ist. Die erstellte Verfahrensanweisung muß von den betroffenen Bereichen geprüft und formell in Kraft gesetzt werden. Während sich Verfahrensanweisungen überwiegend auf funktionsübergreifende Abläufe richten, können bestimmte Festlegungen für nur wenige Arbeitsplätze in Form von Arbeitsanweisungen geregelt werden. In der Arbeitsanweisung steht üblicherweise an welchen Arbeitsplätzen sie Gültigkeit besitzt. Diese Dokumente müssen den betroffenen Mitarbeitern aktuell zur Verfügung stehen.

Weiter gibt es noch sonstige Dokumente, die den obengenannten Stufen schwer zuzuordnen sind. Dies können beispielsweise Checklisten oder bestimmte Dokumente und Formulare sein. Die Prüfung, Freigabe und Verteilung der Dokumente sowie der Änderungsdienst müssen im Unternehmen geregelt sein. In der DIN 55350 wird zwischen qualitätsbezogenen Dokumenten und Qualitätsmanagement-Dokumenten unterschieden. Qualitätsbezogene Dokumente beziehen sich mit einem beliebigen Qualitätsinhalt auf jede beliebige Qualitätseinheit, auch das Qualitätsmanagement-Handbuch ist ein qualitätsbezogenes Dokument. Weiter gibt es Qualitätsmanagement-Dokumente, die sich auf die Tätigkeit beziehen. Hierbei handelt es sich also beispielsweise um Verfahrens-, Arbeits- und Prüfanweisungen. Qualitäts-Dokumente beziehen sich auf das Produkt und sind demnach also Produktspezifikationen oder produktbezogene Qualitätsaufzeichnungen also Ergebnisse von Qualitätsprüfungen.

Die Voraussetzung für eine erfolgreiche **Zertifizierung** sind, daß das Unternehmen über ein eingeführtes Qualitätsmanagement-System verfügt, und daß dieses durch ein Qualitätsmanagement-Handbuch auf dem aktuellsten Stand beschrieben ist. Eine weitere Voraussetzung für die erfolgreiche Zertifizierung ist ein intern durchgeführtes Qualitätsmanagement-Systemaudit und die Erledigung der daraus abgeleiteten Maßnahmen durch den Qualitätsbeauftragten im Unternehmen, der für die organisatorische Abwicklung des Zertifizierungsprozesses verantwortlich ist. Audits müssen die gestellten Qualitätsmanagement-Vereinbarungen sowie Qualitätsmanagement-Nachweisforderungen durch Kunden und Gesetze berücksichtigen. Sie sind damit ein Steuerungsinstrument für die kontinuierliche Verbesserung von Produkten sowie der Prozeß- und Ablaufqualität. Bei dem obengenannten Qualitätsmanagement-Audit geht es darum, Schwachstellen im Qualitätsmanagement-System aufzudecken, Abhilfemaßnahmen festzulegen und zu veranlassen sowie die Wirksamkeit dieser Maßnahmen zu beobachten.

Ein Qualitätsmanagement-System-Zertifikat ist nach der DIN EN 45012 eine „Urkunde über die Konformität eines bezeichneten und dokumentierten Qualitätsmanagement-Systems mit dem angegebenen Standard, die durch eine unabhängige Qualitätsmanagement-Zertifizierungsstelle ausgestellt wird. Der Bereich des Unternehmens legt fest, für welchen das Zertifikat gemäß Angabe gilt. Wie in Kapitel 3.3.4 „Lieferantenanbindung" dargestellt, werden drei Zertifizierungsarten unterschieden:

- **First Party-Zertifizierung**
  Hierbei handelt es sich um eine Herstellererklärung, daß das Produkt oder auch das Qualitätsmanagement-System den vorgegebenen Regelwerken entspricht. Die Herstellererklärung, häufig auch als Selbstzertifizierung bezeichnet, ist üblich im direkten Verkehr zwischen Zulieferer und Abnehmer.

- **Second Party-Zertifizierung**
  Darunter fällt die Begutachtung und Zulassung durch den Kunden. In diese Gruppe fällt die Bewertung des Kunden durch den Auftraggeber. AQAP-Zulassungen fallen hierunter ebenso wie Lieferantenbewertungen, die auf einem Qualitätssicherungs-System-Audit nach der VDA-Schrift 6 basieren und auf der Grundlage der Norm DIN EN ISO 9004 vorgenommen werden.

- **Third Party-Zertifizierung**
  Erteilung eines Zertifikates durch eine dritte, d.h. neutrale Stelle, die nicht direkt in den Geschäftsgang eingeschaltet ist.

Weiter gibt es produktbezogene Zertifizierungen in Form von Gütezeichen. Einige bekannte Gütezeichen sind beispielsweise das RAL- Gütezeichen, das DIN-geprüft-Zeichen, das VDE-Zeichen oder das GS-Zeichen.

Die Zertifizierungsgesellschaft, die das Zertifikat vergeben kann, muß bestimmte Anforderungen erfüllen. Hierfür ist eine Akkreditierung durch eine Akkreditierungsstelle notwendig. Auch die Durchführung der Akkreditierung ist in der DIN EN ISO 45000 ff festgelegt. Bei der Zertifizierung hat die Zertifizierungsgesellschaft folgende Aufgaben zu erfüllen:

- Die Einhaltung der Bedingungen der Qualitäts-Norm festzulegen

- Die Einhaltung der vom Unternehmen selbst gestellten Bedingungen für das Qualitätsmanagement zu überprüfen

- Die Ergebnisse dieser Prüfung zu bewerten

- Die Einhaltung für die Zertifizierung vorgegebener Verfahrensregeln zu prüfen und

- Den Zertifizierungsvorgang wegen der Nachvollziehbarkeit auf eine ordnungsgemäße Dokumentation zu prüfen.

Eine wesentliche Anforderung der DIN EN ISO 45012 an das Qualitätsmanagement-Zertifizierungsunternehmen ist seine Unabhängigkeit und die Beteiligung der interessierten Kreise an der Gestaltung des Zertifizierungsschemas. In Deutschland gibt es inzwischen ca. 77 Zertifizierungsgesellschaften für Qualitätsmanagement-Systeme und ca. 19

akkreditierte Umweltmanagementsystem-Zertifizierer. Weiter gibt es ca. 17 akkreditierte Personalzertifizierer, wobei die Personalzertifizierung außerhalb des staatlich geregelten Bildungsbereiches vorgenommen wird. Sie stellt eine durch die jeweilige Personalzertifizierungsgesellschaft durchgeführte unabhängige Prüfung und eine Bestätigung einer bestimmten in der Öffentlichkeit dargestellten, in bestimmten Fällen sogar allgemein abgestimmten Qualifikation einer Person dar. Dabei gilt das Personalzertifikat max. 5 Jahre und wird während dieser Zeit vom Personalzertifizierer überwacht. Beispiele für Personalqualifikationen, die zertifiziert werden können, sind Qualitätsmanagement-Fachpersonal, Qualitätsmanagement-Auditoren, Qualitätsmanagement-Fachauditoren, Schweißfachpersonal, KFZ-Sachverständige oder Lebensmittel-Sachverständige. Die Zertifizierungsgesellschaften haben sich dabei in der Regel auf spezielle Branchen spezialisiert. Nach einem DGQ-Branchenschlüssel gibt es 39 unterschiedliche Branchen für die die Zertifizierungsgesellschaften tätig sind.

In Bild 2-17 sind die Gründe für die Zertifizierung von Qualitätsmanagement-Systemen abschließend zusammengefaßt dargestellt. Sie überlagern sich mit den Zielen und Gründen des bereits ausführlich beschriebenen Qualitätsmanagements als Führungsaufgabe und dem Qualitätsmanagement-System als Führungsinstrument, wobei auch hier wieder zwischen interner und externer Außenwirkung unterschieden ist.

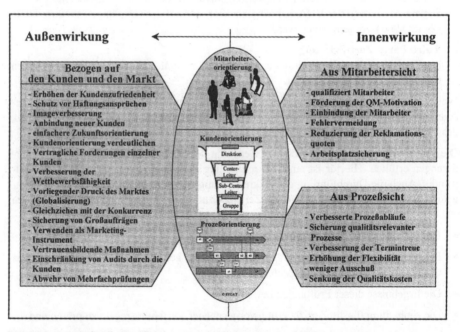

Bild 2-17 Gründe für die Zertifizierung von Qualitätsmanagement-Systemen

Obwohl die DIN EN ISO 9000 ff zum Zwecke der Harmonisierung und zum Schutz vor Wettbewerbsverzerrungen durch Vorgaben von Produkt- und Systemstandards mit dem Ziel der Schaffung gleicher Wettbewerbsbedingungen eingerichtet wurde, gibt es aus unterschiedlichen Sichten Kritik an der Zertifizierungspraxis.

Einige Argumente der Kritiker sind in Bild 2-18 genannt.

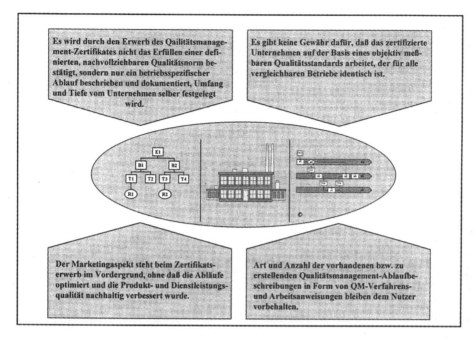

Bild 2-18 Kritik aus der Zertifizierungspraxis

Wichtig ist, daß in diesem Zusammenhang beachtet wird, daß die Anforderungen der DIN EN ISO 9000 ff unabhängig sind. Dies bedeutet, daß ein entsprechendes Zertifikat kein Nachweis über die tatsächliche Produktqualität liefert, sondern es wird nur ein betriebsspezifischer Ablauf beschrieben und dokumentiert, der den Umfang und Tiefe vom Unternehmen selbst festgelegt. Da die in der Norm genannten Qualitätsforderungen und Branchen neutral und deshalb allgemein gültig gehalten sind, können nur abstrakte Anforderungen beschrieben werden. Das konkrete Qualitätsanforderungsprofil für die Verwirklichung eines Qualitätsmanagement-Systems ist notwendigerweise durch die Ziele und Größe des Unternehmens, seiner Produkte und Dienstleistungen sowie seiner Prozesse bestimmt. Es gibt deshalb keine Gewähr dafür, daß das zertifizierte Unternehmen auf der Basis eines objektiv meßbaren Qualitätsstandard arbeitet, der für alle vergleichbaren Betriebe identisch ist.

Aus diesem Grund besteht die Gefahr, daß ein Unternehmen nur aus einem vordergründigen Marketingaspekt heraus das Zertifikat erwerben will und dadurch zusätzliche Kosten und Bürokratismus verursacht wird, ohne daß die Abläufe optimiert und die Dienstleistungsqualität nachhaltig verbessert wurde.

In Bild 2-19 sind abschließend die Chancen und Risiken einer Qualitätsmanagement-Zertifizierung dargestellt. In Kapitel 5 wird ausführlich erläutert, wie ein prozeßorientiertes Qualitätsmanagement-System anforderungsgerecht einzuführen ist, um diese Risiken zu vermeiden und die Chancen zu nutzen.

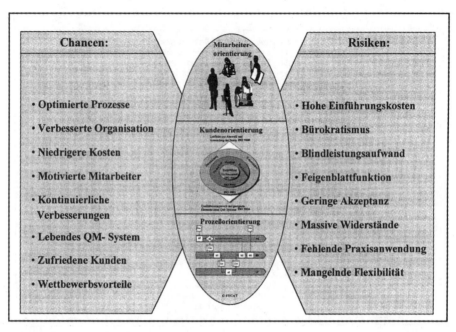

Bild 2-19 Chancen und Risiken der Zertifizierung

2.3 Prozeßorientierte Qualitätsmanagement-Systementwicklung

2.3.1 Inhalte der neuen ISO 9000:2000

Die Darlegungsstufen der Normreihe DIN EN ISO 9000ff sind, wie vorher beschrieben, in Qualitätsmanagement-Elemente gegliedert. Sie spiegeln damit arbeitsteilige Ablauf- und Verfahrensstrukturen wieder, die sich primär an Fertigungsunternehmen orientieren. Die Erledigung der unterschiedlichen Qualitätsmanagement-Aufgaben sind einzelnen Funktionsbereichen zugeordnet. Dies ist es ein wesentliches Defizit des funktionsorientierten Aufbaus der alten DIN EN ISO 9000ff, weil sie nur teilweise den Abläufen in der Praxis entspricht und zu wenig direkt auf die spezifischen Leistungsprozesse eingeht.

Wie ebenfalls ausgeführt, entsteht durch die steigende **Produktkomplexität** aufgrund der hierarchisch gegliederten Aufbau- und Ablauforganisation bei der Auftragsbearbeitung eine große Anzahl von Schnittstellen, die zu Fehlern führen. Die Transparenz nimmt ab und den Mitarbeitern geht durch die Erledigung kleiner Aufgaben der Inhalt und der Sinn der Kundenorientierung verloren. Gefordert ist die Überwindung von Abteilungsgrenzen mit, wie Bild 2-20 zeigt, einer prozeßorientierten Führungsorganisation, die für ganzheitliche Arbeitsprozesse verantwortlich ist.

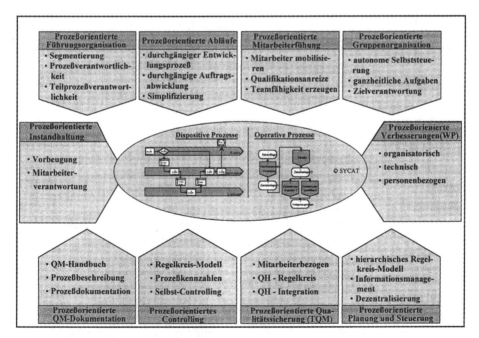

Bild 2-20 Denk- und Handlungsansätze schlanker Unternehmen

Innerhalb dieser prozeßorientierten Abläufe, die sich durch Transparenz und Simplifizierung auszeichnen, können die Mitarbeiter mit Selbstmanagement und Selbstcontrolling eigenverantwortlich ihre Aufgaben unter Berücksichtigung der Erfüllung der Qualitätsanforderungen erfüllen; dies in prozeßorienterten Gruppenorganisationsformen, in denen sie auch eigenverantwortlich für prozeßorientierte Verbesserungen (KVP) verantwortlich sind. Auf der Grundlage eines prozeßorientierten Planungs- und Steuerungssystems, einem prozeßorientierten Controlling, einer prozeßorientierten Instandhaltung, einem in diese Abläufe integrierten prozeßorientierten Qualitätsmanagement mit einer prozeßorientierten Qualitätsdokumentation. Aus den genannten Gründen hat sich das bereits erwähnte TC 176 der ISO mit einer prozeßorientierten Weiterentwicklung der Normenreihe DIN EN ISO 9000 ff beschäftigt und strebt in der Vision 2000 eine Konsolidierung dieser Normfamilie sowie besonders den Leitfaden der DIN EN ISO 9004 eine deutliche Hinwendung zum **Total Quality Management (TQM)** an. Gerade Dienstleister, die bereits immer in Prozessen gedacht und gehandelt haben, profitieren von diesem neuen prozeßorientierten Normenmodell.

Im Rahmen der Revision 2000 liegt nun der Entwurf der neuen ISO 9001:2000 vom Mai 1999 vor. Darin werden die gegenwärtigen DIN EN ISO 9001, 9002, 9003 zu einer einzigen DIN EN ISO 9001 zusammengefaßt. Forderungen, die dann nicht zutreffen, wie z.B. Design, Entwicklung oder Kundendienst finden dann keine Berücksichtigung. Bei dieser neuen Norm DIN EN ISO 9000 wird sehr viel deutlicher als in der alten Norm das Ziel der Erfüllung der Kundenbedürfnisse in den Mittelpunkt gestellt. Weiter ist die neue DIN EN ISO 9000:2000 passend für alle Größen von Organisation von allen wirtschaftlichen und industriellen Sektoren. Die revidierte DIN EN ISO 9004 bildet mit der DIN EN ISO 9001 ein konsistentes Normwerk und gibt Hilfestellung zur Entwicklung eines umfassenden Managementsystems. Besonders wichtig, die neue DIN EN ISO 9001 erhält eine **prozeßorientierte** Struktur und ist damit anwenderfreundlicher. Insbesondere entspricht sie damit dem hier in diesem Buch im Mittelpunkt stehenden Ansatzes des Prozeßmanagement. Die wesentlichen inhaltlichen Neuerungen und Änderungen sind:

- die Ermittlung der Kundenerwartung und die Kundenzufriedenheit stehen im Vordergrund
- stärkere Betonung der Verantwortung der Leitung
- Festschreibung von Aktivitäten zur Erreichung von Qualitätszielen (Qualitätsplanung) für die relevanten Funktionen und Ebenen
- Mindestforderungen für die periodische Überprüfung des Qualitätsmanagement-Systems
- Neue Forderungen für ein Ressourcenmanagement
- Einfluß zugekaufter Produkte und/oder Dienstleistungen auf das Endprodukt ermitteln
- Messen der Kundenzufriedenheit
- Verpflichtung zur kontinuierlichen Verbesserung

Vom formalen Aufbau her unterscheidet sich die neue ISO 9000:2000 von der alten DIN EN ISO 9000 Norm dadurch, daß die Normenforderungen nicht mehr in die - im vorherigen Punkt ausführlich erläuterten- 20 Elemente gegliedert sind, sondern daß es hier folgende vier Hauptabschnitte gibt, wie sie in Bild 2-21 gezeigt sind. Hierbei handelt es sich

- in Kapitel 5 um die Verantwortung der Leitung

- in Kapitel 6 um das Ressourcenmanagement

- in Kapitel 7 um das Prozeßmanagement und

- in Kapitel 8 um die Messung, Analyse und Verbesserung

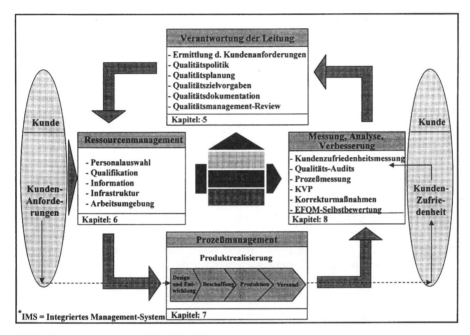

Bild 2-21 Aufbau der neuen ISO 9000:2000

Zu Kapitel 5 „**Verantwortung der Leitung**" wird im Normenentwurf folgende allgemeine Erläuterung gegeben:

- Kundenorientierung ist ein wesentlicher Teil der Leitungsverantwortung. Die oberste Leitung muß sicherstellen, daß Kundenbedürfnisse und -erwartungen in verwertbare Anforderungen umgesetzt sind. Darüber hinaus muß sie ihr Engagement bei der Erfüllung von Kundenforderungen an Produkten und/oder Dienstleistungen demonstrieren, z.B. durch die Schaffung und Erhaltung von Bewußtsein über die Erfüllung von Kundenforderungen, die Einführung von Qualitätspolitik und -zielen, die Sicherstellung der Verfügbarkeit von Mitteln, die Einführung und Überwachung eines Qualitätsmanagement-Systems, welches sicherstellt, daß Produkte und/oder Dienstleistungen den vorgeschriebenen Anforderungen genügen.

Zum Kapitel 6 „**Ressourcenmanagement**" gibt es folgende allgemeine Erläuterungen:

- Das Unternehmen muß die zum Aufbau, Erhalt und zur Verbesserung des Qualitätsmanagement-Systems benötigten Ressourcen festlegen und bereitstellen. Es muß sicherstellen, daß Personen, deren Tätigkeiten sich auf die Qualität der Produkte und/oder Dienstleistungen auswirken, die entsprechende Ausbildung und Erfahrung besitzen.

- Die festgelegte Infrastruktur und die psychischen und physischen Bedingungen der

Arbeitsumgebung müssen geeignet sein, die Qualität der Produkte und/oder Dienstleistungen sicherstellen.

• Verfahren zur Informationslenkung müssen den Zugang und Schutz von Informationen regeln, um Glaubwürdigkeit und Verfügbarkeit zu gewährleisten.

Die allgemeinen Forderungen für Kapitel 7 **„Produktrealisierung"** lauten nach dem neuen Normentwurf:

• Das Unternehmen muß Verfahren und Methoden festlegen, um Prozesse, deren Abläufe und Zusammenhänge im stetigen Betrieb zu planen, zu lenken und zu dokumentieren, mit dem Ziel, das vom Kunden gewünschte Ziel sicherzustellen. Dabei sind die Ergebnisse der Qualitätsplanung zu berücksichtigen. Die Prozesse müssen unter beherrschten Bedingungen ablaufen. Die Verfahren müssen u.a. auch die Maßnahmen zur Messung, Lenkung, Überwachung und Kontrolle sowie die Bereitstellung und Verfügbarkeit von Informationen und Daten sicherstellen.

Weitere allgemeine Erläuterungen in Kapitel 7 „Produktrealisierung" zu Design und Entwicklung sind:

• Verpflichtung des Unternehmens zur Planung und Lenkung von Design und Entwicklung von Produkten und/oder Dienstleistungen. Die dafür zu erstellenden Pläne müssen die jeweiligen Prozeßstufen des Design- und Entwicklungsprozesses, die notwendigen Maßnahmen zur Überprüfung, Verifizierung und Validierung sowie die Verantwortlichkeiten und Befugnisse für die entsprechenden Aktivitäten festlegen und die entsprechenden Schnittstellen berücksichtigen, um eine wirksame Kommunikation und eine klare Aufgabenverteilung sicherzustellen.

„Allgemeine Forderungen zur Beschaffung" innerhalb des Kapitel 7 sind:

• Festlegung eines Verfahrens zur Lenkung des Beschaffungsprozesses einschließlich der Auswahl und Bewertung von geeigneten Lieferanten unter Berücksichtigung der Ergebnisse der Wareneingangsprüfung. Durchführung von Lieferantenaudits. Die Ergebnisse der Auswertung der entsprechenden Lieferantenbewertung sollten in einer Lieferantenliste dokumentiert werden.

Abschließende „allgemeine Forderungen zur Produktions- und Dienstleistungserbringung" sind in Kapitel 7:

• Festlegung eines Verfahrens zur Produktion und zur Dienstleistungserbringung, unter Berücksichtigung der Verfügbarkeit von Produkt- und Arbeitsspezifikationen, einer geeigneten Instandhaltung, einer geeigneten Arbeitsumgebung und geeigneten Arbeits- sowie Prüfmitteln, geeigneten Überwachungs- oder Verifizierungstätigkeiten sowie angemessenen Freigabeverfahren.

• Die dazu geeigneten Festlegungen können in Form von Annahmekriterien, Prüfplänen, Wartungsplänen, Installationsplänen und Freigaben dokumentiert werden.

Die allgemeinen Forderungen des Kapitels 8 **„Messung, Analyse und Verbesserung"** sind wie folgt formuliert:

• Festlegen und Einführen eines Meß-, Überwachungs-, Analyse- und Verbesserungsprozesses, der die Anforderungen an die Produkte/Dienstleistungen nachweist und dessen Ergebnisse in die Bewertung der Wirksamkeit des QM-Systems einfließen.

Die einzelnen Normenforderungen innerhalb dieser vier Kapitel des ISO 9000:2000-Regelwerkes werden in den folgenden Ausführungen themenbezogen noch detaillierter genannt.

In Bild 2-22 ist in Form einer Referenztabelle dargestellt, wie sich die alte DIN EN ISO 9001 aus dem Jahre 1994 vom Entwurf der DIN EN ISO 9001:1999/05 unterscheidet. Allerdings besteht aus Sicht der neuen Norm keinerlei Absicht, Organisationen zu einer Änderung des Aufbaus ihres Qualitätsmanagement-Systems und/oder dessen Dokumentation zu verpflichten, damit die oben erläuterte Struktur dieser internationalen Norm entsprechen. Die Dokumentation des Qualitätsmanagement-Systems einer Organisation sollte so aufgebaut sein, daß sie deren einmaliges Tätigkeitsbild wiedergibt. Jedoch sollte das Unternehmen überprüfen, ob es für seine Organisation angebracht ist, die Beschreibung des Qualitätsmanagement-Systems unter Berücksichtigung der neuen Anforderung prozeßorientierter anzupassen. In Kapitel 5 dieses Buches wird praxisorientiert gezeigt, wie diese Anpassung der alten Norm mit den 20 Qualitätsmanagement-Elementen an die prozeßorientierte Darstellungsweise sehr einfach möglich ist.

DIN EN ISO 9001:1994		E DIN EN ISO 9001:1999-05
1	Anwendungsbereich	1
2	Verweisungen auf andere Normen	2
3	Begriffe	3
4.1	Qualitätsziele	5.5.1
4.1	Verantwortung der Leitung	5.1, 5.2, 5.3, 8.4.3
4.1	Qualitätspolitik	5.4
4.1	Organisation	5.5, 5.5.2, 6.2.1
4.1.2	Verantwortung und Befugnis	5.6.2, 6.2
4.1.2	Mittel	6
4.1.2	Beauftragter der Leitung	5.6.3
4.1.3	QM-Bewertung	5.7
4.2	QM-System	4, 5.6
4.2	Allgemeines	5.6.1
4.2	QM-Verfahrensanweisungen	4, 5.6
4.2	Qualitätsplanung (zum QM-System)	5.5.2, 7.1
4.3	Vertragsprüfung	7.1, 7.2.x
4.4	Designlenkung	7.3.x
4.5	Lenkung der Dokumente und Daten	5.6.6
4.6	Beschaffung	7.4.x
4.7	Lenkung der vom Kunden beigestellten Produkte	7.5.3
4.8	Kennzeichnung u. Rückverfolgbarkeit v. Produkten	5.6.1
4.9	Prozeßlenkung	6.5, 7.1, 7.5.1
4.10	Prüfungen	7.4.3, 8.2.x
4.11	Prüfmittelüberwachung	7.6
4.12	Prüfstatus	7.5.2, 8.2.2, 8.2.3
4.13	Lenkung fehlerhafter Produkte	8.3
4.14	Korrektur- und Vorbeugemaßnahmen	8.5.2, 8.5.3
4.15	Handhabung, Lagerung, Verpackung, Konservierung und Versand	7.5.4
4.16	Lenkung von Qualitätsaufzeichnungen	5.6.7
4.17	Interne Qualitätsaudits	8.2.1.2
4.18	Schulung	6.2.2
4.19	Wartung	7.2.x
4.20	Statistische Methoden	8.4

Bild 2-22 Referenztabelle DIN EN ISO 9001:1994 - ISO 9001:1999-05

2.3.2   Prozeßmodell

Eine wichtige Normforderung in der neuen Norm besteht darin, daß die Organisation diejenigen Prozesse festlegen und ausführen muß, die notwendig sind, um sicherzustellen,
daß das Produkt den Forderungen des Kunden entspricht. Als Mittel zur Einführung und
Darlegung der festgelegten Prozesse muß die Organisation ein Qualitätsmanagement-
System aufbauen, das den Forderungen dieser internationalen Norm entspricht. Das Qualitätsmanagement-System muß von der Organisation eingeführt, aufrechterhalten und verbessert werden.

Die **Organisation** muß die Qualitätsmanagement-Verfahren ausarbeiten, die die zur Einführung des Qualitätsmanagement-Systems erforderlichen Prozesse beschreiben. Auswahl
und Umfang der Qualitätsmanagement-Verfahren müssen von Faktoren abhängen wie
Größe und Art der Organisation, Komplexität und Wechselwirkung der Prozesse, verwendete Methoden sowie Kenntnisse und Schulung der die Arbeit ausführenden Mitarbeiter.

Hierzu müssen gehören:

a)   Qualitätsmanagement-Verfahren, die die erforderlichen Tätigkeiten zur Einführung
        des Qualitätsmanagement-Systems beschreiben,

b)   Verfahren, die die Abfolge und Wechselwirkung von Prozessen beschreiben, die
        zur Erreichung fehlerfreier Produkte erforderlich sind,

c)   Anweisungen, die die Ausführungspraxis und die Lenkung der Prozeßtätigkeiten
        beschreiben.

Das „Prozeßmodell", das die neue ISO 9000:2000 definiert, lautet wie folgt:

• Eine Tätigkeit oder Operation, die Eingaben erhält und diese in Ergebnisse umwan-
  delt, kann als Prozeß angesehen werden. Fast alle Tätigkeiten und Operationen im Zusammenhang mit einem Produkt sind Prozesse.

• Damit Organisationen funktionieren können, müssen sie zahlreiche miteinander ver-
  knüpfte Prozesse definieren und beherrschen. Oft bildet das Ergebnis des einen Prozesses die direkte Eingabe für den nächsten. Die systematische Erkennung und Beherrschung dieser verschiedenen Prozesse innerhalb einer Organisation, vor allem aber der
  Wechselwirkungen zwischen solchen Prozessen, können als prozeßorientierter Ansatz
  zum Management bezeichnet werden.

• Diese Internationale Norm befürwortet einen prozeßorientierten Ansatz zum Management der Organisation und deren Prozesse sowie als Mittel zum bereitwilligen Erkennen und Einleiten von Verbesserungsmöglichkeiten.

• Die in Bild 2-21 gezeigte Darstellung orientiert sich an dieser Definition, es zeigt eine
  schematische Darstellung der allgemeinen Forderungen an ein Qualitätsmanagement-
  System, die in dieser internationalen Norm festgelegt sind. Das Modell spiegelt die
  Integration der vier Überschriften der Abschnitte 5, 6, 7 und 8 in dieser internationalen Norm graphisch wieder.

Nach der DIN EN ISO 8402 besteht ein Prozeß aus einem Satz von in Wechselbeziehung
stehender Mittel und Tätigkeiten, die Eingaben in Ergebnisse umgestalten mit der Anmerkung, daß zu den Mitteln Personaleinrichtungen, Anlagentechnologien und Methoden ge-

hören können. In Bild 2-23 ist eine Prozeßbeschreibung nach dieser Einteilung vorgenommen.

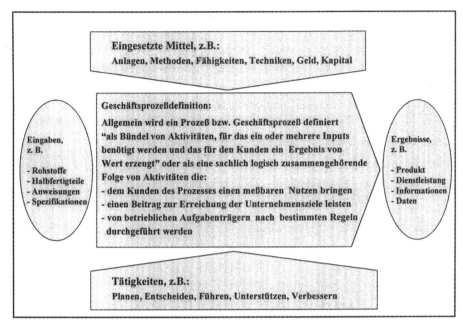

Bild 2-23 Auszug aus den Geschäftsprozessen eines ganzheitlichen Managementsystems

Allerdings gibt es eine Anzahl unterschiedlicher Prozeßdefinitionen ebenso wie es eine große Anzahl unterschiedlicher Klassifizierungsgesichtspunkte für Prozesse gibt. Ergänzend zur obigen Einteilung nach der ISO-Vorgabe der TC 176, spricht *Davenport* beispielsweise von:

- strategischen Managementprozessen
- Innovationsprozessen
- infrastrukturschaffenden Prozessen
- operativen Managementprozessen.

- leistungserbringenden Prozessen
- nachbereitenden Prozessen
- unterstützenden Prozessen

Die **strategischen Managementprozesse** haben die Aufgabe, die anderen genannten Prozesse zu planen, zu lenken und aufeinander abzustimmen. Hierzu gehört auch die Formulierung von strategischen Zielen unter Berücksichtigung der unternehmensexternen Anforderungen. Innovationsprozesse haben die Aufgabe, das Dienstleistungsangebot und die Organisation des Unternehmens weiter zu entwickeln und sich damit ebenfalls den wandelnden Anforderungen anzupassen. Aufgabe der infrastrukturschaffenden Prozesse ist es, die Leistungsbereitschaft des Unternehmens aufzubauen und zu erhalten. Die operativen Managementprozesse sind für das Tagesgeschäft zuständig. Hier erfolgt die Lenkung der kundenbezogenen Prozesse. Die leistungserbringenden Prozesse stiften dabei einen direkten Nutzen für den Kunden. Die nachbereitenden Prozesse folgen auf die eigentliche Leistungserbringung, dazu gehört die interne Nachbereitung eines Auftrages und eine weitere Betreuung der Kunden. Unterstützende Prozesse können sowohl von leistungserbringenden als auch von nachbereitenden Prozessen in Anspruch genommen werden. Sie ermöglichen die kontinuierliche Durchführung dieser Prozesse, wobei unterstützende Prozesse in der Regel unsichtbar für den Kunden erbracht werden. Ihre Leistungen gehen in die eigentliche Produkt- und Dienstleistung mit ein.

Eine weitere gröbere Unterteilung, wie sie auch die DGQ in ihrem Leitfaden „Anleitung zur prozeßorientierten Betrachtung von Qualitätsmanagement-Systemen nach der DIN EN ISO 9001 bis 9003" verwendet, ist die Einteilung in Führungs-, Realisierungs- und Unterstützungsprozesse.

Führungs- bzw. **Managementprozesse** sind dabei Prozesse, die die langfristige Daseinsberechtigung und das Ziel einer Organisation sicherstellen. Hierzu zählen beispielsweise

- Unternehmensstrategieentwicklung und -planung
- Unternehmensführung
- Mittel- und langfristige Unternehmensplanung
- Suche nach Investitionspotentialen
- Aufrechterhaltung des technologischen Standards
- Management-Review, interne Audits
- Weiterbildung/Schulung
- Betriebliches Vorschlagswesen
- Gewährleisten und Begrenzen von Risiken

Realisierungsprozesse, die auch als Schlüssel- oder Leistungsprozesse bezeichnet werden, sind Prozesse zur Umsetzung planerischer Vorgaben und Bereitstellen eines Produktes oder einer Dienstleistung. Beispielsweise gehören dazu:

- Kundenbeziehungsprozesse
- Design- und Entwicklungsprozesse
- Materialwirtschaftsprozesse
- Fertigen, montieren, prüfen
- Lagern, versenden von Teilen

- Auftragsabwicklungsprozesse
- Prüfungen
- Operative Prozeßführung
- Prozeßlenkung und -controlling
- Prüfung beigestellter Ressourcen

Unterstützende Prozesse sind alle Prozesse, die erforderlich sind, um die Führungs- und Realisierungsprozesse ermöglichen zu können. Beispielsweise gehören dazu

- Lenkung der Information
- Meß- und Prüftechnik
- Bereitstellung statistischer Daten
- Buchführung und Bilanzierung
- Informationsmanagement
- Beanstandungsmanagement
- Lenkung der Dokumente, Daten und Qualitätsaufzeichnungen

- Qualitätsaudits
- Beziehung zur Öffentlichkeit
- Forschung und Lehre
- Personalmanagement
- Instandhaltungsmanagement
- Prüfmittelüberwachung

Das Zusammenwirken dieser genannten Prozesse ist durch ein Managementsystem zu ordnen, das als Prozeßmanagement bezeichnet wird. Es umfaßt die planerischen, organisatorischen und überwachenden Maßnahmen zur zielorientierten Steigerung der Wertschöpfung sämtlicher Unternehmensabläufe hinsichtlich Qualität, Terminen und Kosten und wird ausführlich unter Punkt 3.3 erläutert. In Bild 2-24 sind die Qualitätsmanagement-Elemente der DIN EN ISO 9001 in Form eines unternehmensspezifischen Geschäftsprozeßmodells dieser Prozeßeinteilung zugeordnet, wobei die Zuordnung der Qualitätsmanagement-Elemente unternehmensspezifisch variiert werden kann.

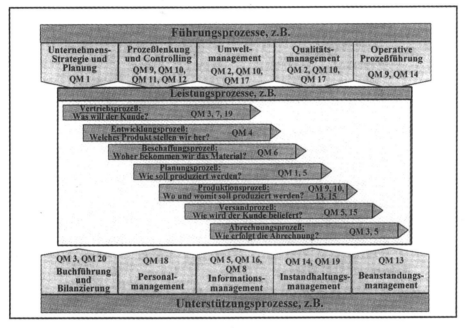

Bild 2-24 Zuordnung der Qualitätsmanagement-Elemente zu den Prozessen eines Unternehmens

Die Vorteile einer prozeßorientierten Betrachtung der Qualitätsmanagement-Zusammenhänge sind vielfältig. Zum einen können durch die Betrachtung der ablaufenden Prozesse komplexe Zusammenhänge transparent gemacht, geordnet und verborgene Potentiale aufgedeckt werden. Statt abstrakter Normenforderungen werden jetzt reale Prozesse beschrieben, wobei es besonders sinnvoll ist, wenn diese Beschreibungen die Prozeßbeteiligten selber durchführen, weil sie besser als dritte oder externe ihre Prozesse kennen und sie in Flußdiagrammen oder Bildern sehr einfach darstellen können. Hierbei ist es natürlich sinnvoll, daß diese Prozesse während der Analyse und Beschreibung gleichzeitig auf Schwachstellen untersucht und sofort verbessert werden. Auf diesen Punkt wird in Kapitel 5 noch einmal ausführlich bei Einführung eines Qualitätsmanagement-Systems eingegangen. Ein weiterer Vorteil besteht darin, daß alle am Prozeß Beteiligten ihre Zuständigkeiten und Aufgaben mit einbringen können und dabei die Qualitätsrelevanz beurteilen lernen. Deshalb ermöglicht die Prozeßbetrachtung, die Kreativität und das Wissen der Mitarbeiter zu steigern. Hierbei ist es natürlich nötig, mit Hilfe eines konsequenten kooperativen Führungsstils, die Mitwirkung und Mitbeteiligung der Mitarbeiter auch zuzulassen.

quenten kooperativen Führungsstils, die Mitwirkung und Mitbeteiligung der Mitarbeiter auch zuzulassen.

Über die **Prozeßparameter** lassen sich eine ganze Anzahl von **Prozeßaussagen** sehr sauber und transparent herausarbeiten, beispielsweise Qualitätsziele, -aufgaben, -schwachstellen, -zeiten, -kosten, -eingangs- und -ausgangsgrößen. Allerdings besteht hier die Gefahr, daß gerade aus Qualitätsmanagementsicht bei der Prozeßanalyse die Betrachtung des Prozeßablaufes im Vordergrund steht und nicht so sehr die Normenforderung des Qualitätsmanagement-Systems. Weiter besteht eine durchgängige Prozeßbeschreibung häufig aus einer Ansammlung zu vieler Fließbilder, die mit zusätzlichen Informationen überfüllt und unübersichtlich sind. Dazu kommt eine zu detaillierte Prozeßbeschreibung, die zu viel Aufwand erfordert und dabei den Prozeßablauf zu starr festlegt. Aus diesem Grund bietet es sich an, geeignete Prozeßmanagement-Tools einzusetzen, die dem Anwender eine wesentliche Hilfestellung bei der Prozeßanalyse und -modellierung geben.

2.3.3   Aufbau und Inhalt des Qualitätskreises nach der DIN EN ISO 53350

Der inzwischen häufig genannte und dargestellte Produktlebenszyklus bzw. Qualitätskreis im Regelwerk der DIN EN ISO 9004, Teil 1, stellt das Qualitätsmanagement-System ebenfalls im wesentlichen als Unternehmensprozeß dar. Wie bereits ausgeführt, orientiert sich dieser Qualitätskreis an den Phasen der Produktentwicklung und -herstellung sowie an der Nutzung und Entsorgung des Produktes mit allen darauf bezogenen Serviceaktivitäten eines Unternehmens. Innerhalb jeder Phase kann das Qualitätsmanagement mit Hilfe des installierten prozeßorientierten Qualitätsmanagement-Systems Beiträge zur Erreichung der vorgegebenen Qualitätsziele leisten und dabei gleichzeitig die Qualitätsfähigkeit erhöhen. In Bild 2-25 sind noch einmal beispielhaft einige Prozesse innerhalb dieser einzelnen 11 gezeigten Phasen zugeordnet.

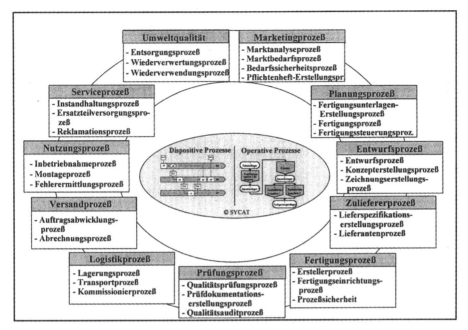

Bild 2-25 Qualitätsrelevante Prozesse im Qualitätskreis

In jedem dieser Prozesse können wieder die bereits beschriebenen Qualitätsmanagement-funktionen, also die Qualitätsplanung, -lenkung, -prüfung sowie die Verbesserungsaktivitäten durchgeführt werden. Der gezeigte Qualitätskreis geht von den Forderungen und Erwartungen des Kunden aus. Sie werden von der Marktforschung ermittelt und in Form eines Pflichtenheftes festgehalten, in dem exakt die Kundenspezifikation beschrieben sind. Aufgrund der erwarteten Kundenaufträge muß vorab auf strategischer Ebene eine Unternehmens- und Investitionsplanung erfolgen, die auf der operativen Ebene um die Prozeß-planung detailliert wird. Mit dem Pflichtenheft als Grundlage können dann in der Entwicklungsabteilung die Überlegungen zur Produktentwicklung einsetzen und die notwendigen Unterlagen für das zu fertigende Produkt erstellt werden. Die Gesamtheit dieser Unterlagen wird als Entwurf bezeichnet. Je besser dieser Entwurf den Anforderungen des Marktes entspricht, um so höher ist die Qualität dieses Entwurfes. Nach diesem Entwurf stellt die Produktion das Erzeugnis her, wobei vorher das notwendige Material beschafft werden mußte. Je besser dieses Produkt dem vorgegebenen Entwurf entspricht, um so besser ist die Ausführungsqualität. Die Qualität des Einkaufs wird daran gemessen, inwieweit er in der Lage ist, die Spezifikationen in Bestellunterlagen umzusetzen und dafür qualitätsfähige Lieferanten zu finden, die die Verantwortung für die Lieferqualität übernehmen. Nach der Produktion und Lagerung wird der Kundenauftrag ausgeführt, d.h. das Produkt zum Kunden transportiert und dort ggf. montiert und in Betrieb genommen. Der Kunde hat jetzt die Gelegenheit, im Laufe des betrieblichen Einsatzes sich ein Bild über die Qualität des Produktes zu machen. Über einen permanenten Kundenkontakt kann hierbei das Unternehmen sehr viel Impulse für Produktverbesserungen erhalten, anschließend unterstützt das Unternehmen den Kunden bei der Entsorgung oder Wiederaufbereitung dieses Produktes.

Auch dieser Qualitätskreis ist, wie bereits beim vorher gezeigten Geschäftsprozeßmodell, spezifisch dem einzelnen Unternehmen anzupassen. In Bild 2-26 wird beispielhaft ein Qualitätskreis für externe Weiterbildungseinrichtungen dargestellt.

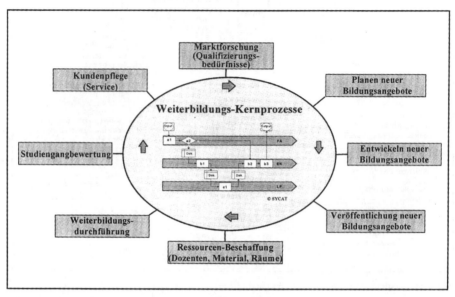

Bild 2-26 Qualitätskreis für externe Weiterbildungseinrichtungen

Wie dieses Bild zeigt, werden in der sachlich-logischen Reihenfolge der Dienstleistung, Entstehung und Dienstleistungsabwicklung die einzelnen Phasen abgearbeitet, wobei jeder Beteiligte in dem jeweiligen Prozeß für die Qualitätsverantwortung zeichnet und die richtigen Qualitätsmethoden und -werkzeuge einzusetzen hat. Es ist darauf zu achten, daß dieser dargestellte Qualitätskreis von einem **Qualitätsregelkreis** zu unterscheiden ist. Nach der DIN EN ISO 010226 ist nur dann von einem Qualitätsregelkreis zu sprechen, wenn die zur Regelung eingesetzten Regelgrößen ein Qualitätsmerkmal darstellen, also ein zur Qualität beitragendes Merkmal sind.

2.3.4 Umsetzung über das Geschäftsprozeßmodell

Die Umsetzung der Prozeßorientierung innerhalb des Produktlebenszyklusses bzw. des Qualitätskreises wird nur gelingen, wenn die prozeßorientierten Denk- und Handlungsansätze von allen Beteiligten, d.h. Vorgesetzten und Mitarbeitern verstanden sind. In Bild 2-27 wird gezeigt, daß hier ein Veränderungsprozeß von der Funktionsorientierung zur Prozeßorientierung in der Form stattfinden muß, daß das Kästchendenken innerhalb der Funktionsorientierung mit funktionsorientierter Stellenbeschreibung und Linienverantwortung umgewandelt wird in eine prozeßorientierte Ablaufbeschreibung mit der Übernahme der Prozeßverantwortung von dem dafür bestimmten Prozeßowner bzw. Prozeßeigner.

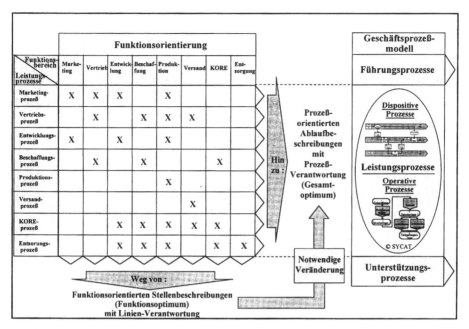

Bild 2-27 Veränderungsprozeß von der Funktionsorientierung zur Prozeßorientierung

Über diesen Weg ist es möglich, vom Teiloptimum des jeweiligen Kästchens hin zum Gesamtoptimum des jeweiligen Prozesses zu erlangen. Das Geschäftsprozeßmodell spielt dabei eine wichtige Rolle, weil es die Grundlage für die Einführung eines prozeßorientierten Qualitätsmanagement-Systems sein sollte. Als erstes ist es also für die Beschreibung der Prozeßorientierung wichtig, die unternehmensspezifischen Leistungs-, Führungs- und Unterstützungsprozesse zu spezifizieren, um sie anschließend zu analysieren, zu modellieren und zu dokumentieren. Hierbei können branchenspezifische **Prozeßreferenzmodelle** eine wesentliche Unterstützung bieten. Allerdings nur dann, wenn sie Verwendung finden, ohne die Analyse der eigenen Prozesse zu behindern. Die kritiklose Übernahme von Referenzprozessen trifft nicht die Realität und verhindert Eigeninitiative und Kreativität.

2.3.5 Prozeßorientierte Qualitätsmanagement-Dokumentation

Natürlich muß bei einer prozeßorientierten Qualitätsmanagement-Systemeinführung auch eine prozeßorientierte Qualitätsmanagement-Dokumentation vorliegen. Eine zentrale Bedeutung bekommt das Qualitätsmanagement-Handbuch, indem die Geschäftsprozeßbeschreibungen mit Zielen, Strukturen und Ergebnissen dargestellt sind. In Anlehnung an die vorher in Bild 2-16 gezeigte praktizierte funktionsorientierte Qualitätsmanagement-Dokumentation bzw. nach Qualitätsmanagement-Elementen vorgenommene Dokumentation sieht jetzt diese Dokumentationspyramide so aus, wie in Bild 2-28 beschrieben. Im Qualitätsmanagement-Handbuch befindet sich jetzt die Darstellung des unternehmensspezifisch entwickelten Geschäftsprozeßmodells mit den zugeordneten Aussagen über die

Managementaufgaben und -prinzipien für Organisation und Ablauf entsprechend der Qualitätsmanagement-Elemente 4-1, 4-14, 4-17, 4-18, 4-20 sowie die Aussagen über die Prinzipien von Aufbau und Dokumentation nach den Qualitätsmanagement-Elementen 4.2, 4.5/4.16, 4.8 zusammen mit einer schematischen Übersicht der Prozesse im unternehmensspezifischen Geschäftsprozeßmodell.

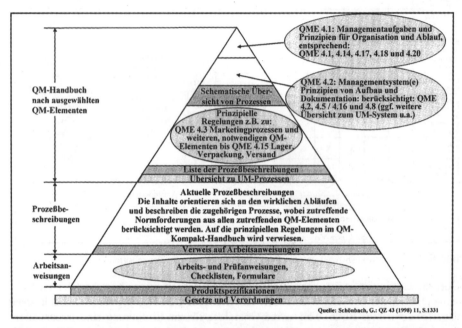

Bild 2-28 Übersicht zur prozeßgerechten Dokumentation von Qualitätsmanagement-Systemen

Weiter wird eine Liste bzw. ein Hinweis auf die in der nachfolgenden Stufe vorhandenen Prozeßbeschreibungen gegeben. Diese Prozeßbeschreibungen orientieren sich an den wirklichen Abläufen und beschreiben die zugehörigen Prozesse, wobei zutreffende Normforderungen aus allen zutreffenden Qualitätsmanagement-Elementen berücksichtigt werden.

Dabei zeigt sich, daß ein prozeßorientiertes Qualitätsmanagement-System die formalen Anforderungen der einzelnen Qualitätsmanagement-Elemente für eine Zertifizierung nach der DIN EN ISO 9000 Normreihe sehr gut erfüllen kann. Gleichzeitig läßt es sich als Basis für die Einführung eines Total Quality Management-Systems verwenden, wobei hier wiederum auf dem Markt vorhandene Software-Tools die Dokumentationserstellungsarbeit wesentlich erleichtern können. Die Akzeptanz und Identifikation der Mitarbeiter mit ihrer eigenen Verantwortung im Qualitätsmanagement-System werden durch die direkte Abbildung der Abläufe wesentlich gefördert, Kompetenzen und Verantwortlichkeiten sind im Rahmen der Prozeßbeschreibung klar geregelt. Gruppenarbeit und bereichsübergreifendes Denken wird unterstützt. Gleichzeitig kann die Qualitätsmanagement-Dokumentation auch für die Einarbeitung neuer Mitarbeiter und für Schulungszwecke genutzt werden. Außerdem bilden die Prozeßbeschreibungen eine sehr gute Grundlage für kontinuierliche schrittweise Verbesserungen:

In der neuen Norm ISO 9000:2000 ist in Kapitel 5 „Verantwortung der Leitung" eine Normforderung die Erstellung, Freigabe und Herausgabe des Qualitätsmanagement-Handbuches. Es muß erstellt, geprüft und verbindlich in Kraft gesetzt werden. Dieses prozeßorientierte Qualitätsmanagement-Handbuch muß enthalten:

* die Beschreibung des Qualitätsmanagement-Systems, seine Abläufe und deren Zusammenhänge

* die Darstellung der Verfahren aller Systeme bzw. Verweise auf Verfahrensanweisungen

* die Festlegung von Verantwortung und Zuständigkeit

Dies wird einmal im Qualitätsmanagement-Handbuch, in Verfahrensanweisungen sowie in anderen mitgeltenden Unterlagen z.B. in Aufbau- und Ablauforganisationsbeschreibungen (Organigramme, Ablaufschemata) nachgewiesen.

2.4   Umfassende Qualitäts-Definition

2.4.1   Qualitäts-Einheiten einer umfassenden Unternehmensqualität

Aus der bisherigen Betrachtung der Qualitätsanforderungsentwicklung zeigt sich, daß die bisher bei der DIN EN ISO 8402-**Qualitätsdefinition** als

> **die Gesamtheit von Merkmalen einer Einheit bezüglich ihrer Eignung festgelegte   und vorausgesetzte Erfordernisse zu erfüllen**

im Vordergrund stehende Qualitätseinheit „**Produkt und Dienstleistung**" für die Beschreibung einer **umfassenden Unternehmensqualität** allein nicht ausreicht.

Wie bereits in Bild 1-8 erläutert und in Bild 2-29 präzisiert, wird hier die Qualitätsfähigkeit nicht nur bezogen auf die Produkt- und Dienstleistungsqualität, sondern auch auf die Führungs- und Organisationsqualität, die Mitarbeiter- und Zuliefererqualität sowie auf die Prozeß- und Verfahrensqualität.

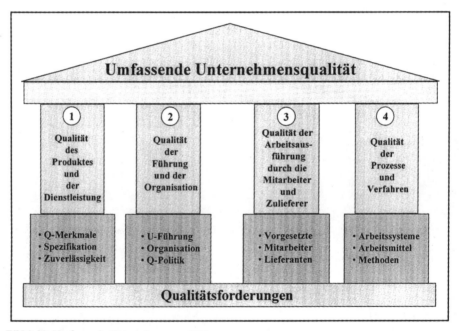

Bild 2-29 Umfassende Unternehmensqualität

Das Qualitätsmanagement als Führungsaufgabe und ein anforderungsgerecht eingeführtes Qualitätsmanagement-System als Führungsinstrument müssen in der Lage sein, eine umfassende Unternehmensqualität durchzusetzen und dies auf der Grundlage der **Qualitätsfähigkeit**, die ermöglicht, fehlerfreie Produkte und Dienstleistungen an den Kunden auszuliefern und damit die Kundenerwartungen umfassend zu erfüllen.

Entscheidend ist jedoch, wie Bild 2-30 zeigt, das erforderliche **Qualitätsbewußtsein** der Beteiligten, das zusammen mit der Qualitätsfähigkeit die Ausführung aller im Produktlebenszyklus bereits genannten Prozesse und Verfahren im Sinne der Fehlerverhütung anstatt der Fehlerentdeckung fehlerfrei ermöglicht und über die Betrachtung die auf der ersten Seite dieses Buches zitierte häufigste Qualitätsinterpretation „Qualität ist die umfassende Erfüllung der Kundenanforderungen" umfassend erfüllt.

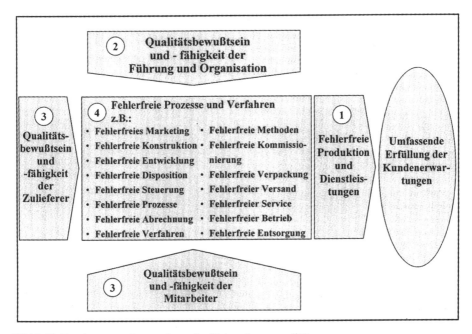

Bild 2-30 Durchsetzung einer umfassenden Unternehmensqualität

2.4.2 Qualitätseinheitenbezogene Forderungen und Leistungsmerkmale

In Bild 1-9 waren die notwendigen zu erfüllenden **Qualitätskomponenten** zur Sicherung der Qualitätsfähigkeit mit aufgeführt. Aus diesen Eigenschaften oder Ausprägungen der einzelnen Qualitätskomponenten muß jetzt das individuelle Qualitätsprofil des Unternehmens zusammengesetzt werden, das sich natürlich an den Eingangsgrößen, d.h. an den vorher ermittelten Markt- bzw. Kundenforderungen orientiert.

Der Weg, der zu der individuellen Definition einer umfassenden Unternehmensqualität führt, ergibt sich also aus der Spiegelung dieser Qualitätskomponenten an den vorhandenen Kundennutzen- und Wertvorstellungen, aber auch die unternehmensinternen Qualitätsforderungen sind zu berücksichtigen. Die Qualitätskomponenten lassen sich, wie Bild 2-31 zeigt, in Form von Qualitätsforderungen bzw. Leistungsmerkmalen beschreiben, hier bereits den vorher definierten Qualitätseinheiten einer umfassenden Unternehmensqualität zugeordnet. Die Grundsätze der nun zu formulierenden Qualitätspolitik, wie sie im folgenden Kapitel noch ausführlich behandelt werden, sind darauf auszurichten, daß alle Anstrengungen des Unternehmens zur Erfüllung dieser Qualitätsforderungen und Leistungsmerkmale eingesetzt werden.

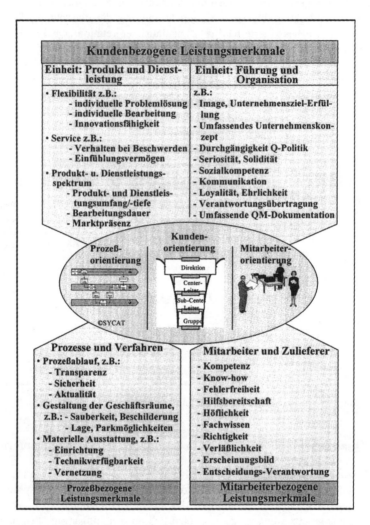

Bild 2-31 Kundenorientierte Qualitätskomponenten bzw. Leistungsmerkmale

2.4.3 Qualitätseinheitenbezogene Merkmale und Standards

Aus den beschriebenen Qualitätskomponenten und Leistungsmerkmalen, die die aus Kundensicht lokalisierten Kundennutzen und -werte in bezug auf das Angebot mit Produkt oder die Dienstleistung enthalten, leiten sich **Qualitätsstandards** ab, die zusammengefaßt den umfassenden Unternehmensqualitätsbegriff ergeben. In Bild 2-32 sind beispielhaft einige Qualitätsstandards mit Zuordnung auf obengenannten betrachtete Einheiten formuliert.

Umfassende Unternehmensqualität

Qualitätsforderungen (Leistungsmerkmale), z.B.:			

-Produktqualität
-Zuverlässigkeit
-Sicherheit, Flexibilität
-Lieferfähigkeit
-Kundenservice, Kulanz
-Auswahlbreite, Beratg.
-Entsorgungsfähigkeit
-Kundenbetreuung
-Termintreue
-Preis/Leistungsver-
  hältnis
-Vollständigkeit
-Reparaturdienst,
  Wartung
-Kompatibilität
-Training/Schulung
-Dokumentation
	-Seriosität
	-Image
	-Hierarchieabbau
	-Delegation
	-Präsenz vor Ort
	-Äußeres Erscheinungs-
	  bild
	-Soziale Kompetenz
	-Arbeitsklima
	-Zugänglichkeit, Offen-
	  heit
	-Durchgängigkeit
	-Glaubwürdigkeit
	-Ansprechbarkeit
	-Vertrauen, Diskretion
	-QM-Systemnutzen
	-Zielvorgaben
		-Umgangsformen
		-Freundlichkeit
		-Erreichbarkeit
		-Betreuung
		-Verläßlichkeit
		-Inneres Erscheinungs-
		  bild
		-Engagement
		-Kommunikation
		-Motivation
		-Selbstcontrolling
		-Innovation
		-Kompetenz
		-Fachwissen
		-Richtigkeit
		-Hilfsbereitschaft
			-Wirtschaflichkeit
			-Prozeßfähigkeit
			-Prozeßbeherrschung
			-Flexibilität
			-Schnelligkeit
			-Instandhaltung
			-Zugänglichkeit
			-Umweltverträglichkeit
			-Gesundheitsanspruch
			-Sauberkeit
			-Datenaustausch
			-Bedienbarkeit
			-Materielle Ausstattung
			-Technologiekompetenz
			-Transparenz

Produkte u. Dienstleist.	Führung u. Organisation	Mitarbeiter u. Zulieferer	Prozesse und Verfahren

Betrachtete Qualitätseinheit

Bild 2-32 Durchgängige Vorgabe von Qualitätsstandards im Unternehmen

Qualität ist nach der DIN EN ISO 8402 die Gesamtheit von Eigenschaften und Leistungsmerkmalen einer betrachteten Einheit, hier also bezogen auf die Qualitätseinheiten:

- **Produkte und Dienstleistungen**
- **Mitarbeiter und Zulieferer**
- **Führung und Organisation**
- **Prozesse und Verfahren**

die in Form von Qualitätsstandards festgelegten und vorausgesetzten Erfordernisse zu erfüllen. Als Beurteilungsinstrument, ob die erbrachte Leistung der betrachteten Einheit gute oder schlechte Qualität besitzt, sind Qualitätsstandards zu verwenden. Der Qualitätsstandard gibt an, welches Qualitätsziel vorgegeben und erreicht werden soll. Dieser Qualitätsstandard muß veränderbar sein, um sich dem jeweiligen vom Unternehmen vorgegebenen Qualitätsniveau anzupassen. Dieses Qualitätsniveau ist der am Kunden ausgerichtete unternehmensspezifische Qualitätsanspruch unter Beachtung von Kosten-Nutzen-Überlegungen. Als Maßstab für die Formulierung dieses Qualitätsniveaus durch das Unternehmen gilt, was der Kunde bereit ist für diese umfassende Qualität zu zahlen. Um einen Qualitätsstandard als Beurteilungsinstrument für die Feststellung einer guten oder schlechten Qualität zu verwenden, muß dieser die Anforderungen hinsichtlich Sensitivität, Verläßlichkeit und Überprüfbarkeit erfüllen.

Erst über diese exakte Vorgabe von quantitativen Bewertungskriterien wird die umfassende Unternehmensqualität meßbar und im Sinne eines kontinuierlichen Verbesserungsprozesses bewertbar.

Zusammengefaßt läßt sich die Qualitätsstandard-Erarbeitung wie folgt beschreiben: Ausgangspunkt sind die ermittelten Kundennutzen und Kundenwerte sowie die unternehmensinterne Qualitätsforderungen, die jetzt den vorher definierten Qualitätseinheiten in

Form von **Leistungsmerkmalen** zugeordnet werden. Diese Leistungsmerkmale werden über **Qualitätspolitik-Grundsätze** formuliert und präzisiert. Die Umsetzung dieser Qualitätspolitik-Grundsätze erfolgt durch das Bilden von Qualitätsmerkmalen bzw. Qualitätsstandards, wobei **Qualitätsstandards** definierte Kennzahlen und Vorgaben für die einzelnen Leistungsmerkmale pro betrachteter Qualitätseinheit sind. Sie können beispielsweise in einem **Zielsetzungsprozeß** ermittelt und in Form von Zielvereinbarungen an die Mitarbeiter weitergegeben werden. Mit Hilfe des Qualitätscontrollings erfolgt im Prozeßablauf die Überprüfung dieser Qualitätsstandards. Durch einen permanenten Soll/Ist-Vergleich werden Anstöße zu kontinuierlichen Verbesserung der vorher definierten Qualitätsstandards bzw. -kennzahlen möglich.

2.4.4 Qualitätseinheitenbezogener Qualitätsmanagement-Regelkreis

Der Gesamtzusammenhang zwischen der Ableitung der Qualitätsmerkmale und -standards mit der Zuordnung zu den einzelnen Qualitätseinheiten und der Messung der Verbesserungen wird in dem in Bild 2-33 gezeigten qualitätseinheitenbezogenen Qualitätsmanagement-Regelkreis deutlich.

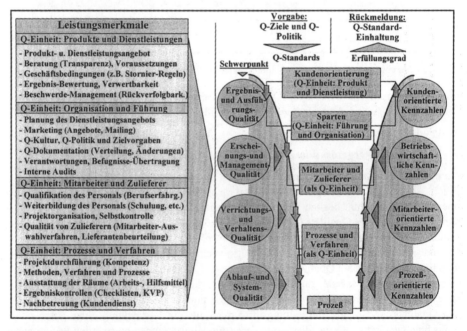

Bild 2-33 Qualitätseinheitenbezogener Qualitätsmanagement-Regelkreis

Innerhalb dieses Qualitätsmanagement-Regelkreises können aufgrund der vorgegebenen, aus den Qualitätsstandards abgeleiteten **Qualitätskennzahlen** qualitative und quantitative Aussagen eine klare Antwort geben, ob die jeweiligen Qualitätsziele erreicht sind. In bezug auf die oberste Ebene der Qualitätseinheit „Produkt und Dienstleistungsqualität" sind es die kundenbezogenen Kenngrößen wie Kundenzufriedenheitsgrad oder Reklamationsquote. In der Ebene tiefer, bei der Qualitätseinheit „Führung und Organisation", gehören die betriebswirtschaftlichen Kennzahlen wie Marktanteil, Umsatz, Deckungsbeiträge, Gewinne oder Anzahl Stammkunden dazu. Bezogen auf die Qualitätseinheit „Mitarbeiter und Zulieferer" sind diese Kennzahlen beispielsweise definiert als Fluktuationsrate, Krankenstand, Anzahl Überstunden, Anzahl Verbesserungsvorschläge. Auf der Prozeßebene beziehen sich die Kennzahlen z.B. auf Transparenz, Termineinhaltung, Fehlerfreiheit, Prozeßsicherheit. Unter diesen Rahmenbedingungen ist, wie in Kapitel 6 beschrieben, auf der Grundlage eines durchgängigen Qualitätskennzahlen-Systems nach Balanced Scorecard-Gesichtspunkten ein umfassendes Qualitätscontrolling durchsetzbar.

2.4.5 Qualitätseinheitenbezogene Qualitätsfunktionsbetrachtung

Die bereits nach der ISO-Norm und DGQ-Definition in Bild 2-3 beschriebenen Funktionen des Qualitätsmanagements in der Darstellung als betrieblicher Regelkreis lassen sich ebenfalls, wie Bild 2-34 zeigt, qualitätseinheiten- und ebenenbezogen mit dem bereits beschriebenen Unternehmensmodell verknüpfen. Die Qualitätsplanung wird der obersten Ebene zugeordnet. Hier geht es um das Festlegen der Qualitätsmerkmale und Standards für die Qualitätseinheit „Produkt und Dienstleistung" anhand der Kundenforderungen. Die Qualitätsführung ist der Ebene 2 zugeordnet, in der die Qualitätspolitik, -ziele und -verantwortung im Rahmen der Qualitätseinheit „Führung und Organisation" festgelegt werden. Die Qualitätslenkung in Ebene 3 bezieht sich auf die Qualitätseinheit „Mitarbeiter und Zulieferer", wobei hier die Zulieferer im weiteren Sinne als externe Mitarbeiter des Unternehmens betrachtet werden. Die Qualitätsprüfungen sind auf der untersten Ebene der Qualitätseinheit Prozesse zugeordnet. Über laufende Soll/Ist-Vergleiche wird innerhalb dieses betrieblichen Regelkreis-Modells ein kontinuierlicher Verbesserungsprozeß über diese vier Ebenen eingeleitet.

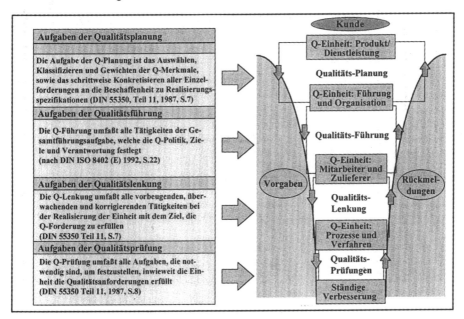

Bild 2-34 Grobzuordnung der Qualitätsmanagement-Funktionen zu den betrachteten Qualitätseinheiten innerhalb des Qualitätsmanagements

In der neuen DIN EN ISO 9000:2000 wird in Kapitel 5 „Verantwortung der Leitung" auch die Ermittlung und Durchführung von Qualitätsplanungen gefordert. Die Umsetzung ist wie folgt beschrieben. Es sind Aktivitäten und Ressourcen zur Erreichung der Qualitätsziele praxisgerecht zu planen und festzulegen. Dabei sind alle erforderlichen Prozesse des Qualitätsmanagement-Systems, die Entstehungsprozesse von Produkt/Dienstleistung und erforderlichen Ressourcen sowie die Qualitätsmerkmale festzulegen, um die gewünschten Ergebnisse zu erzielen. Die Verifizierungsmaßnahmen, Annahmekriterien und notwendigen Qualitätsaufzeichnugen sind zu berücksichtigen.

Die dazu notwendige Dokumentation besteht, neben dem Qualitätsmanagement-Handbuch und Verfahrensanweisungen, anderen mitgeltenden Unterlagen, beispielsweise in:

- **Produktionsplänen**
- **Arbeits- und Prüfplänen**
- **Ressourcenplanung und Nachweisen**
- **Qualifikationsnachweisen für Mitarbeiter**

- **Verfahrens- und Prozeßabläufen**
- **Funktionsbeschreibungen**
- **Anforderungsprofilen**
- **Prüfanweisungen/Checklisten**

Eine weitere Sichtweise der Qualitätsmanagementfunktionen und -aufgaben könnte auch in der Form erfolgen, daß pro definierter Qualitätseinheit die einzelnen Funktionen zugeordnet sind. Diese Variante zeigt Bild 2-35.

Bezogen auf die Qualitätseinheit „Produkte und Dienstleistungen" geht es bei der Qualitätsführung darum, die Vorgabe der Produkte und Dienstleistungsziele mit Verantwortlichkeiten vorzugeben. Bezogen auf die Qualitätseinheit „Führung und Organisation" sind das natürlich die Vorgaben der Führungsorganisationsziele mit den dazugehörenden Verantwortungen. Die Qualitätsplanung übernimmt jeweils die Vorgaben der Leistungsmerkmale und Ausprägungen (Qualitätsstandards) je Einheit. Beispielsweise beziehen sich die in Bild 2-35 genannten mitarbeiterorientierten Qualitätsmanagement-Lenkungsfunktionen auf das Durchführen von Schulungen, die Unterlagenerstellung, Lieferantenauswahl und Lieferantenbewertung, Prüfdatenauswertung, Abweichungsbestimmung, Auslösen von Korrekturmaßnahmen und das Lösen von Qualitätsproblemen. Die Qualitätslenkung beinhaltet die Durchführung der vorbeugenden korrigierenden Maßnahmen zur Realisierung der Qualitätsforderung der jeweiligen einheitenbezogenen Qualitätsstandards, wie z.B. die Qualitätsprüfung, qualitätseinheitenbezogenen Standards zur Einleitung des kontinuierlichen Verbesserungsprozesses.

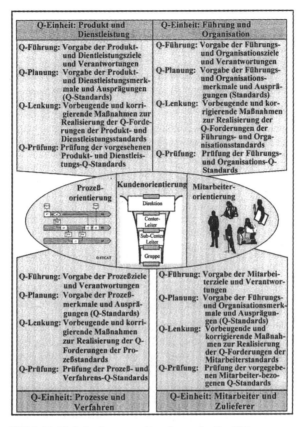

Bild 2-35 Einheitenbezogene Zuordnung der Qualitätsmanagementfunktionen und -aufgaben

Den bis zu dieser Stelle betrachteten Qualitätsmanagement-Gesamtrahmen zur Erzeugung der Qualitätsfähigkeit zeigt zusammenfassend in acht Stufen Bild 2-36. Die Qualitätsfähigkeit beschreibt die Voraussetzungen bzw. Potentiale in einem Unternehmen, die vorhanden sein müssen, um die Anforderungen der Kunden fehlerfrei zu erfüllen.

Ausgangspunkt ist in Stufe 1 die Ermittlung der Qualitätsforderungen. Sie werden zur besseren Umsetzung und zur Erzeugung und Bewertung der Qualitätsfähigkeit in Stufe 2 den einzelnen Qualitätseinheiten einer umfassenden Unternehmensqualität zugeordnet, die sich zusammensetzt aus der bereits genannten:

- Produkt- und Dienstleistungsqualität
- Führungs- und Organisationsqualität
- Mitarbeiter- und Zuliefererqualität
- Prozeß- und Verfahrensqualität

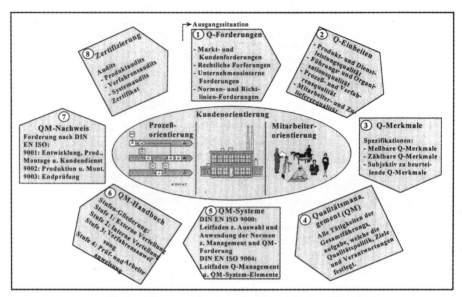

Bild 2-36 Qualitätsmanagement-Gesamtrahmen zur Erzeugung der Qualitätsfähigkeit

Jeder Qualitätseinheit werden in Stufe 3 die zugehörigen Qualitätsmerkmale und -standards zugeordnet. Über das Qualitätsmanagement in Stufe 4 mit den Qualitätsmanagement-Funktionen: „Qualitätsführung, Qualitätsplanung, Qualitätslenkung, Qualitätsprüfung und Qualitätsverbesserung" sowie mit dem als Führungsinstrument normkonform eingeführten Qualitätsmanagementsystem in Stufe 5 wird die Qualitätsfähigkeit im Unternehmen durchgesetzt. Im Qualitätsmanagement-Handbuch in Stufe 6 ist die Qualitätspolitik dargelegt und das Qualitätsmanagement-System beschrieben. Dieses Qualitätsmanagement-System läßt sich über eine darlegungsstufenbezogene Qualitätsmanagement-Dokumentation beschreiben. Diese Darlegungsstufen in Stufe 7 waren unterschieden nach der

    - DIN EN ISO 9001   **- DIN EN ISO 9002**   / **- DIN EN ISO 9003**

und sind nach der neuen Norm **ISO 9000:2000** zu einer einzigen **ISO 9001** zusammengefaßt.

Die Dokumentation in Stufe 6 ist gleichzeitig Grundlage für die Zertifizierung über die Qualitätsfähigkeit des Unternehmens. Diese Zertifizierung in Stufe 8 ist die Anerkennung eines Qualitätsmanagement-Systems entsprechend eines anerkannten Standards (DIN EN ISO 9000ff) durch eine autorisierte Institution (DQS, TÜV-Cert). Allerdings muß jetzt ein umfassender Qualitätsmanagementansatz, der über die in Stufe 4 beschriebenen Qualitätsmanagementfunktionen und -aufgaben hinausgeht, für eine kontinuierliche Verbesserung sorgen, dies auf der Grundlage der im Zentrum dieses Bildes angeordneten Strategiefelder

        „Kunden-, Mitarbeiter- und Prozeßorientierung".

Auf diesen umfassenden Managementansatz (TQM) wird im folgenden Kapitel ausführlich eingegangen.

3 Inhalte der TQM-Strategie (Total-Quality-Management)

3.1 TQM-Definition und -Inhalte

3.1.1 TQM-Definition

Für das Durchsetzen der im vorherigen Kapitel ausführlich beschriebenen umfassenden Unternehmensqualität ist ein ebenso umfassender Qualitätsmanagementansatz erforderlich, der die in Bild 3-1 genannten Rahmenbedingungen und Vorgaben zur Durchsetzung der **Qualitätsfähigkeit** schaffen soll und hier als TQM-Strategie bezeichnet wird.

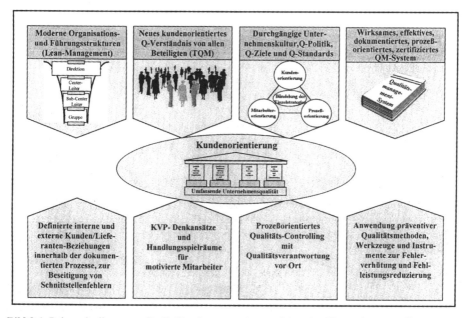

Bild 3-1 Rahmenbedingungen für die Durchsetzung einer umfassenden Unternehmensqualität

Gefordert wird als erstes ein neues kundenorientiertes **Qualitätsverständnis** von allen Beteiligten sowie moderne Organisations- und Führungsstrukturen mit dem Mitarbeiter im Mittelpunkt der Prozeßgestaltung und -verbesserung. Dies auf der Grundlage einer durchgängigen Unternehmenskultur, Qualitätspolitik, formulierten Qualitätszielen und den daraus abgeleiteten Qualitätsstandards. Vorausgesetzt wird ein wirksames, effektives, dokumentiertes, prozeßorientiertes und zertifiziertes Qualitätsmanagement-System, in dem exakt die internen und externen Kunden-/Lieferanten-Beziehungen innerhalb der dokumentierten Prozesse zur Vermeidung und Beseitigung von Schnittstellenfehlern beschrieben sind. Weiter gehört dazu die Anwendung präventiver Qualitätsmethoden, Werkzeuge und Instrumente zur Fehlerverhütung und Fehlerleistungsreduzierung durch die Mitarbeiter, die im Sinne von kontinuierlichen Verbesserungsprozessen (KVP) ihre Kernkompetenz und ihr Wissen zur Fehlervermeidung und Qualitätsverbesserung einsetzen. Dafür sind die vom Management erforderlichen Handlungs- und Entscheidungsspielräume zu schaffen. Weiterhin sind ein prozeßorientiertes Qualitätscontrolling mit Qualitätsverantwortung vor Ort und noch viele weitere Einzelkomponenten, die im folgenden näher erläutert werden, gefordert.

Diese Beschreibung zeigt, daß trotz intensiver Auseinandersetzung mit dem „Total Quality Management-Ansatz" dieser Begriff bisher inhaltlich nicht eindeutig festgelegt werden konnte. Der Grund liegt darin, daß es sich hierbei nicht um ein eindeutiges Theoriegebäude handelt, das von einer Gruppe Wissenschaftler gemeinsam entwickelt wurde, sondern daß TQM vielmehr ein Sammelbegriff für eine Vielzahl von Konzepten, Philosophien, Merkmalen, Methoden, Instrumenten, Techniken oder Prinzipien des Qualitätsmanagements darstellt, die aus verschiedenen Quellen stammen. Auch die laufenden Veränderungen, wie sie bei der Entwicklung des Qualitätsmanagements in den einzelnen Entwicklungsstufen bereits beschrieben wurden, haben dazu geführt, daß sich immer wieder nach den gewonnenen Erfahrungen im Laufe der Zeit ein neues bzw. anderes TQM-Verständnis herausbildete. Deshalb sind auch sehr viele ähnliche Bezeichnungen in der Literatur bekannt, die ebenfalls TQM-Inhalte abdecken; beispielsweise die Begriffe:

- **Total-Quality-Control**
- **Company Wide Quality Control**
- **Total-Quality-Excellence**
- **Total-Quality-Success**
- **Integriertes Qualitätsmanagement**
- **Unternehmensweite Qualitätsverbesserung**.

Weiter besteht die Problematik bei einer allgemeingültigen Festlegung des TQM-Begriffes darin, daß die einzelnen Autoren identische Inhalte des TQM-Konzeptes wie beispielsweise den Begriff „Kundenorientierung" einmal als Baustein, Merkmal, Grundregel, Bestandteil, Element, Grundpfeiler, Grundwert, Prinzip oder als tragende Säule bezeichnen. In diesem Buch wird zum Beispiel die Kundenorientierung als ein Strategiefeld von TQM behandelt.

In der DIN EN ISO 8402 (August 95) wird TQM, wie bereits in Kapitel 2 erläutert, als umfassendes Qualitätsmanagement übersetzt und ist definiert als:

> **„Eine auf die Mitwirkung aller ihrer Mitglieder gestützte Managementmethode einer Organisation, die die Qualität in den Mittelpunkt stellt und durch Zufriedenstellung der Kunden auf langfristigen Geschäftserfolg sowie auf Nutzen für die Mitglieder der Organisation und für die Gesellschaft zielt".**

Nach einer DGQ-Definition deckt TQM den Aspekt der Gesamtführungsaufgabe ab, welcher die Qualitätspolitik festlegt und zur Ausführung bringt. Auch *Juran* versteht unter TQM einen systematischen Ansatz, der versucht, Qualitätsziele unternehmensweit vorzugeben und zu erfüllen. *Frehr* versteht unter TQM ein Managementsystem, daß durch dauernde und systematische Verbesserung aller Tätigkeiten des Unternehmens eine Verbesserung der Wettbewerbsfähigkeit ermöglichen soll.

Töpfer und *Medorn* definieren TQM als einen umfassenden Denk- und Handlungsansatz, der sich in der Unternehmensphilosophie, also dem Selbstverständnis und Leitbild eines

Unternehmens sowie in konkreten Führungskonzepten für das ganze Unternehmen nieder-
schlägt. Diese Aufstellung ließe sich in ähnlicher Form noch über viele Seiten fortführen.

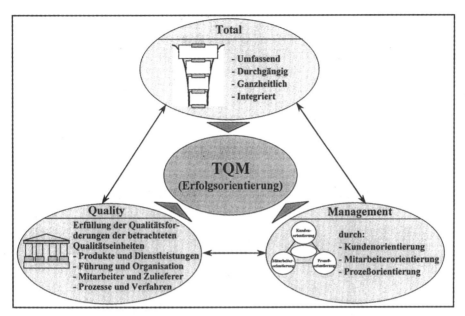

Bild 3-2 TQM-Inhaltsbeschreibung

Wie Bild 3-2 zeigt, wird TQM hier als eine Zusammenfassung von folgenden Begriffen
und Inhalten betrachtet:

- **Total:** umfassend, durchgängig, ganzheitlich und integriert.

- **Quality:** die definierten Qualitätseinheiten einer umfassenden
  Unternehmensqualität, unterteilt nach
  - Produkten und Dienstleistungen
  - Führung und Organisation
  - Mitarbeiter und Zulieferer
  - Prozesse und Verfahren

- **Management:** partizipatives Führen innerhalb der drei Strategiefelder

  - **Kundenorientierung**

  - **Mitarbeiterorientierung**

  - **Prozeßorientierung**

um die innerhalb dieser Strategiefelder definierten **Qualitätsziele** zu erfüllen und somit
gleichzeitig als übergeordnete Unternehmenszielsetzung den Unternehmenserfolg zu sichern. Damit deckt sich diese Begriffszusammenfassung mit der bereits in Bild 1-19 gezeigten Darstellung des umfassenden Unternehmensgestaltungsansatzes mit Hilfe der General-Management-Strategie (G-M-S).

Die danach abgeleitete Total-Quality-Management (TQM)-Definition lautet:

TQM ist ein umfassendes, durchgängiges, ganzheitliches, integriertes
- kundenorientiertes (maximaler Kundennutzen)
- mitarbeiterorientiertes (zufriedene Mitarbeiter)
- prozeßorientiertes (wirtschaftliche Abläufe)

Managementkonzept, mit dem eine umfassende Unternehmensqualität bestehend aus den **Komponenten**
- Produkte und Dienstleistungen
- Führung und Organisation
- Mitarbeiter und Zulieferer
- Prozesse und Verfahren

im Unternehmen durchgesetzt werden kann. Damit werden die umfassenden, qualitätsrelevanten **Forderungen wie z.B.**:
- Kunden- bzw. Marktforderungen
- gesetzliche Forderungen
- Normen- und Richtlinienforderungen
- unternehmensinterne Forderungen
- gesellschaftliche Forderungen

erfüllt und das Ziel der **ständigen Verbesserung** von
- Kundenanbindung
- Mitarbeiteranbindung
- Prozessen

zum Zweck der **Steigerung der Wettbewerbsfähigkeit** erreicht.

In Bild 3-3 sind die Ziele des TQM unter Zuordnung zu den drei Strategiefeldern genannt. Diese Ziele decken sich teilweise bereits in Bild 2-18 genannten Gründen für die Zertifizierung von QM-Systemen.

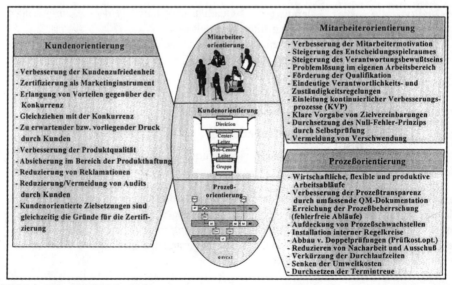

Bild 3-3 Ziele der TQM-Strategie

Dies ist in sich deshalb schlüssig, weil bereits ausgeführt wurde, daß eine prozeßorientierte Qualitätsmanagement-Systemeinführung die Grundlage für die Durchsetzung der TQM-Strategie bietet. Aber auch an dieser Stelle wird darauf hingewiesen, daß diese Aufstellung nur ein Auszug aus weiteren Zielsetzungen ist, die sich in Form einer Zielhierarchie, wie sie später noch beschrieben wird, ausprägen können. Weitere TQM-Zielsetzungen sind beispielsweise der ständige Leistungsvergleich mit den Besten (best-of-class), das Durchsetzen der Just-in-time-Philosophie durch absolutes Einhalten zugesagter Termine und Mengen, die Steigerung der Wettbewerbsfähigkeit über die nachweisbare Qualitätsfähigkeit oder ganz allgemein die bessere Nutzung der menschlichen, technischen und organisatorischen Ressourcen im Unternehmen.

TQM ist also ein Bestandteil eines ganzheitlichen **Führungskonzeptes** im Unternehmen, für das die Qualität ein sehr wichtiger Erfolgsfaktor zum Erreichen des vorgegebenen Unternehmensziel-Netzwerkes darstellt. Weil bei diesem Führungskonzept an die beteiligten Vorgesetzten und Mitarbeiter aber auch an die angestrebten Ergebnisse ein weitaus höherer Anspruch gestellt wird, als an die im vorherigen Kapitel betrachteten Qualitätsmanagementsysteme, geht es hier um einen sehr viel umfassenderen Unternehmensführungskultur-Anspruch, den es umzusetzen gilt. Nur über diesen umfassenden Unternehmenskultur-Anspruch ist es möglich, die nachfolgend genannten kritischen Erfolgsfaktoren innerhalb der drei Strategiefelder zu erreichen.

Kritische Erfolgsfaktoren werden als die zur Unternehmenszielerreichung wesentlichen Faktoren bezeichnet. Markt- und kundenorientierte Erfolgsfaktoren sind hierbei beispielsweise Flexibilität, Kundenzufriedenheit, Termintreue, Schnelligkeit, Innovationsfähigkeit und Offenheit. Mitarbeiterorientierte Erfolgsfaktoren sind z.B. Identifikation, Zugehörigkeit, Akzeptanz, Motivationspotential, Know-how, Qualifikation und Kernkompetenz. Prozeßorientierte Erfolgsfaktoren sind beispielsweise Prozeßqualität, Verfahrensqualität, eingesetzten Methoden und Verfahren, Transparenz, Ressourcenstärke und optimale Produktionsstrukturen.

Zwischen diesen kritischen Erfolgsfaktoren und dem Erreichen der vorher genannten Qualitätszielen besteht natürlich eine enge Wechselbeziehung.

3.1.2 Inhalte der TQM-Strategiefelder

Die Inhalte der einzelnen Strategiefelder sind in Bild 3-4 genannt.

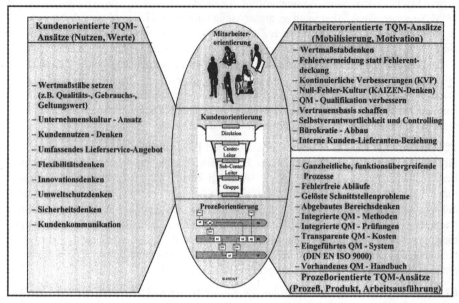

Bild 3-4 Inhalte der TQM-Strategiefelder

Beim kundenorientierten TQM-Strategiefeld steht der **Kundennutzen** und die Erfüllung der Wertvorstellungen des Kunden im Vordergrund. Sie gilt es, durch das Setzen und Realisieren von Wertmaßstäben innerhalb der bereits erläuterten Qualitätskomponenten zu gewährleisten. Dieses Kunden-/Nutzen-Denken wird durch einen Unternehmenskulturansatz vorgedacht, der es ermöglicht, ein umfassendes Lieferserviceangebot zu garantieren, in dem Flexibilitäts-, Innovations-, Umweltschutz-, Sicherheitsdenken integriert sind und das über eine ständige Kundenkommunikation auch dem Kunden deutlich gemacht wird.

Beim mitarbeiterorientierten TQM-Feld steht die **Mitarbeitermobilisierung** und Motivation im Vordergrund der Betrachtung. Durch eine partizipative Führung mit Hilfe gemeinsam erarbeiteter Zielvereinbarungen sowie auf der Grundlage von Vertrauen, Information und Kommunikation soll der Mitarbeiter in den Mittelpunkt der Geschäftsverbesserung gestellt werden und in der Lage sein, Qualitätsverantwortung zum Wohle des Kunden zu übernehmen.

Im dritten Strategiefeld **Prozeßorientierung** werden die organisatorischen Rahmenbedingungen geschaffen, um zu durchgängigen Prozessen ohne funktionale Barrieren mit ganzheitlichen Arbeitsinhalten zu gelangen. In diesen Prozessen erhalten die Mitarbeiter die notwendigen Handlungsspielräume, die im Umgang mit dem Kunden die Kundenanbindung ermöglicht. Ein Schwerpunkt des Strategiefeldes „Prozeßorientierung" ist die **Prozeßbeherrschung** mit einer Null-Fehler-Arbeitsausführung durch die Mitarbeiter innerhalb dezentraler Organisation mit simplifizierten Abläufen, transparenten Betriebsstrukturen und einfachen Prüfwerkzeugen. Durch die Integration des Qualitätsmanagement-Gedankens in die Prozeßabläufe wird das Prinzip der Fehlervermeidung anstatt der Fehlerentdeckung durchgesetzt.

Ergänzend zu diesen Inhaltsbeschreibungen der Strategiefelder sind in Bild 3-5 die Total Quality Management-Grundsätze genannt, die alle Beteiligten verstanden haben müssen, um das Angebot einer umfassenden Unternehmensqualität im Unternehmen zu realisieren.

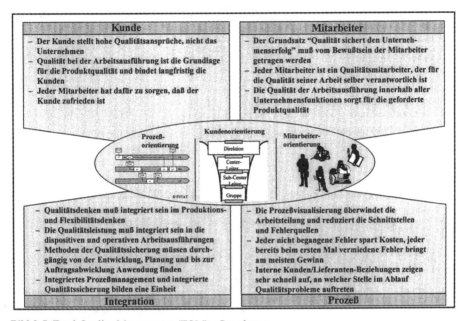

Bild 3-5 Total-Quality-Management (TQM) - Grundsätze

Kundenbezogen muß beispielsweise klar sein, daß der Kunde die hohen Qualitätsansprüche stellt und nicht das Unternehmen und das der Kunde die Arbeitsleistung des Mitarbeiters bezahlt und nicht das Unternehmen. Aus diesem Grund hat jeder Mitarbeiter dafür zu sorgen, daß der Kunde zufrieden ist, weil diese Kundenzufriedenheit Grundlage für die langfristige Kundenanbindung ist.

Mitarbeiterbezogen muß der Grundsatz „Qualität sichert den Unternehmenserfolg" vom Bewußtsein der Mitarbeiter getragen werden. Deshalb ist jeder Mitarbeiter ein Qualitätsmitarbeiter, der für die Qualität seiner Arbeit selber verantwortlich ist.

Die Prozeßorientierung überwindet die **Arbeitsteilung** und reduziert die Schnittstellen und Fehlerquellen. Jeder nicht begangene Fehler spart Kosten, jeder bereits beim ersten Mal vermiedene Fehler bringt am meisten Gewinn. Transparente interne Kunden- und Lieferantenbeziehungen zeigen sehr schnell auf, an welcher Stelle im Ablauf Qualitätsprobleme auftreten. Das Qualitätsdenken steht nicht allein, sondern muß in weitere Strategieansätze, wie beispielsweise in das Produktions- und Flexibilitätsdenken integriert sein. Diese integrierten Denkansätze beziehen sich gleichermaßen auf die dispositiven wie auch operativen Prozesse in allen Phasen des Produktlebenszyklus bzw. des Qualitätskreises.

3.1.3   TQM-Defizite und -Ansatzpunkte

Das Anwenden der obengenannten TQM-Grundsätze in der Praxis ist bei weitem nicht selbstverständlich. In Bild 3-6 sind den TQM-Strategiefeldern einige häufig in der Praxis vorkommende Defizite aufgezählt und zugeordnet.

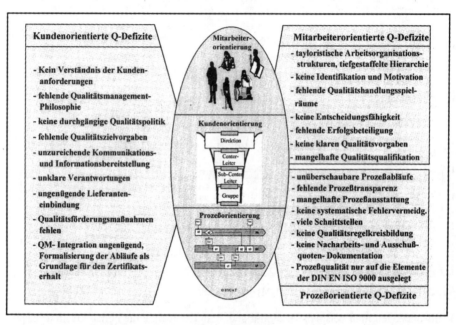

Bild 3-6 Qualitäts-Defizite innerhalb der TQM-Strategiefelder

Es beginnt im kundenorientieren Strategiefeld mit dem fehlenden Verständnis für Kundenanforderungen und einer fehlenden Qualitätsmanagement-Philosophie oder Unternehmenskultur, die dann auch keine durchgängige Qualitätspolitik zuläßt und zu fehlenden Qualitätszielvorgaben führt. Unzureichende Kommunikations- und Informationsbereitstellungen, unklare Verantwortungen, eine ungenügende Lieferantenanbindung oder fehlende Qualitätsförderungsmaßnahmen für die Mitarbeiter sind weitere Schwachstellen ebenso wie die vorher genannten, jetzt aber fehlende Qualitätsmanagement-Integration in die Prozesse und Abläufe.

Bei den mitarbeiterorientierten **Qualitätsdefiziten** liegt die Ursache häufig in tayloristischen, d.h. arbeitsteiligen Arbeitsorganisationsstrukturen mit tief gestaffelten Hierarchien, bei denen aufgrund der fehlenden Handlungsspielräume sehr oft Identifikations- und Motivationsprobleme auftreten. Eine ungenügende Mitarbeitereffizienz kann zum einen in mangelhaften Qualitätsqualifikationen, aber auch im Fehlen klarer Qualitätsvorgaben oder der mangelnden Erfolgsbeteiligung liegen.

Prozeßorientierte Defizite entstehen z.B. durch unüberschaubare Prozeßabläufe aufgrund einer fehlenden Prozeßtransparenz oder einer mangelnden Prozeßausstattung. Wegen der Vielzahl von Prozeßschnittstellen ist eine systematische Fehlervermeidung schwierig. Auch die Qualitätsregelkreis-Prinzipien finden keine Anwendung. Das Ergebnis ist, daß

Qualitätsdaten nicht aktuell vorliegen und Dokumentationen z.B. über Ausschußquoten fehlen.

Aus dieser Auflistung der **Qualitätsdefizite** innerhalb der TQM-Strategiefelder lassen sich eine ganze Anzahl von Ansatzpunkten zur Wettbewerbsverbesserung ableiten. Sie sind in Bild 3-7 aufgezählt, wobei an dieser Stelle der TQM-Strategiefeldbetrachtung ein Bezug zu den vorher definierten Qualitätseinheiten genommen wird.

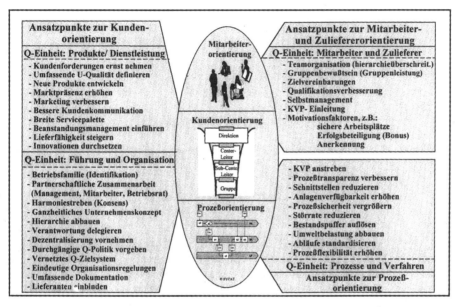

Bild 3-7 Ansatzpunkte zur Wettbewerbsverbesserung mit TQM

Diese **Qualitätseinheiten** wiederum hatten sich aus der in Kapitel 2 vorgenommenen Qualitätsfähigkeitsbetrachtung eines Unternehmens ergeben. So lassen sich beispielsweise die Qualitätseinheiten „Produkt- und Dienstleistungen" und „Führung und Organisation" dem Strategiefeld „Kundenorientierung" zuordnen. Die Qualitätseinheit „Mitarbeiter und Zulieferer" dem Strategiefeld „Mitarbeiterorientierung", wobei die Zulieferer hier, wie bereits schon einmal ausgeführt, als externe Mitarbeiter eines Unternehmens zu betrachten sind, die ebenfalls im Sinne der Unternehmenskultur einen Anspruch darauf haben, partnerschaftlich behandelt zu werden. Die Qualitätseinheit „Prozesse und Verfahren" ist natürlich dem Strategiefeld „Prozeßorientierung" zugeordnet. Durch diese Verknüpfung der Qualitätseinheiten mit den Strategiefeldern der TQM-Strategie lassen sich die vorher beschriebenen qualitätseinheitenbezogenen Qualitätskomponenten, Leistungsmerkmale. Qualitätsstandards mit dem dazu gehörenden Qualitätskennzahlensystem sind eindeutig diesen Strategiefeldern zuzuordnen. Die Umsetzung dieser Ansatzpunkte kann jetzt über eine sehr saubere sachlich-logische Struktur in Form eines 10-Punkte-Programmes, wie es Bild 3-8 zeigt, erfolgen.

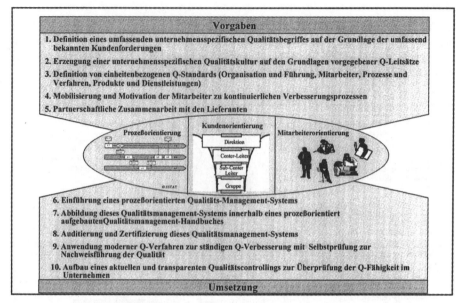

Bild 3-8 10 Punkte des TQM-Programms

Dieses 10-Punkte-TQM-Programm beginnt mit der Definition einer umfassenden unternehmensspezifischen Qualitätsdefinition auf der Grundlage der umfassend bekannten Kundenforderungen und endet im Aufbau eines aktuellen und transparenten Qualitätscontrollings zur Überprüfung der Qualitätsfähigkeit im Unternehmen. Unterschieden wird in diesem 10-Punkte-Programm noch nach den TQM-Vorgaben und nach der TQM-Umsetzung, wobei die ersten fünf Punkte zu schaffende Rahmenbedingungen sind, die Umsetzung dann mit der Einführung eines prozeßorientierten Qualitätsmanagementsystems beginnt. Dieses QM-System ist dann in allen Bereichen und Ebenen für alle Beteiligten Grundlage für ständige Verbesserungen nach dem oben geschilderten TQM-Ansatz.

3.1.4   Unternehmenskultur, Qualitätspolitik und Qualitätsziele

Als wesentlicher Erfolgsfaktor für die Erreichung der Unternehmensziele wurde bereits die Vorgabe einer Unternehmenskultur angesprochen, die in Form einer Absichtserklärung des obersten Management die Normen, Werte und Ideale vorgibt, nach denen sich alle Beteiligten im Unternehmen im Denken und Handeln bei Erreichung der vorgegebenen Ziele richten sollen. Damit übernimmt die Unternehmenskultur eine Integrationsfunktion, die Haltung und Stil des Unternehmens, die Zusammenarbeit mit Partnern, das Verhalten gegenüber Mitarbeitern oder die Einstellung zu gesellschaftlichen Problemen bestimmt und in Form von Leitsätzen abgebildet ist. Die **Unternehmensleitsätze** sollen dabei auch Visionen enthalten, die Auskunft über die mittel- bis langfristige Veränderungsziel des Unternehmens geben. Gleichzeitig sollen diese Leitsätze die Sinnstiftung und auch die Konsensbildung so vermitteln, daß sich alle Beteiligten praktisch daran halten können und dabei gleichzeitig motiviert werden. Damit durchdringt die Unternehmenskultur mit der dahinter stehenden Unternehmensphilosophie als geistiger Hintergrund das gesamte Unternehmen und beeinflußt Denken, Handeln und Entscheidung aller Mitarbeiter. Eine derartige **Unternehmensphilosophie** und Kultur derartiger Leitsatz lautet beispielsweise:

> **„Durch die Schaffung einer Unternehmenskultur wollen wir die verantwortliche Beteiligung der Mitarbeiter an der Prozeßverbesserung erreichen, in der die vertrauensvolle Zusammenarbeit aller Angehörigen im Unternehmen und die Erfolgsbeteiligung die Grundvoraussetzung für den Erfolg ist".**

In der Norm DIN EN ISO 9000 ff wird gefordert, und so ist es auch in den 10 PUNKTE TQM-Programm in Bild 3-8 ausgeführt, daß die Unternehmensleitung ihre Qualitätspolitik, ihre Zielsetzung und Verpflichtungen zur Qualität festzulegen und zu dokumentieren hat. Die Qualitätspolitik hat einen sehr hohen Stellenwert für den Erfolg der TQM-Strategie und muß deshalb selbstverständlich mit der Unternehmensphilosphie und Unternehmenskultur im Einklang stehen. Die Verknüpfung zwischen Unternehmenskultur, TQM-Strategie und den Unternehmens- bzw. Qualitätspolitikgrundsätzen zeigt Bild 3-9.

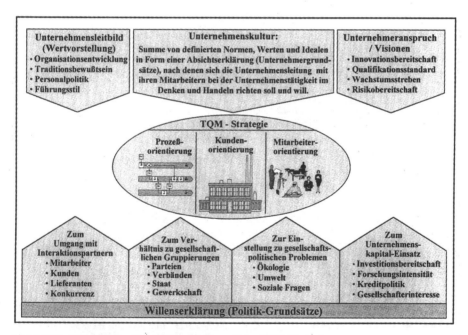

Bild 3-9 Verknüpfung der Unternehmenskultur mit der TQM-Strategie

Mit der Qualitätspolitik dokumentiert das Unternehmen sein **Qualitätsverständnis** nach außen zu den Kunden und nach innen zu den Mitarbeitern. Das angestrebte Qualitätsniveau, das die Qualitätspolitik mit Hilfe des QM-Systems garantieren soll, ist durch die Qualitätspolitik-Grundsätze beschrieben. Damit ist die strategische Ausrichtung des Unternehmens auf den Kunden aus TQM-Sicht festgelegt. Als Meßlatte für den Unternehmer bei Formulierung seiner Qualitätspolitik-Grundsätze gilt, daß er weiß, was der Kunde bereit ist, für die Qualität seiner Produkte zu zahlen. Die daraus abgeleiteten eigenen Qualitätsansprüche bzw. **Qualitätsstandards** innerhalb der definierten Qualitätseinheiten mit den zugeordneten Qualitätskomponenten bestimmt die Ausprägung der QM-Systemelemente des einzuführenden QM-Systems.

Wie bereits im vorigen Kapitel ausgeführt, wird die Verwirklichung dieser Qualitätsansprüche über die QM-Dokumentation nachgewiesen, Tiefe und Umfang dieser QM-Dokumentation orientieren sich am selbstgewählten Qualitätsstandard. Über den Zertifizierungsprozeß wird der Beweis der Verwirklichung dieser Ansprüche im Unternehmen überprüft, wobei dieser Nachweis in Form eines Zertifikates keine Gewähr dafür bietet, daß das zertifizierte Unternehmen bessere Produkte oder Dienstleistungsqualität bietet als ein nicht zertifiziertes. Das Zertifikat soll nur die Gewähr dafür geben, daß die in der Qualitätspolitik festgelegten Qualitätsgrundsätze bzw. Standards normkonform durch geeignete organisatorische Maßnahmen in der Praxis umgesetzt sind. Wenn mit diesem Qualitätsstandard bzw. Qualitätsniveau exakt die Ansprüche der Kunden in der vorher bestimmten Zielgruppe am Markt erfüllt werden, ist der Wettbewerbserfolg gesichert.

In Bild 3-10 sind unternehmenspolitische Grundsätze beispielhaft aufgeführt und den bereits bekannten Strategiefeldern zugeordnet. Auch hier finden sich die bereits bei der Beschreibung der Unternehmenskultur angesprochenen Leitlinien für eine Zusammenarbeit wieder. Zweckmäßig ist es, wenn die Qualitätspolitik grundsätzliche Aussagen zum Unternehmen selbst, zum Leistungsangebot sowie zu den generellen Qualitätszielen umfaßt.

Bild 3-10 Beispiele für Qualitätspolitik-Formulierungen

Ein weiteres Beispiel für strategiefeldbezogene Grundsätze der Unternehmenspolitik sind folgende Aussagen:

Kunde / Gesellschaft

- Die langfristige Zusammenarbeit mit unseren Kunden wird geprägt durch eine ständige Erfassung der Kundenanforderungen mit dem Ziel, unseren Kunden einen kontinuierlichen zusätzlichen Nutzen zu verschaffen. Die permanente Analyse der Markterfordernisse und deren Veränderungen ist Bestandteil der strategischen Zielfindung und Zielsetzung.

- Gegenüber der Gesellschaft betreiben wir eine offene Informationspolitik. Wir haben keine Vorbehalte gegenüber den unterschiedlichen Mitgliedern der Gesellschaft. Die Einhaltung bestehender Gesetze und Verordnungen ist für uns eine Selbstverständlichkeit. Firma XY stellt sich seiner Mitverantwortung für Umwelt und Natur.

- Bei schwerwiegenden Qualitätsbeanstandungen, die möglicherweise Rückrufe von Produkten notwendig machen, wird unverzüglich der zuständige Führungsbereich eingeschaltet.

Unternehmer / Kapitaleigner

- Das Erwirtschaften von Gewinn über optimale Prozeßgestaltung und Ausführung ist Voraussetzung für den Fortbestand unseres Unternehmens; das setzt wirtschaftliches Denken und Handeln aller Firma XY-Angehörigen bei der Prozeßdurchführung voraus.

- Den Wert des Unternehmens für den Kapitaleigner zu erhöhen, ist eine unserer ständigen Aufgaben.

Mitarbeiter / Lieferant

- Die Mitarbeiter stellen die Quelle des Unternehmenserfolges dar. Wir messen und fördern die Fähigkeiten unserer Mitarbeiter und beteiligen sie in ihren Tätigkeitsbereichen an der Zielfindung, Umsetzung und Bewertung von Aktivitäten. Ein Ziel der Mitarbeiterorientierung besteht in der Schaffung eines von Vertrauen getragenen Wir-Gefühls.

- Unsere Lieferanten sind die Basis der bei uns erarbeiteten Wertschöpfung unverzichtbarer Bestandteil unserer Unternehmensaktivitäten. Sie zeichnen sich dadurch aus, daß sie zur Nutzenmehrung unserer Kunden beitragen.

- Jeder einzelne Mitarbeiter muß bestrebt sein, Qualität selbstverantwortlich zu erzeugen. Das Qualitätsbewußtsein in allen Ebenen zu fördern, ist ständige Führungsaufgabe.

Die oben angesprochenen Qualitätsziele müssen übergeordnet an den Erwartungen des Kunden ausgerichtet sein. Sie können aber, wie Bild 3-11 zeigt, auch den definierten Qualitätseinheiten innerhalb der drei Strategiefelder bzw. besser den vier Qualitätseinheiten innerhalb dieser drei Strategiefelder zugeordnet werden, um so gleich die Verbindung zum in Kapitel 6 erläuterten Kennzahlensystem herzustellen. Wobei bei der Qualitätsziel-Formulierung einzigartig und unverwechselbare Leistungen des Unternehmens besonders hervorzuheben sind, sie stellen für den Kunden einen zusätzlichen Wert dar und ermöglichen damit das Abheben des Unternehmens gegenüber dem Mitwettbewerb. Über diese mehr aus strategischer Sicht formulierten Qualitätsziele wird die Qualitätspolitik präzisiert.

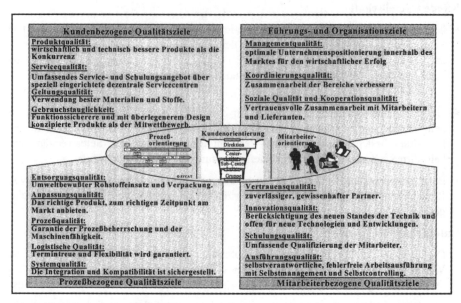

Bild 3-11 Beispiele für Qualitätsziele

Über die gesamte Wertschöpfungskette innerhalb des Produktlebenszyklusses in allen Ebenen und Bereichen müssen jetzt diese Qualitätsziele in Form von Qualitätsstandards und quantifizierbaren Qualitätskennzahlen heruntergebrochen werden. An dieser Stelle tritt ein enger Bezug zu den in Bild 2-31 und Bild 2-32 genannten qualitätseinheitenbezogenen Leistungsmerkmalen und Qualitätsstandards auf.

Nach der neuen **ISO 9000:2000** wird in Kapitel 5 „Verantwortung der Leitung" die Festlegung und Umsetzung einer geeigneten Qualitätspolitik gefordert.

Dies erfolgt über folgende Aktivitäten:

- Geeignete Qualitätspolitik formulieren, festlegen, vermitteln, umsetzen, überwachen und anpassen

- sie muß im Einklang stehen mit den Bedürfnissen des Unternehmens und seiner Kunden

- sie muß die Verpflichtung zur Erfüllung und ständigen Verbesserung auf allen Ebenen enthalten

Die dazu erforderliche Qualitätsmanagement-Dokumentation besteht beispielsweise im Schulungsplan und Schulungsnachweis sowie in Mitarbeiterinformationen (Aushänge oder ähnliches).

Als weitere Normenforderung existiert ebenfalls in Kapitel 5 die Forderung nach Formulierung von Qualitätszielen für jede relevante Funktion und Ebene. Umgesetzt wird dies beispielsweise durch:

- nachvollziehbare Qualitätsziele (möglichst quantitativ)

- entsprechende Qualitätspolitik festlegen und kommunizieren

- Fristen und Maßnahmen zur Überprüfung ggf. Überarbeitung der Qualitätsziele regeln

Die dazu gehörenden notwendigen Qualitätsmanagement-Dokumentationen sind neben dem Qualitätsmanagement-Handbuch Verfahrensanweisungen und anderen mitgeltenden Unterlagen beispielsweise Mitarbeiterinformation oder interne/externe Zielverein-barungen.

Als weitere Normforderung der neuen ISO 9000:2000 gehört an dieser Stelle auch das Festlegen von Verantwortung und Befugnissen. Umgesetzt wird dies durch Regelung und Bekanntmachung von Aufgaben, Verantwortungen, Zusammenwirken und Befugnisse von Betroffenen. Die dazu notwendige Qualitätsmanagement-Dokumentationen sind bei-spielsweise Organigramme, Aufbauorganisations- und Funktions- sowie Stellenbeschrei-bungen. Eine weitere Normforderung in Kapitel 5 ist die Benennung eines Beauftragten der obersten Leitung.

Die Umsetzung dafür ist wie folgt beschrieben:

- aus der unternehmenseigenen Leitung muß mindestens ein Mitglied benannt werden, welches festgelegte Befugnisse und in Unabhängigkeit besitzt, um sicherzustellen, daß ein Qualitätsmanagement-System umgesetzt und aufrecht erhalten wird

- er muß der obersten Leitung regelmäßig über die Wirksamkeit des Qualitätsmanage-ment-Systems und über notwendige Verbesserungen berichten

- er muß im weiteren das Bewußtsein für Kundenforderungen innerhalb des Unterneh-mens sicherstellen

Die dazu gehörenden Dokumentationen sind beispielsweise:

- Dokumentierte Benennung

- Qualifikationsnachweis

- Funktionsbeschreibung

- Berichterstattung (Monats/Quartals/Halbjahres oder Jahresberichte)

- Statusberichte und andere Auswertungen

- Aushänge-Schulungspläne

Auch der in Bild 2-33 gezeigte Unternehmensqualitäts-Regelkreis, der dort qualitätsein-heitenbezogen aufgebaut war, findet hier wieder Berücksichtigung und ist Vorlage für die in Bild 3-12 gezeigte strategische Durchgängigkeit der Qualitätspolitik zusammen mit den Qualitätszielen. Diesmal allerdings mit der Qualitätseinheit „Führung und Organisation" in der ersten Ebene, anstatt mit der Qualitätseinheit „Produkt und Dienstleistung". Je nach Sichtweise läßt sich die Zuordnung variieren.

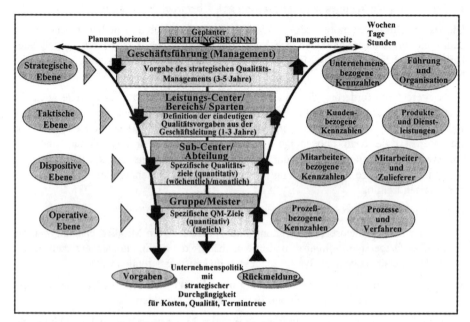

Bild 3-12 Strategische Durchgängigkeit der Qualitätspolitik

Diese Darstellung besitzt wieder allgemein gültige Aussagen auch für alle anderen Unternehmenszielsetzungen und wird im Rahmen des Qualitätscontrollings und bei der Selbstbewertung nach den EFQM-Kriterien in Kapitel 6 noch einmal ausführlicher erläutert.

Das Instrumentarium zur Ermittlung der Qualitätsforderungen als Grundlage für die Formulierung der Qualitätspolitik ist, wie Bild 3-13 zeigt, vielfältig. In bezug auf die Qualitätsforderungen an die Qualitätseinheit „Produkte und Dienstleistungen" sind es die noch in Kapitel 3 behandelten Kundenbefragungen, die Reklamationsbearbeitung, Kundenanforderungsanalysen, Kundenworkshops oder sonstige noch erläuterte Marketingaktivitäten. Bei der Qualitätseinheit „Führung und Organisation" sind die Audits und **Management-Reviews** mit die wichtigsten Instrumente. Es können aber sich auch Forderungen aus der Vorgesetztenbeurteilung durch die Mitarbeiter oder aus Organisations-, Entwicklungs- und Personalentwicklungsuntersuchungen ergeben. Weitere Forderungen liefern Stärken/Schwächenanalysen oder ergeben sich aus dem **Zielvereinbarungscontrolling**. Bei der Qualitätseinheit „Mitarbeiter und Zulieferer" sind es die ebenfalls noch in Kapitel 3 behandelten Mitarbeiterbefragungen und -beurteilungen sowie interne Anforderungsanalysen, KVP-Zirkel oder Lieferantenbefragungen und Beurteilungen, die systematisch helfen, Qualitätsforderungen zu lokalisieren. Bei der Qualitätseinheiten „Prozesse und Verfahren" sind es ebenfalls wieder Audits, aber auch Qualitätsprüfungen, FMEA´s, funktionale Schnittstellen-, Schwachstellen- oder Informationsanalysen.

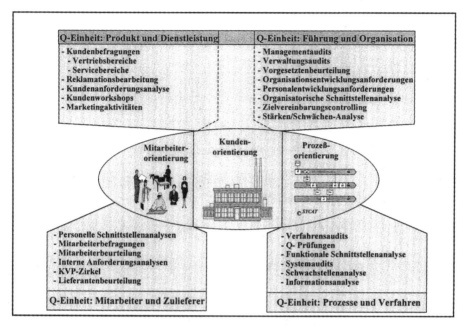

Bild 3-13 Instrumentarium zur Ermittlung der Qualitätsforderungen als Grundlage für die Formulierung der Qualitätspolitik

Wie erfolgreich dieses Instrumentarium in Bild 3-13 Anwendung gefunden hat, wird deutlich, wenn die Normforderung in Kapitel 5 „Verantwortung der Leitung" der neuen prozeßorientierten **ISO 9000:2000** Berücksichtigung findet. Hier geht es um die Durchführung der periodischen Überprüfung des Qualitätsmanagement-Systems durch die oberste Leitung.

Die dazu notwendigen Umsetzungsaktivitäten sind:

- angemessene periodische Zeitabstände für das Management-Review festlegen

- Qualitätsmanagement-System sowie die Qualitätspolitik und Ziele auf eigene Umsetzung, Wirksamkeit prüfen und beurteilen

- Korrektur und Vorbeugungsmaßnahmen initiieren und verfolgen

- Änderungen und Verbesserungen einleiten und umsetzen

Die dazu notwendige Qualitätsmanagement-Dokumentation sind Management-Review-Berichte, in denen fogendes zu berücksichtigen ist:

- Qualitätspolitik und -ziele

- Auditergebnisse (System-, Prozeß- oder Produktaudit)

- Klagen und Zufriedenheitsäußerungen von Kunden

- Berichte aus der Prozeßüberwachung

- Fehlerauswertungen und Produktanalysen

- Korrektur- und Vorbeugungsmaßnahmen
- Verbesserungsmaßnahmen
- Ressourcenbedarf

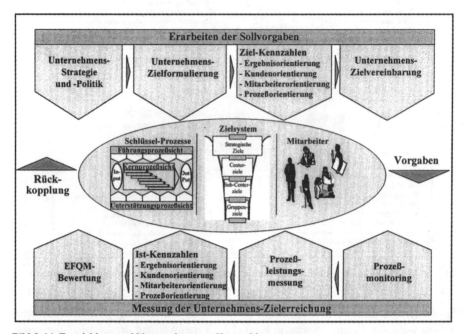

Bild 3-14 Entwicklung und Verwendung von Kennzahlensystemen

Eine Zusammenfassung der bisherigen Ausführungen zu diesem Thema zeigt Bild 3-14, hierbei wieder mit Bezug auf das betriebliche Regelkreismodell. Ausgehend von der Unternehmensstrategie und -politik erfolgt zu jeder angewendeten Unternehmensstrategie, hier also für das Qualitätsmanagement, eine Zielformulierung, die ausgehend von der Managementebene bis auf die Arbeitsplatzebene heruntergebrochen wird. Diese Zielformulierungen werden in Form von Unternehmenszielvereinbarungen auf der jeweiligen Ebene mit den dahinter stehenden TQM-Kennzahlen, die sich entsprechend der TQM-Strategiefelder unterscheiden nach

- **ergebnisorientierten**
- **kundenorientierten**
- **mitarbeiterorientierten**
- **prozeßorientierten**

Kennzahlen den Mitarbeitern vorgegeben.

Damit ist die Reglerfunktion innerhalb des betrieblichen Regelkreismodells beschrieben. Innerhalb der Regelstrecke wird über ein Prozeßmonitoring der Prozeß beobachtet und gemessen. Somit kann festgestellt werden, ob die vorgegebenen Soll-Kennzahlen im Prozeß tatsächlich erreicht wurden. Das Ergebnis dieser Prozeßleistungsmessung wieder ausgedrückt als ergebnis-, kunden-, mitarbeiter- und prozeßorientierten Ist-Kennzahlen ist die Grundlage für die Business-Excellence-Bewertung, die in Kapitel 6 noch ausführlich erläutert wird. Das EFQM-Modell steht deshalb hier im Mittelpunkt der in Bild 3-15 genannten Qualitätsziele.

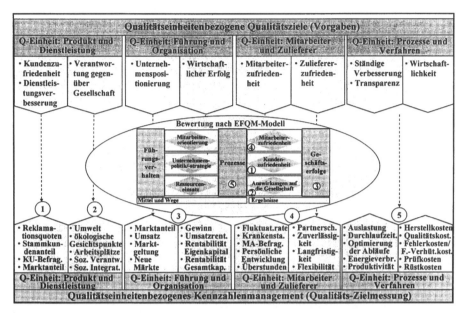

Bild 3-15 Abgeleitete Qualitätsziele aus der Qualitätspolitik mit Bewertung über Kennzahlen

In dieser Darstellung wird nach den bereits definierten Qualitätseinheiten unterschieden. Hierbei wird deutlich, daß es eine große Anzahl von quantifizierbaren Aussagen in Form von **Kennzahlen** gibt, die eine sehr transparente Beurteilung ermöglicht, ob die vorgegebenen Qualitätsziele auch erfüllt wurden. Gleichzeitig lassen sich diese Ist-Kennzahlen auch in idealer Weise für die Bewertung der Ergebnisse innerhalb des EFQM-Modells verwenden. Über die Ziffernvorgabe gibt es eine Zuordnung dieser Kennzahlen zu den Ergebnissen. Der Grad der TQM-Durchdringung nach dem hier beschriebenen Ansatz ist somit praxisorientiert festzustellen.

3.2 Kundenorientierung

Durch die **Kundenorientierung** im Unternehmen soll sichergestellt werden, daß möglichst viele materielle und immaterielle Leistungsmerkmale, die der Kunde erwartet, erfüllt sind. Die Kundenzufriedenheit ist hierbei ein Maßstab für die Qualität, weil das Zufriedenheitsurteil des Kunden durch den Abgleich der erwarteten Leistung mit der subjektiv wahrgenommenen Leistung entsteht. Unter dem Begriff „Beziehungsmanagement" wird der Aufbau einer ausgeprägten Kommunikation mit dem Kunden verstanden. Ziel ist es, möglichst viele Informationen über Erwartungen, Vorstellungen, Anforderungen und Wünsche vom Kunden zu erhalten, um danach die Unternehmensprozesse auszurichten und die Kundenzufriedenheit zu erhöhen. Wie Bild 3-16 zeigt, besitzt allerdings jeder Kunde eine eigene Vorstellung und ein individuelles **Anspruchsniveau** in seiner jeweiligen Nachfragesituation, wobei die dort genannten Eigenschaften wie neugierig, informiert, preisbewußt, qualitätsbewußt, servicebewußt in den letzten Jahren immer stärker ausgeprägt sind und das Bewußtsein des Kunden formen. Deshalb analysiert er die Stärken und Schwächen der im Wettbewerb zueinander stehenden Unternehmen nach seinen Kriterien. Diese Kriterien sind geprägt von den Erlebnissen des Kunden und seiner Interpretation dieser Erlebnisse. Dem Unternehmen muß es jetzt gelingen, sich durch die spezifischen Unternehmenseigenschaften gegenüber dem Wettbewerb abzuheben und dabei dem einzigartigen Kunden das Gefühl geben, daß hier ein einzigartiges Unternehmen existiert, das tatsächlich in der Lage ist, seine Anforderungen zur vollsten Zufriedenheit zu erfüllen. Diese Anforderungen sind gleichzeitig die Eingangsgröße für das im Strategiefeld „Prozeßorientierung" erläuterte Prozeßmanagement. Über die Prozesse muß der definierte Kundennutzen tatsächlich erreicht werden.

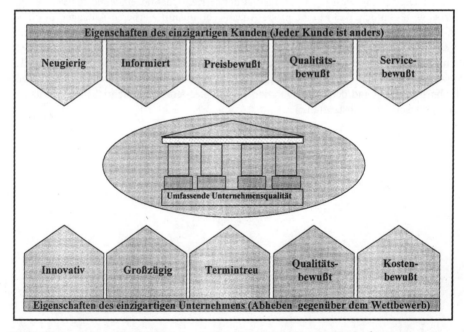

Bild 3-16 Zusammenspiel von Kundenerwartungen und Kundenkommunikation

Wichtig für die Einschätzung, ob ein Unternehmen attraktiv für den Kunden ist, ist die Kundenkontaktqualität. Sie beeinflußt entscheidend das Image des Unternehmens und die Kaufentscheidung aus Kundensicht. Diese Kundenkontaktqualität umfaßt den gesamten Produktlebenszyklus, wie Bild 3-17 zeigt. Besonders wichtig ist eine professionelle Beratung des Kunden (Pre-sales-Aktivitäten) und eine hohe Servicequalität nach dem Kauf, auch als After-sales Qualität bezeichnet. Die After-sales-Qualität, die sich beispielsweise auf Servicebesuche, Garantie, Kulanz, fachgerechte Reparaturen, Verfügbarkeit der Ersatzteile, Hotline oder Notfalldienste bis zur Unterstützung bei der Produktentsorgung bezieht, hat deshalb eine so hohe Bedeutung für die Kundenanbindung, weil sie mehr als 90% der gesamten Kundenkontaktzeit innerhalb dieses Produktlebenszyklusses umfaßt. Die Kundenloyalität wird also nur vorhanden sein, wenn der Kunde in dieser Zeit von der Produkt- und Dienstleistung nicht enttäuscht wird.

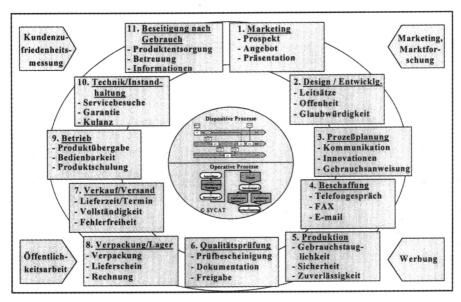

Bild 3-17 Kundenkontakte mit den Unternehmen

Häufig werden die Unternehmen allerdings nicht davon erfahren, weshalb sie den Erwartungen oder den Kundenvisionen nicht entsprechen. Hier können **Marktanalysen** und **Konkurrenzbeobachtungen** helfen. Durch einen Vergleich der Qualität und Funktionalität der eigenen Produkte oder Dienstleistungen mit denen der Konkurrenz werden Stärken und Schwächen der eigenen Wettbewerbsposition deutlich. Im Sinne von Benchmark können die lokalisierten Schwächen zu Verbesserungsansätzen genutzt werden. Durch systematische Wettbewerbsanalysen wird gleichzeitig festgestellt, welche Mitbewerber am Markt direkt oder indirekt als Konkurrenten auftreten. Die **Marktbeobachtungen** selber können beispielsweise durch Auswertung des Werbe- und Informationsmaterials des Konkurrenten, die Auswertungen von Publikationen und Veröffentlichungen oder auch über die direkte Information auf Messen erfolgen. Eine weitere sehr wichtige Maßnahme ist, daß man bei Angebotsabgaben, bei denen das Unternehmen den Zuschlag nicht erhalten hat, gezielt nachfragt, welche Gründe vorgelegen haben, das man den Auftrag nicht erhalten hat. Hierbei wird sehr deutlich, welche Kundenanforderungen vom eigenen Produkt oder der Dienstleistung nicht erfüllt werden. Die Durchführung von **Wettbewerbsanaly-sen** und Marktbeobachtungen muß sehr systematisch und strukturiert erfolgen. Aus diesem Grund ist im eigenen Unternehmen eine verantwortliche Stelle, - in der Regel die Marketingabteilung - zu beauftragen, diese Aufgaben durchzuführen.

3.2.1 Kundenkommunikation

Wie die **Kundenkommunikation** über Außendienst- oder Innendienstmitarbeiter, über direkten Kundenkontakt (primär) oder indirekten Kontakt durch Übermittler (sekundär) aber auch ohne jeglichen Kundenkontakt sowie aktiv, d.h. vom Anbieter zum Kunden oder reaktiv, d.h. ausgehend vom Kunden an den Anbieter, erfolgen kann, ist in Bild 3-18 dargestellt.

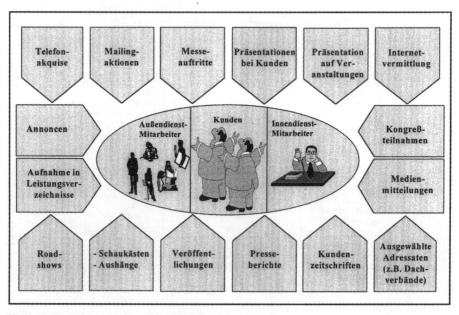

Bild 3-18 Darstellung des Kundenkommunikationsspeltrums

Zielgruppenabhängig sollte beispielsweise durch **Mailingaktionen**, **Telefonakquise**, Messeauftritte, Präsentationen auf Veranstaltungen oder beim Kunden die Aufmerksamkeit geweckt und so der Kontakt hergestellt werden.

Die sich darauf aufbauenden Inhalte der Kundenkommunikation sind in Bild 3-19 ausführlicher beschrieben. Im Rahmen der Marketingaktivitäten ist festzustellen, was der Kunde will, hierbei geht es um die Identifikation und Integration der Kundenwünsche. Die Kundenanforderungen sind zu formulieren und ggf. Produkt- oder Dienstleistungsinnovationen daraus abzuleiten, wenn das bisherige Produkt- und Dienstleistungsangebot diese Anforderungen nicht erfüllen kann.

Der zweite Schwerpunkt der Kundenkommunikation ist die Vermittlung des Leistungsangebotes. Hier wird deutlich, was dem Kunden hinsichtlich Qualität, Zuverlässigkeit, Service, Sicherheit und vielen weiteren Qualitätskomponenten , wie bereits in Bild 1-9 formuliert, geboten wird.

Bild 3-19 Inhalt der Kundenkommunikation

Viele Unternehmen haben sich in der Form darauf eingestellt, daß sie ihre eigene Produktvariantenvielfalt durch eine entsprechende Organisation vermitteln. Stichworte sind hierbei beispielsweise:

- Segment of wan marketing
- Key Account-Management
- Database-Marketing
- Direktmarketing

Ein weiterer wichtiger Schwerpunkt der Kundenkommunikation ist die Unternehmensvorstellung hinsichtlich der vorhandenen **Unternehmenspotentiale** und der in Bild 3-9 besprochenen Unternehmenskultur, Unternehmensidentität, Unternehmenspolitik und Vertrauenswürdigkeit. Kundenkommunikation wird hierbei als Bindemittel zum Unternehmen eingesetzt. Der Kunde soll sich mit den vorgegebenen Unternehmenskulturwerten identifizieren.

Folgende Merksätze zur Kundenorientierung runden die Kundenkommunikationsaussagen ab.

- Der Kundennutzen ist ständig neu zu hinterfragen, um daraus Anstöße zum Ausbau der eigenen Unternehmensleistung abzuleiten.

- Der Kunde sollte an den Planungsaktivitäten des Unternehmens beteiligt werden, um ihn so in die Geschicke des Unternehmens einzubinden.

- Der Kunde soll durch die Beziehung zum Unternehmen gegenüber der Umwelt (Öffentlichkeit, Konkurrenz) profilieren, und so am Unternehmensprestige partizipieren. Kundeninteresse und Unternehmensinteresse sollen durch vielschichtige Kontakte über den gesamten Produktlebenszyklus zur Deckung gebracht werden.

- Der Kunde soll sich über die Geschäftsverbindung qualifizieren. Ein vorhandenes Know-how-Gefälle ist durch Wissenstransfer gezielt abzubauen. Eigene Kundenkontaktkompetenz muß dem Kunden innerhalb eines integrierten Dienstleistungsangebotes als Zusatznutzen verdeutlicht werden.

- Der Kunde darf mit dem Produkt oder der Dienstleistung nicht allein stehen gelassen werden, sondern es muß ihm über den Kundenkontakt sein Vertrauen für die Zukunft sichern und im Investitionssicherheit vermitteln.

- Über die Kommunikation mit dem Kunden soll der Mitarbeiter motiviert werden, daß Unternehmen mit den Augen des Kunden zu sehen und so den Kundennutzen ständig zu verbessern.

Um festzustellen, in wie weit diese Anstrengungen des Unternehmens hinsichtlich der Kundenkommunikation und des Kundenkontaktes zum Erfolg führen, muß ebenfalls im Rahmen der Kundenkommunikation ermittelt werden, ob der Kunde tatsächlich zufrieden mit der Unternehmensleistung und der Qualitätsfähigkeit ist. Aus diesem Grund ist die Frage nach der Kundenzufriedenheit ein weiterer wichtiger Schwerpunkt der Kundenkommunikation. Über unterschiedliche Methoden, die in Pkt. 3.2.3 noch ausführlicher behandelt werden, ist beispielsweise in Form von Befragungen festzustellen, ob diese Zufriedenheit vorhanden ist, ob Begeisterung vorliegt oder ob sich der Kunde mit Abwanderungsgedanken trägt. Anhand der festgestellten Ergebnisse ist gleichzeitig abzuleiten, ob der hinter der Kundenkommunikation stehende TQM-Ansatz tatsächlich Erfolg bringt, weil dieser TQM-Ansatz fordert, daß letztendlich jede Tätigkeit im Unternehmen auf die Schaffung von Kundennutzen und auf Kundenzufriedenheit auszurichten ist.

Die Kundenkontakte mit dem Unternehmen sind vielfältig und beziehen sich auf den gesamten Produktlebenszyklus, wobei die **Pre-Sales-** und **After-Sales-Phase** besonders wichtig sind. Bei der Pre-Sales-Phase ist natürlich das Marketing und die Marktforschung sowie die Werbung gefordert. In der After-Sales-Phase geht es darum, über permanente Öffentlichkeitsarbeit den Kunden weiter über das Unternehmen zu informieren und über Kundenzufriedenheitsmessungen festzustellen, ob der Kunde auch in der Nutzungsphase mit dem Produkt zufrieden ist.

In der neuen **ISO 9000:2000** ist die Kommunikation zum Kunden eine Normenforderung, die durch den Aufbau und die Pflege von Verfahren zur Kommunikation mit dem Kunden erfüllt werden soll. Kundenkommunikationsanforderungen sind dabei zu definieren bezüglich:

- Produktinformationen

- Abwicklung von Anfragen, Auftragsänderungen

- Kundenreklamationen

- Rückrufaktionen

- sonstigem Kunden-Feedback.

Die notwendige Dokumentation für diese Forderung besteht, neben dem QM-Handbuch, Verfahrensanweisungen und anderen mitgeltenden Unterlagen, beispielsweise aus:

- Besuchsberichte
- Kundenbefragungen
- Kundenzufriedenheitsanalysen

- Kundenreklamationen (inkl. Bearbeitung)
- Werbematerial
- Maßnahmenpläne bei Fehlprodukten.

3.2.2 Ermittlung der Kundenanforderung

Die tatsächliche **Kundenzufriedenheit** und **Kundentreue** ist entscheidend von der Erfüllung der Kundenanforderungen abhängig. Auch wenn die Kundenanforderungsermitt-
lung implizit bei der Betrachtung der Inhalte der Kundenkommunikation schon mit angesprochen wurde, ist es wegen der strategischen Bedeutung und Wichtigkeit für den
Markterfolg nötig, hierauf noch einmal näher einzugehen. Der Gesamtzusammenhang
wird dabei in Bild 3-20 deutlich.

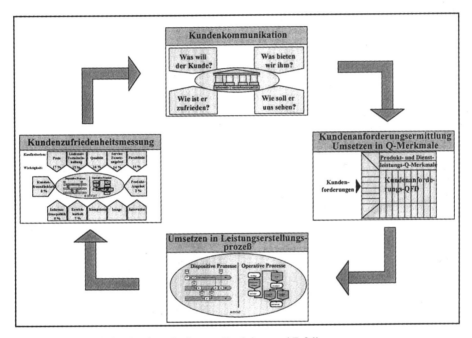

Bild 3-20 Systematische Kundenanforderungs-Ermittlung und Erfüllungsmessung

Die systematische Ermittlung der Kundenanforderung wird zusammen mit der Messung
der Zielerfüllung über ein Regelkreismodell dargestellt. Dieser Regelkreis kann auch in
dem Sinne des bereits erläuterten PDCA-Verbesserungskreislaufes nach *Deming* interpretiert werden. Am Anfang steht die bereits ausführlich behandelte Kundenkommunikation,
dabei werden die Erkenntnisse aus dieser Kommunikation, d.h. die Stimme des Kunden
ganz gezielt in Spezifikationen und vom Kunden gewünschte Problemlösungen übersetzt.
Diese **Problemlösungsansätze** konzentrieren sich auf die umfassende Erfüllung der Kundenanforderungen. Die in Kapitel 4 noch ausführlich angesprochene Methode des Quality
Function Deployment (QFD) ist eine Methode, um diese Übersetzung der Kundenvorstellungen in Produkt- und Dienstleistungen strukturiert vorzunehmen und dabei von
vornherein eine umfassende Qualität bei dieser Umsetzung sicherzustellen. Es folgt die
Umsetzung dieser Qualitätsmerkmale im Leistungserstellungsprozeß und nach Übergabe
an den Kunden die Messung der Kundenzufriedenheit.

In der neuen Norm **ISO 9000:2000** ist als erste Normenforderung in Kapitel 5 „Verantwortung der Leitung" die Ermittlung der Kundenbedürfnisse sowie der gesetzlichen An-

forderungen genannt. Das Ziel, das durch das Ermitteln dieser Kundenbedürfnisse und Anforderungen verfolgt wird, ist das Kundenvertrauen zu gewinnen. Sicherzustellen ist dabei, daß die Anforderungen im Unternehmen verstanden und vollständig erfüllt werden. Die notwendigen Dokumentationen dazu sind beispielsweise Auswertungen von Kunden-befragungen, Marktanalysen, Reklamationen, Kundenmitteilungen, Aufzeichnungen aus Produktvalidierungen, Regelwerte.

Ebenso ist in der neuen ISO 9000:2000 die Ermittlung der Kundenanforderungen eine Nor-menforderung, die durch die Einführung von Verfahren und Methoden zur Ermittlung und Analyse der Kundenforderungen umgesetzt wird. Hierbei müssen diese Kundenforderungen analysiert werden mit Bezug auf:

• Umfang und Vollständigkeit der Anforderung

• Vom Kunden nicht spezifizierte Anforderungen

• Technische und rechtliche Vorschriften und Verpflichtungen

• Forderungen bezüglich Verfügbarkeit und Kundendienst

Die dafür erforderliche Dokumentation ist neben dem QM-Handbuch, Verfahrensanwei-sungen und anderen mitgeltenden Unterlagen beispielsweise:

• die Aufzeichnung über Anfragen   • Dokumente über die Vertragsprüfung

• Checklisten über Anfrageauswertungen   • Spezifikation Lastenhefte

• Aufzeichnungen über Rücksprache   • Trendanalysen/Marktstudien
  mit dem Kunden

Weiter ist in dieser neuen Norm in Kapitel 7 „Produktrealisierung" auch als Forderung das Prüfen und Bewerten der Kundenanforderungen und Einschätzen der Fähigkeit diese Kunden-anforderungen tatsächlich erfüllen zu können, enthalten. Umzusetzen ist diese Forderung, daß vor Vertragsschluß eine Klärung der Kundenforderungen erfolgt, z.B. im Hinblick auf:

• Klarheit der Anforderungen

• Machbarkeit im Unternehmen

• Vertrags- und Auftragsforderungen sowie Bestätigungen

• Widersprüche zu Forderungen oder Änderungen

Die dafür wieder erforderlichen Dokumentationen sind beispielsweise neben den bereits obengenannten Dokumenten:

• Checklisten zur Machbarkeit   • Aufzeichnungen über Auftragsprüfungen

• Angebote /geänderte Angebote   • Geänderte Aufträge oder Verträge

• Auftragsbestätigungen

Bei der Ermittlung der Kundenanforderungen als Grundlage für die spätere Zufrieden-heitsmessung kann das von Tokioer Professor *Noriakie Kano* entwickelte **Kano-Modell** der Begeisterungsqualität Anwendung finden. Dieses Modell unterteilt die Kundenanfor-derungen in die drei Kategorien:

• **Basisanforderungen**   • **Leistungsanforderungen**

• **Begeisterungsanforderungen**

Bei den Basisanforderungen geht der Kunde unausgesprochen davon aus, daß die zugrunde liegenden Produkteigenschaften und Merkmale vorhanden sind, z.B. die Gebrauchstauglichkeit und Sicherheit eines Produktes. Über die Beherrschung dieser Basisanforderungen kann also keine Differenzierung oder Hervorhebung gegenüber dem Wettbewerb erfolgen. Falls der Fall auftritt, daß im Bereich der Basisqualität Qualitätsprobleme entstehen, führt das i.d.R. zu erheblichen Umsatzverlusten, weil nach Meinung des Kunden grundsätzliche Voraussetzungen nicht erfüllt werden. Wie Bild 3-21 zeigt, entsteht bei Nichterfüllung der Basisanforderungen sehr schnell eine hohe Kundenunzufriedenheit.

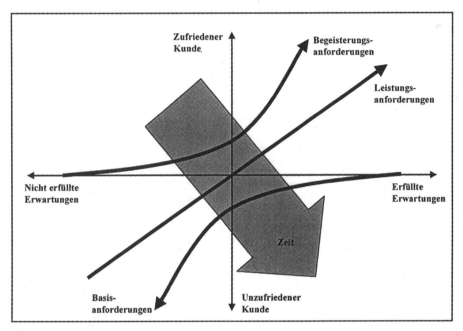

Bild 3-21 Das *Kano*-Modell

Bei den Leistungsanforderungen vergleicht der Kunde unterschiedliche Anbieter am Markt und kann so seine Anforderungen in Form wesentlicher Kenndaten, z.B. bezüglich „Leistung, Energieverbrauch, Drehzahlen, oder Geschwindigkeiten" formulieren. Werden die Kundenerwartungen in bezug auf diese Leistungsmerkmale erfüllt, so kann dies zu einer Erhöhung der Kundenzufriedenheit führen.

Am wichtigsten für die Kundenzufriedenheit ist jedoch die Erfüllung der Begeisterungsanforderungen, die der Kunde aber von vornherein nicht definieren kann, weil er sie erst im Umgang mit der Produkt- oder Dienstleistung wahrnimmt. Durch das Angebot eines derartigen Begeisterungsmerkmales wird die eigentliche Kundenzufriedenheit ausgelöst. Die Begeisterungsqualität stellt damit eine vollständige Differenzierung gegenüber dem Wettbewerb dar, weil ein Wettbewerbsvergleich nicht möglich ist, wenn keine anderes Konkurrenzprodukt über vergleichbare Eigenschaften verfügt. Wichtig ist beim *Kano*-Modell festzuhalten, daß die Begeisterungsanforderungen einem Werteverfall unterliegen, die mit der Zeit zu Leistungsanforderungen und später zu Basisanforderungen werden. Der Grund liegt darin, daß sich der Kunde an bestimmte Leistungsmerkmale gewöhnt hat und auch die Konkurrenz nach einiger Zeit nachgezogen hat. Deshalb ist es nötig, durch Innovationen immer wieder neu das Leistungsangebot zu verbessern, um damit den Kunden mit der Erfüllung von Anforderungen zu überraschen, die er bis zu dieser Zeit selber noch nicht gestellt hat.

Eine wesentliche Hilfestellung bei der Ermittlung der Kundenanforderung ist es, sich in den Kunden hineinzuversetzen und dabei, wie Bild 3-22 zeigt, die Stimme des Kunden zu hören, mit den Augen des Kunden zu sehen, die Erwartung oder Einstellung des Kunden zu kennen und zu wissen, welche Beschwerden und Beanstandungen er hat.

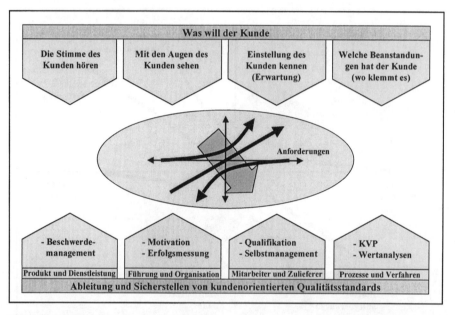

Bild 3-22 Ermittlung der Kundenforderungen

Dieses über die Kommunikation gewonnene Know-how wird dann für die Ableitung und das Sicherstellen von kundenorientierten Qualitätsstandards benutzt. Wobei die Begeisterungsanforderungen des vorher erläuterten *Kano*-Modells nur über den bereits angesprochenen umfassenden Unternehmensqualitätsanspruch zu erfüllen sind, d.h. also, daß sich diese kundenorientierten Qualitätsstandards wiederum beziehen auf die bereits genannten Qualitätseinheiten:

- Produkt und Dienstleistung
- Führung und Organisation
- Mitarbeiter und Zulieferer
- Prozesse und Verfahren

Die permanente Sicherstellung dieser Qualitätsstandards wird durch die ebenfalls dort genannten Ansatzpunkte, wie z.B.:

- Beanstandungsmanagement
- Qualifizierung und Selbstmanagement
- Motivations- und Erfolgsmessung
- Kontinuierliche Prozeßverbesserung

erreicht.

In Kapitel 2 wurde unter dem Punkt 2.2.2 Inhalte der DIN EN ISO 9001 das Qualitätsmanagement-Element 4.4 Designlenkung beschrieben. Dieses Qualitätsmanagement-Element gibt dem Unternehmen vor, jede Design- und Entwicklungstätigkeit zu beschreiben, um die vereinbarten Anforderungen zu erfüllen und qualifiziertes Personal zuzuordnen. Auch hier ist die Ermittlung der Kundenanforderungen der Ausgangspunkt. Auch in der neuen **ISO 9000:2000** im Kapitel 7 „Produktrealisierung" ist die Festlegung und Dokumentation der zu erfüllenden Design- und Entwicklungsvorgaben eine Normenforderung.

Diese Normforderung wird beispielsweise umgesetzt durch:

*   Ermittlung der Kunden- oder Marktansprüche und anwendbare technische und rechtliche Regeln, zutreffende Umweltforderungen unter Berücksichtigung vorangegangener Design-Entwicklungen und evtl. weitere maßgebende Forderungen

*   Prüfung der Vorgaben auf Angemessenheit

*   Klärung von nicht klaren Anforderungen

*   Festlegung der Aufgabenstellungen

Die dazu notwendigen Dokumentationen sind neben dem Qualitätsmanagement-Handbuch Verfahrensanweisung und anderen mitgeltenden Unterlagen beispielsweise:

*   Kundenbedarfsanalysen
*   Trendentwicklungen
*   Marktanalysen
*   Benchmarking/Berichte
*   Patentrecherchen

*   Technisch-rechtliche Recherchen
*   Machbarkeitsstudien
*   Rahmen/Kostenpläne
*   Pflichtenhefte/Lastenhefte (Aufgabenstellungen)
*   Prüfpläne

Als weitere Normenforderung dieser neuen Norm besteht die Forderung nach Aufzeichnung der Design- und Entwicklungsergebnisse beispielsweise in der Form, daß:

*   Die Prüfungen und Genehmigung der Ergebnisdokumente vor der Freigabe erfolgt, so daß die Verifizierung mit den Vorgaben möglich ist

*   Die Dokumentation die Annahmekriterien für das Produkt enthält

*   Die Design- und Entwicklungsergebnisse, die für den bestimmungsgemäßen Gebrauch wesentliche Produktmerkmale festgelegt haben

Die erforderliche Dokumentation besteht beispielsweise aus Konstruktionsplänen, Zeichnungen, Protokollen, Ergebnisberichten oder Prüfplänen

Bild 3-23 zeigt die dazu notwendigen Planungs-, Projektierungs- und Entwicklungsaktivitäten in vier Stufen, wobei nach jeder Stufe ein definierter Haltepunkt vorgegeben wird, der gleichzeitig eine Freigabefunktion für die nachfolgende Stufe übernimmt.

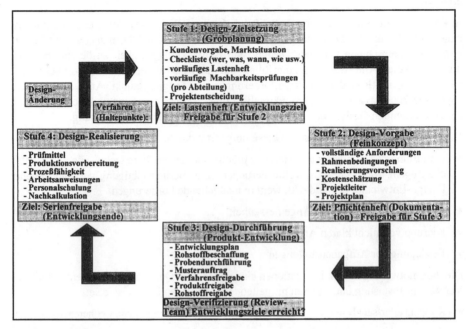

Bild 3-23 Qualitätsmanagement-Element 4: **Designlenkung** in 4 Stufen

Wichtig ist hierbei, daß der Entwicklungsprozeß durch ein Entwicklungsteam durchgeführt wird, bei dem aus allen Bereichen im Unternehmen die jeweiligen Experten aus dem Vertrieb, Marketing, der Entwicklung, Arbeitsvorbereitung, Produktion und Controlling, aber auch die Zulieferer mit beteiligt sind. So soll sichergestellt werden, daß kein Aspekt unberücksichtigt bleibt und beispielsweise die Marktanalysequalität, die Entwicklungsqualität, die Arbeitsvorbereitungsqualität, die Zuliefererqualität und die Prozeßqualität entsprechend Berücksichtigung findet.

Weiterhin muß durch die Unternehmensführung abgesichert sein, daß dieses Entwicklungsprojekt zu den vorgegebenen Unternehmensstrategien und Unternehmenszielen paßt. In Stufe 1 der Design-Zielsetzung, auch als Grobplanungsstufe bezeichnet, geht es um die Vorabklärung, ob ein bestimmtes Produkt entweder in bezug auf allgemeine Kundenforderungen, oder auch für einen speziellen Kunden nach Kundenvorgabe entwickelt werden soll. Zur Informationsbeschaffung werden hier neben der ausführlich angesprochenen Kundenkommunikation z.B. die Expertenbefragung (Delphi-Methoden), Konkurrenzanalysen (Reverse-Engineering) oder Produkt-Test-Marktbeobachtungen hinsichtlich neuer Technologien und Werkstoffe eingesetzt. Die Bewertung der erarbeiteten Anforderungen kann durch direkte Abfrage beim Kunden erfolgen, wobei darauf zu achten ist, daß bei der Fragestellung selber folgende Regeln eingehalten werden:

- Es sollten keine widersprüchlichen Fragestellungen bei der Anforderungsbeurteilung vorkommen.

- Die Fragen sind in Kundennutzenvorstellungen zu formulieren.

- Die Fragen sollten nach differenzierungsrelevanten Anforderungen oder Merkmalen gestellt werden.

- Die Merkmalsausprägungen sollten überschaubar bleiben.

- Eine Beantwortung dieser Fragen sollte durch den Kunden in der Form erfolgen, das er die Bedeutung für die Kaufentscheidung z.B. unterscheidet in:

  - unwichtig
  - weniger wichtig
  - unverzichtbar

Diese mehr externen Informationsquellen können durch interne Informationsquellen wie beispielsweise „Umsatzstatistik, Reklamationsstatistik, Außendienstbericht, Trendanalysen" aber auch durch Innovationstechniken, wie beispielsweise Brainstorming oder morphologischer Kasten innerhalb dieser Grobplanungsphase unterstützt werden. Das Ergebnis ist die Projektentscheidung, ob diese Entwicklung stattfinden soll mit der Freigabe für Stufe 2. In Stufe 2 erfolgt die Erstellung eines Feinkonzeptes, in der die vollständigen Anforderungen detailliert definiert werden und unter Berücksichtigung der folgenden Rahmenbedingungen mit Erarbeitung eines Realisierungsvorschlages und Kostenschätzungen. Dies im Rahmen einer strukturierten Projektorganisation und der Vorgabe eines Projektstrukturplanes, in der die sachlich logischen und zeitlichen Projektaktivitäten aller Projektbeteiligten transparent vorgegeben sind. Die Dokumentation dieses Feinkonzeptes erfolgt in Form eines Pflichtenheftes, das abschließend nach dieser Feinplanungsphase die Vorgabe für die Stufe 3 ist, falls die Freigabe erfolgt.

Die eigentliche **Produktentwicklung**, d.h. die **Designdurchführung** erfolgt in Stufe 3, wenn alle Ressourcen dafür bereitgestellt sind. Das Ergebnis dieser Stufe ist die Designverifizierung durch ein Review-Team. Hierbei wird festgestellt, ob die vorher festgelegten Entwicklungsziele, die im Pflichtenheft vorgegeben waren, tatsächlich erreicht sind. Nach der Produktfreigabe und Rohstofffreigabe kann in Stufe 4 die Designrealisierung unter Echtzeitbedingungen geplant und umgesetzt werden. Das Ziel dieser Stufe ist die Serienfreigabe, d.h. daß das Produkt serienmäßig hergestellt wird. Damit ist diese Produktentwicklung abgeschlossen. Der hier gezeigte Ablauf findet besonders große Anwendung in der Automobilindustrie.

Über diese vier Stufen hinaus fordert aber **die neue Norm ISO 9000:2000** auch eine periodische Durchführung systematischer Design- und Entwicklungsüberprüfungen. Hierfür werden folgende Umsetzungsaktivitäten vorgeschlagen:

- Systematische Design- und Entwicklungsüberprüfung in geeigneten Phasen

- Festlegung eines Bewertungsteams unter Teilnahme der Vertreter der Funktionsbereiche, die von der überprüften Designstufe betroffen sind

- Bewertung der Fähigkeit zur Erfüllung der Qualitätsforderungen

- Bei evtl. Problemvorschlag von Lösungsentwicklungen

- Dokumentation der Bewertungsergebnisse und der sich darauf ergebenden weiterführenden Maßnahmen wie z.B. Freigabe, Änderungen etc.

Die dazugehörenden Dokumentationen sind beispielsweise:

- Entwicklungsentwürfe
- Gutachten

- Risikoanalysen (FMEA)
- Mustervorlagen, Zeichnungen

- Test

- Laborprotokolle

- Konstruktionspläne, Prüfpläne, Freigaben

Eine weitere Normenforderungen in diesem Zusammenhang ebenfalls in Kapitel 7 des Regelwerkes ist beispielsweise die Forderung nach Planung, Durchführung und Dokumentation der Design- und Entwicklungsverifizierung, die Definition, Planung und Durchführung von Dokumentation der Design- und Entwicklungsvalidierung sowie die Lenkung von Design und Entwicklungsänderungen. Letzteres wird in der Form umgesetzt, daß beispielsweise Aufzeichnungen von Design- und Entwicklungsänderungen vor deren Einführung durch die entsprechend befugten Mitarbeiter erstellt werden. Weiterhin sind die Ergebnisse von Design- und Entwicklungsänderungen und Folgemaßnahmen zu dokumentieren und die Änderungen freizugeben. Hinzu kommt die Ermittlung der Auswirkungen z.B. auf:

- die Wechselwirkung zwischen Detailänderungen und Produkt

- die Wechselwirkung zwischen den Bestandteilen des daraus resultierenden Produktes

- vorhandene Produkte und Aktivitäten nach Auslieferung des Produktes (z.B. Kundeninformationen, Rückrufinformationen)

- die bisher durchgeführten Verifizierungen und Validierungen

- Lieferungs- und Leistungsverträge

Die dazu wieder erforderliche Dokumentation besteht beispielsweise in der Vorlage von:

- schriftlichen Änderungswünschen vom Kunden

- Änderungswünschen/Genehmigungsdokumenten des dafür Verantwortlichen

- Expertisen, Testen

- Versuchsprotokollen

- Änderungsdokumenten der Anforderungen an Unterlieferanten mit Freigaben

3.2.3   Kundenzufriedenheitsmessung

In der neuen **ISO 9000:2000** wird in Kapitel 8: Messung, Analyse, Verbesserung neben der Messung und Überwachung der Wirksamkeit des Qualitätsmanagement-Systems auch die Messung und Überwachung der Kundenzufriedenheit gefordert. Dazu ist die Einführung und Weiterführung eines Verfahrens zur Ermittlung der Kundenzufriedenheit und des Kundenvertrauens gefordert. Um diese Forderung zu erfüllen, sind beispielsweise:

- Verfahren festzulegen

- Analysen durchzuführen

- Maßnahmen abzuleiten

- Zielvorgaben festzulegen

- Erfolgskontrollen durchzuführen

Zu dokumentieren ist dieses beispielsweise über Checklisten, Auswertungsprotokolle, Protokolle über die Überprüfung von Zielvorgaben, Maßnahmenpläne, Protokolle über Erfolgskontrollen, Kundenzufriedenheitsanalysen, Benchmarking.

Die Messung der Kundenzufriedenheit ist eine wichtige Kenngröße für die Bewertung des TQM-Erfolges. Häufig wird auch die Kundenzufriedenheit mit dem Begriff „Dienstleistungsqualität gleichgesetzt. Eine allgemein gültige Definition des Begriffes Kundenzufriedenheit existiert nicht, das allgemeine Verständnis dieses Begriffes liegt darin, daß Zufriedenheit bzw. Kundenunzufriedenheit als Folge einer wahrgenommenen Diskrepanz zwischen erwarteter (Soll) und der erlebten (Ist)-Leistung entsteht. Die Istkomponente ist also die wahrgenommene Leistung der Produkte oder Dienstleistungen. Das Ergebnis bezüglich der Zufriedenheitsaussage ergibt sich aus dem Soll (Erwartung) und Ist (wahrgenommenen Qualitätsvergleich). Wie wichtig diese Zufriedenheit für die relativen Kosten einer Kundenbeziehung sowie das Kauf- und Empfehlverhalten von Kunden ist, zeigt eine Untersuchung von IBM. Danach betragen die Relativkosten für:

- Kunden behalten : 100%

- neue Kunden gewinnen : 500%

- enttäuschte Kunden zurückgewinnen :1.100%.

Aus den Erfahrungen des Kunden ergibt sich folgendes Kauf- und Empfehlverhalten:

	Kauft wieder	Empfiehlt weiter	Erzählt es x Kunden
• Keine Probleme: zufrieden :	84%	91%	91%
• Probleme gelöst: zufrieden :	92%	94%	94%
• Probleme: unzufrieden :	46%	48%	48%

Kundenzufriedenheitsmessungen geben Auskunft über erhebliche Verbesserungspotentiale. Diese Verbesserungspotentiale können sich, Bild 3-24 zeigt, neben der Produkt- und Servicequalität auf Unzufriedenheitschwerpunkte, auf die Stärken und Schwächen des Unternehmens, auf Verbesserungsbereiche aber auch auf die gesellschaftlichen Kundenerwartungen beziehen. Die Beurteilungskategorien lassen sich beispielsweise nach der Ergebnisqualität, Ausführungsqualität, Managementqualität, Verrichtungsqualität, Systemqualität sowie dem Beschwerdemanagement oder der Kundenkommunikation unterscheiden.

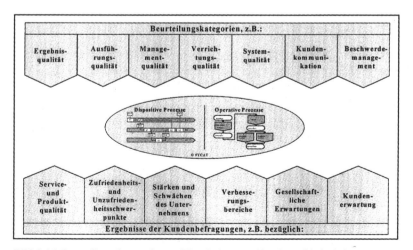

Bild 3-24 Beurteilungskategorien und Ergebnisse von Kundenzufriedenheitsmessungen

In Bild 3-25 sind diese Beurteilungskategorien noch einmal detaillierter abgebildet und den vorher definierten Qualitätseinheiten zugeordnet. Hierbei bezieht sich die Ergebnis- und Ausführungsqualität auf die Qualitätseinheit „Produkt- und Dienstleistungsqualität". Sie zeigt das **Ergebnisbild** und das **Leistungsbild** der Produkte und Dienstleistungen. Gekennzeichnet beispielsweise durch das Preis/Leistungsverhältnis, Termintreue, Pünktlichkeit, Spezifikationseinhaltung, Zuverlässigkeit, Bedienerfreundlichkeit Während sich das Ergebnisbild auf das dargebotene Leistungsangebot als Ergebnis bezieht, wird bei der Ausführungsqualität mehr das Leistungsbild während des Kundenkontaktes, also das Interaktionsverhalten bewertet: Beispielsweise hinsichtlich der Flexibilität, Beratungskompetenz, Erreichbarkeit, dem schnellen Service oder des Kulanzverhaltens.

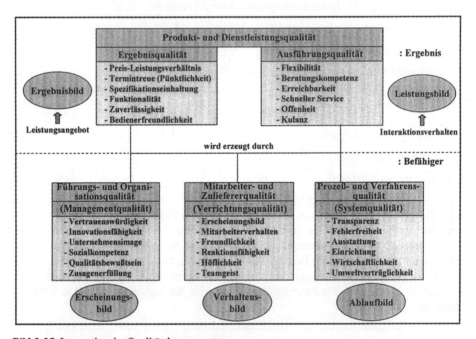

Bild 3-25 Integration der Qualitätskomponenten

Die Managementqualität der Qualitätseinheit „Führung und Organisation" wird durch das **Erscheinungsbild** des Unternehmens gekennzeichnet. Hierbei handelt es sich um das Unternehmensimage, die Vertrauenswürdigkeit, Innovationsfähigkeit, das Qualitätsbewußtsein oder die Zusagenerfüllung.

Bei der Qualitätseinheit „Mitarbeiter und Zulieferer" handelt es sich um die Verrichtungsqualität. Hier wird das **Verhaltensbild** der Mitarbeiter und Zulieferer hinsichtlich Mitarbeiterverhalten, Freundlichkeit, Reaktionsfähigkeit, Teamgeist oder Fehlerfreiheit bewertet.

Die Qualitätseinheit „Prozeß- und Verfahrensqualität" umfaßt die zu bewertende Systemqualität, hier ergibt sich das **Ablaufbild** bei der Prozeßdurchführung hinsichtlich Prozeßtransparenz, Prozeßausstattung und -einrichtung, Wirtschaftlichkeit oder Umweltverträglichkeit.

Es gibt vielfältige Methoden zur Messung der Produkt- und Dienstleistungsqualität sowie zur Kundenzufriedenheit, sie sind in Bild 3-26 aufgeführt. Grundsätzlich ist zwischen objektiver Messung und subjektiver Wahrnehmung und Beurteilung zu unterscheiden. Hierbei ist allerdings zu berücksichtigen, daß die aus den Datenanalysen gebildeten Kennzahlen im Unternehmen selber auch noch einmal subjektiven Interpretationen unterliegen können. In diesem Falle ist auch nicht mehr von einer rein objektiven Beurteilung zu sprechen Bei diesen Kennzahlen oder Indikatoren handelt es sich beispielsweise um:

- Anteil der Stammkunden
- Kundenzu- und -abgänge
- Wiederkaufrate der Stammkunden
- Anzahl Reklamationen

- Ausfall- und Fehlerrate
- Anzahl Rückweisungen
- Kundenabwanderungsrate
- Bearbeitung der Reklamationen

Bewertungskriterien, z.B. :	Kunde						Ø Zufriedenheit
Ergebnisqualität	A	B	C	D	E	F	
- Preis-Leistungsverhältnis							
- Spezifikationseinhaltung							
- Funktionalität							
- Zuverlässigkeit							
- Bedienerfreundlichkeit							
Ausführungsqualität							
- Flexibilität							
- Beratungskompetenz							
- Erreichbarkeit							
- Schneller Service							
- Kulanz							
Managementqualität							
- Vertrauenswürdigkeit							
- Innovationsfähigkeit							
- Unternehmens-Image							
- Zusagenerfüllung							
Mitarbeiter-und Zuliefererqualität							
- Erscheinungsbild							
- Mitarbeiterverhalten							
- Freundlichkeit							
- Höflichkeit							
Prozeß- und Verfahrensqualität							
- Transparenz							
- Fehlerfreiheit							
- Wirtschaftlichkeit							
- Umweltverträglichkeit							
Zufriedenheitsindex je Kunde							

Bild 3-26 Ermittlung der Kundenzufriedenheitskennzahl

Eine weitere Methode ist die Kundenbeobachtung während des Kontaktes in vielen Bereichen des bereits beschriebenen Produktlebenszyklusses. Durch geschulte Beobachter oder auch durch den Einsatz technischer Einrichtungen kann sowohl das Verhalten der Kunden als auch des Kunden-Kontaktpersonals erfaßt werden. Die Gültigkeit der Beobachtungsergebnisse sollte durch einen Vergleich überprüft werden. Weiter sollten die Beobachtungsstichprobem repräsentativ sein, um unzulässige Verallgemeinerungen zu vermeiden. Die Auswertungen von Beschwerden im Rahmen des Beanstandungsmanagement als weitere genannte Methode wird im folgenden Kapitel 3.2.4 gesondert betrachtet.

Bei der Messung der Kundenzufriedenheit durch Kundenbefragungen wird zwischen merkmalsorientierten und ereignisorientierten Messungen unterschieden. Bei der merkmalsorientierten Messung wird davon ausgegangen, daß der Kunde verschiedene Qualitätsmerkmale wahrnimmt, die er individuell einschätzt. Aus diesen Einzeleindrücken setzt sich dann sein Gesamturteil zusammen. Die merkmalsorientierten Verfahren eigenen sich besonders für eine schnelle kostengünstige und standardisierte Erfassung der Basisanfor-

derungen bzw. Basisqualität. Dies waren nach dem Kano-Modell die Qualitätsforderungen, die der Kunden im allgemeinen erwartet. Innerhalb der merkmalsorientierten Messung wird noch nach einstellungsorientierten Methoden und zufriedenheitsorientierten
Meßmethoden unterschieden. Bei der einstellungsorientierten Befragung wird davon ausgegangen, daß das Qualitätsurteil des Kunden eine gelernte dauerhaft innere Haltung darstellt. Der Kunde wird hierbei gebeten, einzelne Qualitätsmerkmale zu bewerten. Ergänzend dazu wird meist auch die Gesamtbewertung der Dienstleistung abgefragt. Ein gutes
Beispiel dafür sind die häufig in Hotels zu findenden Kundenbefragungsformulare, bei
denen der Kunde beispielsweise über die Sauberkeit, die Ausstattung und die Funktionsfähigkeit oder über die Leistungsfähigkeit des Restaurants gezielt einstellungsorientiert
befragt wird.

Bei der zufriedenheitsorientierten Messung wird von der Qualitätseinschätzung des Kunden zwischen erwarteter und erlebter Leistung (Soll/Ist) ausgegangen. Werden die Erwartungen erreicht oder übertroffen, ist der Kunden zufrieden. Werden seine Erwartungen
nicht erfüllt, ist er unzufrieden. Wichtige Voraussetzung für die Anwendung der zufriedenheitsorientierten Messung liegt darin, daß der Kunde die Dienstleistung vor kurzem in
Anspruch genommen haben muß, weil er ansonsten keine Bewertung abgeben kann.

Weiter gibt es bei den Kundenbefragungen die Gruppe der ereignisorientierten Messungen. Hierbei wird davon ausgegangen, daß das Qualitätsurteil des Kunden wesentlich von
seinen Erlebnissen bei der Leistungserbringung geprägt wird. Auch hier gibt es mehrere
unterschiedliche Verfahren. Angesprochen ist in Bild 3-27 ist die sequentielle Ereignismethode sowie die Methode der kritischen Ereignisse.

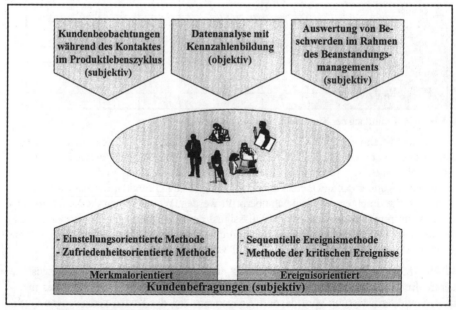

Bild 3-27 Methoden zur Messung der Produkt- und Dienstleistungsqualität sowie
der Kundenzufriedenheit

Bei der Methode der kritischen Ereignisse wird die Erfassung und Auswertung kritischer Ereignisse aus Kundensicht bei Dienstleistungsprozessen vorgenommen. Diese kritischen Ereignisse können sowohl positiver als auch negativer Natur sein. Sie prägen sich aber wesentlich beim Kunden ein, so daß er sich über lange Zeit an sie erinnern kann. Deshalb werden die Kunden bei Anwendung dieser Meßmethode i.d.R. in strukturierten Interviews aufgefordert, an außergewöhnlich positive oder negative Erlebnisse zurückzudenken und diese Abläufe zu beschreiben. Zur Dokumentation dieser Ereignisse werden Formulare eingesetzt, die zugleich als Interview-Leitfaden dienen. Die Auswertung dieser Befragung erfolgt in der Form, daß beispielsweise eine Häufigkeit von kritischen Ereignissen in bestimmten Phasen des Produktlebenszyklus lokalisiert und Abstellmaßnahmen zugeordnet werden können. Weiter lassen sich aus typischen kritischen Ereignissen ebenfalls konkrete Verbesserungsmaßnahmen ableiten.

Bei der **sequentiellen Ereignismethode** werden die einzelnenen Kontaktpunkte zwischen Kontaktpersonal und Kunden innerhalb des Produktlebenszyklus lokalisiert und übersichtlich beispielsweise mit Hilfe eines Prozeßplanes dargestellt. Das nun stattfindende Interview wird mit offenen Fragen geführt. Bei jedem Kontaktpunkt sind die Empfindungen und die positiven oder negativen Beurteilungen zu schildern. So gewinnt der Anbieter einen sehr guten Überblick über die stattfindenden Ereignisse an diesen Kontaktpunkten, die auch als Momente der Wahrheit" bezeichnet werden. Auf diese Weise lassen sich sehr gut Stärken und Schwächen an den einzelnen Kontaktpunkten erkennen. Neben der Zufriedenheitsmessung kann auch noch die Dringlichkeit von Problemen ermittelt werden. Hierzu bietet sich an dieser Stelle auch die Frequenz-Relevanzanalyse an. Bei ihr wird die Häufigkeit und die Bedeutung von Problemen ermittelt und in einem Diagramm abgebildet. Das vorher im Rahmen beispielsweise der oben geschilderten Methode der kritischen Ereignisse lokalisierte Problem wird als Anlaß genommen, hierbei bei anderen Kunden noch einmal nach dem Auftreten, dem Ausmaß der Verärgerung und der geplanten und erfolgten Reaktion nachzufragen. Den Reaktionsformen sind Punktwerte zugeordnet. Damit wird es möglich, die Probleme hinsichtlich ihrer Häufigkeit und ihrer Bedeutung darzustellen.

Eine wichtige Voraussetzung bei **Kundenzufriedenheitsmessungen** sei abschließend erwähnt. Grundsätzlich muß vor jeder Kundenbefragung geklärt werden, was unter dem Begriff „Kunde" zu verstehen ist. Beispielsweise kann in einem Kundenunternehmen der Entscheider, d.h. also der Vorgesetzte, der Einkäufer oder der Benutzer häufig hier der Sachbearbeiter, aber auch ein Beeinflusser der trotz fehlender formaler Autorität Einfluß auf die Entscheidung ausübt, die Kundenfunktion übernehmen. Jeder dieser Personen kann eine andere Beurteilung abgeben. Deshalb sollte der Kunde vor dieser Kundenbefragung personifiziert werden. Weiter sollte vorab geklärt werden, ob es bei der Befragung um jetzige Kunden, ehemalige Kunden oder um Kunden der Konkurrenz handelt, es ist also die Definition der Zielgruppe wichtig. Es sollte klar sein, welche qualitativen und quantitativen Qualitätsmerkmale der Leistung oder des Ereignisses erfragt werden, auch die Bedeutung, Erwartung und Wahrnehmung der Qualitätsmerkmale sollte vorher bekannt sein. Entscheidend bei der Kundenzufriedenheitsmessung ist es, die Ergebnisse richtig auswerten und zu interpretieren, um damit die richtigen Ansatzpunkte zur Verbesserung abzuleiten.

3.2.4   Beschwerdemanagement

In der Praxis werden die Begriffe Beschwerde, Beanstandung oder **Reklamationen** synonym verwendet. Hier wird unter einer Beschwerde verstanden, daß ein Kunde den Hersteller eines Produktes oder einer Dienstleistung darüber informiert, daß die vom ihm erwartete Leistung nicht erbracht wurde. Aus dieser nicht erfüllten Erwartung heraus fordert der Kunde entweder die Rückzahlung seines Kaufpreises oder eine nachgebesserte bzw. völlig neue Leistung.

Beschwerden sind immer ein Zeichen von Kundenunzufriedenheit und damit eine wichtige Informationsquelle über Schwachstellen oder Fehler an der dargebotenen Produkt- oder Dienstleistung. Untersuchungen haben ergeben, daß ca. nur 4% der unzufriedenen Kunden reklamieren und umgerechnet auf jede eingegangene Reklamation zusätzlich 24 unzufriedene Kunden kommen. Durch eine schnelle Beschwerdebearbeitung erhält das Unternehmen die Chance, nicht nur den Schaden wieder gutzumachen, sondern auch die Zufriedenheit des Kunden wieder herzustellen. Aus diesem Grund muß eine Beschwerde schnell bearbeitet werden und es muß ein transparenter Ablauf vorliegen. In einer weiteren Umfrage wurde festgestellt, daß 82% der Kunden wieder beim gleichen Unternehmen kaufen würden, wenn die Beschwerde schnell bearbeitet, d.h. zufriedenstellend, und der Beschwerdepunkt beseitigt wird. Nur 19% würden beim gleichen Unternehmen wieder kaufen, wenn die Beschwerde nicht gelöst ist. Trotz dieser Erkenntnisse ist festzustellen, daß in den Unternehmen Beschwerden oder Beanstandungen nicht systematisch erfaßt und rasch bearbeitet werden. Häufig sind die zugrundeliegenden Schwachstellen sogar bereits vorher bekannt. Da aber das erkannte Problem nicht gemeldet ist, keine Dokumentation vorliegt oder eine systematische Auswertung und Gewichtung der Maßnahmen erfolgt, ist die **Fehlerquelle** nicht beseitigt Für die Durchsetzung einer umfassenden Unternehmensqualität im Sinne des TQM-Gedankens ist es erforderlich, ein funktionierendes Beschwerde- bzw. Reklamationsmanagement im Unternehmen aufzubauen. Dieses Beschwerdemanagement kann nach den in Bild 3-28 genannten 8 Stufen ablaufen.

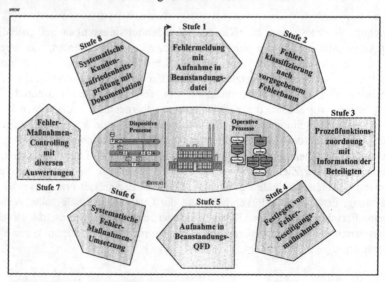

Bild 3-28 Beschwerdemanagement in 8 Stufen

Die Stufe 1 beginnt mit dem Eingang der Beschwerde bzw. Fehlermeldung durch den Kunden mit Aufnahme in eine Beschwerde- bzw. Beanstandungsdatei. Der Aufbau dieser Beanstandungsdatei wird im folgenden näher erläutert. In Stufe 2 erfolgt eine Fehlerklassifizierung nach einem vorgegebenen Fehlerbaum, auf den ebenfalls noch näher eingegangen wird. Es erfolgt in Stufe 3 die Prozeßfunktionszuordnung mit Informieren der Beteiligten. Hier werden in Stufe 4 geeignete Fehlerbeseitigungsmaßnahmen getroffen, die in einer Beanstandungs-Beseitigungsmatrix (QFD) in Stufe 5 systematisch abgearbeitet werden. In Stufe 6 wird der festgestellte Fehler beseitigt, wobei alle geplanten Maßnahmen hinsichtlich ihrer vollständigen Umsetzung im Sinne eines Fehlercontrollings in Stufe 7 geprüft werden. Hierbei werden eine ganze Anzahl von Auswertungen und Statistiken vorgenommen, u.a. auch eine Qualitätskostenerfassung, um die Fehlerkosten zu erhalten. Den Abschluß bildet in Stufe 8 die Kundenbefragung, ob der Kunde aufgrund der durchgeführten Aktivitäten jetzt mit der Unternehmensleistung zufrieden ist.

Die in Stufe 1 angesprochene **Beanstandungsdatei** wird in Bild 3-29 bezüglich der zu behandelnden Beschwerdedaten näher beschrieben. Neben einer genauen Kennzeichnung, um welches Produkt und welchen Auftrag bei welchem Kunden mit zugehöriger Rechnungslieferschein- und Bestell-Nr. es sich handelt, ist es auch sinnvoll, gleich die Kundenreaktion, die hier über eine Klassifizierung bezüglich

- Beanstandungsanzeige
- Kundenwarenannahme

- Kürzung durch den Kunden
- Datenträgerrücksendung

beschrieben ist, festzuhalten. Entsprechend dieser Kundenreaktionen sind die erforderlichen Aktivitäten zur Beschwerdebeseitigung zu veranlassen.

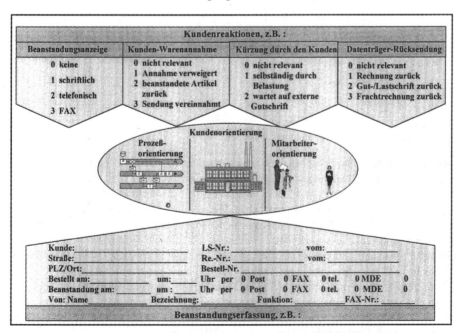

Bild 3-29 Beanstandungsdatei mit Beschwerdedaten

Nach dieser Beschwerde- oder Beanstandungserfassung, die auch noch einmal in Bild 3-30 mit weiteren Beanstandungsdaten dargestellt ist, wird ein Fehlerzuordnung und Klassifizierung nach Fehlerort, Fehlerart und Fehlerausprägung vorgenommen. Die Beschwerde bzw. Beanstandung des Kunden wird also in eine unternehmensspezifische Fehlerbeschreibung umgesetzt, wobei ebenfalls ein Beanstandungsschlüssel existiert, der beispielsweise Beanstandungen oder Beschwerden unterteilt in

- Produktbeanstandungen
- Verpackungsbeanstandungen
- Lieferbeanstandungen
- Rechnungsbeanstandungen
- und sonstige Beanstandungen

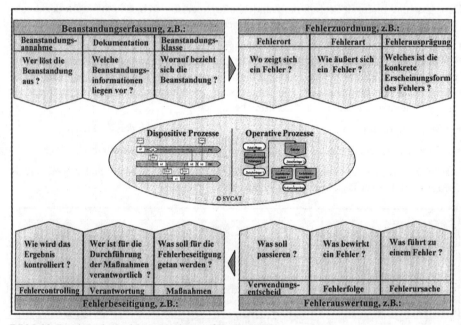

Bild 3-30 Beschwerde- und Beanstandungserfassung

Nach Durchführung der **Fehlerauswertung**, d.h. wenn klar ist, welche Umstände zu einem Fehler geführt hatten und was dieser Fehler bewirken kann, wird der Verwendungsentscheid getroffen. Hieraus resultieren, wie in Stufe 4 beschrieben, die zu ergreifenden Maßnahmen. Es folgt die Verantwortungszuordnung und die eigentliche Fehlerbeseitigung mit dem anschließenden Fehlercontrolling. In der Praxis besteht beim Beschwerdemanagement häufig die Schwierigkeit, daß unternehmensspezifische Fehlerschlüssel und Klassifikationen hinsichtlich Fehlerort, Fehlergruppe, Fehlerart, Fehlerausprägung, Fehlerursache, Fehlerfolge oder Fehlerkosten nicht existieren. Dies hängt damit zusammen, wie Bild 3-31 zeigt, daß es so viele unterschiedliche **Fehlerarten** im Unternehmen gibt. Hier beispielsweise unterteilt nach Fehlern, nach der Art der Arbeitsausführung, nach Prozessen, nach der Art des Produktes, nach Qualitätseinheiten, nach Auftragssicht, nach Produktionsfaktoren, nach Funktionsbereichen oder nach DV-Sicht.

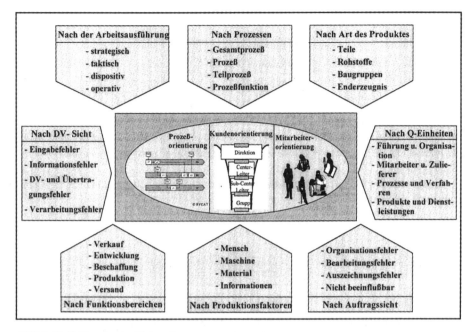

Bild 3-31 Fehlerarten im Unternehmen

Die Bestandteile eines funktionierenden Beanstandungsmanagement lassen sich abschließend in der Aufzählung folgender Faktoren zusammenfassen:

- Wiederherstellung der Kundenzufriedenheit
- Sinkende Beschwerden und Reklamationen
- Geringere Qualitätskosten
- Sinkende Ausschuß- und Nacharbeitsrate
- Reduzierung des Haftungsrisikos
- Verbesserung der Prozesse
- Vorgabe für Prozeßmanagement-Kennzahlen

In diesem Sinne ist das Beschwerdemanagement als ein Führungsinstrument innerhalb der TQM-Strategie von herausragender Bedeutung. Abschließend ist noch festzuhalten, daß natürlich nicht nur die Kundenbeschwerden, d.h. die externen Beschwerden über dieses Beschwerdemanagement beseitigt werden, sondern auch interne Beanstandungen, die von internen Kunden der nachgelagerten Prozeßstufen ausgelöst worden sind.

3.3   Mitarbeiterführung und -orientierung

3.3.1   Mitarbeiterführung und -motivation

Der wichtigste Erfolgsfaktor im Unternehmen ist der **Mitarbeiter**, weil er primär für die Kundenzufriedenheit verantwortlich ist. Er steht in seiner Bedeutung und Wichtigkeit deshalb sogar vor dem Kunden, weil ein guter Mitarbeiter in der Lage ist, gute Kunden für das Unternehmen zu gewinnen. Umgekehrt ist dies nicht der Fall. Um den Mitarbeiter optimal einzusetzen und seine Fähigkeiten für den Wettbewerbserfolg voll auszuschöpfen, muß der Mitarbeiter richtig geführt, motiviert und qualifiziert werden. Damit wird auch gleichzeitig eine kontinuierliche Qualitätsverbesserung hinsichtlich des Ausführungs- und Verrichtungsqualität erreicht. Bereits bei der Kurzbeschreibung des TQM-Feldes „Mitarbeiterorientierung" wurde auf die partizipative Führung über gemeinsam erarbeitete Zielvereinbarung auf der Grundlage von Vertrauen, Information und Kommunikation eingegangen. In Bild 3-32 werden die Komponenten der **Vertrauensorganisation** den Komponenten der immer noch vielfach anzutreffenden Mißtrauensorganisation gegenübergestellt.

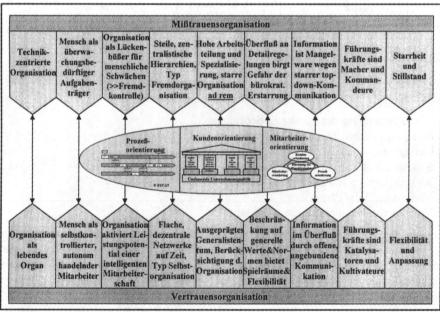

Quelle: Krystek/Zumbrock (1993), S. 32

Bild 3-32 Mißtrauens- versus Vertrauensorganisation

Diese **Mißtrauensorganisation** hängt sehr stark mit den bereits beschriebenen funktionsorientierten Organisationsstrukturen zusammen, während die **Vertrauensorganisation** sich mehr auf der Prozeßorientierung aufbaut, bei der der Mitarbeiter mit den ihm übertragenden Handlungs- und Entscheidungsspielräumen im Mittelpunkt der Prozeßverantwortung steht. Bei der Mißtrauensorganisation steht die Technikzentrierung über der Humanzentrierung, bei der Vertrauensorganisation wird die Organisation als lebendes Organ betrachtet, bei dem die Menschen bzw. Mitarbeiter als autonom handelnde, selbstkontrollierende Beteiligte integriert sind und nicht wie bei der Mißtrauensorganisation der Mensch als überwachungsbedürftiger Aufgabenträger angesehen wird. Bei einer solchen Einschätzung muß natürlich auch eine Fremdkontrolle erfolgen, um zu sehen, ob der Mitarbeiter tatsächlich alle Aufgaben vollständig und richtig erfüllt hat. Bei der Vertrauensorganisation steht die Selbstkontrolle dagegen. Der Mitarbeiter übernimmt die Verantwortung für die geleistete Arbeit, natürlich auch für die von ihm gemachten Fehler. Vertrauensorganisation ist geprägt durch flache, dezentrale Netzwerke mit einem hohen Selbstorganisationsgrad, beispielsweise in Form der noch in Punkt 3.3.3 behandelten Gruppenorganisation. Bei der Mißtrauensorganisation sind tief gestaffelte zentralistische Hierarchien mit ausgeprägten organisatorischen und funktionalen Schnittstellen anzutreffen, dies aufgrund einer hohen Arbeitsteilung und Spezialisierung. Dem gegenüber ist die Vertrauensorganisation durch weitgehendes Generalistentum gekennzeichnet. Durch die Beschränkung auf generell vorgegebenen Werten und Normen bieten sich Spielräume zum selbständigen Handeln und Entscheiden. Bei der Mißtrauensorganisation sind Informationen Mangelware, weil die Mitarbeiter bewußt nicht informiert werden, um die eigene Vorgesetztenmacht und Einflußnahme mehr zur Geltung zu bringen. Bei der Vertrauensorganisation herrscht Informationsüberfluß durch eine offene und eingeschränkte Kommunikation vor. Bei der Mißtrauensorganisation sind die Führungskräfte Macher und Kommandeure, bei der Vertrauensorganisation Katalysatoren und Kultivateure. Deshalb geht hier die Entwicklung zu Flexibilität und Anpassung gegenüber Starrheit und Stillstand aufgrund bürokratischer Erstarrung.

Entscheidend für den Erfolg des Veränderungsprozesses von der Mißtrauens- zur Vertrauensorganisation sind jedoch nicht die Mitarbeiter, sondern die Vorgesetzten. Ihr Führungsstil, also das jeweils praktizierte Führungsverhalten muß die Vertrauensorganisation ermöglichen. In Bild 3-33 sind die Auswirkungen des Führungsstils auf die Mißtrauens- und Vertrauensorganisation dargestellt.

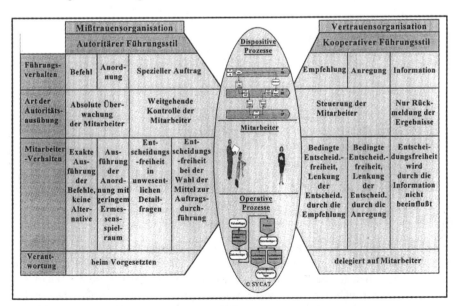

Bild 3-33 Auswirkungen des Führungsstils auf Mißtrauens- und Vertrauensorganisation

Unterschieden wird nach autoritärem und kooperativem Führungsstil. Wobei der Führungsstil gekennzeichnet ist durch Führungsverhalten, Art der **Autoritätsausübung**, Mitarbeiterverhalten und Verantwortung. Während sich das Führungsverhalten beim autoritären Führungsstil von Befehl über die Anordnung zum speziellen Auftrag entwickelt, steht beim kooperativen Führungsstil die Empfehlung, Anregung oder Information entgegen. Die Art der Autoritätsausübung beim autoritären Führungsstil ist entweder gekennzeichnet durch absolute Überwachung der Mitarbeiter oder weitgehende Kontrolle. Beim kooperativen Führungsstil geht es um die Steuerung der Mitarbeiter bzw. die Entgegennahme der Rückmeldungen über die Ergebnisse. Grundsätzlich ist festzuhalten, daß beim autoritärem Führungsstil die Mitarbeiter wenig oder gar nicht selber entscheiden dürfen, sie haben die Anweisungen exakt zu befolgen. Beim kooperativen Führungsstil liegen die Entscheidungsspielräume beim Mitarbeiter. Er kann selber entscheiden, wie er das ihm vorgegebene bzw. vereinbarte Ziel erreichen will. In der am weitesten fortgeschrittenen Stufe entscheidet der Mitarbeiter selbständig und erhält nur noch Anregungen von seinen Vorgesetzten.

In Bild 3-34 sind die Führungsunterschiede zwischen der Vertrauens- und Mißtrauensorganisation, hier nach Führung alten Stils (Mißtrauensorganisation) und Führung neuen Stils (Vertrauensorganisation) unterschieden, klar herausgearbeitet.

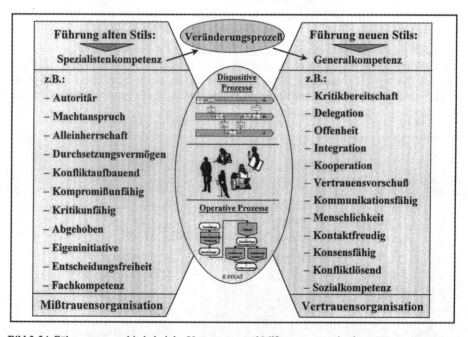

Bild 3-34 Führungsunterschiede bei der Vertrauens- und Mißtrauensorganisation

An der Spitze steht die **Spezialistenkompetenz** gegenüber der **Generalkompetenz**. Diese Generalkompetenz mit Kritikbereitschaft, Delegation, Offenheit, Integration, Kooperation oder Vertrauensvorschuß berücksichtigt sehr viel stärker die Bedürfnisse der Mitarbeiter, die bei autoritärer Führung mit hohem Machtanspruch, Alleinherrschaft bei starkem Durchsetzungsvermögen in Verbindung mit Konfliktaufbau und Kompromißunfähigkeit des Führenden kaum eine Chance haben, ihre Fähigkeiten angemessen einzusetzen. Aufgrund der gesellschaftlichen Entwicklung sind die Mitarbeiter heute auch nicht mehr bereit, eine solche Führung alten Stils zu akzeptieren. Deshalb kann man von ihnen nur Leistungen erwarten, wenn sie folgende Bedürfnisse erfüllt bekommen:

- Mehr Mitgestaltungs- und Einbringungsmöglichkeit

- Mehr Transparenz und Information

- Mehr Selbstverwirklichung bei der Tätigkeit

- Höhere persönliche Wertschätzung

- Mehr Anspruch und Sinngehalt bei der auszuführenden Tätigkeit

- Mehr Verantwortung und Handlungsspielraum

- Mehr Ehrlichkeit, Echtheit und Menschlichkeit

Um die vielfältigen Aufgaben des Vorgesetzten bei der Mitarbeiterführung im Sinne des Aufbaus einer Vertrauensorganisation zu unterstützen, gibt es eine Vielzahl von **Führungsinstrumenten**. Sie sind in Bild 3-35 ohne Anspruch auf Vollständigkeit genannt, wobei die dort angesprochenen Mitarbeiterzielvereinbarungen, **Mitarbeitermotivation** und die Mitarbeiterbefragungen zur Mitarbeiterzufriedenheit sowie die **Mitarbeiterqualifizierung** im folgenden Kapitelpunkt 3.2 abgehandelt werden.

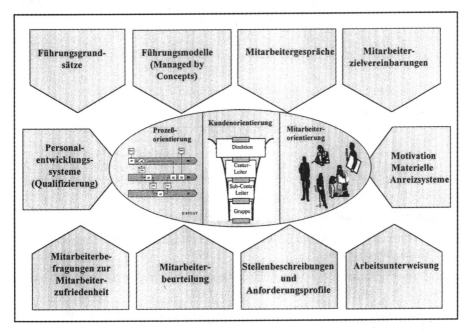

Bild 3-35 Führungsinstrumente zur Mitarbeiterführung

Führungspolitische Ziele und Strategien können in Form von Führungsgrundsätzen dargestellt werden, wobei sich diese Führungsgrundsätze aus den bereits angesprochenen Unternehmensleitsätzen, in denen die Unternehmensvision und Unternehmenskultur beschrieben ist, ableiten lassen müssen. Führungsgrundsätze sind schriftliche Formulierungen einer angestrebten, bzw. bestehenden Führungsphilosophie, in denen der angestrebte Führungsstil beschrieben ist. Diese Führungsgrundsätze beinhalten beispielsweise Aussagen zur Förderung der Mitarbeiter, zur Achtung der Persönlichkeit, zur Zielsetzung und Kontrolle, zur Delegation von Aufgaben und Verantwortungen über den Leistungswillen und die Zusammenarbeit oder über die Einstellung zur kontinuierlichen Qualitätsverbesserung.

Bei den **Mitarbeitergesprächen** handelt es sich im Schwerpunkt um Beratungs- und Fördergespräche, mit dem Ziel, durch Anerkennung die Motivation zu fördern und durch konstruktive Kritik dazu beizusteuern, die Leistung zu verbessern. Diese Gespräche können einmalig oder regelmäßig je nach Anlaß als Einzel- oder Gruppengespräch geführt werden. Bei diesen Gesprächen soll die Führungskraft die Aussagen der Mitarbeiter dazu nutzen, um die Ansichten, Probleme und Interessen zu erfahren, insbesondere auf die individuell gezeigten Leistungen im zurückliegenden Zeitraum eingehen. Weiter soll dieses Gespräch dazu beitragen, daß beispielsweise:

* dem Mitarbeiter klar wird, wie seine Aufgaben und Ziele einen optimalen Beitrag zum Erfolg des Ganzen leisten können.

* Die Erwartungen, die an den Mitarbeiter der Führung gestellt werden, deutlich werden und auch das die Kriterien über die Einschätzung der Ergebnisse von beiden Seiten gleichermaßen Anwendung finden, eine Aussprache stattfindet, ob und wie die gegenseitige Kommunikation und Information ergiebiger gestaltet werden kann.

* Der Führungskraft deutlich wird, in welchen Punkten seines Führungsverhaltens der Mitarbeiter eine hemmende oder fördernde Einschätzung vornimmt.

* Die Zweckmäßigkeit der Arbeitsorganisation unter Einsatz der Hilfsmittel gemeinsam unter dem Gesichtspunkt der Wirtschaftlichkeit und Effizienz geprüft wird.

* Die weiteren beruflichen Entwicklungen des Mitarbeiters im Hinblick auf seine besonderen Fähigkeiten und seine persönlichen Interessen aussehen können und sich daraus ggf. auch konkrete Fördermaßnahmen ableiten.

Diese Mitarbeitergespräche bedürfen einer gründlichen Vorbereitung einer strukturierten Vorgehensweise bei Einhaltung grundsätzlicher Kommunikationsregeln. Grundsätzliche Gesprächsregeln für den Vorgesetzten sind beispielsweise:

* Am Anfang und Ende sollte immer etwas positives stehen

* Der Mitarbeiter muß gleichberechtigt Gelegenheit haben, seinen Standpunkt und seine Einschätzung zu vertreten

* Es ist unbedingt darauf zu achten, daß die Persönlichkeit des Mitarbeiters nicht verletzt werden darf, es darf also keinesfalls zu einem Gesichtsverlust kommen.

* Die Kritik darf nur konstruktiv sein und sollte immer ein Angebot der Unterstützung zur Beseitigung des Problems enthalten

* Abschließend sollten die Ergebnisse einvernehmlich zusammengefaßt werden

Als weiteres Führungsinstrument waren in Bild 3-35 die Führungsmodelle genannt. Sie werden auch als Management-by-Konzepte bezeichnet. Im Gegensatz zum Führungsstil beschreiben sie das gesamte Führungssystem eines Unternehmens mit den grundsätzlichen

Verhaltens- und Verfahrensweisen, die zur Durchführung der Führungsaufgaben anzuwenden sind. Aus der Vielzahl der in der Theorie bekannten **Management by-Konzepte** sind beispielhaft genannt:

- Management by Delegation (MbG): Führung durch Aufgabendelegation (auch als Harzburger Modell bezeichnet)

- Management by Objectives (MbO): Führung durch Zielvereinbarung zwischen Vorgesetzten und Mitarbeiter

- Management by Exceptions (MbE): Führung durch Abweichungskontrolle und Eingriff im Ausnahmefall

- Management by Motivation (MbM): Führung durch Förderung der Arbeitszufriedenheit, beispielsweise durch Geld, Anerkennung und Einfluß

- Management by Results (MbR): Führung anhand erzielter Ergebnisse

- Management by Participation (MbP): Führung für konsequente Mitarbeiterinformation und Einholung von Mitarbeiterwissen

- Management by Systems (MbS): Führung durch Systemsteuerung bzw. -führung mit Delegation und weitestgehender Selbstregelung auf der Grundlage DV-gestützter Informations-Steuerungssysteme

Auch die **strukturierte Arbeitsunterweisung** ist ein Führungsinstrument. Die Einführung eines neuen Mitarbeiters in einem Unternehmen bzw. die Einarbeitung am Arbeitsplatz oder in eine neue Arbeitsaufgabe ist eine wichtige Führungsaufgabe. Sie sollte in Form einer systematischen und strukturierten Arbeitsunterweisung erfolgen. Die Vorteile dieser Unterweisung sind vielfältig, sie beziehen sich beispielsweise auf:

- Vermeidung von Arbeitsfehlern
- Steigerung der Mitarbeitermotivation

- Erhöhung der Arbeitssicherheit
- Verbesserung der Wirksamkeit

- Stärkung des Problembewußtseins
- Durchsetzung der Standardisierung

- Anwendung derselben Arbeitsunterlagen
- u.v.a. mehr

- Abbau von Unsicherheiten

Wesentlich bei dieser **Arbeitsunterweisung** ist, daß die Ziele vorgegeben sind, die festlegen, was der Lernende nach der Unterweisung beherrschen soll. Das Nutzen von Checklisten, in denen alle Teilschritte mit den erforderlichen Informationen bei der Arbeitsunterweisung genannt sind, stellen eine wesentliche Hilfe dar. Sie verkürzen wesentlich die Zeit der Einarbeitung und führen damit zu einem schnelleren Nutzen der Fähigkeiten des neuen Mitarbeiters. Unterstützt kann diese Einarbeitungsphase noch durch die Benennung eines Mitarbeiterpaten, der gezielt bei Fragen angesprochen werden kann und der den neuen Mitarbeiter weiter bei der Einarbeitung unterstützen soll.

Ein weiteres Führungsinstrument sind **Stellenbeschreibungen** und **Anforderungsprofilvorgaben**. Der Stellenplan enthält Informationen über die Rangstufe der betrachteten

Stelle mit Über- und Unterstellungen, Vollmachten. Ziel der Stelle bzw. Kurzbeschreibung des Aufgabengebietes sowie die Beschreibung der Tätigkeiten, die der Stelleninhaber durchzuführen hat. Durch die Strukturierung der Aufgaben und die Einbeziehung von Unternehmenszielen wird sichergestellt, daß die Mitarbeiteraktivitäten erfolgsorientiert ablaufen, wobei die einzuhaltenden Leistungsstandards in Form von Zielvereinbarungen in der Stellenbeschreibung hinterlegt sind. Ergänzt werden diese Stellenbeschreibungen durch Anforderungsprofile, in der die geforderten Fähigkeiten bzw. die für die Stelle typischen Fach- und Verhaltensmuster nach Art und Ausprägung, Gewichte, zugeordnet sind. Dies geschieht häufig in grafischer Form, um so die Vergleiche zwischen der Stelle und den Merkmalen transparent darzustellen. Beispiele für Hauptmerkmale sind beispielsweise **Mitwirkungskompetenz**, soziale Kompetenz, methodische Kompetenz, Fachkompetenz. Innerhalb der Mitwirkungskompetenz sind dies Untermerkmale: „Führungsfähigkeit, Entscheidungsfähigkeit, Organisationsfähigkeit, Überzeugungsfähigkeit, Koordinations- und Innovationsfähigkeit". Hier können jetzt Anforderungsstufen, beispielsweise von 1 bis 3 (keine, hohe, mittlere Anforderungen) der jeweiligen Unterkomponente zugeordnet werden, um so das Anforderungsprofil zu detaillieren. Die Stellenbeschreibungen und Anforderungsprofile werden sehr vielseitig in der Personalplanung, -führung, bei der Mitarbeiterauswahl, bei der Qualifizierung oder bei Gestaltung von Anreizsystemen eingesetzt.

Auch das als nächstes in Bild 3-35 angesprochene Führungsinstrument - die Mitarbeiterbeurteilung - besitzt als Bezugspunkt diese Stellenbeschreibung und Anforderungsprofile. In Bild 3-36 wird dazu ein Beispiel gezeigt, bei dem die Anforderungsprofile mit den Beurteilungsstufen miteinander verknüpft sind.

Beurteilung	Anforderungsprofil			Beurteilungsstufe				
	klein	mittel	hoch	1	2	3	4	5
Mitwirkungs -Kompetenz - Führungsfähigkeit - Entscheidungsfähigkeit - Organisationsfähigkeit - Überzeugungsfähigkeit - Koordinations-/Innovationsfähigkeit								
Soziale Kompetenz - Teamfähigkeit - Verantwortungsbereitschaft - Verläßlichkeit, Selbstkritik - Offenheit - Ehrlichkeit								
Methodische Kompetenzen - Problemlösefähigkeit - Abstraktionsfähigkeit - Komplexes Denken - Selbständigkeit - Transferfähigkeit - Systematisches Vorgehen - Prioritätsvorgabe								
Fachkompetenz - Qualitätsverbesserung - Eigeninitiative - Fachwissen - Arbeitseffizienz - Erfahrung								
Lernkompetenz - Selbständigkeit - Fertigkeiten - Kenntnisse								
Selbstbewertungskompetenz - Teamverantwortung - Ausführungsverantwortung								
Ergebnis:								

Bild 3-36 Mitarbeiterbeurteilungssystem

3.3.2 Mitarbeiterqualifizierung

TQM im Unternehmen durchzusetzen, gelingt nur, wenn es den Führungskräften gelingt, die Mitarbeiter zu motivieren, zu qualifizieren und eine hohe Mitarbeiterzufriedenheit zu erreichen. Motivatoren sind insbesondere interessante Arbeitsaufgabenstellungen mit Verantwortungsübertragung und der Möglichkeit, Einfluß zu nehmen, Anerkennung und Belohnung für effektives Arbeiten und Leistungserfolge, dies besonders häufig bei der Teamorganisation bzw. Gruppenarbeit. Eine wichtige Rolle spielen dabei Zielvereinbarungen, weil damit der Mitarbeiter bei der Ausführung seiner Tätigkeit erfolgsorientiert geleitet werden soll. Die unter Punkt 3.1.4 behandelte Konkretisierung von Qualitäts- und Prozeßzielen gehört mit zu den Kernstücken der oben angesprochenen Mitarbeiter- und Vorgesetztengespräche, wobei hier die Führungskraft nicht die Vorgaben alleine formuliert, sondern gemeinsam mit dem Mitarbeiter im Rahmen der vorgegebenen Unternehmensziele und der Leitbilder Vorgaben gemeinsam entwickelt und in eine von beiden Seiten akzeptierte Vereinbarung einmündet.

Wichtig ist, daß die Durchgängigkeit der **Zielauflösung** von den Unternehmenszielen bis auf die operative Ebene, d.h. bis zum Mitarbeiter, erhalten bleibt. In jeder Ebene ist das Ziel ein definierter und angestrebter Zustand, der durch die Erfüllung von Arbeitsaufgaben erreicht wird. Die möglichen Bestandteile einer Zielvereinbarung, wie sie Bild 3-37 zeigt, sind:

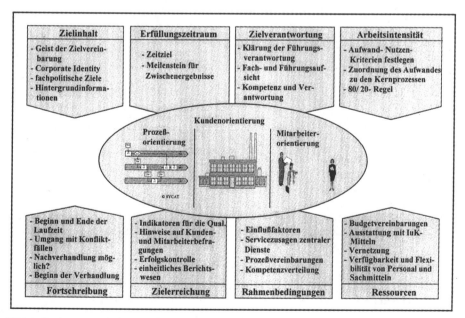

Bild 3-37 Bestandteile einer Zielvereinbarung

- Festlegung des Zielinhaltes (was soll erreicht werden ?)

- der Erfüllungszeitraum (wann soll ein Ergebnis vorliegen ?)

- die Zielverantwortung (wer ist für die Zielerreichung erforderlich ?)

- die Vorgabe der Arbeitsintensität (welcher Aufwand soll investiert werden ?)
- das Festlegen der benötigten Ressourcen (welche Mittel sind verfügbar ?)
- das Beschreiben der Rahmenbedingungen (wovon ist das Ergebnis abhängig ?)
- das Feststellen der Zielerreichung (wie soll diese gemessen werden ?)
- die Dokumentation der Zielerreichung (wie wird das Ergebnis dokumentiert ?)
- die weitere Fortsetzung nach der Zielerreichung (wann wird die Vereinbarung an Veränderungen angepaßt ?)

Um die Zielerfüllung für die Mitarbeiter zu erleichtern, sollten bei den Zielvereinbarungsgesprächen die in Bild 3-38 aufgestellten Regeln gelten (*Comelli* und *Rosenstiel* 1995).

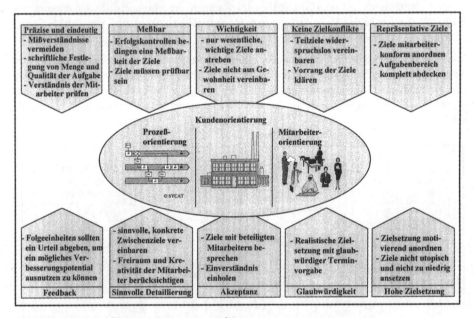

Bild 3-38 Regeln bei Zielvereinbarungsgesprächen

1. Die Ziele sollten präzise und eindeutig formuliert sein, um zu vermeiden, daß falsche Aufgabenbearbeitungen entstehen. Wie bereits oben bei der Erläuterung der Bestandteile einer Zielvereinbarung genannt, gehören eine ganze Anzahl von Informationen zu einer klaren und umfassenden Zielformulierung.

2. Ziele sollten meßbar sein, weil sie zur Erfolgskontrolle dienen. Vorgesetzte wie Mitarbeiter müssen die Möglichkeit besitzen, die vereinbarten Ziele zu überprüfen.

3. Ziele sollten wichtig sein, um die Energie der Mitarbeiter darauf zu konzentrieren. Nicht sinnvoll ist es, Zielvorstellungen aus alter Gewohnheit zu übernehmen, die aber die Arbeit unnötig erschweren und von den eigentlichen Zielen ablenken.

4. Ziele sollten einander nicht widersprechen. Aus diesem Grund sollte eine Priorisierung erfolgen, um klarzustellen, welche Ziele Vorrang vor anderen Zielen besitzen und welche Ziele zuerst bearbeitet werden sollen.

5. Ziele sollten repräsentativ für die Gesamtaufgabe des Mitarbeiters sein, damit er sich nicht nur auf die Erledigung von Teilaufgaben konzentriert und dabei evtl. andere Aufgabenbereiche vernachlässigt.

6. Ziele sollten schwierig, aber erreichbar sein, damit sie für die Mitarbeiter einen Anreiz darstellen.
   Zu niedrig angesetzte Ziele führen zu Unterforderungen und motivieren genauso wenig wie zu hoch gesteckte Ziele, bei denen eine Zielerreichung für nicht realisierbar erscheint.

7. Ziele sollten glaubhaft sein.
   Auch unrealistische Ziele besitzen negative Auswirkungen auf die Arbeitsmotivation, beispielsweise bei einer Terminvereinbarung, die bei realistischer Einschätzung nicht gehalten werden kann. Dies frustriert Mitarbeiter genauso wie Vorgesetzte.

8. Ziele sollten akzeptabel sein, damit der Mitarbeiter sich einverstanden erklärt. Aus diesem Grund wird hier auch immer der Begriff Zielvereinbarung und nicht der Begriff Zielvorgabe verwendet.

9. Ziele sollten nicht zu detailliert sein, um zu vermeiden, daß die Mitarbeiterfreiräume zur eigenen Gestaltung zu klein werden. Bei der Festlegung jeder Kleinigkeit wird die Kreativität des Mitarbeiters eingeschränkt.

10. Ziele sollten mit einem Feedback verbunden werden, um möglichst aktuell zu erkennen, ob die Aufgabe auch gut ausgeführt wurde und zum angestrebten Ergebnis geführt hat. Hierbei sollte die Führungskraft mit Lob und Anerkennung reagieren.

In Bild 3-39 sind beispielhaft einige **Zielvereinbarungen** qualitätseinheitenbezogen abgebildet. Hinter den genannten Zielsetzungen stehen die bereits in Kapitel 2 beschriebenen Qualitätsstandards und Kennzahlen, die als Grundlage für das Messen der Zielerreichung herangezogen werden.

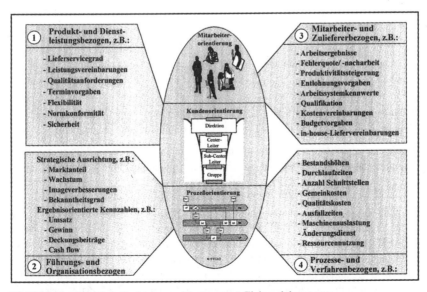

Bild 3-39 Qualitätseinheitenbezogene Management-Zielvereinbarungen

Diese Vereinbarungen werden ergänzt durch ein umfassendes, durchgängiges Qualitäts-
management-Controllingsystem, wie es in Kapitel 6 in Verbindung mit Balanced-
Scorecard ausführlich beschrieben ist. Spezielle mitarbeiterbezogene Qualitätsstandards
bilden die Grundlage für Zielvereinbarungen. In Bild 3-40 wird mit Zuordnung zu den
bereits in Bild 1-11 besprochenen Qualitätsmanagement-Entwicklungsschritten gezeigt,
wie der Übergang von der funktionsorientierten Untenehmensorganisation mit der Qualitätskontrolle im Mittelpunkt hin zur prozeßorientierten Unternehmensorganisation mit
dem TQM-Ansatz stattfindet.

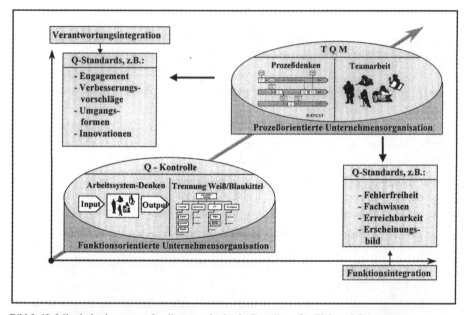

Bild 3-40 Mitarbeiterbezogene Qualitätsstandards als Grundlage für Zielvereinbarungen

Diese Standards beziehen sich insbesondere auf die Verbesserung der Ausführung und
Verrichtungsqualität der Mitarbeiter. Diese Zielvereinbarungen haben auch den Zweck,
den Vorgesetzten von operativen Teilaufgaben zu entlasten, weil er sich nicht mehr um
jedes Detail im Arbeitsablauf selber kümmern muß, außerdem werden den Mitarbeitern
Handlungsspielräume mit Selbstverantwortung übertragen, die gleichzeitig einen Höher-
qualifizierungseffekt besitzen.

Materielle Anreizsysteme als ein weiteres in Bild 3-35 genanntes Führungsinstrument
besitzen einen hohen Stellenwert innerhalb der Gruppe der Anreizfaktoren, weil sie einen
direkten Leistungsbezug herstellen. Zu den weiteren Anreizfaktoren gehören führungssei-
tige Anreize, organisatorische Anreize, Arbeitssystemanreize oder soziale Anreize. Alle
Anreize gemeinsam sollen für die einleitend angesprochene Arbeitszufriedenheit sorgen,
so daß die Verhaltensrichtung des Menschen leistungssteigernd ist. Hinter dem materiellen
Anreizsystem steht ein Erfolgsbeteiligungsmodell, das für eine permanente Motivation
und Leistungsbejahung sorgt. Die Beteiligten müssen dabei das Gefühl erhalten, daß sie
auch angemessen daran beteiligt sind, wenn sie sich stärker für das Erfüllen der Unternehmensziele engagieren und der Unternehmenserfolg eintritt. Das Leistungsentgelt sollte

sich dabei auf tatsächlich erbrachte Leistungen beziehen, wobei eine klare Trennung zwischen Grundgehalt und leistungsabhängiger Komponente sinnvoll ist.

In der Praxis hat sich ein Modell, bestehend aus drei **Hauptlohnkomponenten** überwiegend durchgesetzt. Die erste Komponente besteht aus dem Grundentgelt, wobei sich dieses Grundentgelt nach den Arbeitsanforderungen der jeweiligen Arbeitsaufgabe oder Prozeßstufe, nach Art und Umfang der durchzuführenden Arbeit und unter Berücksichtigung des Arbeitsbeherrschungsgrades, der Arbeitsanforderungen und der Arbeitsfähigkeit zusammensetzt. In dieser Entlohnungskomponente ist die Bewertungsgrundlage die erforderliche bzw. vorhandene Fachkompetenz. Bei der zweiten Hauptkomponente handelt es sich um eine individuelle Leistungszulage aufgrund der Arbeitseinstellung und des Arbeitseinsatzes. Der Schwerpunkt liegt hierbei also bei der Bewertung der Methoden-, Mitwirkungs- und Sozialkompetenz. Weiter spielt die tatsächlich geleistete Arbeitszeit innerhalb der betrachteten Periode eine wichtige Rolle, weil sich danach die Höhe der individuellen Leistungszulage ausrichtet. Die dritte Entlohnungskomponente bezieht sich speziell auf die Anwendung bei der Gruppenarbeit. Hierbei handelt es sich um die Gruppenprämie, die vom gemeinsam erarbeiteten Ergebnis der Gruppe abhängig ist. Die Höhe dieser Gruppenprämie hängt von den Zielerfüllungsgraden der vorher vorgenommenen Zielvereinbarungen ab. Die Höhe des Entgeltes wird sich immer entscheidend nach der Qualifikation des Mitarbeiters ausrichten. Aus diesem Grund ist eine Höherqualifizierung ein wesentlicher Anreiz für einen Mitarbeiter, um entsprechend mehr Einkommen zu erhalten. Die oben angesprochenen Qualifizierungsschwerpunkte, bzw. die Fähigkeiten oder Kompetenzen, die in mitarbeiterspezifischen Qualifizierungskonzepten befördert bzw. weiterentwickelt werden, waren bereits in Bild 3-36 bei der **Mitarbeiterbeurteilung** und bei der Stellenbeschreibung zusammen mit den Anforderungsprofilen genannt.

Zu jedem der nachfolgend noch einmal genannten Hauptmerkmale mit den dazugehörenden Untermerkmalen wird der vom Mitarbeiter erreichte Wert zugeordnet:

- **Mitwirkungskompetenz**, um bei übergreifenden Problemstellungen in Problemlösungs- und Entscheidungsprozessen mitwirken zu können
- **Sozialkompetenz** mit der Fähigkeit, sich in sozialen Situationen mit den anderen Beteiligten auseinandersetzen zu können
- **Methodenkompetenz** mit dem Wissen, Methoden und Verfahren zusammen richtig anzuwenden
- **Fachkompetenz**, d.h. die Fähigkeit zur fachlichen Bewältigung der gestellten fachlichen Anforderungen
- **Lernkompetenz**, um eigene Erfahrungen auf andere Situationen zu übertragen, die sich von der ursprünglichen Lernsituation unterscheiden.
- **Selbstbewertungskompetenz** mit der Fähigkeit des realistischen Einschätzungsvermögens über die derzeitige Arbeitssituation

In Bild 3-41 ist ein **Qualifizierungskonzept** in vier Schritten dargestellt, in dem systematisch die Anforderungen lokalisiert und die notwendigen Fähigkeiten für die Aufgabenerledigung ermittelt werden. Aus dem Soll/Ist-Vergleich, d.h. den vorhandenen Kenntnissen und Fähigkeiten des betrachteten Mitarbeiters zu den Stellenanforderungen, ergibt sich das Qualifizierungsdelta, das über Qualifizierungsmaßnahmen mit Vorgabe der Qualifizierungsziele in Schritt 4 endet. Im Rahmen der Durchsetzung des Prozeßmanagements wird auf die Schulung und Qualifizierung ebenfalls noch einmal eingegangen.

Schritt 1: Prozesse abbilden
- funktionsübergreifende Prozeßdarstellung
- Ist-Detailablauf und Aufgabenbeschreibung
- Arbeitsorganisationsbeschreibung
- Schwachstellenanalyse
- Zuordnug der Organisationsmittel
- Zuordnung der EDV-Unterstützung
- Sollablauf-Vorgabe (Prozeßoptimierung)
- Soll-Detailablauf u. Aufgabenbeschreibung

Schritt 2: Arbeitsanforderungen ermitteln
- Handlungsspielraumvorgabe
- Tätigkeitsprofil (Ist)
- Anforderungsprofil (Soll)
- Soll-Qualifikations-Ableitung (Qualifikations- und Lastenheft)
- Qualifizierungsbedarf ableiten
- Personalbedarfsplanung
- Durchführung von Qualifizierungsmaßnahmen

- technische und fachliche Qualifikation
- organisatorische Qualfikation
- Methoden Kompetenz
- Soziale Kompetenz
- partnerschaftliche Aufgabenverteilung
- Verständis zu Kollegenansichten
- Bereitschaft zur Zusammenarbeit Teamgedanke)

- umfassende (Total) Arbeitsplatzgestaltungs–kompetenz
- Weiterentwicklung optimierter Abläufe
- rasche Integration neuer Mitarbeiter
- Bezug zur Kundenorientierung
- Fähigkeit zur Nutzung neuer Technologie
- permanente Weiterbildung
- detaillierte Arbeitsfeldbeschreibung als Einweisungshilfe

Schritt 3: Qualifikationsstruktur   **Schritt 4: Qualifikationsziele**

Bild 3-41 Systematische Qualifizierung

In der neuen **ISO 9000:2000** ist die Auswahl und Zuordnung von Personal sowie die Sicherstellung von Kompetenzschulung, Qualifikation und Bewußtsein innerhalb des Kapitels 6: „Ressourcenmanagement" eine Normforderung. Sicherzustellen ist dabei, daß die Mitarbeiter entsprechend ihren Aufgaben ausgewählt, qualifiziert und eingesetzt werden. Die erforderliche Dokumentation dafür sind, neben dem Qualitätsmanagement-Handbuch, Verfahrensanweisungen und anderen mitgeltenden Unterlagen, beispielsweise Funktionsbeschreibungen, Anforderungsprofile, Personalplanung. Für die Sicherstellung von Kompetenzschulungen, Qualifikation und Bewußtsein ist der Schulungs-, Kompetenz- und Trainingsbedarf regelmäßig zu ermitteln. Schulungen sind zu planen, durchzuführen und der Erfolg ist regelmäßig zu überwachen. Weiter sind Verfahren einzuführen zur **Bewußtseinsbildung** der Mitarbeiter für:

- die Bedeutung der Einhaltung der Qualitätspolitik und Ziele
- die Anforderungen des Qualitätsmanagement-Systems
- den Einfluß der eigenen Tätigkeit auf die Qualität
- den Vorteil innerhalb der verbesserten persönlichen Leistung
- die Folgen der Nicht-Einhaltung festgelegter Verfahren

Hier kann die Dokumentation über den Nachweis der Bedarfsermittlung für Schulung, Einweisung, Ausbildung und Training erfolgen. Weiter gehören dazu Einweisungs-/Schulungspläne und -nachweise, Erfolgskontrollen oder Qualifikationsnachweise. In der neuen ISO 9000:2000 sind in Kapitel 6 „Ressourcenmanagement" zu diesem Thema ebenfalls Normenforderungen aufgestellt. Zum einen geht es um das Gestalten einer geeigneten Arbeitsumgebung. Umgesetzt wird dies durch die Ermittlung psychischer und physi-

scher Bedingungen des Arbeitsplatzes und des Ergreifens von Maßnahmen des Arbeits-
und Gesundheitsschutzes mit Durchführung dieser Maßnahmen. Weiter sind Verfahren
und Maßnahmen zur Arbeitsplatzgestaltung und -verbesserung sowie zur Aufrechterhaltung eines positiven Betriebsklimas festzulegen und umzusetzen. Die hierfür erforderliche
QM-Dokumentation - neben dem QM-Handbuch, Verfahrensanweisungen und anderen
mitgeltenden Unterlagen - sind beispielsweise:

- Aufzeichnungen über Mitarbeiterbefragungen
- Dokumentation über Förder- und Motivationsmaßnahmen
- Arbeitsplatzbezogene Gefährdungsanalysen
- Nachweis über Umsetzung der Arbeitssicherheit
- Notfallpläne

Weiter wird in dieser neuen Norm die Festlegung der notwendigen Infrastruktur gefordert.
Dies kann durch folgende Aktivitäten umgesetzt werden. Die benötigte Infrastruktur ist zu
ermitteln, auszuwählen, bereitzustellen und aufrechtzuerhalten. Dazu gehören:

- geeignete Arbeitsräume und -einrichtungen   • Instandhaltung

- **Arbeitsmittel**, Hard- und Software   • Unterstützende Dienstleistungen

Hier sind die erforderlichen Qualitätsmanagement-Dokumentationen beispielsweise der
Investitionsplan, der Geschäftsentwicklungsplan, Maschineneinsatz und Nutzungspläne,
Maschinenfähigkeitsnachweise, Instandhaltungspläne.

Das zuletzt genannte Führungsinstrument in Bild 3-35 war die Mitarbeiterbefragung zur
Messung der Mitarbeiterzufriedenheit, wobei die Zertifizierungsrichtlinie der VDA 6.1
des Verbandes der Automobilindustrie, wie sie bereits in Pkt. 2.4 angesprochen war, unter
dem Auditierungselement 1.5 (Strategie) fordert, daß die kontinuierliche Pflege der Mitarbeiterzufriedenheit ein Leitungsgrundsatz ist.

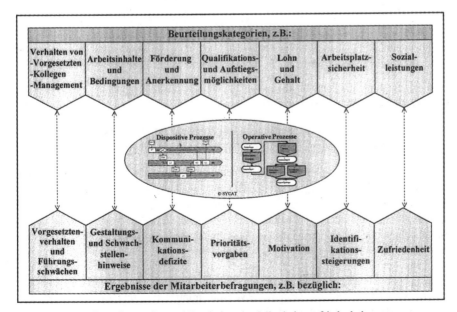

Bild 3-42 Beurteilungskategorien und Ergebnisse von Mitarbeiterzufriedenheitsmessungen

Durch die Mitarbeiterbefragung wird versucht, Kenntnisse über die Einstellungen, Werthaltungen, Erwartungen, Bedürfnisse der Mitarbeiter zu erhalten. Beurteilungskategorien von Mitarbeiterbefragungen zur Zufriedenheitsmessung sind, wie Bild 3-42 zeigt, das Verhalten von Vorgesetzten, Kollegen oder von Führungskräften. Weitere Aussagen beziehen sich auf Arbeitsinhalte und Bedingungen, Förderung und Anerkennung, Qualifikations- und Aufstiegsmöglichkeiten, Lohn und Gehalt, Arbeitsplatzsicherheit oder Sozialleistungen. Die Ergebnisse dieser Zufriedenheitsmessungen sind diesen Beurteilungskategorien zugeordnet. Es ergeben sich Kenntnisse und Informationen über **Vorgesetztenverhalten** und Führungsschwächen, Gestaltungs- und Schwachstellenhinweise, Kommunikationsdefizite, Prioritätsvorgaben, Motivationshöhe, Identifikations- und Zufriedenheitseinschätzung. Neben der Feststellung der Mitarbeiterzufriedenheit ergeben sich also eine große Anzahl wertvoller Hinweise für das Unternehmen, beispielsweise:

- Erfolgskontrolle von Motivations- und Verbesserungsprojekten

- Feststellen der Auswirkungen von personalpolitischen Maßnahmen

- Stand und etwaige Probleme bei der Umsetzung von Unternehmensstrategien

- Reaktionen auf getroffene Managemententscheidungen

- Erkennen von Problemen bei der Mitarbeiterführung

- Klarheit darüber, ob Unternehmensziele verstanden worden sind

- Ansatzpunkte für Verbesserungen mit den dahinter stehenden Verbesserungspotentialen

Nach der Auswertung der Mitarbeiterbefragung ergibt sich i.d.R. ein bestimmter Handlungsbedarf, um alle diese Anregungen zu verarbeiten, wobei neben den Führungskräften insbesondere das Personalmanagement gefordert wird, das die organisatorischen Führungs-, sozialen, personellen und Motivations-Rahmenbedingungen im Unternehmen schaffen muß, damit die Führungskräfte die vorher besprochenen Führungsinstrumente zur Mitarbeiterführung optimal einsetzen können. Aus diesem Grund enthält das Personalmanagement und insbesondere die Personalentwicklung innerhalb des Personalmanagements einen hohen Stellenwert für den Erfolg bei Anwendung der TQM-Strategie.

3.3.3   Gruppenarbeit und KVP/KAIZEN

Ein wesentlicher Ansatz, um die in Bild 3-6 angesprochenen Qualitätsdefizite innerhalb der drei TQM-Strategiefelder

„Kundenorientierung, Mitarbeiterorientierung, Prozeßorientierung"

zu beseitigen, ist die Einführung der **Gruppenarbeit**, auch als Teamorganisation bezeichnet. Durch die Einführung der Gruppenarbeit sollen die aufgrund der funktionsorientierten Organisationsform entstandenen Nachteile, z.B. der des fehlenden Kundenbezuges und des Unverständnisses gegenüber Kundenanforderungen aufgrund der zu hohen Arbeitsteiligkeit und des Bürokratismus, durch Prozeßorientierung mit Dezentralisierung und Übertragung von ganzheitlichen Arbeitsumfängen an die Mitarbeiter beseitigt werden. Hauptziel ist es dabei, durch eine optimale Nutzung der Mitarbeiterpotentiale und des Mitarbeiter-Know-hows auf der Grundlage von hochmotivierten und zufriedenen Mitarbeitern die Kundenzufriedenheit zu erhöhen.

In Bild 3-43 sind die weiteren Zielsetzungen bei Einführung der Gruppenarbeit qualitätseinheitenbezogen zugeordnet. Sie ergänzen sich mit den in Bild 3-11 genannten generellen
Qualitätszielen.

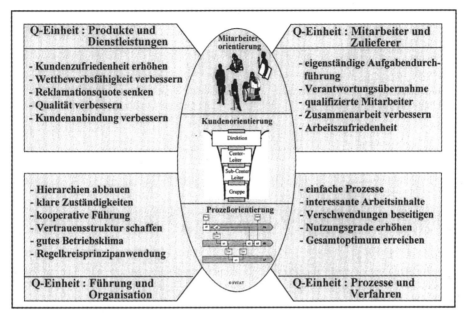

Bild 3-43 Zielsetzungen bei Einführung der Gruppenarbeit

Teammerkmale sind beispielsweise die Selbstorganisation und Kontinuität in der Gruppe
mit der Möglichkeit zur Höherqualifizierung, die Eigenverantwortlichkeit bei der Arbeitsausführung sowie die Verantwortungsübernahme hinsichtlich der Arbeitsausführung aber
auch in bezug auf die Kosten, Termine und die Qualität im festgelegten Arbeitsgruppenbe-
reich. Bei der Teamorganisation ist als erstes der Bereich abzugrenzen, der räumlich und
organisatorisch überschaubar dieser Gruppe zugeordnet ist und in dem produkt- oder tei-
lebezogen ein definierter Arbeitsumfang mit definiertem Input und Output abzuleisten ist.
Auf der Grundlage von Zielvereinbarungen werden von dem Gruppensprecher mit Hilfe
von Gruppengesprächen die Aufgaben verteilt und durchgeführt. Eine visualisierte Ergeb-
nisdarstellung auf Informationstafeln hat sich als sehr zweckmäßig herausgestellt. Dies ist
auch immer Bezugspunkt für Controllinggespräche und **Abweichungsanalysen**.

Die Aufgabenverteilung in der Gruppe mit Unterscheidung nach Gruppensprecher- und
Gruppenmitgliederaufgaben ist in Bild 3-44 beschrieben.

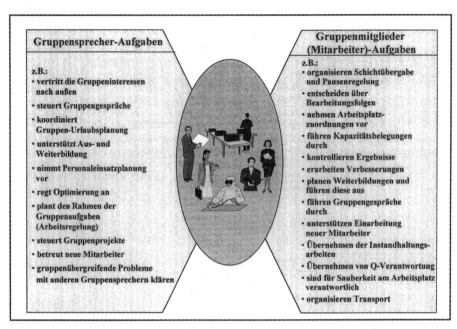

Bild 3-44 Aufgabenverteilung in der Gruppe

Danach vertritt der **Gruppensprecher** die Gruppeninteressen nach außen und steuert die **Gruppengespräche**, koordiniert die Gruppenurlaubsplanung, unterstützt die Aus- und Weiterbildung bei den Mitgliedern seiner Gruppe, nimmt Personaleinsatzplanungen unter Abstimmung mit den Gruppenarbeitsmitgliedern vor, regt Optimierungen an, plant den Rahmen der Gruppenaufgaben, steuert Gruppenprojekte und betreut neue Mitarbeiter. Die Gruppenmitglieder übernehmen Aufgaben, die vorher vom Vorarbeiter oder vom Meister ausgeführt wurden. Beispielsweise organisieren sie selber die Schichtübergabe und Pausenregelung, entscheiden über Bearbeitungsfolgen oder nehmen Auftragszuordnungen zu bestimmten Arbeitsplätzen vor. Dazu gehört auch das Planen von Weiterbildungen oder Unterstützen der Einarbeitung neuer Gruppenarbeitsmitglieder. Im Rahmen der Funktions- und Verantwortungsintegration übernehmen sie auch Instandhaltungs-, Dispositions- und Qualitätsverbesserungsaufgaben und sind für die Sauberkeit am Arbeitsplatz verantwortlich. Falls die Meister-Funktion bei Einführung der Gruppenarbeit erhalten bleibt, ist der Meister für die Vorgabe-Vereinbarung und die Kontrolle von Zielen der Gruppe verantwortlich. Gleichzeitig hat er die Gruppe bei der Zielerreichung ebenso wie beim Entwickeln von Problemlösungen zu unterstützen. Weiter kann der Meister für den störungsfreien und ausführlichen Informationsfluß zu den Gruppen, den Nachbarbereichen oder zu übergeordneten Bereichen verantwortlich sein. Natürlich muß immer eine sehr enge Zusammenarbeit mit dem jeweiligen Gruppensprecher erfolgen.

Im Rahmen der Gruppenarbeit, aber auch bei Unternehmen, bei denen Gruppenarbeitsstrukturen noch nicht eingeführt sind, ist der kontinuierliche Verbesserungsprozeß (KVP) durch die Mitarbeiter ein ganz entscheidender Ansatzpunkt für die TQM-Umsetzung. In der neuen ISO 9000:2000 wird auch explizit in Kapitel 8 dieses Regelwerkes die Einführung von Prozessen zur kontinuierlichen Verbesserung gefordert. Die Umsetzung hat über Verfahren zur kontinuierlichen Verbesserung (KVP) des Qualitätsmanagements zu erfolgen. Diese Verfahren müssen die Anwendung der Qualitätspolitik, Qualitätsziele, Auditergebnisse, Datenanalyse, Korrektur- und Vorbeugungsmaßnahmen sowie die Qualitätsmanagement-Bewertung zwecks kontinuierlicher Verbesserung beschreiben. Die dazu bereitzustellenden Dokumentationen sind neben dem QM-Handbuch, Verfahrensanweisungen und anderen mitgeltenden Unterlagen, Fortschrittsberichte, Zielvorgaben und Management-Reviews.

Nach *IMAI* ist KVP (bzw. im japanischen KAIZEN) das wichtigste Erfolgsrezept der Japaner und damit die wichtigste japanische Managementstrategie. Hierbei geht es um die Verbesserung des Status quo in kleinen Schritten durch die Mitarbeiter und Vorgesetzten. Nach dieser japanischen Managementstrategie ist der Ausgangspunkt derjenige, daß es der Führung im Unternehmen bewußt sein muß, daß es keinen Betrieb oder Prozeß ohne Probleme gibt. Deshalb beginnt jeder Verbesserungsprozeß mit dem Erkennen und Aufzeigen von Problemen. Hierbei ist es sehr wichtig, daß der einzelne Mitarbeiter Probleme und Schwierigkeiten eingestehen darf. Auf Gruppenarbeitsebene besteht die Aufgabe darin, über KVP eine Kontrolle von außen überflüssig zu machen. Die Ziele von KAIZEN, nach *IMAI,* sind beispielsweise:

- Erleichterung der Arbeit
- Abschaffung von Schwerarbeit
- Abschaffung von Mißständen
- Einsparung von Zeit und Kosten

- Erhöhung der Arbeitssicherheit
- Erhöhung der Produktivität
- Verbesserung der Produktqualität

Als Ansatzpunkte dafür lokalisiert *IMAI,* wie Bild 3-45 zeigt, neun Arten von Verschwendungen.

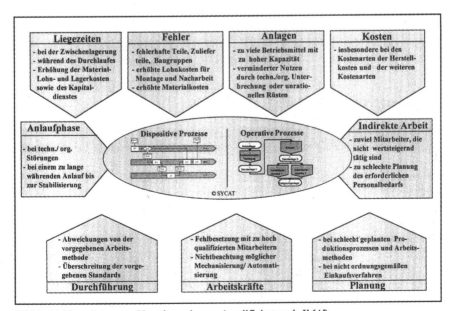

Bild 3-45 Neun Arten von Verschwendungen (modifiziert nach *IMAI*)

Beispiele sind Liegezeiten, Fehler an Anlagen, an Kosten, an indirekter Arbeit, bei der Planung an Arbeitskräften, bei der Durchführung oder in der Anlaufphase.

Das Vorgehen bzw. das Einleiten des KVP-Ablaufes orientiert sich an dem bereits erläuterten *Deming-Zyklus*, der sich in die folgenden vier Phasen unterteilt:

1. Planen (p) mit der Problemfeststellung
2. Tun (t) mit der Problemanalyse
3. Checken (c) mit der Problemlösungsfindung
4. Aktion (a) mit der Problemlösungseinführung

Mit der Einführung der Lösung ist gleichzeitig eine Mitarbeiterqualifizierung verbunden, die zusammen mit der Standardisierung der gefundenen Lösung die Grundlage für den nun neu in gleicher Weise beginnenden und über die genannten Phasen ablaufenden kontinuierlichen Verbesserungsprozeß darstellt. Dies kann aber erst geschehen, wenn alle Mitarbeiter in Übereinstimmung mit dem bestehenden Standard arbeiten. Aus Sicht des Qualitätsmanagements ist es wichtig, daß immer die interne oder externe Kundenorientierung als Hauptzielsetzung in diesem Verbesserungskreislauf Beachtung findet, daß also alle Verbesserungen das Ziel haben, die Kundenzufriedenheit zu erhöhen. Aus diesem Grund sollte jeder KVP-Beteiligte wissen, wer sein Kunde und wer sein Lieferant im Prozeß ist. Ferner sollten Schnittstellenvereinbarungen existieren, in denen die Anforderungen klar fixiert sind, die der interne Lieferant zu erfüllen hat. Sehr leicht lassen sich aus diesen Anforderungen Ansatzpunkte finden, bei denen die Möglichkeit zur Verbesserung besteht, beispielsweise Doppelarbeit, häufige Transporte, hohe Lagerbestände, lange Wege, Wartezeiten, Liegezeiten, Überproduktion, Zwischenpuffer, Nicht-Erreichbarkeit, Unvollständigkeit, Informationsmangel, Medienbrüche, Nicht-Zuständigkeiten, Fehlinformationen, Übertragungsfehler, Planungsfehler und vieles andere mehr auf der Grundlage des durch KVP geschaffenen Qualitätsbewußtseins der Mitarbeiter zu reduzieren.

Neben dem Anspruch, über KVP die Kundenanforderungen weitestgehend zu erfüllen, soll das Unternehmen gleichzeitig in die Lage versetzt werden, auf die stattfindenden externen Veränderungsprozesse besser zu reagieren.

3.3.4   Lieferantenanbindung

Aufgrund der steigenden Flexibilitätsforderungen in den letzten Jahren ist in den Unternehmen die Fertigungstiefe immer stärker verringert worden. Die Folge davon ist, daß die Bedeutung von Zulieferungen, sei es in Form von Teilen, Baugruppen oder Sub-Systemen immer mehr an Bedeutung gewonnen hat. Dies hat auch große Auswirkungen auf das Qualitätsmanagement, weil das Unternehmen aus haftungsrechtlichen Gründen, die insgesamt unter dem Begriff „**Produkthaftung**" zusammengefaßt werden, aufgrund seiner Verkehrssicherungspflicht auch die Qualität von Zuliefererteilen sicherstellen muß. Der Kunde kann und muß nicht zwischen Herstellfehlern und Fehlern von Zulieferern unterscheiden. Weiter kann das produzierende Unternehmen, das gleichzeitig auch Abnehmer von Produkten seiner Zulieferer ist, nur dann evtl. Haftungsansprüchen seiner Kunden nach der deliktischen Haftung (§ 823 BGB) begegnen, wenn er den Nachweis führt, auch die Qualität von Zulieferteilen ausreichend sorgfältig gesichert zu haben. Weiter muß das abnehmende Unternehmen seine Gewährleistungsansprüche nach dem Handelsrecht (§

377 HGB) dem Lieferanten gegenüber durch Mängelrügen sichern. Das setzt eine Prüfung der eingehenden Ware voraus. Außerdem muß jedes Unternehmen die eigene Lieferfähigkeit vor Störungen durch falsche oder mangelhafte Lieferung schützen. Sowohl direkte Kosten, z.B. durch Nacharbeit als auch indirekte Kosten, z.B. durch zusätzlich notwendige Lagerkapazität und vermeidbare **Qualitätsprüfungen**, sind zu verhindern. Gerade bei Just-in-time-Konzepten, die auf kurzfristigen Lieferabrufen zur exakten eigenen Bedarfsdeckung dienen, ist zur Fehlerursachenermittlung und Fehlerbeseitigung keine Zeit mehr vorgesehen. Ausschuß und Nacharbeit bei Zuliefererteilen dürften bei derartigen Konzepten nicht mehr entstehen. Es ist einleuchtend, daß aus diesen Gründen eine immer engere Abstimmung zwischen den Geschäftspartnern erfolgen muß, um die Risiken zu minimieren. Die Lieferanten erhalten deshalb einen sehr hohen Stellenwert innerhalb der eigenen QM-Strategie. Am erfolgversprechendsten ist es, wenn man sie als externe Mitarbeiter betrachtet und eine Lieferantenzufriedenheit erzeugt, die eine langfristige vertrauensvolle Zusammenarbeit ermöglicht. Eine früher häufig angewandte, aber z.T. auch heute noch anzutreffende Verhaltensweise bei Unternehmen ist, durch eine möglichst hohe Lieferantenanzahl die Lieferanten untereinander auszuspielen, kurzfristige Änderungen und Stornierungen vorzunehmen und zu versuchen, die Lieferantengewinne zu reduzieren. Viele Unternehmen haben sich dabei in der Vergangenheit selber geschadet, weil sie über eine solche Preispolitik dafür gesorgt haben, daß kompetente Zulieferer mit sehr viel Erfahrung und Qualitäts-Know-how vom Markt gehen mußten. Es zahlt sich also nicht aus, wenn man bei seinen Lieferanten versucht, den niedrigsten Verkaufspreis am Markt zu bezahlen, um anfänglich Kosten zu sparen. Bei einer solchen Handlungsweise besteht immer die Gefahr, daß durch spätere aufwendige Nachbesserungen in der Produktion oder beim Kunden der Kostenvorteil durch den Einkauf genau ins Gegenteil umschlägt. Wie Bild 3-46 zeigt, sind deshalb heute andere Bewertungskategorien bei der **Lieferantenauswahl** nötig.

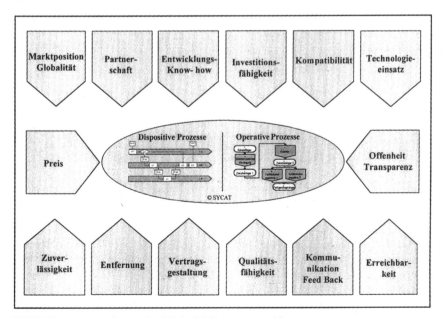

Bild 3-46 Bewertungskategorien bei der Lieferantenauswahl

Dies beginnt beispielsweise mit der Beachtung der **Marktpositionierung** und der Globalisierung des Lieferanten. Weiter sind gefordert sein Entwicklungs-Know-how, seine Innovationsfähigkeit, seine Kompatibilität, sein Technologieeinsatz, sein partnerschaftliches Verhalten zusammen mit der Offenheit und Transparenz der Kommunikation und dem Feedback von ihm, seine Zuverlässigkeit, die Art seiner Vertragsgestaltung, der Nachweis seiner Qualitätsfähigkeit, evtl. auch die Entfernung vom eigenen Unternehmen und ganz zuletzt natürlich auch der Preis.

Die zur Flexibilitätssteigerung im eigenen Unternehmen angewandten **Outsourcing-** und **Buy-Statt-Make**-Lösungsansätze zur Durchsetzung schlanker Unternehmensstrukturen müssen heute also aus strategischer Sicht und nicht aus der Sicht eines Sachbearbeiters im Einkauf getroffen werden. Eine enge partnerschaftliche Zusammenarbeit ist gefordert, die langfristig angelegt ist, und die über gemeinsame Entwicklungs-, Informationstechnologieanpassungs- oder QM-Strategie-Projekte zu einer wirtschaftlichen Verflechtung führt. Dies ist ein Weg, der in Japan unter dem Begriff „KEIRETSU" schon sehr lange praktiziert wird und zu einer sehr viel geringeren Lieferantenanzahl führt, als es vorher der Fall war. Zu diesen Projekten können auch noch Forschungs- und Rationalisierungsprojekte hinzugezählt werden. Wie Bild 3-47 zeigt, entstehen durch diese Entwicklung ganz neue Wertschöpfungsspielräume durch **Zuliefererkooperationen**.

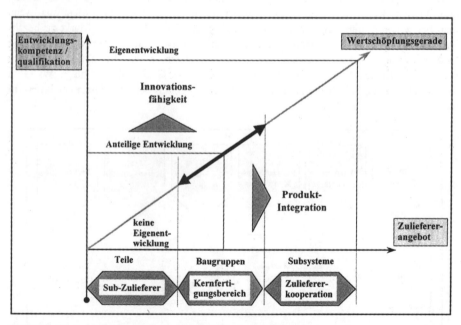

Bild 3-47 Wertschöpfungsspielräume bei Zuliefererkooperationen

Hierbei kann eine Entwicklung vom Teil- zum **Systemlieferant** mit Qualitätsmanagementverantwortung und Problemlösungs- sowie Innovationsfähigkeit nach japanischem Vorbild zustandekommen. Dies wird in Japan als Unei-Koyodotai-Prinzip (geteiltes Schicksal) bezeichnet. Hierbei müssen natürlich die Zulieferer auch über eigene Entwicklungsabteilungen verfügen, wenn sie als langfristige Partner in Frage kommen wollen. Da das Entwicklungskostenbudget je nach Branche erfahrungsgemäß zwischen 3 bis 10% des

Umsatzes liegt, muß ein Mehrpreis von den Einkäufern in den Unternehmen akzeptiert werden. Da aber durch die intensive Kommunikation zwischen den Entwicklungspartnern die Qualitätsabstimmungen von vornherein Berücksichtigung finden, liegen die Vorteile einer solchen Verbindung beispielsweise in sehr viel kürzeren Entwicklungs- und Anlaufzeiten und damit natürlich auch bei sehr viel geringeren Entwicklungs- und Anlaufkosten mit wesentlich weniger Fehlern gegenüber Entwicklungsprojekten, die nicht aufeinander abgestimmt sind.

Für den Nachweis ihrer Qualitätsfähigkeit gibt es, wie Bild 3-48 zeigt, unterschiedliche Arten von **Darlegungen**. Am Anfang steht keine direkte Darlegungs-Nachweisführung, da der Abnehmer auf die eigene Eingangsprüfung und Aussortierung fehlerhafter Produkte vertraut sowie aufgrund der Lieferantenhistorie und der Referenzen sich selber ein Bild über die Qualitätsfähigkeit seines Zulieferers gemacht hat.

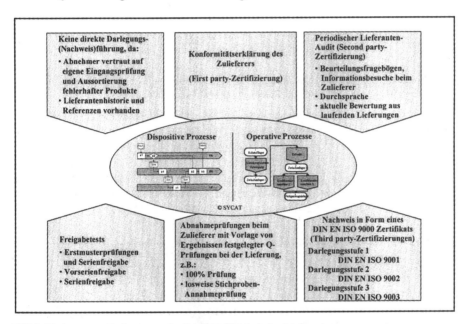

Bild 3-48 Arten von Darlegungen der Qualitätsfähigkeit des Lieferanten

Die unterste Stufe der Darlegungsführung erfolgt über eine Herstellererklärung, daß sein Produkt oder sein Qualitätsmanagementsystem den vorgegebenen Normen und Regelwerken entspricht. Dies wird auch als **First-Party-Zertifizierung** bezeichnet. Es folgt die **Second-Party-Zertifizierung**. Hierbei wird durch periodische **Lieferantenaudits** auf der Grundlage von Beurteilungsfragebögen und Informationsbesuchen beim Zulieferer die Qualitätsfähigkeit überprüft. Dies bedeutet allerdings, daß mitunter ein erheblicher Aufwand beim Abnehmer, aber auch beim Zulieferer, entsteht. Eine weitere Art der Darlegung der Qualitätsfähigkeit sind **Freigabetests**. Hierunter sind insbesondere Erstmusterprüfungen und Serienfreigabeprüfungen gemeint. Als Erstmuster werden Erzeugnisse verstanden, die erstmals unter serienmäßigen Fertigungsbedingungen entstehen. Durch die Erstmusterprüfung wird verhindert, daß die Lieferung von Serienteilen mit systematischen Fehlern erfolgen kann. Deshalb werden diese Erstmuster einer Maß-, Werkstoff- und

Funktionsprüfung unterzogen. Wenn die **Erstmusterprüfung** durch den Abnehmer erfolgt, dient sie oft als Grundlage für die Erstellung von Prüfplänen und Arbeitsanweisungen, die für die Qualitätsprüfung im eigenen Wareneingang verwendet werden. Vor diesen Erstmusterprüfungen ist mit dem Lieferanten abzustimmen, welche Spezifikationen und Parameter kritisch sind und wie zu messen und zu prüfen ist. Die dabei festgestellten Prüfergebnisse mit ihren jeweiligen Soll- und Ist-Werten werden in einem Erstmusterprüfbericht dokumentiert. Dieser Freigabetest kann auch bereits bei der Vorserie oder Prototyperstellung stattfinden, um daraus Schlüsse auf die einzusetzenden Verfahren oder herzustellenden Serienwerkzeuge zu ziehen. Darüber hinaus kann eine Abnahmeprüfung beim Zulieferer mit Vorgabe von Ergebnissen, festgelegter Qualitätsprüfung bei der Lieferung vereinbart werden. Dies können beispielsweise 100%-Prüfungen oder losweise Stichprobenabnahmeprüfungen sein. Abschließend wird die **Third-Party-Zertifizierung** angesprochen. Hier erfolgt die Darlegung der Qualitätsfähigkeit über ein QM-Zertifikat nach der DIN EN ISO 9000 ff. Es sollte immer auf den Geltungsbereich des Zertifikates im Zuliefererunternehmen Wert gelegt werden. Ergänzend dazu können insbesondere bei langfristigen Lieferbeziehungen, zusätzlich zu den Kaufverträgen und technischen Lieferbedingungen separate Qualitätsmanagementvereinbarungen abgeschlossen werden. Diese Qualitätsmanagementvereinbarungen sollen vertrauensbildend sowie kommunikationsfördernd wirken. Gleichzeitig sollen sie Rechtsunsicherheit beseitigen.

In der DIN EN ISO 9001 sind im wesentlichen vier Qualitätselemente an den Beschaffungsprozessen beteiligt. Hierbei handelt es sich um die Abschnitte:

4.6 Beschaffung   4.16 Lenkung von Qualitätsaufzeichnungen
4.10 Prüfung   4.17 Interne Qualitätsaudits

In Bild 3-49 sind hierzu die jeweiligen Unterpunkte angesprochen. Aufgrund der bereits in Kapitel 2.3.3 angesprochenen prozeßorientierten QM-Systementwicklung müssen diese einzelnen Elemente den **Beschaffungsprozessen** zugeordnet werden.

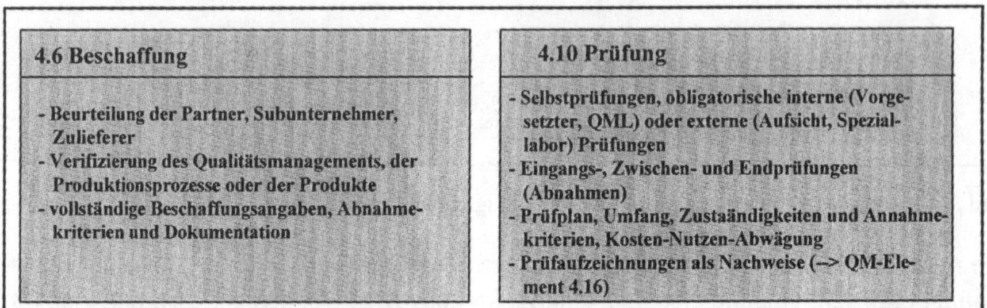

4.6 Beschaffung

- Beurteilung der Partner, Subunternehmer, Zulieferer
- Verifizierung des Qualitätsmanagements, der Produktionsprozesse oder der Produkte
- vollständige Beschaffungsangaben, Abnahmekriterien und Dokumentation

4.10 Prüfung

- Selbstprüfungen, obligatorische interne (Vorgesetzter, QML) oder externe (Aufsicht, Speziallabor) Prüfungen
- Eingangs-, Zwischen- und Endprüfungen (Abnahmen)
- Prüfplan, Umfang, Zustaändigkeiten und Annahmekriterien, Kosten-Nutzen-Abwägung
- Prüfaufzeichnungen als Nachweise (–> QM-Element 4.16)

4.16 Lenkung von Qualitätsaufzeichnungen

- Regelung in Firma und Projekt
- Festlegung des Umfanges (Kosten-Nutzen)
- Identifikation
- Aufbewahrung, zugriff

4.6 Interne Qualitätsaudits

- Planung, Intervalle, Zuständigkeiten
- Auswertung, Bekanntgabe, Korrekturmaßnahmen (–> QM-Element 4.1)
- Dokumentation (–> QM-Element 4.16)

Bild 3-49 Unterpunkte zu den vier Qualitätselementen

In der neuen **ISO 9000:2000** wird in Kapitel 7 „**Produktrealisierung**" zum einen das Festlegen von Beschaffungsangaben gefordert. Dies geschieht beispielsweise durch das Vorgeben von Verfahren, in denen Art, Umfang, Freigabe und Angemessenheit der Beschaffungsdokumente festgelegt ist, dies unter der Berücksichtigung aller notwendigen Qualifikationsnachweise. Die dazugehörende Dokumentation ist - neben dem Qualitätsmanagement-Handbuch, den Verfahrensanweisungen und anderen mitgeltenden Unterlagen - hier im speziellen:

- Produktspezifikation

- Bestellformulare

- Bestell-Listen, Stücklisten etc.

Eine weitere Normforderung ist die Verifizierung von beschafften Produkten. Diese wird umgesetzt über das Festlegen von Verfahren zur Verifizierung und Freigabe der beschafften Produkte, unter Berücksichtigung von Prüfungen beim Lieferanten. Die dazu notwendige Dokumentation sind beispielsweise Annahmekriterien, Prüfvorschriften, Regelungen zu Sonderfreigaben, Prüfprotokolle der Lieferanten.

Ebenso wie bei der Mitarbeiterorientierung geht es bei der **Lieferantenanbindung** darum, im Rahmen einer neuen Einkaufspolitik innerhalb der Unternehmenskultur Ansprüche und Leitsätze als Bezugspunkt für eine partnerschaftliche Zusammenarbeit mit den Lieferanten aufzunehmen.

3.4   Prozeßorientierung

3.4.1   Grundlagen der Prozeßorientierung

Das dritte TQM-Strategiefeld, die **Prozeßorientierung**, ist eine wichtige Grundlage, die oben erläuterte Kundenorientierung und Mitarbeiterorientierung in der Praxis überhaupt umzusetzen. Die funktionsorientierte Organisationsstruktur mit der dahinter stehenden funktional strukturierten Aufbau- und Ablauforganisation kann die bereits umfassend erläuterten Kundenforderungen z.B. hinsichtlich Qualität und Flexibilität unter den immer schneller ablaufenden Veränderungsprozessen aufgrund komplexer und unflexibler Strukturen nicht mehr erfüllen. Defizite der Funktionsorientierung, beispielsweise Spezialistentum, lange Informationswege, **Kommunikationsprobleme**, fehlende Eigenverantwortung, kleine Handlungsspielräume für die Mitarbeiter oder unklare Kompetenz, funktionale, organisatorische, informelle oder personelle Schnittstellenprobleme fordern eine funktionsübergreifende Wertschöpfungsgestaltung der Unternehmensabläufe. Für die Betrachtung der ablaufenden Prozesse können komplexe Zusammenhänge transparent gemacht werden und die im Unternehmen vorhandenen Potentiale, d.h. die Ressourcen, Methoden und Fähigkeiten im Rahmen des Ressourcenmanagements optimal genutzt werden. Gleichzeitig wird die Kernkompetenz wesentlich verbessert, wobei unter **Kernkompetenz** die funktionsübergreifende Bündelung des vorhandenen Kern-Know-hows der Mitarbeiter mit den vorhandenen Potentialen verstanden wird, die ein Abheben zur Konkurrenz beispielsweise durch Einmaligkeit, Anpassungsfähigkeit, Lernfähigkeit, Qualität, Änderungsfähigkeit, Produktivität, Wirtschaftlichkeit oder Originalität ermöglicht. Gemessen wird diese Kernkompetenz über die Schlüsselpotentiale, wie beispielsweise Kosten, Zeiten, Qualität, Serviceflexibilität oder Mitarbeiterzufriedenheit. Über diese Kernkompetenz wird die Erfüllung der kritischen Erfolgsfaktoren als Schlüsselergebnis des Produkt- und Dienstleistungserstellungsprozesses abgesichert. Unter kritischen Erfolgsfaktoren (**Critical Factor Methods**) werden die zur Unternehmenszielerreichung wesentlichen Faktoren verstanden. Durch die Prozeßorientierung findet eine funktionsübergreifende Optimierung der Wertschöpfungsphasen statt, die zum Abbau von Bereichsgrenzen und Schnittstellen beiträgt und schließlich zur Prozeßoptimierung mit gesteigertem Kundennutzen führt.

Um die tayloristisch ausgerichteten Organisationsstrukturen und die damit verbundene ausgeprägte Arbeitsteilung im Unternehmen durchzusetzen, geht es im wesentlichen darum, wie Bild 3-50 zeigt, daß die Umsetzung der Prozeßorientierung als unternehmerische Strategie bzw. hier als Strategiefeld betrachtet wird und mit der dazugehörenden Philosophie über die **Prozeßorganisation** und das **Prozeßmanagement** im Unternehmen umgesetzt werden kann.

Es geht also um die Übertragung der prozeßorientierten Denk- und Handlungsweise auf alle Beteiligten im Unternehmen, d.h. gleichermaßen Vorgesetzte und Mitarbeiter über alle hierarchischen Ebenen mit Ausrichtung der Aktivitäten auf die Prozesse, mit dem Ziel einer kontinuierlichen Prozeßverbesserung. Dies müssen einmal die Vorgesetzten verstanden haben und sich in ihrem Führungsverhalten bezüglich Sozialkompetenz bei der Umsetzung der Prozeßorientierung mit einbringen. Zum zweiten ist es entscheidend, die Mitarbeiter in diese neuen Prozeßstrukturen einzubinden.

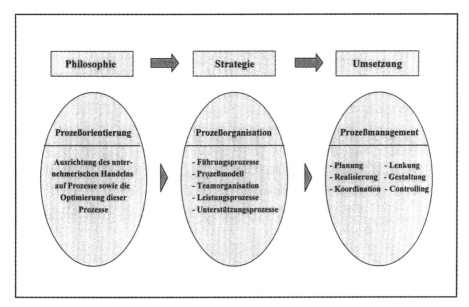

Bild 3-50 Umsetzung der Prozeßorientierung im Unternehmen

Daß die Prozeßorientierung sich so schwer in den Unternehmen durchsetzen läßt, hat gerade etwas mit diesen beiden Aussagen zu tun. Häufig führt falsches Führungs- und Kommunikationsverhalten der Vorgesetzten, der Widerstand des mittleren Managements und der mangelnde Führungskräfteeinsatz zu einer fehlenden Akzeptanz bei den Mitarbeitern, so daß auch aufgrund mangelnder Prozeßorientierung auch eine mangelnde Mitarbeiterorientierung entsteht. Daraus abgeleitet läßt sich auch eine mangelnde Kundenorientierung erwarten. Um diese negative Entwicklung erst gar nicht entstehen zu lassen, ist es nötig, daß alle Prozesse, die zum Geschäftserfolg beitragen, identifiziert und optimal gestaltet sind. Dies ist auch Aufgabe der ausführlich erläuterten Prozeßorganisation. Nach Einführung dieser Prozeßorganisation hat das Prozeßmanagement die Aufgabe, diese erfolgsrelevanten Prozesse des Unternehmens immer wieder ziel- und ergebnisorientiert zu planen, zu gestalten und zu verbessern oder sie auch zu erneuern. Auch innerhalb des TQM-Modells, nach der VDI/DGQ 5505, besitzen Prozesse eine zentrale Rolle, weil sie die Potentiale in Ergebnisse umsetzen. Die hier als Business Excellence-Modell präsentierte Darstellung in Bild 3-51 wird in Kapitel 6 unter EFQM-Gesichtspunkten noch einmal ausführlich behandelt.

In dieser **VDI/DGQ-Richtlinie** werden unter dem Oberbegriff „**Prozeßmanagementkonzept**" unterschiedliche Schwerpunkte (Charakteristika) vereinfacht zusammengefaßt. Zu diesen Schwerpunkten gehört beispielsweise das Reengineering bzw. Redesign als grundsätzliche Neuausrichtung der betrieblichen Leistungserstellung, auch bezeichnet als Emprovement oder Process Innovation. Weitere Begriffe sind beispielsweise Prozeßorganisation, Geschäftsprozeßoptimierung oder Business Process Management, Integrated Process Management oder Quality Process Management.

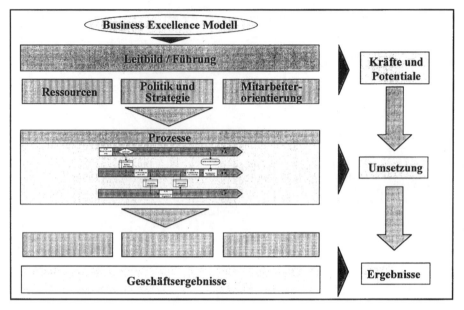

Bild 3-51 Prozeßbedeutung innerhalb des EFQM-Modells

Allerdings sollte, wie Bild 3-52 zeigt, hier durchaus eine Unterscheidung stattfinden, wie sie sich in der Praxis immer stärker herauskristallisiert hat.

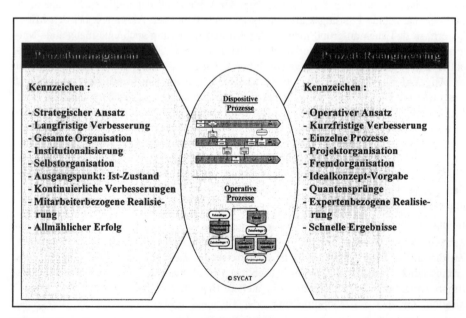

Bild 3-52 Prozeßmanagement versus Prozeß-Reengineering

Während das Prozeßmanagement mit der dahinter stehenden Prozeßorganisation eine fundamentale Neuausrichtung vom ersten Paradigma (Funktionsorientierung) zum zweiten Paradigma (Prozeßorientierung) darstellt, das als strategischer Ansatz sehr langfristig angelegt ist und auf die ganze Organisation Einfluß nimmt, handelt es sich beim Prozeß Reengineering mehr um einen operativen Ansatz, bei dem einzelne Prozesse im Rahmen einer Projektorganisation möglichst kurzfristig verbessert werden sollen; diese Verbesserung soll sich in Quantensprüngen zeigen. Allerdings hat eine Studie der Unternehmensberatung McKinsey in Amerika ergeben, daß derartige Reengineering-Projekte häufig als Flop enden und nur ca. 33% aller dieser nach radikalen Umgestaltungsgesichtspunkten durchgeführten Reengineering-Projekte ihr Ziel erreichen. Das Prozeßmanagement dagegen zeichnet sich durch ein sehr ausbalanciertes Vorgehen aus, bei dem durch kontinuierliche Verbesserungen erst eine allmähliche Veränderung eintritt. Dabei besteht natürlich auch immer die Möglichkeit, durch Innovationen Verbesserungssprünge zu erreichen. Die Realisierung wird aber immer mitarbeiterbezogen erfolgen. Beim Reengineering werden häufig Experten aus anderen Bereichen oder sogar externe Berater eingeschaltet.

3.4.2   Grundlagen der Prozeßorganisation

Kerngedanke der **Prozeßorganisation** ist, daß sich der strukturelle Aufbau einer Unternehmung an den betrieblichen Prozessen orientiert, d.h. es wird eine Ausrichtung der Aufbauorganisation (Stellen- und Abteilungsgeflecht) an den Bedingungen des Ablaufes vorgenommen. Dabei erfolgt eine Schwerpunktverlagerung des Unternehmensgeschehens vom Abteilungs- und Bereichsdenken hin zum Prozeßdenken mit dem Mitarbeiter als Mitdenker und Mitlenker, mit einem hohen Verantwortungs- und Entscheidungsspielraum. Traditionell gewachsene Bereichsgrenzen werden zugunsten einer durchgängigen Betrachtung der Abläufe aufgebrochen.

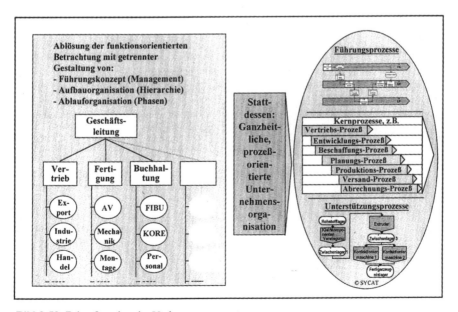

Bild 3-53 Zukunftsweisender Verbesserungsansatz

Bild 3-53 zeigt, wie die Ablösung der funktionsorientierten Betrachtung mit bisheriger getrennter Gestaltung der Führungs-, Aufbau- und Ablauforganisation zu einer integrierten Prozeßorganisationsbetrachtung mit Führungs-, Leistungs- und Unterstützungsprozessen führt, wie sie bereits in Kapitel 2 Punkt 2.3.1 in Bild 2.23 dargestellt wurde. Diese Prozesse verknüpfen sich innerhalb der Produkt- und Dienstleistungserstellung über den ebenfalls bereits in Kapitel 1, Bild 1.8 beschriebenen Produktlebenszyklus.

Die Führungs-, Aufbau- und Ablauforganisation hierarchisch-funktionaler Ausprägung wird also abgelöst durch die Prozeß- bzw. Organisationsverantwortlichen für Führungs-, Leistungs- und Unterstützungsprozesse.

Die Aufgaben des **Prozeßeigners** sind in der VDI/DGQ 5505, in Anlehnung an *Vauth,* wie folgt, beschrieben:

* Er muß seinen Prozeß kennen und verinnerlichen

* Er ist persönlich verantwortlich, daß sein Prozeß weiterentwickelt wird

* Er muß durchsetzen, daß der festgelegte Prozeß eingehalten wird, dafür hat er die Prozeßkompetenz

* Er muß ständig versuchen, den Prozeß für den externen/internen Kunden mit dem Kunden und dem Prozeßmitarbeiter zu verbessern

* Er muß Kümmerer sein und Ansprechpartner für die am Prozeß Beteiligten

* Er muß die Prozeßmitarbeiter durch Einbindung und Schulung in die Lage versetzen, den Prozeß zu nutzen. Dafür hat er den Schulungsbedarf zu ermitteln und hat die gezielten Mitarbeiterschulungen in Abstimmung mit den Fachbereichen durchzuführen

* Er muß Ansprechpartner für Audits sein

* Er ist verpflichtet, regelmäßige Sitzungen mit den Prozeßmitarbeitern und den internen Kunden durchzuführen. Basis dafür ist die Vorgehensweise im Qualitätsmanagement-Handbuch.

Was benötigt der Prozeßeigner?

* Gesunden Menschenverstand

* Kompetenz zur Umsetzung

* Überzeugungskraft

* Prozeßerfahrungen

* Prozeßdenken

* Motivationsvermögen

* Visionen, Neugierde und Mut, Neues auszuprobieren

Die enge Verbindung bzw. Verknüpfung der drei TQM-Strategiefelder im Rahmen der Prozeßorganisation wird in Bild 3-54 deutlich, in dem die Inhalte der Prozeßorganisation strategiefeldbezogen abgebildet sind.

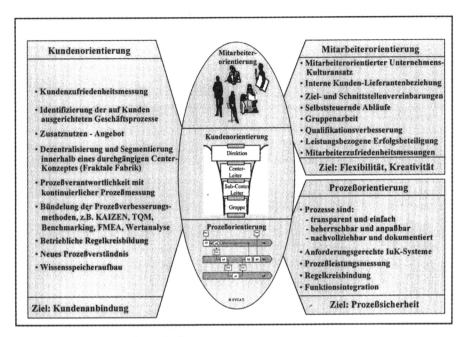

Bild 3-54 Inhalte der Prozeßorganisation

Beim Einrichten einer prozeßorientierten Organisation werden sehr viele Ansatzpunkte der TQM-Strategie, wie einleitend in diesem Kapitel bereits ausführlich behandelt, mit umgesetzt. Kennzeichen der Prozeßorganisation ist also beispielsweise die Kundenzufriedenheitsmessung auf der Grundlage der Identifizierung der auf Kunden ausgerichteten Geschäftsprozesse mit einer mitarbeiterorientierten Unternehmenskultur und der Dezentralisierung und Segmentierung innerhalb durchgängiger **Centerkonzepte**. Ein weiteres Kennzeichnen der Prozeßorganisation ist beispielsweise das Durchsetzen interner Kunden-/Lieferantenprinzipien mit kontinuierlichen Verbesserungen und Know-how-Nutzung der Mitarbeiter oder die Prozeßleistungsmessung mit den ebenfalls genannten Zielen, Leistungsfähigkeit zur Kundenanbindung zu erhöhen, Flexibilität und Kreativität der Mitarbeiter zu stärken sowie die Prozeßsicherheit und Prozeßverbesserung umzusetzen. Eine ganze Anzahl dieser Kennzeichen sind auch auf das Prozeßmanagement, das im nächsten Punkt behandelt wird, zu übertragen.

Der Begriff **Organisation** ist nicht eindeutig festgelegt. Er läßt sich aus verschiedenen Sichten interpretieren. Aus instrumentaler Sicht wird unter einer Organisation die Gesamtheit aller Regelungen zur Gestaltung von Aufbau- und Ablaufstrukturen verstanden. Mit ihnen kann so eine zielorientierte, geordnete und rationelle Erfüllung der Aufgaben erreicht werden. Aus institutionaler Sicht wird die Organisation als zielorientiertes, soziotechnisches System interaktiver Elemente verstanden, die mit Hilfe von vorgegebenen bzw. vorhandenen Strukturen ein arbeitsteiliges und koordinierendes Zusammenwirken der Beteiligten anstrebt. Das Unternehmen ist hierbei eine Organisation, während aus instrumentaler Sicht die Formulierung lautet, ein Unternehmen habe eine Organisation. Für die Gestaltung der Unternehmensorganisation ist die Unternehmensführung verantwortlich.

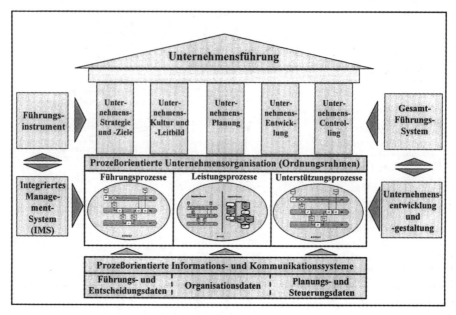

Bild 3-55 Wertorientierte Unternehmensführung

In Bild 3-55 wird unterschieden zwischen dem umfassenden prozeßorientierten Unternehmensgestaltungs- und Entwicklungsansatz auf der Basis der Prozeßorientierung und dem durchgängigen umfassenden Unternehmensführungssystem, das über die Entwicklung von integrierten Managementsystemen diese Unternehmensentwicklungs- und Gestaltungsmaßnahmen prozeßorientiert umsetzt.

Der wichtigste Schritt für die Durchsetzung bzw. Einführung der Prozeßorganisation ist die detaillierte Beschreibung und Dokumentation der Geschäftsprozesse innerhalb des unternehmensspezifischen Geschäftsprozeßmodells. Dieses Geschäftsprozeßmodell setzt sich, wie bereits ausgeführt, aus Führungs-, Leistungs- und Unterstützungsprozessen zusammen, wobei für jeden dieser einzelnen Prozesse ein definiertes Prozeßmodell die Grundlage für die Beschreibung und Dokumentation dieses Prozesses ist. Dieses Prozeßmodell muß folgenden Anforderungen genügen:

- Es muß einfach und schnell lesbar sein, so daß auch Mitarbeiter ohne qualifizierte Ausbildung die Prozesse verstehen können

- Die Beschreibung und Dokumentation sollte auf einfache Art und Weise erstellbar und änderbar sein

- Die Prozeßdarstellung bzw. -abbildung muß für jeden Detaillierungs- und Komplexitätsgrad geeignet sein

- Die Prozeßbeschreibung und Prozeßdokumentation muß branchenunabhängig und von der Betriebsgröße unabhängig vorgenommen werden können

- Ferner muß diese Darstellung für alle obengenannten Prozeßkategorien, also für Führungs-, Leistungs- und Unterstützungsprozesse geeignet sein

- Die Prozeßdokumentation muß prinzipiell alle an der betrieblichen Leistungserstellung maßgeblichen Aufgaben und Funktionen umfassend beschreiben.

Ein derartiges Prozeßmodell erhält einen sehr hohen Stellenwert für eine funktionierende Prozeßorganisation, weil es als Wissensspeicher für alle Beteiligten Verwendung findet. Gleichzeitig dient es als Bezugspunkt für die Optimierung der Prozesse, weil es in komprimierter und kompakter Form Aufschluß über die wichtigsten Interaktionen, insbesondere zwischen den internen Kunden und Lieferanten gibt. Die Einführung bzw. Entwicklung von betrieblichen Führungs- und Lenkungssystemen mit den dazugehörenden Kennzahlensystemen und dem Berichtswesen, aber auch die Einführung und Integration von Informations- und Kommunikationssystemen wird ebenfalls durch dieses Prozeßmodell erleichtert .

Beispielhaft für viele andere Prozeßmodelldarstellungen wird hier in Bild 3-56 die SYCAT-Prozeßmodelldarstellung gezeigt.

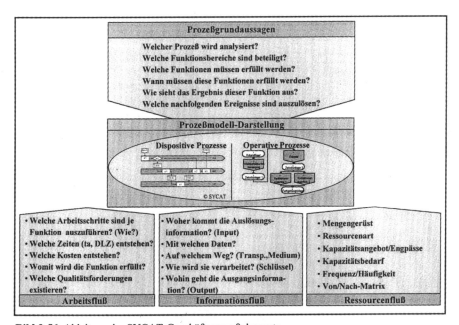

Bild 3-56 Ableitung der SYCAT-Geschäftsprozeßelemente

Hierbei werden die Funktionsbereiche bzw. die Prozeßbeteiligten in Form von Zeitgrafen abgebildet, es kann nach Entscheidungs- und Ausführungsfunktionen unterschieden werden. Der betrachtete Prozeß ergibt sich zwangsläufig durch die zeitliche und sachlichlogische Ablauffolge der dargestellten Prozeßfunktion oder Prozeßtätigkeiten. Aus diesem Grund werden die funktionsübergreifenden Schnittstellen bei der Aufgabenerledigung sehr transparent abgebildet. Anhand dieser Prozeßmodelldarstellung können sehr übersichtlich und einfach somit der Arbeitsfluß, der Informationsfluß und der Ressourcenfluß beschrieben werden. Außerdem werden auch die in Bild 3-56 genannten Prozeßgrundaussagen beantwortet. Der große Vorteil dieser Prozeßmodelldarstellung besteht darin, daß

bei der bisher klassischen funktionsorientierten Organisationsbetrachtung bisher getrennte
führungsbezogene, aufbauorganisatorische, ablauforganisatorische, ressourcenbezogene,
potentialbezogene, personelle, informelle und ökologische Denkansätze und Organisati-
onssichten hier zu einem gemeinsamen Prozeßbild verknüpft werden, bei dem die Gestal-
tungsphasen:

- Istzustand   • Sollzustand   • Schwachstellensicht

nach der gleichen Struktur abgebildet werden.

Auf dieses **Prozeßmodell** können jetzt alle unternehmerischen:

- Zielsetzungen   • Maßnahmen
- Problembeschreibungen   • Erfolgsfaktoren
- Aufgaben   • Potentiale

unter dem Gesichtspunkt der

   - Kundenorientierung   - Mitarbeiterorientierung - Prozeßorientierung

anhand dieses gemeinsamen Prozeßbildes systematisch ausgerichtet werden.

Ein weiterer wesentlicher Vorteil bei der Anwendung dieses Prozeßmodells liegt darin,
daß es für sich erst einmal eine neutrale und objektive Prozeßdarstellung, -beschreibung
und -dokumentation liefert, auf die dann sehr unterschiedliche Managementsichten gelegt
werden können. Beispielsweise, neben der bereits genannten

- Organisationssicht   • Informationssicht
- Funktionssicht   • Dokumentations- und Datensicht

kommen weitere Sichten in Betracht, wie z.B. die:

- Qualitätsmanagementsicht   • Logistikmanagementsicht
- Umweltmanagementsicht   • Controllingmanagementsicht
- Kostenmanagementsicht   • Zeitmanagementsicht
- Personalmanagementsicht   • Prozeßkostensicht

Weiter sind auch ereignisorientierte Aktionsvorgaben aus diesem Prozeßmodell ableitbar.

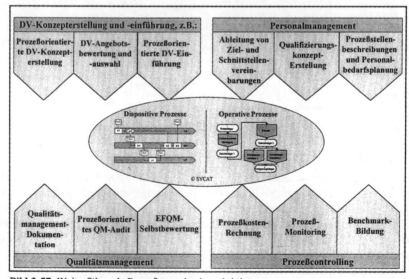

Bild 3-57 Weiterführende Prozeßorganisationsaktivitäten

Innerhalb dieser Sichten sind, wie Bild 3-57 zeigt, weiterführende Prozeßorganisations-aktivitäten ableitbar, hier beispielsweise in bezug auf die Informations-, Dokumentations-und Datensicht, die DV-Konzepterstellung und -einführung. Dazu gehört auch die DV-Angebotsbewertung und -auswahl. Bei der Personalmanagementsicht ist die prozeßbezo-gene Ableitung von Ziel-, Leistungs- und Schnittstellenvereinbarungen, die Qualifizie-rungskonzepterstellung oder die Prozeßbeschreibung mit Personalbedarfsplanung auf Grundlage der Information aus den Prozeßmodellen möglich. Wie in Kapitel 5 noch ein-mal ausführlich dargestellt, ist bei einem Qualitätsmanagement die Qualitätsmanagement-dokumentation, die Qualitätsmanagement-Audit-Durchführung sowie die EFQM-Selbstbewertung prozeßorientiert auf der Grundlage des Prozeßmodells vorgenommen. Im Rahmen des Prozeßcontrollings werden die Prozeßkostenrechnungen, das Prozeßmonito-ring oder die Benchmarkbildung ebenfalls mit Hilfe des Prozeßmodells durchgeführt, hierauf wird aber anschließend bei der Beschreibung des Prozeßmanagements noch ein-mal ausführlich eingegangen. Bei über 5.000 Prozessen in über 30 Branchen hat sich der Einsatz dieses Prozeßmodells bisher bewährt.

Am Anfang der Prozeßbeschreibung steht die Prozeßauswahl mit der **Prozeßidentifikati-on**. Hierbei sollte man sich am Anfang auf *die* Prozesse konzentrieren, die für den Unter-nehmenserfolg relevant sind. Hierbei handelt es sich um die Prozesse, die sich durch eine hohe Kernkompetenz auszeichnen und die den obengenannten kritischen Erfolgsfaktoren als Schlüsselgrößen für den Unternehmenserfolg genügen. In Bild 3-58 sind einige Aus-wahlkriterien für wesentliche Prozesse, wie sie in der VDI/DGQ-Richtlinie 5505 in An-lehnung an *Striening* 88 und *Hess* 96 angeführt sind, dargestellt. Weitere Bestimmungs-kriterien, über diese genannten Auswahlkriterien hinaus, sind beispielsweise Qualitätsfor-derungen, Abstimmungsbedarf, Koordinationskosten, Prozeßkosten, vorhandene Ausstat-tung, Investitionsbedarf, Personalverfügbarkeit, Sicherheitsforderungen, Technologieein-satz u.a.

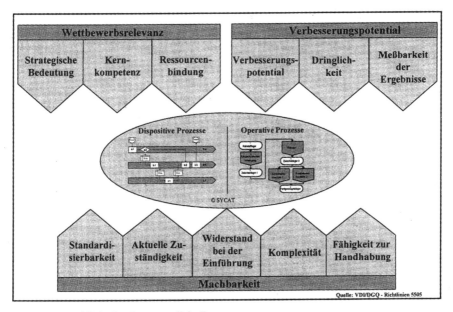

Bild 3-58 Auswahlkriterien für wesentliche Prozesse

Die über diese Kriterien ausgewählten Hauptprozesse lassen sich, wie Bild 3-59 zeigt, in Teilprozesse zerlegen, hier nach Ebene 1 und Ebene 2 unterteilt. Auf der untersten Ebene wird die Prozeßfunktion, d.h. der Vorgang oder die Aktivität am Arbeitsplatz abgebildet, wobei diese Darstellung willkürlich gewählt ist. Der Detaillierungsgrad läßt sich über beliebige Stufen in dieser Darstellung unterteilen. Die Gründe für diese Unterteilung sind vielfältig, zum einen kann es sich hierbei um eine Komplexitätsreduzierung handeln, zum anderen ist es häufig notwendig, über Unterprozeß-Darstellungen die Transparenz zu erhöhen, um Problemlösungen besser entwickeln zu können.

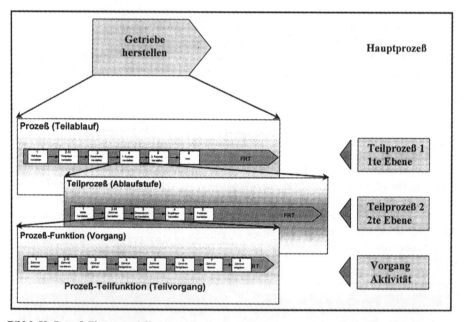

Bild 3-59 Prozeß-Ebenenmodell

Bei dieser Darstellung befindet sich in Ebene 3 die Vorgangs- und Aktivitäts- bzw. Prozeßfunktionsbeschreibung. Diese Darstellung ist aber nur ein Beispiel, wie eine solche Zerlegung vorgenommen werden kann. Beispielsweise wird eine Zerlegung in Ablaufabschnitte nach REFA vorgenommen über die Unterteilung von:

- Gesamtablauf
- Teilablauf
- Ablaufstufe
- Vorgang
- Teilvorgang
- Vorgangsstufen
- Vorgangselemente

Im Rahmen der noch beschriebenen Prozeßanalyse werden dann innerhalb dieser **Teilprozeßebenen** die **Prozeßfunktionen** oder **Prozeßelemente** bewertet. Nach der Prozeßidentifikation mit Zuordnung zu einem Prozeßowner müssen die Prozesse innerhalb des Geschäftsprozeßmodells untereinander strukturiert werden, wobei sich dann der Gesamtprozeß aus der Zusammenfügung der einzelnen Subprozesse ergibt. Bei diesen Subprozessen handelt es sich um inhaltlich abgeschlossene und mit einem logischen Gesamtzusammenhang stehende Erfüllungsvorgänge. Wenn im Rahmen der Prozeßbeschreibung und -dokumentation das Zusammenwirken der definierten Haupt- und Teilprozesse mit ihren internen und externen Schnittstellen zu Kunden und Lieferanten durchgeführt wurde, müssen diesen Prozessen die Prozeßeigentümer mit ihren Aufgaben und Kompetenzen, Kommunikationsbeziehungen und den zu erfüllenden Anforderungen an die Stelleninhaber festgelegt werden. Auch die Mitarbeiter für die einzelnen Prozesse müssen entsprechend ihrer Fähigkeiten und Möglichkeiten den einzelnen Prozeßfunktionen zugeordnet werden. Bei dieser Zuordnung von Prozeßeigentümern (Ownern) und Mitarbeitern sind mehrere Möglichkeiten der Prozeßorganisation denkbar, beispielsweise:

- eine Fachbereichsorganisation mit Prozeßeigner.

Hier bleiben die Fachabteilungen noch bestehen. Innerhalb dieser Fachabteilungen sollen jetzt Prozeßeigner für einen durchgängigen Durchlauf sorgen.

- Prozeßmatrixorganisation.

Hier tritt der Prozeß gleichberechtigt neben die Funktionalitätsgliederung, wobei diese doppelte Zuordnung zu Interessenkonflikten führen.

- reine Prozeßorganisation.

Hier sind die funktionalen Strukturen aufgehoben. Es liegt die reine Prozeßorganisationsstruktur vor. Sie erfordert im allgemeinen eine hohe Veränderungsbereitschaft im Unternehmen.

3.4.3 Grundlagen des Prozeßmanagements

Die praktische Umsetzung der Prozeßorientierung erfolgt durch das Prozeßmanagement im Rahmen der im vorigen Punkt 3.4.2 beschriebenen Prozeßorganisation. Unter **Prozeßmanagement** werden alle planerischen, organisatorischen und kontrollierenden Maßnahmen verstanden, die zur zielorientierten Führung und Steuerung der vorher analysierten, modellierten und dokumentierten Wertschöpfungsketten in den Unternehmen dienen. Das Prozeßmanagement hat weiter das Ziel, die Wiederholbarkeit und die Standardisierbarkeit der Abläufe zu erreichen, um über diesen Weg der Produktivitäts- und Effizienzsteigerung mit kontinuierlichen Prozeßverbesserungen dem Kunden einen höheren Nutzen zu bieten.

Das Prozeßmanagement ermöglicht es, Kompetenzen, Verantwortungen und Aufgaben in einem Unternehmen derart zu ordnen, daß Kundenorientierung, Eigenverantwortung, Teamarbeit und Beteiligung aller Mitarbeiter in hohem Maße erreicht werden können.

Die Inhalte des Prozeßmanagements, wie sie im nachfolgenden im einzelnen noch betrachtet werden, sind in Bild 3-60, nach drei Abschnitten unterteilt, dargestellt.

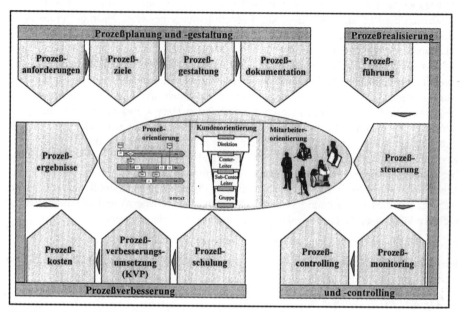

Bild 3-60 Inhalte des Prozeßmanagements

Zum einen handelt es sich im ersten Abschnitt um die Prozeßplanung und -gestaltung mit der Ermittlung der Prozeßanforderungen, der Festlegung der Prozeßziele, der Durchführung der Prozeßgestaltung und der abschließenden Prozeßbeschreibung in Form einer Prozeßdokumentation. Im zweiten Abschnitt folgt dann die Erledigung der Aufgaben im Rahmen der Prozeßführung, Realisierung und des Controllings. Darauf aufbauend ergibt sich im dritten Abschnitt die ständige Verbesserung dieser Prozesse innerhalb des Geschäftsprozeßmodells mit der Prozeßschulung, d.h. der Mitarbeiterqualifizierung, der Prozeßverbesserungsumsetzung, der Ermittlung der Prozeßkosten und der Prozeßergebnisse. Die ständige Verbesserung der Prozesse durch das Prozeßmanagement hat durch den Einsatz geeigneter Methoden zu erfolgen. Damit soll dem Entstehen von Fehlern vorgebeugt und die an den Prozeß gesetzten Anforderungen erfüllt werden. Um dies zu erreichen, sind die in Bild 3-61 genannten Prinzipien des Prozeßmanagements konsequent anzuwenden, wobei sich diese Prinzipien an den vorher genannten Prozeßmanagement-Inhalten orientieren. Am Anfang steht das bereits erläuterte gemeinsame Führungsverständnis, daß der unternehmerische Erfolg nur auf der Grundlage der Zufriedenheit unterschiedlichster Interessengruppen, wie z.B. Kunden/Mitarbeiter/Lieferanten/Gesellschaft möglich ist. Das oberste Ziel eines jeden Unternehmens ist also der Wettbewerbserfolg mit kontinuierlicher Steigerung des Unternehmenswertes. Für das Erreichen dieses obersten Zieles muß das Prozeßmanagement Anwendung finden und zwar auf der Grundlage eines vorgegebenen Prozeßmodells, das eine einfache und schnelle Visualisierung der Prozesse ermöglicht. Die Mitarbeiter stehen im Mittelpunkt der Prozeßgestaltung. Es existiert eine eindeutige Prozeßverantwortlichkeit mit klaren Zielvereinbarungen und Meßgrößen. Weiter sind transparente interne Kunden-/Lieferanten-Beziehungen und Vereinbarungen vorhanden. Über eine einfache Prozeßdatenerfassung und -auswertung kann die Einhaltung dieser Zielvereinbarungen und Schnittstellenvereinbarungen überprüft werden.

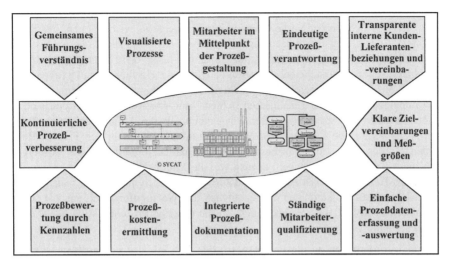

Bild 3-61 Prinzipien des Prozeßmanagements

Die Prozeßbewertung über Kennzahlen gibt dann zusammen mit der Prozeßkostenermittlung Anstöße dafür, daß die Prozesse kontinuierlich weiterentwickelt werden. Gefordert ist weiter eine ständige Mitarbeiterqualifizierung, die Erstellung einer integrierten Prozeßdokumentation als **Wissensspeicher** für alle Beteiligten.

Wie Bild 3-62 zeigt, werden an den betrachteten Geschäftsprozeß unterschiedliche Anforderungen gestellt. Um diese Anforderungen umfassend zu erfüllen, müssen sie im einzelnen analysiert und dokumentiert werden.

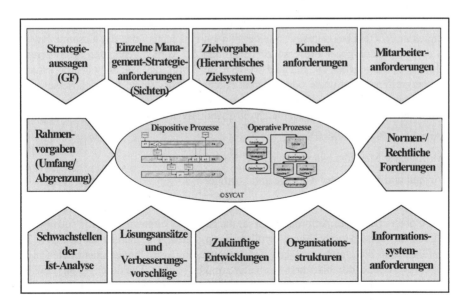

Bild 3-62 zeigt, aus welchen Bereichen bzw. nach welchen Managementsichten diese Anforderungen zu differenzieren sind. An erster Stelle stehen dabei die Anforderungen an
den Prozeß, die sich aus den vorgegebenen Unternehmensstrategien ableiten. Das Problem
liegt hierbei darin, daß Strategieaussagen langfristig angelegt, allerdings im operativen,
d.h. kurzfristigen Bereich umzusetzen sind. Es ist also nötig, diese Strategievorgaben über
die hierarchischen Unternehmensebenen bis auf den Arbeitsplatz herunterzubrechen. Es
ergibt sich ein ebenfalls untereinander abhängiges, hierarchisches Zielsystem, das aus diesen Strategievorgaben oder Managementsichten resultiert. Aus diesem Grund sind auch
die Zielvorgaben hier als weiterer Bereich genannt, die die Anforderungen an Prozesse
fixieren. Es folgen die Kunden- und Mitarbeiteranforderungen an den Prozeß. Bei den
Kundenanforderungen stehen insbesondere die Qualitätsforderungen im Vordergrund.
Auch diese Kundenanforderungen, ebenso wie die Mitarbeiterforderungen lassen sich in
Form eines Kennzahlenansatzes, wie er unter Punkt 9 noch ausführlich behandelt wird,
beschreiben. Natürlich sind auch die rechtlichen und **Normenforderungen**, die sich einmal auf den Prozeß als Ganzes aber auch auf die einzelne Prozeßfunktion beziehen können, zu beachten.

Weitere Anforderungen an die Prozesse ergeben sich aus den vorgegebenen Organisa-
tions- und Informationssystemstrukturen. Beispielsweise sind die Informationen im Prozeß aktuell, umfassend und vollständig zur richtigen Zeit am richtigen Ort bereitzustellen,
um den störungsfreien Ablauf zu gewährleisten und eine umfassende Prozeßtransparenz
zu erzeugen. Aus den Organisationsstrukturen leiten sich die Prozeßabgrenzungen und
-einteilungen ab. Hier wird auch der Prozeßinput und Prozeßoutput definiert, damit diese
Input/Output-Forderungen erfüllt werden können. Aus zukünftig geplanten Entwicklungen
und aus vorhandenen Lösungsansätzen und Verbesserungsvorschlägen ergeben sich ebenfalls weitere Anforderungen an Prozesse, die sich danach ausrichten bzw. verändern müssen. Auch die Schwachstellenanalysen bestehender Prozesse zeigen Ansatzpunkte auf,
welche Veränderungen notwendig sind.

Für eine **Geschäftsprozeß-Soll-Modellierung** ist es wichtig, daß alle diese Prozeßanforderungen im Vorfeld bekannt sind. Weiter ist darauf zu achten, daß der Gesamtrahmen, in
dem diese Gestaltung der Prozesse zur Erfüllung der vorher genannten Anforderungen
erfolgen soll, vorgegeben ist. Beispielsweise in der Form, daß geklärt wird, ob unternehmensübergreifende, nationale oder internationale Gesichtspunkte beispielsweise bei der
Modellierung einer Supply-Chain-Management-Lieferkette zu berücksichtigen sind. Zu
den Rahmenvorgaben gehören aber auch die quantitativen Festlegungen, z.B. bezüglich

* Anzahl verfügbarer Mitarbeiter,

* verfügbarer Maschinenkapazitäten bzw. Auslastung,

* Anzahl und Umfang der Aufträge und Positionen,

* erstellter Mengen.

Aus den oben erläuterten Anforderungen an die Prozesse leiten sich die Zielsetzungen ab,
die durch die Prozeßdurchführung erfüllt werden sollen. Wie bereits unter Punkt 3.3.2
ausgeführt, muß die Durchgängigkeit der Zielauflösung von Unternehmenszielen bis auf
die operative Ebene, d.h. bis zum Mitarbeiter erhalten bleiben. Die durchgängige Zielhierarchie, die sich an dem bereits beschriebenen Unternehmensmodellaufbau innerhalb der
vier Ebenen orientiert, ist in Bild 3-63 dargestellt.

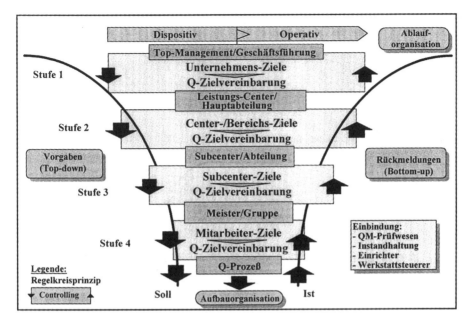

Bild 3-63 Durchgängige Zielhierarchie

Nach Ermittlung der Prozeßanforderungen und den daraus abgeleiteten Prozeßzielen müssen die Prozesse so gestaltet werden, daß sie die Prozeßziele und damit auch die dahinter stehenden Prozeßanforderungen erfüllen. Während es sich bei der Einführung der oben beschriebenen Prozeßorganisation um einen ganzheitlichen Unternehmensgestaltungs-Ansatz handelt, der eine Veränderung der Organisationsstrukturen von der funktionsorientierten zur prozeßorientierten Organisation flächendeckend für das ganze Unternehmen beinhaltet, geht es hier bei der Prozeßgestaltung mehr um einen auf den jeweiligen Prozeß bezogenen Gestaltungsansatz, d.h. hier werden die einzelnen Prozesse betrachtet, die natürlich durch strukturübergreifendes Zusammenfassen in ablauf- und wertschöpfungslogischen Prozeßketten wieder zu Unternehmensprozessen werden; d.h. die Ergebnisse der Prozeßgestaltung werden im unternehmensspezifischen Geschäftsprozeßmodell berücksichtigt. Wie bereits einleitend zu diesem Kapitel ausgeführt, kann dieses klassische **Process-Reengineering** nach amerikanischem Modell von radikalen Umorganisationsansatzpunkten begleitet werden, während das Prozeßmanagement i. d. R. mehr von den kleinen Verbesserungsschritten ausgeht.

Die Prozeßgestaltung sollte, wie Bild 3-64 zeigt, zweckmäßigerweise nach den vier Zyklen bzw. Phasen:

- Prozeß-Istanalyse (Plan)
- Schwachstellenanalyse (Do)
- Prozeß-Sollkonzept (Check)
- Prozeßrealisierung (Act)

erfolgen.

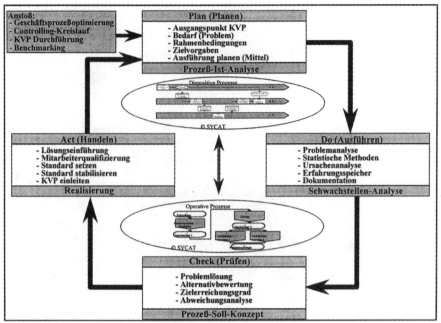

Bild 3-64 Prozeßgestaltung in vier Phasen

Bei der **Prozeß-IST-Analyse** in **Phase 1** werden eine ganze Anzahl von Informationen ermittelt. Die dabei zu beantwortenden Fragestellungen lauten wie folgt:

- Was wird getan ?	»	Prozeßfunktion
- Wo wird es getan ?	»	Funktionsbereich
- Wie wird es getan ?	»	Arbeitsschritte
- Wann wird es getan ?	»	Zeitpunkt
- Womit wird es getan ?	»	Ressourcen
- Wie lange dauert es ?	»	Zeitvorgaben
- Was kostet es ?	»	Kostenvorgaben
- Wer tut es ?	»	Mitarbeiter
- Wer ist verantwortlich ?	»	Vorgesetzter
- Wie häufig passiert es ?	»	Mengen/Frequenzen
- Wonach wird es getan ?	»	Dokument
- Was ist der Auslöser ?	»	Input
- Wie sieht das Ergebnis aus ?	»	Output
- Welche Fehler treten auf ?	»	Schwachstelle

Die Beantwortung dieser Fragen muß in einer strukturierten Art und Weise erfolgen und ist entsprechend zu dokumentieren; gleiches gilt in Phase 2 für die Schwachstellenanalyse.

Hier müssen prozeßbezogen die einzelnen Schwachstellen exakt zugeordnet und beschrieben werden. Diesen Schwachstellen werden anschließend Maßnahmenpläne zur Beseitigung der festgestellten Defizite mit Vorgabe von Terminen und Maßnahmenverantwortlichen zugeordnet. Nach der Schwachstellenanalyse beginnt die Sollprozeßmodellierung. Aus den Ergebnissen vorheriger Prozeßgestaltungsprojekte liegen eine große Anzahl von Erfahrungen vor, um Prozesse effektiver und effizienter zu gestalten. Hierzu zählen beispielsweise:

- **Prozeßschnittstellen** reduzieren, um ganzheitliche Bearbeitung zu ermöglichen

- Prüfungen in die Arbeitserfüllung integrieren

- Standardisierung der Prozesse

- Prozesse vereinfachen

- Eliminieren nicht notwendiger Schritte

- Abläufe parallelisieren

- Reihenfolge ändern

- Formalisierung von Entscheidungen

- Neupositionierung von Aktivitäten

- Zentralisierung und Dezentralisierung von Aktivitäten

- Automatisierung von Aktivitäten

- Eliminieren von Aktivitäten und Entscheidungen

- Eliminieren von Blindleistung

- Reduzieren von Fehlleistung

- Integrieren von Serviceleistungen

- Simplifizieren der Wertschöpfungsleistung

Bei der Neugestaltung der Prozesse sind mitarbeiterbezogen arbeitswissenschaftliche Forderungen zu erfüllen, wie im folgenden aufgeführt:

- Die **Aufgabenbündel** müssen durchführbar sein

- Die Aufgabenbündel müssen belastungs-/beanspruchungsoptimiert und gefährdungsfrei sein

- Die Aufgabenbündel müssen ganzheitlich sein (vorbereitende, entscheiderische und kontrollierende Aufgaben mit durchzuführenden Aufgaben kombinieren)

- Es müssen hinreichende Aktivitäten im Rahmen der einzelnen Aufgabenbündel möglich sein (selbstverantwortliche, selbstgesteuerte, selbstinitiierte Prozesse)

- Die Einschränkung des Handlungsspielraumes der Akteure muß auf ein notwendiges Minimum reduziert werden

- Kooperationsmöglichkeiten müssen gegeben sein

- Es darf keine Belastung durch zusätzliche (unnötige) Aufgaben erfolgen

- Hilfsmittel müssen so beschaffen sein, daß die Aufgabenerfüllung erleichtert wird

- Lernanforderungen und Lernmöglichkeiten auf den jeweiligen Aufgabengebieten und eine Weiterentwicklung der Qualifikation (Übernahme von Verantwortung, Übernahme neuer Aufgaben usw.) müssen gewährleistet sein

- Es darf keine Zuordnung von Aufgaben in der Art erfolgen, daß Führungskräfte nur entscheiderische und kontrollierende, die Mitarbeiter nur durchführende Aufgaben erhalten

- Die Sprecher müssen operative Aufgabenteile, der übrige Teil der Gruppe planerische, entscheidende und kontrollierende Aufgaben erhalten

Die Erfüllung dieser Punkte ist Bestandteil der neuen ISO 9000:2000. Im Rahmen des Ressourcenmanagements in Kapitel 6 dieses Regelwerkes ist das Gestalten einer geeigneten **Arbeitsumgebung** gefordert. Dazu sind die psychischen und physischen Bedingungen des Arbeitsplatzes zu ermitteln und Maßnahmen des Gesundheits- und Arbeitsschutzes festzulegen und durchzuführen. Weiter gehört dazu die Anwendung von Verfahren und Maßnahmen zur Arbeitsplatzgestaltung und -verbesserung sowie zur Aufrechterhaltung eines positiven Betriebsklimas. Alle diese Aktivitäten müssen selbstverständlich wieder dokumentiert werden.

Dokumentationsbeispiele sind hierbei u. a.:

- Qualitätsmanagement-Handbuch

- Verfahrensanweisungen

- Andere mitgeltende Unterlagen

- Funktionsbeschreibung/Anforderungsprofile

- Nachweis der Bedarfsermittlung für Schulung, Einweisung, Ausbildung und Training

- Einweisungs-/Schulungspläne und Nachweise

- Erfolgskontrollen

- Qualifikationsnachweise

- Hausmitteilungen

- Datenbanken

- Normen/Gesetze

- Daten von Kunden und Lieferanten

- Geschäftsentwicklungspläne, Investitionspläne

- Maschineneinsatz- und Nutzungspläne

- Maschinen- und Fähigkeitsnachweise

- Instandhaltungspläne

- Aufzeichnungen über Mitarbeiterbefragungen

- Dokumentation über Förderung und Motivationsmaßnahmen

- Arbeitsplatzbezogene Eignungsanalysen

- Nachweis über Umsetzung der Arbeitssicherheit

• Notfallpläne

Die Ergebnisse der Sollprozeßmodellierung in Phase 4 müssen ebenfalls strukturiert dargestellt werden. Bild 3-65 zeigt, im Zusammenhang der obengenannten vier Phasen, die Inhalte der Prozeßbeschreibungen bzw. -dokumentationen.

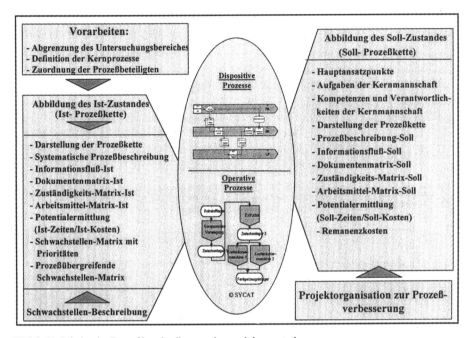

Bild 3-65 Inhalte der Prozeßbeschreibungen bzw. -dokumentationen

In Kapitel 6 wird im Rahmen der Beschreibung der EFQM-Bewertung noch einmal ausführlich auf die Prozeßbewertung eingegangen. Hierbei werden auch die Ergebnisse der Prozeßgestaltung bewertet. Bewertungskriterien sind hierbei, wie sie beispielhaft bei einem großen deutschen Telekommunikationsunternehmen Anwendung finden, unter anderen:

• Input, wesentliche Schritte und Output sind dokumentiert

• Prozeßausprägung/-varianten ermittelt

• Leistungsparameter festgelegt

• Information aller beteiligten Mitarbeiter über Ziele und Änderungen liegen vor

• Die Prozeßplanung ist durchgeführt

• Der Maßnahmenplan wird regelmäßig gepflegt.

Die Bewertung der Prozeßabstimmung dabei wird separat mit folgenden Bewertungskriterien durchgeführt:

• Kunden und Lieferanten sind ermittelt

• Beteiligte an der Prozeßgestaltung und -ausführung sind bekannt

- Die Vernetzung mit anderen Kernprozessen ist abgestimmt
- Die Prozeßanforderungen sind vollständig und systematisch erhoben
- Die Fachlinien sind in Prozeßverbesserungsprojekte integriert
- Es sind Leistungsvereinbarungen mit allen Verbindungsstellen getroffen.

Zur Prozeßbeschreibung und Dokumentation bietet es sich an, die Matrixdarstellung zu verwenden.

Hierbei werden in einer 1 : 1 Beziehung zu den jeweiligen Prozeßaktivitäten bzw. Prozeß-funktionen die einzelnen Dokumente, wie z.B. Schnittstellenvereinbarungen, Verfah-rensanweisungen, Arbeitsplatzanweisungen, Zielvereinbarungen, Qualitätsvereinbarun-gen, aber auch Stellenbeschreibungen und Arbeitsplatzbeschreibungen in normierter Form zugeordnet. Bild 3-66 zeigt beispielhaft eine solche Prozeßdokumentationsmatrix.

Prozeß-Dokumentations-Matrix								
Prozeß-funktionen / Dokumen-tationen z.B.:	Schnitt-stellen-vereinba-rungen	Stellenbe-schreibung/ Arbeitsplatz-beschreibung	Verfahrens-anweisung	Arbeits-anweisung	Ziel-vereinba-rungen	Qualitäts-vereinba-rungen		Verant-wortlicher
Nr	Funktions-bezeichnung	Fkt.-ber.						
1	Auftrag erteilen	KU							
2	Per Post od. Service-Nr.	KU							
3	Per Telefon	KU							
4	Auftrag ausfüllen	T-Pkt.							
5	Auftrag annehmen	CC-Nrd.							
6	Aufträge sortieren	ROS-IS							
7	Auszeichng. Statistik	AM							
8									

Bild 3-66 Prozeßdokumentationsmatrix

Die Umsetzung zur Modellierung des Sollprozesses erfolgt im Rahmen einer **Projektor-ganisation**, die in sehr ähnlicher Weise wie die Durchführung der Projektgestaltung in den gezeigten vier Zyklen ablaufen kann. Auch hier sollte, wie Bild 3-67 zeigt, eine vi-sualisierte Darstellung des Projektablaufes, hier Projektstrukturplan genannt, im Mittel-punkt stehen.

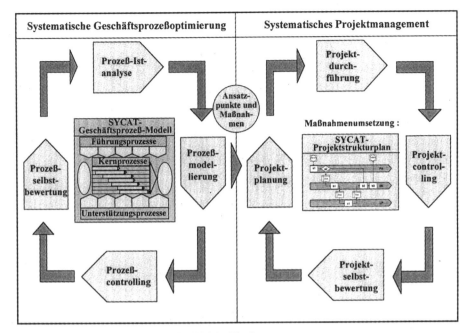

Bild 3-67 Visualisierte Darstellung des Projektablaufes

Die strukturierte Abarbeitung der entwickelten Sollvorgaben aus der Prozeßmodellierung in Form einer Projektorganisation soll garantieren, daß die vorgegebenen Projektziele, z.B. bezüglich der Reduzierung der Durchlaufzeiten und Bearbeitungskosten bei gleichzeitiger Erhöhung der Prozeßqualität, tatsächlich erreicht werden.

Nach Beendigung des Projektes „Prozeßgestaltung mit Dokumentation" erfolgt kontinuierlich die eigentliche Prozeßaufgabenerledigung. Ausgelöst werden diese Aktivitäten durch die Prozeßführung. Sie ist definiert als das systematische Führen von Geschäftsprozessen. Die zu erfüllenden Voraussetzungen nach den bereits obengenannten Bewertungskriterien für die Prozeßführung sind, z.B.:

• Prozeßeigentümer benannt

• Prozeßmanager benannt

• Prozeßverantwortliche in operativen Einheiten festgelegt

• Prozeßziele vereinbart

• Eskalationsprozeduren definiert

• Kontinuierlicher Verbesserungsprozeß organisiert.

In Bild 3-68 sind diese **Bewertungskriterien** in Form einer Prozeßcharakteristik zusammengefaßt. Diese Prozeßcharakteristik ist ein Ergebnis der vorher beschriebenen Prozeßgestaltung. Im Wesentlichen geht es bei der Prozeßführung, nach der Zuordnung von Prozeßverantwortlichkeiten und Teilprozeßverantwortlichkeiten mit Vorgabe von Prozeßzielvereinbarungen, um die direkte Mitarbeiterführung in Verbindung mit Leistungskontrollen bzw. -vergleichen. Über die bereits vorher erläuterten Vorgesetzten- und Mitarbeiterbeurteilungen sowie Entwicklungsgespräche zeigt sich, inwieweit die Prozeßverantwortlichen Handlungs- und Entscheidungsspielräume an die Mitarbeiter übertragen haben.

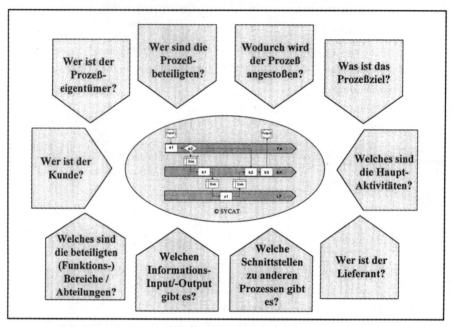

Bild 3-68 Bewertungskriterien in Form einer Prozeßcharakteristik

Auf die Prozeßführung folgt die Prozeßsteuerung. Sie dient in erster Linie der Sicherstellung eines effektiven Ressourcen- und Problemmanagements, um die vorgegebenen Zielsetzungen zu erreichen. Wie bereits mehrfach bei der Vorstellung der neuen ISO 9000:2000 erläutert, wird dort unter Kapitel 6 das Ressourcenmanagement beschrieben, welches innerhalb dieser Prozeßsteuerung einen der höchsten Stellenwerte hat. Hier ist beispielsweise eine Normforderung die Zuordnung von Personal mit der Sicherstellung, daß die Mitarbeiter entsprechend ihren Aufgaben ausgewählt und qualifiziert eingesetzt werden. Weiterhin gehört dazu die Sicherstellung von Kompetenz, Schulung, Qualifikation und Bewußtsein. Der Schulungs-, Kompetenz- und Trainingsbedarf muß regelmäßig ermittelt, Schulungen geplant, durchgeführt und der Erfolg regelmäßig überwacht werden. Gerade aus Sicht des Qualitätsmanagements sind innerhalb des Ressourcenmanagements Verfahren einzuführen, die die Bewußtseinsbildung der Mitarbeiter z.B. hinsichtlich folgender Inhalte formt:

- Bedeutung und Einhaltung der Qualitätspolitik und Ziele

- Anforderungen des Qualitätsmanagement-Systems

- Einfluß der eigenen Tätigkeiten auf die Qualität

- Vorteil einer persönlich verbesserten Leistung

- Folgen der Nichteinhaltung festgelegter Verfahren.

Weiter gehört nach der Normenforderung des Kapitels 6 innerhalb der Prozeßsteuerung die Festlegung und Bereitstellung von benötigten Informationen und Wissen. Dies erfolgt über den Aufbau von Verfahren zur Informationslenkung und -überwachung, damit das für die Prozeßsteuerung sowie für die Sicherstellung fehlerfreier Produkte erforderliche Wissen erhalten und aktualisiert werden kann. Ferner ist der Zugang und Schutz der Daten sicherzustellen. Ebenso gehört die Festlegung der notwendigen Infrastruktur dazu. Diese Festlegung erfolgt durch Ermitteln, Auswählen, Bereitstellen und Aufrechterhalten von beispielsweise:

- geeigneten Arbeitsräumen und Einrichtung
- Arbeitsmitteln, Hard- und Software
- Instandhaltung
- unterstützenden Dienstleistungen.

Nach der Prozeßsteuerung folgt das Prozeßmonitoring. Das **Prozeßmonitoring** umfaßt die laufende Prozeßbeobachtung mit einer Leistungsmessung und einem entsprechenden Feedback zur vorgelagerten Prozeßsteuerung und zum nachfolgenden Prozeßcontrolling. In Bild 3-69 ist eine Prozeßmonitoring-Konzepterstellungsmatrix dargestellt.

Prozeß-funktion			Prozeß-Monitoring-System																		
			Service			Human-faktoren	Mengen/Häufigkeiten				Qualität					Erfolgs-faktoren	Kos-ten	
			Kundenbindungsindex	Anzahl Beschwerden	Anzahl Term.-überschreitun.	Fehlzeiten-quote (MA)	Anzahl techn. Inbetriebnah.	Anteil Bereitst. ohne Montage	Anzahl erst. ISDN-Rechn.	Anzahl angen. Aufträge	Anzahl fehler-hafter Eingab.	Anzahl verzög. Schaltaufträge	Anzahl nicht pkt. vorl. BA	Anzahl unvoll-ständ.Aufträge	Anzahl nicht k. vorbel.Termin	Kundenzu-friedenheit	Anteil zahlgs.-unfähiger Kd.	
Nr	Funktions-bezeichnung	Fkt.-ber.																
1	Auftrag erteilen	KU																
2	Per Post od. Service-Nr.	KU																
3	Per Telefon	KU																
4	Auftrag ausfüllen	T-Pkt.																
5	Auftrag annehmen	CC-Nrd.																
6	Aufträge sortieren	ROS-IS																
7	Auszeichng. Statistik	AM																
8																		

Bild 3-69 Prozeßmonitoring-Konzepterstellungsmatrix (Ausschnitt)

Sie enthält, wie bereits bei der Prozeßdokumentationsmatrix beschrieben, zeilenweise alle dokumentierten Prozeßfunktionen des betrachteten Prozesses. Diesen Prozeßfunktionen bzw. Prozeßaktivitäten werden jetzt die Meßstellen mit den vorgegebenen Sollkennzahlen spaltenweise vorgegeben, um so die Grundlage für ein umfassendes durchgängiges Qualitäts- und Prozeßcontrolling zu schaffen. Die Einteilung der zugeordneten Meßstellen, zusammen mit den Kennzahlen, orientiert sich wieder an den vorher definierten Qualitätseinheiten sowie den noch nachfolgend in Kapitel 6 erläuterten Balanced-Scorecard-Kennzahlensystemen. Bei dem bereits genannten Prozeßbewertungssystem des Telekommunikationsunternehmens wird das Prozeßmonitoring und das Prozeßcontrolling zusammengefaßt unter dem Begriff **Prozeßmessung** bewertet. Folgende Bewertungskriterien finden hierbei Anwendung:

- Leistungsparameter werden regelmäßig gemessen
- Regelmäßiger Plan/Ist-Vergleich für Leistungsparameter erfolgt
- Leistungsparameter weisen über 3 Jahre einen positiven Trend auf
- Internes Benchmarking zwischen ausführenden Organisationseinheiten wird durchgeführt
- Regelmäßiges externes Benchmarking wird durchgeführt
- Zufriedenheit der Prozeßkunden ist bekannt und ist Maß für Zielvorgaben

Das eigentliche Prozeßcontrolling, wie es aus Qualitätssicht noch ausführlich in Kapitel 6 behandelt wird, ist eine weitere Komponente des in Bild 3-60 beschriebenen Prozeßmanagements.

Das **Prozeßcontrolling** zeigt den Grad der Zielerreichung durch einen regelmäßigen Soll/Ist-Vergleich, wobei sich diese Messung einmal beziehen kann auf den Prozeß-Input, d.h. ob tatsächlich der gesamte geplante Input, der für die Erfüllung der Prozeßanforderungen nötig war, auch eingegeben wurde; ferner auf den Prozeß-Output, ob die Prozeßergebnisse die internen oder externen Kundenforderungen erfüllt haben. Weiter aber auch auf Messungen im Prozeß, die feststellen sollen, ob kritische Aufgaben zufriedenstellend erfüllt wurden. Die Durchführung des Prozeßmonitorings und Prozeßcontrollings ist ebenfalls im Regelwerk, Kapitel 8 wieder eine Forderung der ISO 9000:2000. Die Normenforderung lautet, daß eine Messung und Überwachung der Prozesse zu erfolgen hat. Hierfür sind geeignete Meßmethoden für Prozeßvariable (Kundenforderung und Prozeßfähigkeit) einzuführen, um die Einhaltung der Kundenforderungen zu gewährleisten. Zu diesen Meßmethoden gehören beispielsweise:

- Prozeßfähigkeitsanalyse
- Ringversuche
- Maschinenfähigkeitsuntersuchung
- Vorbeugende Wartung und Instandhaltung

- Risikoanalysen
- FMEA
- Statistische Methoden

Auf eine ganze Anzahl dieser obengenannten Methoden wird im Kapitel 4 noch ausführlich eingegangen.

Für das Prozeßmanagement gilt die fundamentale Aussage:

Ein Prozeß ist beherrschbar, wenn er meßbar ist

Nur was meßbar ist, ist lenkbar

Nur was lenkbar ist, kann auch verbessert werden.

3.4.4 Systematische Prozeßverbesserung

Die systematische Prozeßverbesserung als ein wesentliches Hauptziel des Prozeßmanagements wird hier aufgrund der hohen Bedeutung innerhalb der TQM-Strategie in einem eigenen Kapitelpunkt abschließend behandelt. Wie Bild 3-61 zeigt, wurde als erste Komponente die Prozeßschulung genannt. Die Prozeßschulung war bereits bei der Erläuterung der „Prozeßführung" mit genannt, hierbei wurde auch auf die neue ISO 9000:2000 Bezug genommen. Ebenfalls in Punkt 3.3.2 „Mitarbeiterqualifizierung" und 3.3.3 „Gruppenarbeit und KVP-Durchsetzung" wurde auf die Bedeutung der Mitarbeiterschulung und -qualifizierung mit den Auswirkungen auf die Motivation eingegangen. Entscheidend für den Erfolg bei der TQM-Einführung ist es, die Mitarbeiter zum Mitdenken und Mitmachen zu bringen. Je höher die Qualifikation ist, um so leichter wird dies möglich sein. Funktionsintegration und Verantwortungsintegration bei den Mitarbeitern, mit dem Resultat einer hohen Mitarbeiterzufriedenheit aufgrund der Leistungserfolge und Anerkennung bei der Erledigung der gestellten Arbeitsaufgaben, basiert auf umfassenden Mitarbeiterschulungen. Für die Organisation dieser Mitarbeiterschulungen bietet es sich an, eine prozeßbezogene Matrix zu entwickeln, wie sie auch in Bild 5-12 gezeigt wird.

Aus dieser Schulungsmatrix wird deutlich, an welcher Stelle im Prozeß Schulungsmaßnahmen erforderlich sind. Diese Schulungsmaßnahmen werden beschrieben, die beteiligten Mitarbeiter zugeordnet und Termine festgelegt. Zu jeder Schulung wird ein separater Schulungsplan erstellt, wie er beispielhaft in Kapitel 5 bei der prozeßorientierten Qualitätsmanagement-Systemeinführung gezeigt wird. Über diese Schulung wird auch sichergestellt, daß die Normforderungen in der neuen ISO 9000:2000, Kapitel 8 „Lenkung, Bewertung und Behandlung von Fehlern" umfassend und richtig erfüllt werden können. Bei dieser Normforderungen ist sicherzustellen, daß ein Produkt, das die Forderungen nicht erfüllt, nicht versehentlich gebraucht oder ausgeliefert wird. Dazu gehören:

- Feststellung, Aufzeichnung, Überprüfung und Bewertung von Fehlern

- Art und Umfang des Fehlers

- Akzeptanz des Fehlers in Form einer Sonderfreigabe

- wenn gefordert, muß eine Sonderfreigabe des Kunden eingeholt werden

- nach der Reparatur müssen ggf. Verifizierungsversuche festgelegt werden.

Auch die ebenfalls in dieser neuen Norm im Regelwerk-Kapitel 8 zu erfüllenden Anforderungen „Einführung von Korrekturmaßnahmen" werden entscheidend von der Qualifikation der Mitarbeiter beeinflußt. Gefordert wird die Einführung von Verfahren zur Ermittlung der Gründe von Fehlern und deren Beseitigung. Dazu gehören:

- Fehleridentifikation

- Erfassung, Zuordnung

- Analyse der Fehlerursachen

- Festlegung der Zuständigkeiten für Korrekturmaßnahmen

- Durchführung von Korrekturmaßnahmen

- Funktionstest

- Zuverlässigkeitstest

- Verfolgung der Wirksamkeit von Korrekturmaßnahmen

- evtl. Änderung von Lieferverträgen/Qualitätsvereinbarungen.

Die nachzuweisende Dokumentation spricht dabei auch gezielt Schulungspläne und Schulungsnachweise an. Als weitere Dokumente gehören dazu Protokolle über Fehlererfassung, Paretoanalysen, Testprotokolle, Anweisungen über Korrekturmaßnahmen, Reklamationsanalysen, Fehleranalysen, evtl. geänderte Lieferverträge und Qualitätsvereinbarungen, Review-Protokolle. Zu dieser Thematik gehört auch die ebenfalls in der ISO-Norm in Kapitel 8 aufgestellte Forderung „Durchführung von Vorbeugungsmaßnahmen", mit der die Einführung von Verfahren, mit denen die Gründe potentieller Fehler beseitigt werden können, bewerkstelligt werden kann. Dazu gehören:

- Fehlererfassung

- Fehlerzuordnung

- Ursachenermittlung

- Risikoanalysen (FMEA)

- Ergebnisse zu bewerten

- Zuständigkeiten von Vorbeugungsmaßnahmen festzulegen

- Festlegung und Durchführung von Vorbeugungsmaßnahmen

- Funktionstest

- Zuverlässigkeitstest

- Feldversuche durchzuführen

- Verfolgung und Dokumentation der Wirksamkeit der Vorbeugungsmaßnahmen

Auch hierbei sind wieder Schulungspläne und Schulungsnachweise zu dokumentieren.

Wie bereits bei der Prozeßorganisation sowie bei der **Prozeßgestaltung** beschrieben, ergeben sich hierbei bereits signifikante Verbesserungen. Allerdings reicht eine einmalige optimale Gestaltung der Prozesse nicht aus. Vielmehr müssen diese Prozesse kontinuierlich weiterentwickelt werden, damit das Unternehmen bei veränderten Kundenanforderungen und in einer dynamischen Umwelt wettbewerbsfähig bleibt. In der VDI/ DGQ-Richtlinie 5505 „Total Quality Management Process" wird unter Prozeßverbesserung eine dauerhafte Steigerung der Leistungsfähigkeit verstanden, die zweierlei bewirkt: zum einen eine Steigerung des Leistungsniveaus (z.B. geringere Kosten, weniger Fehler, kurze Durchlaufzeiten oder niedrige Bestände), zum anderen eine geringere Steuerung der Prozeßleistung.

Die Anstöße für diese kontinuierlichen Prozeßverbesserungen ergeben sich aus einer ganzen Anzahl von Ansatzpunkten, wie z.B. Qualitätszirkel, Qualitätsprüfung, Beanstandungsmanagement, Vorschlagswesen, FMEA, Selbstbewertung oder dem betrieblichen Vorschlagswesen. Auch durch Benchmarking oder aus den Rückmeldungen von Kunden, Lieferanten, Mitarbeitern, Anteilseignern oder aus der Gesellschaft ergeben sich Verbesserungsanstöße, weiter aus der ständigen Beobachtung politischer, ökonomischer, sozialer und technischer Entwicklungen. Ebenfalls nach Ausführung der obengenannten

VDI/DGQ-Richtlinie werden nach dem Ausmaß und der Geschwindigkeit von Änderungen kontinuierliche Verbesserungen und Innovationen unterschieden. Dabei stellen Innovationen signifikante Änderungen dar, die gekennzeichnet sind durch:

- einen hohen Neuigkeitsgrad

- Berücksichtigung komplexer, d. h. technischer, wirtschaftlicher und sozialer Rahmenbedingungen

- Unsicherheiten bezüglich ihrer Auswirkung und deshalb ein Konfliktpotential bergen.

Innovative Prozeßverbesserungen beinhalten i.d.R. den bereits bei der Prozeßgestaltung beschriebenen Lösungsweg innerhalb des von *Deming* bzw. *IMAI* geprägten PDCA-Zyklusses. Dagegen lassen sich bei den kontinuierlichen Verbesserungen die Konkretisierungen der Verbesserungsideen je nach Schwachstellen-Umfang individuell oder gemeinsam mit mehreren Mitarbeitern ohne besonders vorzugebende Projektstrukturen abarbeiten. Ein ganz wesentlicher Verbesserungsansatz, der hier abschließend noch einmal besonders hervorgehoben wird, ist die Prozeßoptimierung durch Komplexitätsreduzierungen. Die Produkt- und Dienstleistungskomplexitätsreduzierung, die beispielsweise durch Standardisierung, Typisierung, Normierung oder Variantenbegrenzung möglich wird, aber auch durch Outsourcing bzw. Make-or-Buy-Maßnahmen unterstützt wird, ermöglicht eine einfachere Prozeßplanung, Prozeßsteuerung, Prozeßausführung, mit einem ebenfalls einfacheren Prozeßcontrolling. Diese Prozeßverbesserungen aufgrund der Komplexreduzierung liegen aus zeitlicher Sicht, wie Bild 3-70 zeigt, vor der oben erläuterten Prozeßgestaltung und werden deshalb als externe Ansatzpunkte bezeichnet.

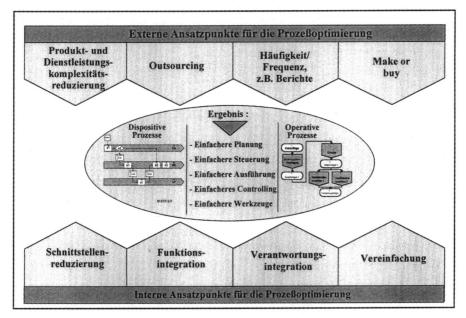

Bild 3-70 Interne und externe Ansatzpunkte für die Prozeßoptimierung

Zu diesen externen Ansatzpunkten, die also nicht aus der Prozeßbetrachtung selber entstehen oder davon beeinflußt werden, gehören auch die zu beachtenden Strategievorgaben.

Interne Ansatzpunkte für die Prozeßverbesserung sind beispielsweise die Schnittstellenreduzierung durch Funktions- und Verantwortungsintegration, bei der ebenfalls ein Verein-
fachungs- und Beschleunigungseffekt auftritt, hier allerdings aus dem Prozeß selber abgeleitet. Deshalb wird diese Prozeßverbesserung als interner Ansatzpunkt bezeichnet. Zu
diesen internen Ansatzpunkten gehören alle bereits genannten weiteren Verbesserungsanstöße aufgrund von Schwachstellenanalysen oder anderen Aktivitäten. Somit ergeben sich
die in Bild 3-70 gezeigten Vorgaben zur Prozeßverbesserung.

Zu einem funktionierenden Prozeßmanagement gehört auch die Erfassung der Prozeßkosten. Auf die Prozeßkostenermittlung wird noch einmal ausführlich in Kapitel 6 eingegangen. Auf der Grundlage einer exakten Prozeßbeschreibung mit Hilfe des schon erläuterten
Prozeßmodells können Tätigkeiten und Arbeitsvorgänge zeitlich und sachlich-logisch
exakt definiert und gegeneinander abgegrenzt werden. Damit sind die Voraussetzungen
für die Prozeßkostenerfassung gegeben. In Bild 3-71 ist eine Kostenträgerrechnung über
die Prozeßkostenbetrachtung dargestellt.

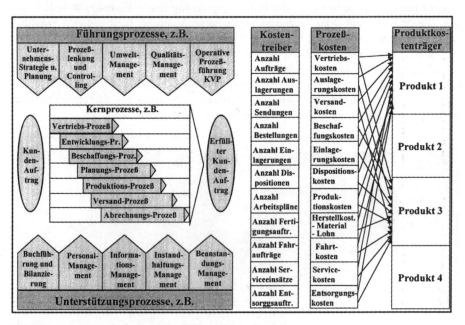

Bild 3-71 Kostenträgerrechnung über die Prozeßkostenbetrachtung

Für einen Auftrag oder für das jeweilige Produkt sind innerhalb der betrachteten Prozesse
mit den dazugehörenden Bereichen, Kostenstellen oder Arbeitsplätzen die Kosten prozeßbezogen ermittelt. Dies erfolgt über die Definition der Kostentreiber am jeweiligen Arbeitsplatz bzw. in der jeweiligen Prozeßstufe. Für den Vertriebsprozeß bedeutet das beispielsweise, daß dies die Kosten je Angebot, je Auftrag oder je Reklamation sind. Beim
Beschaffungsprozeß sind die Kostentreiber beispielsweise die Kosten je Bestellung, Kosten je Einlagerung, Kosten je Disposition oder beim Versandprozeß die Anzahl Fahrauf-
träge oder die Anzahl Serviceeinsätze oder auch die Anzahl je Sendung. Eine weitere Unterteilung für die Prozeßkostenerfassung kann in der Form erfolgen, daß die direkt beeinflußbaren Kosten wie beispielsweise

- Personalkostenanteil

- arbeitsplatzbezogene Kosten

- Aufwendungen für Dritte

- Informationsverarbeitungs-Kosten

- sonstige Kosten

dem jeweilig betrachteten Prozeß zugeordnet werden.

Bei der Prozeßbewertung nach dem Telekommunikationsmodell gehören zu den Bewertungskriterien für Prozeßkosten beispielsweise:

- Personalkosten aller Prozeßbeteiligten

- Kosten für prozeßbezogene IT-Entwicklungen, -Pflege, -Betrieb

- Andere prozeßkostentypische Kostentreiber (z.B. Grundstücke und Gebäudetransport)

- Fehlerkosten (Nacharbeit, Eskalation, Vertragsstrafen)

- Ausnutzung von Fixkostendegressionseffekten (Economics of Scale) und Bündelungsgewinnen.

Der Nachweis der Prozeßverbesserung bzw. der Qualitätsverbesserung erfolgt beispielsweise durch Auditdurchführung, Qualitätsprüfung, Prozeß-FMEA oder nach dem EFQM-Modell. Beispielhaft sind in Bild 3-72 Kennzahlen zur Beurteilung dieser Prozeßqualität vorher/nachher dargestellt.

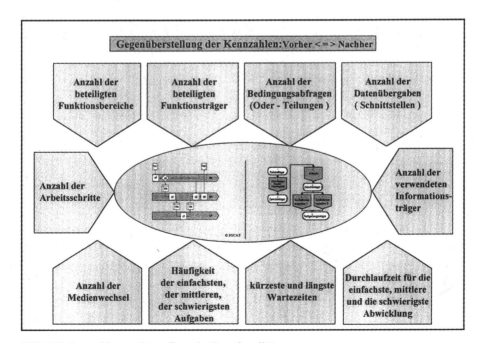

Bild 3-72 Kennzahlen zur Beurteilung der Prozeßqualität

Im Vergleich zu den Ausgangsdaten wird deutlich, ob eine Prozeßverbesserung und eine Stärkung der Prozeß-Leistungsfähigkeit zum Beispiel durch Innovationen oder KVP-Anstöße stattgefunden hat. Diese Kennzahlen lassen sich noch umfassend erweitern, um sie beispielsweise für einen Prozeßprofilvergleich zu Benchmarkingzwecken zu nutzen. Nach G. *Siebert* gehören zu einem solchen Prozeßprofilvergleich Kennzahlen oder Klassifizierungen, wie z. B.:

- Prozeßtyp
- Prozeßart, -reichweite, Anzahl der Teilprozesse
- Anzahl der beteiligten Personalabteilungen
- Parallelität von Teilprozessen und Leistungen
- Leistungsvereinbarungen
- Personalintensität
- Häufigkeit der Durchführung
- Prozeßautmatisierungsgrad
- Anzahl der Prozeßlieferanten

- Prozeßqualitätskennzahlen
- Prozeßflexibilität
- Prozeßeffektivität
- Prozeßwirksamkeit
- Durchschnittliche Prozeßdauer
- Kostenintensität
- Prozeßauslastung
- Variabilität der Prozesse
- Weitere Kennzahlen

Bereits mehrfach wurde das Telekommunikations-**Prozeßbewertungsmodell** bei der Inhaltsbeschreibung der einzelnen Prozeßmanagementkomponenten genannt. In der Praxis gibt es inzwischen eine ganze Anzahl derartiger Prozeßbewertungsmodelle, häufig auch als Reifegradmodelle bezeichnet, die eine Prozeßbewertung nach unterschiedlichen Differenzierungen und verschiedenen Kategorien oder Klassen vornehmen.

Der Vorteil der **Prozeßbewertung** innerhalb eines Reifegradmodelles liegt darin, daß zum einen Prozesse untereinander vergleichbar werden, zum anderen sich daraus Ansatzpunkte für Prozeßverbesserungen ergeben. Den Prozeßeigentümern und Verantwortlichen ermöglichen die Bewertungsergebnisse ferner, die Prozeßanforderungen neu zu formulieren und neue Prozeßziele abzuleiten. In Bild 3-73 wird ein derartiges **Reifegradmodell** in fünf Klassen bzw. Kategorien dargestellt.

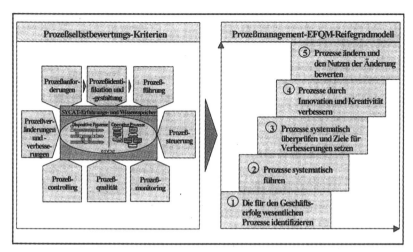

Bild 3-73 Prozeßselbstbewertung mit Prozeßmanagement-EFQM-**Reifegradermittlung**

In der Kategorie 1 ist der für den Geschäftserfolg wesentliche Prozeß zwar bereits identifiziert, eine genaue Beschreibung fehlt jedoch. Die Prozeßeigner sind nicht eindeutig ausgewiesen, außerdem fehlt der Nachweis der Prozeßfähigkeit. Das heißt, es handelt sich hierbei um einen nicht beherrschten Prozeß, der nicht hinreichend für die sichere Wiederholung von guten Prozeßergebnissen garantiert. In Kategorie 2 liegt ein definierter, beschriebener Prozeß mit einer klaren Prozeßeignerschaft und den benannten Prozeßverantwortlichen vor. Die Kundenforderungen sind zwar bekannt, ebenfalls die Lieferanten sowie ein Meßsystem für Input-Output und wichtige Prozeßparameter-Messungen. Allerdings können die Kundenwünsche noch nicht hinreichend erfüllt werden. In Kategorie 3 handelt es sich um einen beherrschten Prozeß, allerdings ohne signifikante Effizienz und Effektivität. Der Output entspricht zwar konstant den Kundenforderungen. Auch die Lieferanten erfüllen konstant die Inputforderungen. Trotzdem ist auch dieser beherrschte Prozeß noch verbesserungsfähig. In Kategorie 4 handelt es sich um einen durch Innovation und Kreativität verbesserten und beherrschten Prozeß, der sich gegenüber der Kategorie 3 durch eine erhöhte Prozeßfähigkeit auszeichnet. Bei dem Prozeß in Kategorie 5 handelt es sich um bestens beherrschte Prozesse, die fortlaufend fehlerfreie Produkte oder Dienstleistungen hervorbringen. Sie sind in der Lage, einen unterschiedlichen Input auszugleichen und die Aktivitäten automatisch so einzurichten, daß fortlaufend fehlerfreie Produkte effizient und effektiv erzeugt werden.

Bei einer rechnerunterstützten Prozeßbewertung nach diesen **Prozeßkategorien** lassen sich die Punktvergaben programmäßig so vorgeben, daß eine Übernahme der Prozeßbewertungsergebnisse in das in Kapitel 6 beschriebene EFQM-Modell möglich wird. Hierbei ist zu beachten, daß bei Erreichen eines bestimmten Reifegrades nicht gleichzeitig alle darunter liegenden Reifegrade vollständig erfüllt sind. Innerhalb jeder Reifegradstufe sind unterschiedliche Bewertungskriterien vorgegeben, die für sich bewertet werden, um eine abgestimmte Beurteilung der einzelnen Reifegradstufen zu ermöglichen. Jedem einzelnen Reifegrad sind dabei die Punktzahlen zugeordnet, die maximal zu erreichen sind und als Summe die 140 Punkte umfassen, die der maximal zu erreichenden Punktzahl für Prozesse im EFQM-Modell entspricht.

4 TQM-Methoden und Werkzeuge

Die zur TQM-Einführung und -Durchsetzung im Unternehmen einzusetzenden Methoden und Werkzeuge sind vielfältig. Auch wenn in der Literatur und in der Praxis ein einheitlicher Begriff nicht existiert, so wird doch häufig als Oberbegriff für diese Methoden der Begriff „**Qualitätstechniken**" verwendet. Sie werden zum Lösen von unterschiedlichen Qualitätsmanagement-Fragestellungen und spezifischen Qualitätsmanagement-Problemen auf verschiedenen Ebenen des Unternehmens eingesetzt. Für die Einteilung dieser Qualitätstechniken gibt es keine allgemein gültige Vorgabe. Mögliche Unterscheidungen sind beispielsweise nach:

- **Kreativitätstechniken**
- **Innovationstechniken**
- **Planungs- und Entscheidungstechniken**
- **Organisationstechniken**

- **Projektmanagementtechniken**
- **Kommunikationstechniken**
- **Führungstechniken**
- **Gestaltungstechniken**

eine weitere Unterscheidung erfolgt beispielsweise nach:

- **Problemerkennungsmethoden**
- **Problemauswahlmethoden**
- **Problemanalysemethoden**

- **Problemlösungsmethoden**
- **Problemumsetzungsmethoden**

Aus der Struktur der vorherigen Kapitel, insbesondere des Kapitel 3, ist es naheliegend, daß hier die in Bild 4-1 verwendete Einteilung nach kundenorientierten, mitarbeiterorientierten, prozeßorientierten und erfolgsorientierten Methoden und Werkzeugen vorgenommen wird. Die dort zugeordneten Beispiele erheben keinen Anspruch auf Vollständigkeit. Sicherlich lassen sich eine ganze Anzahl dieser Methoden auch in unterschiedlichen Strategiefeldern verwenden.

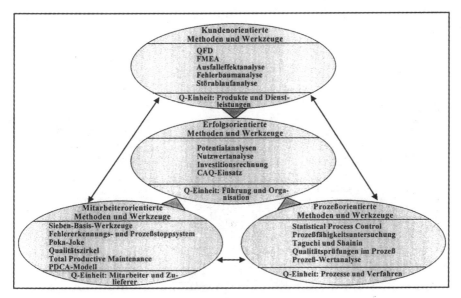

Bild 4-1 TQM - Methoden und Werkzeuge

In bezug auf die Kundenorientierung stehen die Qualitätstechniken und Instrumente im Vordergrund, die sich darauf konzentrieren, die Stimme des Kunden zu hören, um die daraus abgeleiteten Forderungen an das Unternehmen umfassend zu erfüllen. Die Zufriedenheit des Kunden steht hierbei an erster Stelle. Bei den mitarbeiterorientierten Qualitätstechniken und Instrumenten geht es im Schwerpunkt darum, daß die Mitarbeiter Fehler vermeiden und mit Hilfe entsprechender Führungsorganisations- und Qualitätswerkzeuge mit Übertragung von Qualitätsverantwortung in der Lage sind, motiviert und engagiert ihre Prozesse ständig zu verbessern. Bei den prozeßorientierten Qualitätstechniken und Instrumenten geht es um das Denken in Abläufen und Zusammenhängen mit dem Ziel der Prozeßbeherrschung, um qualitätsgerecht und störungsfrei zu produzieren. Die erfolgsorientierten Qualitätstechniken und Instrumente sollen die Beteiligten bzw. Verantwortlichen in die Lage versetzen, festzustellen, ob die Anwendung der genannten Methoden und Werkzeuge in den jeweiligen Strategiefeldern tatsächlich erfolgreich stattgefunden hat. Hierbei werden im Schwerpunkt die betriebswirtschaftlich orientierten Kosten/Nutzen-Rechnungen betrachtet. Zusätzlich wird unter diesem Punkt auch der CAQ-Einsatz behandelt.

Da einige dieser Qualitätstechniken speziell einigen Phasen im Produktlebenszyklus zuzuordnen sind, läßt sich, wie Bild 4-2 zeigt, die Einsatzbreite innerhalb des Produktlebenszyklus darstellen. Auch hier tritt wieder der Fall auf, daß eine ganze Anzahl von Qualitätstechniken phasenübergreifend bzw. in unterschiedlichen Phasen einsetzbar sind. Im folgenden werden einige besonders wichtige TQM-Methoden und Werkzeuge näher erläutert. Hier existiert umfassende Literatur, in der die Anwendung dieser Methoden sehr ausführlich dargestellt ist.

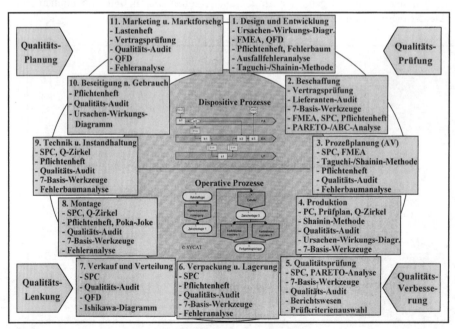

Bild 4-2 Qualitätselemente, Methoden und Verfahren

4.1 Kundenbezogene TQM-Methoden

4.1.1 Quality Function Deployment (QFD)

Aus Sicht der Kundenorientierung ist die QFD die wichtigste Methode, um gemäß der Kundenwünsche die Anforderungen an das Produkt systematisch zu erfassen und in die einzelnen Qualitätsmerkmale umzusetzen. QFD ist gleichzeitig eine prozeßorientierte Methode, weil sie von der Produktidee bis zur Produktherstellung den integrierten Entwicklungsprozeß sehr methodisch nachvollzieht. Das D in QFD wird im Englischen gleichermaßen als deploy (= entfalten) oder develop (= entwickeln) benutzt. Erstmals vorgestellt wurde die QFD 1966 in Japan von *Yoji Akao*.

Neben der Optimierung des Kundennutzens ist das Hauptziel der QFD die Verbesserung der relativen Wettbewerbsposition und das Hinzugewinnen von Marktanteilen durch das Gewinnen zufriedener Kunden. Weitere Ziele sind z.B. neben dem Treffen der Kundenwünsche eine Effizienzsteigerung in der Produktentwicklung bezüglich kürzerer Entwicklungszeiten und niedrigerer Entwicklungskosten mit einer erhöhten Transparenz innerhalb einer durchgängigen Qualitätsplanung bei der systematischen Umsetzung der Kundenwünsche in technische Merkmale. Dies verbunden mit einer einfachen Dokumentationserstellung sowie in einer erhöhten Identifikation der Kunden aber auch der Mitarbeiter mit dem Produkt und dem Unternehmen.

Das Erreichen dieser Zielsetzungen über die QFD-Anwendung erfolgt durch eine methodische, qualitätsgerechte Produkt- und Prozeßentwicklung unter Berücksichtigung aller Wünsche und Forderungen des Kunden und unter der funktionsübergreifenden Beteiligung aller Mitarbeiter mit der Motivation der ständigen Verbesserung der Abläufe. Wobei QFD in Unternehmen beliebiger Größe eingesetzt werden kann, d.h. die QFD ist geeignet, die Qualitätsplanung in kleinen, mittleren und großen Unternehmen zu unterstützen. Weiter kann die QFD für die **Qualitätsplanung** aller Produkte und Dienstleistungen eingesetzt werden. Sie ist also branchenunabhängig. Allerdings sollte dabei das im folgenden noch erläuterte House of Quality dem jeweiligen Einsatz angepaßt werden.

Das prozeßübergreifende Zusammenarbeiten des Qualitätsplanungsteams erfolgt mit Hilfe eines aufeinander abgestimmten Planungs- und Kommunikationsinstrumentariums. Charakteristisch ist dabei die durchgängige Darstellung und Verknüpfung der einzelnen Planungsschritte in einem zentralen Arbeitspapier in Matrizenform. Dieses zentrale Arbeitspapier wird auch „House of Quality" (HOQ) genannt, wobei QFD in vier aufeinander folgenden Phasen abläuft. Dabei unterteilen sich die Phasen, wie Bild 4-3 zeigt, mit den dazugehörenden Tätigkeiten in:

Phasen	Tätigkeiten
• Kundenanforderungsermittlung	• Zerlegen in Produktmerkmale
• Kritische Produktmerkmalsermittlung	• Zerlegen in Teilemerkmale
• Kritische Teilemerkmalsschriften	• Zerlegen in Herstellvorermittlung
• Kritische Prozeßmerkmalsermittlung	• Zerlegen in Produktionsanweisungen

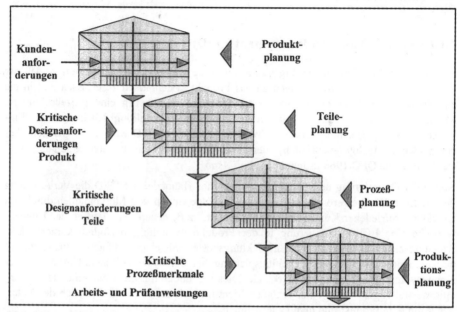

Bild 4-3 Das Deployment für den Produktentstehungsprozeß

Diese Unterteilung bzw. die Vorgehensweise wird als Deployment bezeichnet. Die wichtigsten Ausgangsgrößen der jeweils vorhergehenden Phase stellen dabei die Eingangsgröße für die nachgeschaltete Phase dar. Kaskadenartig lassen sich aus den Produktzielwerten bzw. kritischen Produktforderungen als Ausgangsgröße in Phase 1 und Eingangsgröße in der Phase 2 die kritischen Teilemerkmale herleiten, aus denen sich in Phase 3 wiederum Prozeßanforderungen bilden, die sich dann als Endergebnis in Phase 4 auf einzelne Arbeits- und Prüfanweisungen herunterbrechen lassen. Damit wird es durch die Systematik der Anwendung von QFD möglich, unterschiedlichste Aufgaben einzelner Bereiche sowohl abteilungsunterschiedlich zu erfassen als auch im Hinblick auf das gesamte Produkt zu bewerten.

Das zielgerichtete Vorgehen mit Hilfe einer Matrixdarstellung in diesem House of Quality (HOQ), wie es Bild 4-4 zeigt, geht von den Kundenwünschen (Was) sowie deren Bedeutung und dem Marktimage der Firma (Warum) auf der horizontalen Hauptachse aus. Auch die strategische Zielsetzung (Wohin) ist auf dieser horizontalen, marktbezogenen Hauptachse angeordnet.

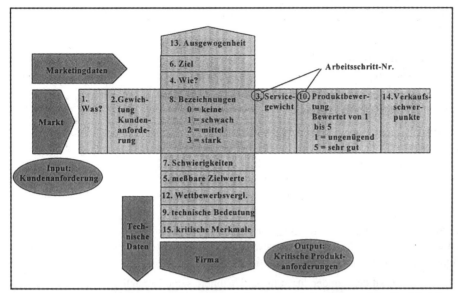

Bild 4-4 QFD (Quality-Function-Deployment)-Arbeitsschritte mit dem House of Quality-Modell (HOQ-Modell)

Die vertikale Hauptachse dieses Hauses ist auf das Unternehmen ausgerichtet. Die globalen Produktmerkmale (Wie), die quantitativen Sollwerte und die technischen Anforderungen (Wie gut) stehen ebenfalls in der Vertikalen, ebenso wie weitere technisch relevante Angaben oder Auflagen des Gesetzgebers, zusätzlich noch die Bedeutung der Produktmerkmale.

Aus den Kundenwünschen (horizontal) werden die Produktmerkmale bzw. Konstruktionsanforderungen (vertikal) abgeleitet, danach das Produkt aus Kundensicht bewertet und im Hinblick auf den Wettbewerb technisch analysiert.

Die systematische HOQ-Vorgehensweise wird dadurch erreicht, daß die im nachfolgenden beschriebenen Arbeitsschritte strukturiert abgearbeitet werden. Diese Arbeitsschritte lassen sich auch als fest definierte Zimmer innerhalb des House of Quality-Modell betrachten. Das Behandeln dieser Zimmer bzw. auch die bewußte Nichtbearbeitung einzelner Zimmer stellt sicher, daß alle Gesichtspunkte bei der Ermittlung der jeweiligen kritischen Anforderungen in der jeweiligen Stufe berücksichtigt werden. Als zentrales Zimmer in diesem HOQ-Modell liegt die Beziehungsmatrix. In der waagerechten werden dabei die Zimmer mit den Marketingdaten zugeordnet, z.B. das Eingangszimmer mit den Kundenanforderungen. In der vertikalen werden die Zimmer mit den technischen Daten gruppiert. Durch diese Art der Zuordnung läßt sich eine sehr große Übersichtlichkeit erreichen. Die Beziehungen zwischen den Kundenanforderungen und **Designanforderungen** sind sehr transparent darstellbar. Weiter wird eine einfache Darstellung der Wechselbeziehungen zwischen diesen beiden Anforderungsarten möglich, die Plausibilitäts- und Vollständigkeitsprüfungen zuläßt.

Die Qualitätsplanungs-Teammitglieder kommen aus allen beteiligten Bereichen, d.h. Vertrieb, Kundendienst, Konstruktion, Produktion oder Einkauf. Sie müssen ihre Ideen und

Meinungen frei entfalten können, ohne daß mit dem Vorgesetzten Konflikte auftreten. Die Unternehmensleitung muß für alle sichtbar das QFD-Projekt unterstützen und die dafür erforderlichen Sach- und Finanzmittel bereitstellen. Innerhalb der Vorgehensweise sind Projektorganisationsgrundsätze zu befolgen, d.h., es sind Teilaufgaben festzulegen, Verantwortungen zuzuordnen, Termine und Kosten vorzugeben und deren Einhaltung zu überwachen.

Die einzelnen Arbeitsschritte, wie sie in Bild 4-4 im House of Quality zugeordnet sind, werden im folgenden kurz erläutert.

Schritt 1 beginnt - wie bereits ausgeführt - mit der Formulierung der Kundenanforderungen: „Was will der Kunde?" In diesem Schritt ist darauf zu achten, daß die häufig nicht exakt formulierten Kundenwünsche in die technische Sprache des Unternehmens übersetzt werden. Nur so kann sichergestellt werden, daß alle Team-Mitglieder sich in die Kundenanforderungen hineinversetzen können, um tatsächlich ihr Ohr für die Stimme des Kundens zu schulen.

In Schritt 2 erfolgt die **Gewichtung** der Kundenanforderungen. Hier haben sich Gewichtungsstufen von 1 - 10 in der Praxis bewährt. Damit soll die Priorität der Kundenanforderungen an das Produkt festgelegt werden.

In Schritt 3 erhält der Kundendienst die Gelegenheit, seine Vorstellungen mit den wichtigsten Kundenforderungen zu vergleichen. Anzustreben ist, daß der Kundendienst dort seine Schwerpunkte setzt, wo auch der Kunde seine höchsten Produkt- und Merkmalsgewichtungen vorgibt.

In Schritt 4 werden die entsprechenden Produktmerkmale den Kundenwünschen zugeordnet. Für die in Schritt 4 festgelegten Merkmale werden in Punkt 5 die meßbaren Zielgrößen vorgegeben, d.h. es werden klare Ziele definiert, die kontrolliert werden können.

In Schritt 6 ist das eigentliche Ziel vorgegeben. Es wird mit Symbolen angezeigt, ob das „Wie"? in Schritt 4 mit dem entsprechenden Zielwert in Schritt 5 als Bestimmungsgröße für das vom Kunden gewünschte Produktmerkmal ausreichend ist. Dabei werden folgende Symbole verwendet:

I   =   Zielvorgabe zu niedrig, sollte angehoben werden

I   =   Zielvorgabe zu hoch, sollte gesenkt werden

O   =   Zielvorgabe richtig.

Im folgenden Schritt 7 wird die Schwierigkeit abgeschätzt, die entsteht, wenn die Schritte 4, 5 und 6 technisch umgesetzt werden. Diese Schwierigkeiten lassen sich in einer Zehnerskala ausdrücken, wobei Punkt 1 sehr leicht erreichbar und Punkt 10 nur sehr schwer nicht erreichbar zugeordnet ist.

In Schritt 8 wird in dem dahinter liegenden Beziehungsfeld zwischen Schritt 1 - „Was"? - und Schritt 2 - „Wie"? - quantitativ aufgezeigt, wie gut die Kundenwünsche erfüllt werden. Jeder Kundenwunsch aus Schritt 1 mit jedem Produktmerkmal aus Schritt 4 wird auf seine Beziehung überprüft und in Punkten von 0 - 3 ausgedrückt. Dabei bedeuten:

0   =   keine Beziehung   2   =   mittlere Beziehung

1   =   geringe Beziehung   3   =   starke Beziehung.

Aus dieser Beziehungsmatrix läßt sich dann sehr gut erkennen, wie gut das Produkt die Kundenwünsche erfüllt. Weiterhin wird die Frage beantwortet, ob alle Kundenwünsche mit hoher Gewichtung auch entsprechend hoch bewertete Beziehungszahlen (Erfüllungsgrade) besitzen. In der Gesamtheit ergibt sich die Aussage, ob alle Produktmerkmale so überzeugend sind, daß aus Kundensicht ein Produkt entsteht, daß zur Kundenzufriedenheit und damit zur Kundenanbindung führt. Falls bei dieser Bewertung Zielkonflikte entstehen, muß im Team der Produktentwurf neu überdacht und ggf. überarbeitet werden.

In Schritt 9 wird die technische Bedeutung oder auch Wichtigkeit aus Kundensicht ermittelt. Daraus wird eine Aussage möglich, in der das Besondere bzw. Neue an dem Produkt erkennbar wird. Dabei wird die Berechnung der technischen Bedeutung wie folgt vorgenommen: Die Kundengewichtungszahl aus Schritt 2 wird mit der jeweiligen Beziehungszahl in Schritt 8 multipliziert. Das so entstandene Produkt einer Spalte wird aufsummiert und als Schritt 9 in das House of Quality eingetragen. Die Quersumme der Zeilen des Schrittes 9 entsprechen 100 Prozent. Für jedes Produktmerkmal zeigt die dahinterstehende Prozentzahl die relative technische Bedeutung, d.h. die Wichtigkeit an.

In Punkt 10 erfolgt die Produktbewertung durch den Kunden. Allerdings geschieht dies durch ein Team-Mitglied, das als Kunde die Bewertung des Marktes vornimmt. Es wird dabei geprüft, welches zur Wahl stehende Produkt die bestehenden Kundenwünsche am besten erfüllt. Dabei wird das eigene Produkt im Vergleich zu den Wettbewerbsprodukten durch z.B. die Punkte 1 - 5 bewertet, wobei:

Punkt 1 = ungenügende Erfüllung;   Punkt 5 = eine sehr gute Erfüllung bedeutet.

Durch diese systematische Kundenbewertung wird sehr schnell klar, welche (Markt)Chancen das eigene Produkt beim Kunden besitzt. Diese Aussage ist deshalb von großer Bedeutung, weil hier die Kundenmeinung erkennbar ist.

In Schritt 11 erfolgt eine Analyse dieser Kundenbewertung. Dieser Schritt ist auch als eine Art Vorab-Markttest anzusehen. Hierbei wird zahlenmäßig ermittelt, wie gut das eigene Produkt im Verhältnis zu allen anderen Konkurrenzprodukten ist und an welchen Stellen es verbessert werden könnte. Die Analyse wird in folgender Art durchgeführt: Angefangen bei den individuellen Erfüllungsgraden mit den Punktzahlen 1 - 5 der verschiedenen zum Vergleich stehenden Produkte in Schritt 10 werden diese mit der Gewichtung der Kundenanforderung aus Schritt 2 multipliziert. Die absolute Höhe der Summe gibt dann an, bei welchem Produkt die Kundenwünsche am besten, am zweitbesten, am drittbesten usw. erfüllt sind. Falls das Ergebnis dieser Bewertung nicht zufriedenstellend ist, muß das eigene Produkt einer weiteren kritischen Prüfung unterzogen werden.

In Schritt 12 erfolgt dann der technische **Wettbewerbsvergleich**. In diesem Schritt werden die Produktmerkmale aller im Markt vorhandenen Produkte miteinander technisch verglichen. Hierbei werden unter anderem folgende Fragen geklärt:

* Wie löst die Konkurrenz im Vergleich zu den vorgegebenen Produktmerkmalen seine Anforderungen?

* Wie wählt sie dabei die Toleranzen?

* Wie sehen die Kosten des Mitbewerbers aus?

* Welche Konstruktion verwendet er?

* Mit welchen Prozessen und Verfahren stellt er sein Produkt her?

- Ist das von der Konkurrenz hergestellte Produkt weniger störanfällig als das eigene?

Aus dieser Bewertung ergibt sich ein Stärken/Schwächenprofil. Es wird klar, wo der stärkste Konkurrent steht und ob das eigene Produkt Aussicht auf Erfolg haben kann.

In Schritt 13 wird die Ausgewogenheit ermittelt. Über eine Analyse im Dach des House of Quality werden alle Produktmerkmale aus Schritt 4 und die dazugehörigen Zielwerte aus Schritt 6 in einem paarweisen Vergleich auf gegenseitige Beeinflussung untersucht. Dabei wird mit folgenden Symbolen gearbeitet:

-      =   negative Beeinflussung

+   =   positive Beeinflussung

o   =   neutral

Ergeben sich aus diesen paarweisen Vergleichen überwiegend positive Zeichen, so bedeutet das, daß das gewählte Konzept noch nicht voll optimiert wurde und noch ein weiteres Potential für Verbesserung vorhanden und ausschöpfbar ist. Herrschen Minuszeichen vor, so ist das ein Zeichen dafür, daß das gewählte Konzept weitgehend optimiert ist und kaum noch Veränderungen möglich sind. Auch aus dieser Betrachtung ergeben sich als Ergebnis evtl. Korrekturen am Produktkonzept.

In Schritt 14 schließt sich die Festlegung der Verkaufsschwerpunkte an. Diese Spalte dient dazu, dem Verkauf entsprechende Hilfestellung bei der Vermarktung des Produktes zu geben, wobei die Verkaufsschwerpunkte sinnvoller Weise in Verbindung mit dem Wettbewerbsprofil aus Schritt 10 gebildet werden.

Im letzten Schritt des QFD (Schritt 15) werden die kritischen Merkmale für die Realisierung des Produktes erarbeitet. Unter kritischen Merkmalen sind alle Produktmerkmale im House of Quality zu verstehen, die bezüglich ihrer Erfüllung ein erhebliches Risiko darstellen. Dies sind vor allem die Merkmale, die bezüglich der Kundenanforderungen in der technischen Bedeutung in Schritt 5 mit den höchsten Prozentwerten ermittelt wurden und deshalb als Top-Produktmerkmale für den Erfolg des Produktes von allerhöchster Bedeutung sind. Weiter können es aber auch Merkmale sein, die für die Kunden als wichtig erkannt wurden, die aber bezüglich der technischen Realisierbarkeit aus Schritt 7 mit einem sehr hohen Schwierigkeitsgrad versehen wurden.

Mit diesen 15 Schritten wäre die erste Phase - die sogenannte Produktplanungsphase – mit dem Ergebnis der Ermittlung der kritischen Produktmerkmale als Eingangsgröße in Phase 2 abgeschlossen. Es folgt die Bearbeitung in den weiteren Phasen, wie einleitend erläutert, ebenfalls mit den 15 Arbeitsschritten, analog der Vorgehensweise wie in der ersten Phase.

Die Vorteile bei der Vorgehensweise mit QFD liegen einmal darin, daß die entwickelten Produkte sehr viel besser den Kundenvorstellungen und Anforderungen entsprechen, als bei konventionellem Entwicklungsvorgehen. Durch die systematische Vorgehensweise werden Zielkonflikte sehr früh aufgedeckt.

Der gesamte Entwicklungsprozeß läuft sehr viel schneller ab. Außerdem wird klar, wie das entwickelte Produkt im Vergleich zu den Produkten des Wettbewerbs steht. Weitere Vorteile sind: durch die Beteiligung der Mitarbeiter an der Produktentwicklung wird eine hohe Motivation erreicht, die Entwicklung kann kostengünstiger ablaufen und durch die Projektorganisation werden die geplanten Termine und Kosten eingehalten, die einleitend genannten QFD-Zielsetzungen also voll erfüllt.

4.1.2 Fehlermöglichkeits- und Einflußanalyse (FMEA)

Die oben erläuterte QFD als Qualitätsplanungsmethode wird durch die FMEA als Qualitätssicherungsmethode wesentlich ergänzt. Die in der QFD als wesentlich erkannten Produkt- und Prozeßmerkmale werden bei der FMEA bezüglich der Fehlermöglichkeiten und deren Folgen einer Risikobewertung unterzogen. Die FMEA-Methode wurde Mitte der sechziger Jahre in den USA von der NASA für ein Apollo-Projekt entwickelt.

Aus diesem Grund wird die FMEA von vielen Qualitätsverantwortlichen als ein sehr wirksames Instrument zur Risikovorsorge und Qualitätsverbesserung angesehen, weil die systematische Betrachtung des möglichen Auftretens von Fehlern und die Beurteilung der Auswirkungen bereits im Vorfeld der Produkterstellung erfolgt und analysiert wird. Unterschieden wird nach einer System-, Konstruktions- und einer Prozeß-FMEA. Allerdings findet in der letzten Zeit die FMEA immer weitere Verbreitung, beispielsweise als Service-FMEA. In Bild 4-5 sind in Form einer FMEA-Checkliste einige Ursachenbereiche genannt, in denen Fehlerrisiken auftreten können.

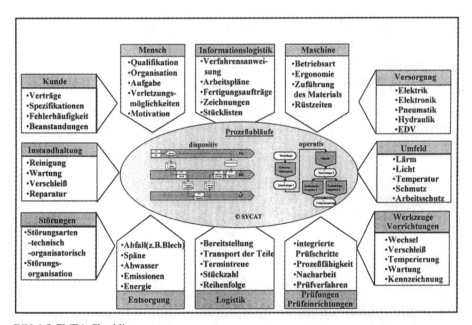

Bild 4-5 FMEA-Checkliste

Die **System-FMEA** bezieht sich auf die Analyse von potentiellen Fehlern beim funktionsgerechten Zusammenwirken von Systemkomponenten und ihren Verbindungen bereits beim System-Konzeptentwurf, um so möglichst frühzeitig Fehlerursachen zu identifizieren. Anwendungsschwerpunkt ist hierbei also die Vermeidung von Fehlern bei der Systemauswahl und Auslegung, damit das funktionsgerechte Zusammenwirken der Systemkomponenten garantiert ist.

Bei der **Konstruktions-FMEA** wird die beispielsweise anhand eines Lasten- oder Pflichtenheftes konkrete Produktidee hinsichtlich der Schwachstellen des Entwurfes analysiert. Wesentliche Ansatzpunkte einer Konstruktions-FMEA sind beispielsweise die Funktionsfähigkeit eines Produktes, die Zuverlässigkeit sowie die Handhabbarkeit zusammen mit der Servicefreundlichkeit.

In der **Prozeß-FMEA** werden alle vorstellbaren Fertigungs-(Produktions-) und Montage-fehler in den einzelnen Prozeßschritten bei der Erstellung des Produktes systematisch untersucht; und zwar während der Fertigungsplanung und vor Beginn der Fertigung. Wenn bereits vorab eine Konstruktions-FMEA durchgeführt wurde, sind potentielle Fehlerursachen hauptsächlich fertigungstechnischer oder ablaufbedingter Art.

Die FMEA besteht aus einer systematischen Beantwortung einer Fragenkette, die mit der Klärung beginnt, welche potentiellen Fehler im Prozeß, an dem Produkt oder bei der Anlage auftreten können.

Die weiteren zu beantwortenden Fragen sind:
- welche Folgen hat es, wenn ein möglicher Fehler tatsächlich auftritt ?
- welche Auswirkungen sind zu befürchten ?
- wie wahrscheinlich ist das Auftreten eines solchen Fehlers ?
- wie kann man diesen Fehler bereits im Vorfeld erkennen und vermeiden ?
- welche Prozeßsteuergrößen eignen sich besonders zur Fehlervermeidung ?

Eine FMEA wird in Teamarbeit mit allen Beteiligten in den Schritten:
- Anlage möglicher Fehler
- Risikobeurteilung
- Abstellmaßnahmen
- Überprüfung

durchgeführt. Die Grundlage für die **FMEA-Durchführung** zeigt das in Bild 4-6 abgebildete Formblatt. Der Aufbau dieses Formblatts wird im folgenden kurz erläutert.

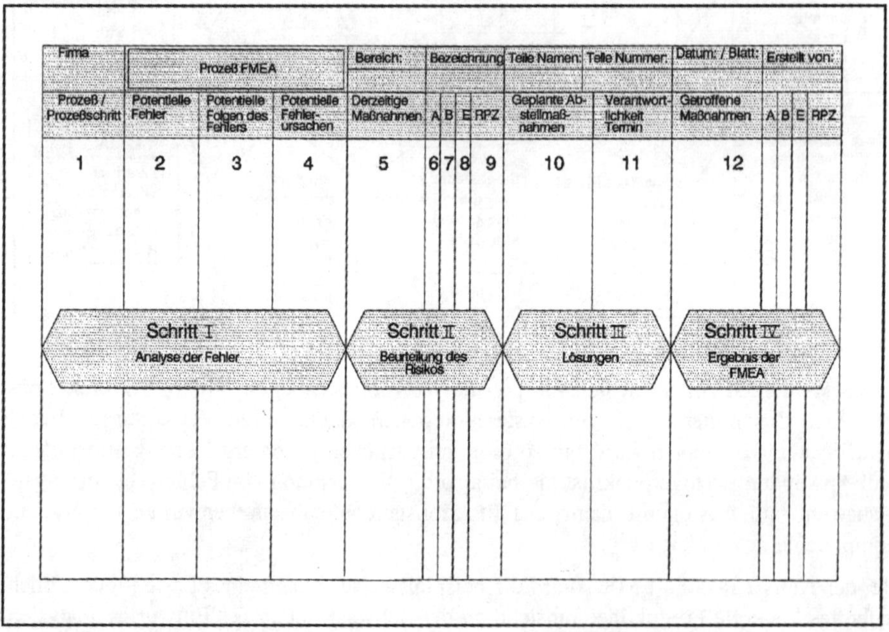

Bild 4-6 Aufbau der Prozeß-FMEA

In Spalte 1 werden als erstes die Prozeßschritte, die betrachtet werden sollen, erfaßt.

In Spalte 2 werden dazu alle potentiellen Fehlermöglichkeiten, die in diesem Prozeßschritt vorkommen können, aufgelistet.

In Spalte 3 werden die potentiellen Folgen des jeweils betrachteten Fehlers analysiert.

In Spalte 4 werden die möglichen Fehlerursachen zugeordnet, hierbei könnte die unter Punkt 4.2.1 erläuterte ISHIKAWA-Analyse Verwendung finden.

Damit ist der erste Schritt der FMEA, die Analyse der möglich Fehler, abgeschlossen.

Der Erfolg einer FMEA hängt natürlich wesentlich davon ab, inwieweit alle potentiellen Fehler - unter Berücksichtigung der Prozeßbedingungen - erfaßt worden sind. Bei der Beurteilung der Fehlerfolgen steht die Bewertung des Kundens oder Anwenders im Vordergrund und nicht so sehr die Folgen dieses Fehlers bei den nächsten Prozeßschritten. Hinsichtlich der Ursachenbewertung von potentiellen Fehlern ist sehr viel Fachwissen erforderlich, um nicht Ursachen mit Wirkungen zu verwechseln. Gerade an dieser Stelle bewährt sich die Arbeit im Team.

Ab Spalte 5 beginnt der zweite Schritt der FMEA. Hierbei handelt es sich um die Beurteilung des Risikos. Bei den derzeitigen Maßnahmen in Spalte 5 handelt es sich um die Angabe, welche Steuergrößen zur Zeit im Prozeß Verwendung finden, um die potentiellen Fehlerursachen, die als Störgrößen wirken, zu vermeiden. Häufig wird bei der Analyse der Fehlerursachen erkannt, daß die dahinter stehende Störgröße eine bisher unerkannt gebliebene Steuergröße ist, die sich selbst überlassen, als Störgröße wirkt. Die nun folgende Risikobeurteilung legt die Risiken durch das Bilden einer Risikoprioritätzahl (RPZ) fest. Mit ihr wird die Wahrscheinlichkeit des Fehlerauftretens bei den derzeitigen Rahmenbedingungen ermittelt.

In Spalte 6 wird das Bewertungskriterium „Auftreten" beurteilt. Hier geht es um die Bewertung der Wahrscheinlichkeit, daß ein potentieller Prozeßfehler tatsächlich auftritt. Die Bewertung liegt zwischen den Eckpunkten 1 und 10, wobei 1 den idealen Fall darstellt, daß eine vollständige Prozeßbeherrschung vorhanden ist. Die Punktzahl 10 stellt den schlechtesten Fall dar, daß die Prozeßfehler mit großer Häufigkeit auftreten. Eine detaillierte Abstufung für die Wahrscheinlichkeit des Fehlerauftretens kann wie folgt aussehen:

Punktzahl 1	=	unwahrscheinlich
„ 2 - 3	=	sehr gering
„ 4 - 6	=	gering
„ 7 - 8	=	mäßig
„ 9 - 10	=	hoch

Das zweite Bewertungskriterium in Spalte 7 legt die Bedeutung eines potentiellen Fehlers unter der Annahme fest, daß dieser Fehler tatsächlich auftritt und entsprechend negative Folgen nach sich zieht. Auch hier erfolgt die Bewertung zwischen den Eckpunkten 1 und 10, wobei die Punktzahl 1 bedeutet, daß dieser Fehler keine starken negativen Auswirkungen nach sich zieht, während die Punktzahl 10 die größtmöglichen negativen Folgen beschreibt.

In Spalte 8 wird als nächste Beurteilungsgröße die Entdeckung des Fehlers bewertet. Hierbei wird gefragt, mit welcher Wahrscheinlichkeit die aufgetretenen Prozeßfehler entdeckt werden. Punktzahl 1 entspricht einer hundertprozentigen Sicherheit, daß dieser Fehler entdeckt wird, Punktzahl 10 bedeutet, daß dieser Prozeßfehler mit großer Wahrscheinlichkeit nicht entdeckt wird. Die Risikoprioritätszahl RPZ ergibt sich jetzt aus der Multiplikation der in Spalte 6, 7 und 8 festgelegten Punktzahlen. Damit wird nicht ein absolutes Risiko festgelegt, sondern eine Art Risikorang vorgegeben.

Der zweite Schritt der FMEA ist damit abgeschlossen.

In den Spalten 10 und 11 werden als dritter Schritt die geplanten Abstellmaßnahmen und die Verantwortlichkeiten mit dem Termin hinterlegt.

Nach Einführung dieser Lösungen wird im vierten und letzten Schritt der FMEA in den Spalten 13, 14, 15 und 16 die Bewertung noch einmal wiederholt, um damit über den direkten Vergleich der dabei ermittelten Risikoprioritätszahl festzustellen, ob die eingeleiteten Maßnahmen tatsächlich zum Erfolg geführt haben.

Damit wäre die FMEA abgeschlossen.

Aus diesem Vorgehen ist zusammenfassend festzuhalten, daß die FMEA eingesetzt wird, um folgende Aussagen zu treffen oder Ergebnisse zu erhalten:

• die Fehlerauswirkungen aufzuzeigen
• die möglichen Fehlerursachen zu bestimmen
• die Häufigkeit des Auftretens abzuschätzen
• die Bedeutung des Fehlers zu bestimmen
• die Fehlerentdeckbarkeit abzuschätzen
• eine Bewertung des derzeitigen Zustandes vorzunehmen
• erforderliche Fehlerabstellmaßnahmen zu bestimmen
• die Verantwortlichkeiten für die Fehlerabstellung festzulegen
• eine erneute Bewertung des verbesserten Zustandes
• durch eine erneute Bestimmung der Risikoprioritätszahl zu erreichen

Durch die FMEA werden viele Hinweise auf Qualitätssicherungsmaßnahmen methodisch erarbeitet. Die Maßnahmen selbst können wiederum mit anderen Qualitätsmanagement-Methoden, beispielsweise mit der nachfolgend noch erläuterten SPC (Statistical Process-Control) durchgeführt werden.

Kritiker werfen der FMEA-Analyse allerdings schwerwiegende Mängel vor. Beispielsweise widerspricht ihr Analyse-Ansatz mathematischen Grundlagen wie dem **Fehlerfortpflanzungsgesetz** und anerkannten Regeln der Technik. Ein weiterer Kritikpunkt ist die Unterscheidung von Konstruktions- und Prozeß-FMEA. Denn nach der Rechtssprechung zur Produkthaftung kann die Konstruktionsverantwortung mit dem dazugehörenden Festlegen der Konstruktionsmerkmale und Funktionen von Systemen und Einzelelementen nicht losgelöst von den Fertigungs- und Zusammenbauverfahren dieser Einzelelemente gesehen werden. Ohne Definition der kritischen Merkmale und Hauptmerkmale der Einzelteile und Funktionspaare können nach den anerkannten Regeln der Technik weder Analysen der Funktionen und ihrer einzelnen Merkmale an Einzelteilen durchgeführt werden, noch der Fertigungsverfahren technisch zuverlässig oder mit vertretbar wirtschaftlichem Aufwand. Es ist deshalb funktions- und sachwidrig, unabhängig voneinander Konstruktions- und Prozeß-FMEAs durchzuführen.

Entscheidend für die Gebrauchstauglichkeit, Zuverlässigkeit und Sicherheit von Funktionspaaren, Einzelelementen oder dem gesamten Systemen sind die einzelnen Aufgaben und ihre Abläufe. Deshalb ist ein Aufteilen in Haupt- und Nebenfunktionen die Grundlage für die systematische, wissenschaftliche Beurteilung; vor allem mit vertretbarem wirtschaftlichen Aufwand. Dagegen ist aus Kritikersicht der Vollständigkeitsanspruch der FMEA weder technisch erforderlich noch organisatorisch erreichbar. Es kann deshalb keine sinnvolle Grundlage für eine aufgaben- oder funktionsbestimmende Analyse sein, alle denkbaren Ausfälle einzelner Komponenten zu betrachten. Eine quantitative Aussage zur erreichbaren Fehlerwahrscheinlichkeit kann ebenfalls mit diesem Verfahren nicht erreicht werden, weil bei den Konstruktionsfehlern keine funktions- und gefahrenbezogene Gewichtung enthalten ist, die aber als Voraussetzung gegeben sein müßte.

Die Wahrscheinlichkeit des Auftretens einzelner Fehler allein kann kein maßgebliches Kriterium sein, solange nicht ihre Auswirkung im Gesamtsystem bekannt und funktionsbezogen gewertet wurde, neben der Berücksichtigung vorbeugender Maßnahmen und Vorsorgungen (nicht wirkungsbezogen). Die als Ergebnis der FMEA ermittelte Risikoprioritätszahl ist weder technisch aussagefähig, noch ein annehmbares Hilfsmittel für gezielte technische oder organisatorische Maßnahmen zum Verbessern derartiger Parameter wie Zuverlässigkeit, Gebrauchstauglichkeit und Sicherheit. Eine Methode, die diese Nachteile der FMEA vermeidet, ist die unter der DIN 25 448 bezeichnete und im folgenden beschriebene Ausfalleffektanalyse.

4.1.3 Ausfalleffektanalyse

Die Ausfalleffektanalyse ergänzt ebenso wie die noch nachfolgend behandelten Fehlerbaum- und Ereignisablaufanalysen die vorher genannte QFD und FMEA im Sinne eines umfassenden integrierten Qualitätsplanungs- und -sicherungsinstrumentariums aus kundenorientierter Sicht. Die im Rahmen der QFD als kundenwichtig erkannten Produkt- und Prozeßmerkmale werden durch die nachfolgend beschriebenen Qualitätstechniken hinsichtlich der Versagensmöglichkeiten und Versagensursachen untersucht.

Nach der DIN 25 448 ist die Ausfalleffektanalyse ein Verfahren zum Untersuchen der Ausfallarten aller Komponenten eines Systems inklusive deren Auswirkung auf das System. Ziel dieser Analyse ist das systematische Erfassen und Bewerten zuverlässigkeits-, sicherheits- und instandhaltungsrelevanter Informationen über das System. Bevorzugtes Anwendungsgebiet dieser Analyse ist die Kerntechnik sowie die Luft- und Raumfahrt.

Zweck dieser Analyse ist die qualitative Bewertung von Systemen oder Systementwürfen bezüglich des Ausfalls einzelner Komponenten. Im Vordergrund steht das Auffinden von Schwachstellen. Die Ausfalleffektanalyse ermöglicht Entwurfsverbesserungen bezüglich der Zuverlässigkeit, Instandhaltung und Sicherheit. Zu Beginn der Analyse müssen detaillierte Informationen über das System vorliegen. Diese können beispielsweise aus folgenden Unterlagen entnommen werden:

- Systemspezifikation
- Funktionsbeschreibung
- Zusammenstellungszeichnung
- Montageanleitung
- Beschreibung der Einsatzbedingungen

Das zu analysierende System wird in seine Komponenten unterteilt, wobei diese Komponenten wiederum in die einzelnen Bauelemente zu zergliedern sind. Danach werden die Ausfallarten der Komponenten festgestellt und ihre Auswirkungen auf das System und seine Umgebung bewertet. Entscheidend für das Ergebnis der Ausfalleffektanalyse ist, daß möglichst alle Ausfallarten einer Komponente ermittelt werden, die sich aus den Funktionen dieser Komponente ableiten. Damit werden alle Ausfallmöglichkeiten des Gesamtsystems auf der Basis einzelner Komponentenausfälle festgestellt. Über eine noch näher erläuterte Fehlerbaumanalyse nach DIN 25 424 (siehe Punkt 4.1.4) und die Ereignisablaufanalyse nach DIN 25 419 (siehe Punkt 4.1.5) können die Ausfallkombinationen weiter untersucht werden.

Ähnlich der FMEA-Vorgehensweise ist das Verfahren weitgehend formalisiert. Die Ausfalleffektanalyse wird in der Entwurfsphase eines Systems durchgeführt. Dort können bereits Ausfallmechanismen erkannt werden, die mit verhältnismäßig geringem Aufwand zu beseitigen sind und zu einem Optimum zwischen sicherheitstechnischen Anforderungen und den gewünschten Systemfunktionen führen. Obwohl keine quantitativen Zuverlässigkeitswerte des zu betrachtenden Systems damit gefunden werden, stellt die Ausfalleffektanalyse die entscheidende Grundlage für die notwendige qualitative Auswahl dar. Beispiele für Bewertungskriterien der Auswirkungen entsprechend der Norm sind:

- Wartungsfall: Die Auswirkung führt nicht zum Systemausfall

- Systemausfall: Unzulässiger Systemzustand, die Auswirkung führt zu einem
                   Systemzustand, bei dem sicherheitstechnische Vorschriften
                   verletzt werden

- Gefahrenzustand: Das im System enthaltene Gefährdungspotential wird freigesetzt

Diese Bewertungskriterien können entsprechend der Aufgabe und Funktion der Anlage ergänzt werden.

4.1.4 Fehlerbaumanalysen

Wie bereits oben erläutert, können die Auswirkungen von Ausfallkombinationen in der Fehlerbaumanalyse nach DIN 25 424 untersucht werden. Bei der Fehlerbaumanalyse wird das unerwünschte Ereignis, hier der Ausfall, vorgegeben und dann nach allen Ursachen gesucht, die zu diesem Schadensfall oder Ausfall führen können. Zweck der Fehlerbaumanalyse, kurz FTA genannt, ist die systematische Ermittlung sämtlicher logischer Verknüpfungen von Komponenten, bzw. Teilsystemausfällen, die zu einem unerwünschten Ereignis führen. Die wesentlichen Einflußgrößen und deren Zusammenhänge bezüglich der Zuverlässigkeit der Produkte und der Prozesse werden erkannt und Aussagen über Ausfallwahrscheinlichkeit gewonnen.Das Ergebnis wird grafisch dargestellt und ausgewertet, um gezielt Abstellmaßnahmen zur Verhütung der Ausfallursachen einbringen zu können.

Ziel der **Fehlerbaumanalyse** ist es also

- alle möglichen Ausfälle, wie Ausfallkombination und deren Ursache, die zu einem unerwünschten Ereignis führen, zu identifizieren

- besonders kritische Ereignisse bzw. Ereigniskombinationen (z.B. Fehlfunktionen), die zu unerwünschten Ereignissen führen, darzustellen

- Zuverlässigkeitskenngrößen und Eintrittshäufigkeiten für Ereigniskombinationen oder Nichtverfügbarkeit des Systems bei Anforderungen zu ermitteln

- objektive Beurteilungskriterien für Systemkonzepte erzielen

- eine klare und übersichtliche Dokumentation über die **Ausfallmechanismen** und deren funktionalen Zusammenhänge zu gewinnen

Betrachtungseinheiten der Fehlerbaumanalyse sind Systeme, Teilsysteme, Komponenten und Funktionselemente. Als System wird dabei eine Zusammenfassung von technisch organisatorischen Mitteln zum selbständigen Erfüllen eines Aufgabenkomplexes verstanden. Ein technisches Teilsystem ist die Untergruppe einer Verbindung von Komponenten, um zusammenhängende Aufgaben innerhalb dieses technischen Systems zu lösen.

Die kleinste Betrachtungseinheit eines technischen Systems ist eine Komponente, für die eine Zuverlässigkeitsangabe gemacht werden kann. Jeder Komponente sind ein oder mehrere Funktionselemente zuzuordnen.

Die kleinste Betrachtungseinheit eines Systems ist ein Funktionselement. Dieses Funktionselement darf nur eine elementare Funktion beschreiben, z.B. sperren, öffnen, mit Energie versorgen, drehen usw. Auch für die Fehlerbaumanalyse ist es sehr wichtig, eine genaue Kenntnis des gesamten technischen Systems zu besitzen. Diese Kenntnisse können durch eine Systemanalyse erarbeitet werden.

Gegenstand der Systemanalyse ist die Untersuchung technischer Systeme. Hierbei soll festgestellt werden:

- die Systemfunktionen, die Leistungsziele und ihre zulässigen Abweichungen, evtl. in verschiedenen Betriebsphasen

- die vom System nicht beeinflußbaren Umweltbedingungen bei den verschiedenen Betriebsphasen

- die Hilfsquellen des Systems, z.B. seine Energieversorgung mit ihren Einflüssen auf die Systemfunktionen

- das Zusammenwirken der Komponenten zum Erzeugen der Systemfunktionen

- die Reaktionen des technischen Systems auf Ausfälle von Hilfsquellen innerhalb des Systems

- die verschiedenen Komponenten des Systems und

- die Organisation des Verhaltens des Systems

Der aktuelle Systemzustand, im besonderen der Systemausfall, wird durch ein unerwünschtes Ereignis, das sogenannte Top-Event, beschrieben. Das Fehlerbaummodell identifiziert nun alle möglichen Komponentenausfälle oder Ausfallkombinationen, die ursächlich zu diesem Systemzustand beigetragen haben. Ausfälle sind zu unterteilen in:

- primärer Ausfall

- Ausfall bei zulässigen Einsatzbedingungen einer Komponente

- sekundärer Ausfall

- Folgeausfall bei unzulässigen Einsatzbedingungen einer Komponente

- kommandierter Ausfall

- Ausfall trotz funktionsfähiger Komponenten infolge einer falschen oder fehlenden Anregung oder des Ausfalls einer Hilfsquelle

Der eigentliche Fehlerbaum besteht nun aus Bildseiten für die obengenannten Eingänge und deren Verknüpfungen. Diese Verknüpfungen, die für logische Zusammenhänge stehen, bestimmen entsprechend charakteristischer Regeln aus ihren Eingängen einen Ausgang, der binär beschrieben wird:

$$0 = \text{funktionsfähig (intakt)} \qquad 1 = \text{ausgefallen (defekt)}$$

Als Auszug aus der DIN 25 424 sind die gebräuchlichsten Bildzeichen für Ein- und Ausgänge in Bild 4-7 abgebildet. Für die Erstellung dieses Fehlerbaumes muß nach der oben beschriebenen Systemanalyse eine eindeutige Festlegung der Systemfunktionen für sämtliche geforderten Funktionen aufgezeigt und diese den funktionserfüllenden Elementen (Systemkomponenten) zugeordnet werden. Danach werden alle notwendigen Komponenten mit Angabe der zu realisierenden Systemfunktionen grafisch wiedergegeben. Allerdings sind dabei die Umweltbedingungen zu berücksichtigen, weil das System die geforderten Funktionen unter Einwirkung von Umweltbedingungen, auf die das technische System selber keinen Einfluß ausübt, in den verschiedenen Betriebsphasen erfüllen muß.

Zusätzlich sind auch physikalische und chemische Eigenschaften der Systemelemente zu berücksichtigen. Weiter müssen die Abhängigkeiten und das Verhalten des Systems auf folgende Kriterien hin untersucht werden:

- Zusammenwirken der Systeme (Elemente) zur Erzeugung der Systemfunktionen

- Reaktion des Systems auf die Umgebungseinflüsse

- Verhalten des Systems bei internen Ausfällen

- Verhalten des Systems bei Ausfällen benötigter Hilfsenergien

Wichtige Erkenntnis aus der Fehlerbaumanalyse sind also:

- das systematische Erfassen von Ausfallkombination, die zu unerwünschten Ergebnissen führen

- die Eintrittshäufigkeit für die Ausfallkombinationen

- die Eintrittshäufigkeit des unerwünschten Ereignisses

- die kleinsten **Ausfallkombinationen**, die zum unerwünschten Ergebnis führen.

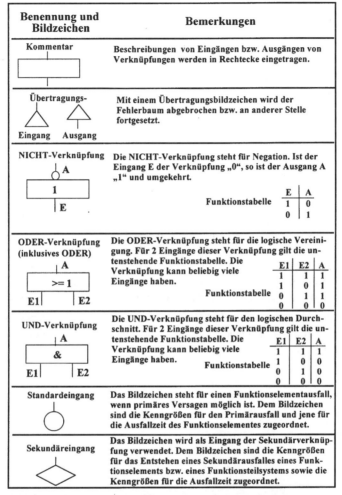

Bild 4-7 Fehlerbaum-Bildzeichen (Auszug aus DIN 25424 Teil 1)

4.1.5 Ereignisablaufanalyse (Störablaufanalyse)

Die Ereignisablaufanalyse nach der DIN 25419 wertet Erkenntnisse aus der Ausfallef-fektanalyse aus und ermittelt Ereignisse, die sich aus einem vorgegebenen Anfangsereig-nis innerhalb technischer Systeme entwickeln. Bevorzugt wird die Ereignisablaufanalyse zur Untersuchung der Auswirkungen von Störungen und Störfällen in technischen Syste-men eingesetzt, daher auch die frühere Bezeichnung „Störablaufanalyse".

Zweck der Analyse ist das Beschreiben und Bewerten von Ereignisabläufen mit ihren möglichen Verzweigungen in unterschiedliche Bereiche. Mit Hilfe grafischer Symbole lassen sich diese Abläufe einfach und übersichtlich in Form eines Ereignisablaufdiagram-mes (Ereignisbaum) darstellen und analysieren. Vorausgesetzt wird bei Beginn der Ereignisablaufanalyse ein Anfangsereignis, z.B. ein Komponentenausfall oder eine durch Menschen verursachte **Fehlbedienung**. Danach werden die Wirkungen dieses Ereignisses auf die verschiedenen anderen Teile und deren Reaktionen bis hin zu den verschiedenen möglichen Endzuständen in den einzelnen Bereichen des technischen Systems festgestellt. Die zuerst angeforderte Funktion ist abzufragen. Danach wird entschieden, ob die Funktion erfüllt wird oder nicht. Im Ereignisablauf verzweigt sich dann die Wirkung an dieser Stelle. Aus der Verknüpfung des Anfangsereignisses mit den möglichen Reaktionen der verschiedenen anderen Teile ergeben sich verschiedene Folgeereignisse, mit denen, wie mit dem Anfangsereignis, weiter verfahren wird. Deshalb können in einem Ereignisablaufdiagramm mehrere Verzweigungen hintereinander und nebeneinander auftreten. Die einzelnen Wirkungen und Reaktionen sind soweit zu verfolgen, bis alle Funktionen in den verschiedenen Teilen des Systems abgefragt sind. Die Endzustände der Analyse sind die Ausgänge der letzten Verzweigung.

Die Ereignisablaufanalyse ist deshalb ein sehr geeignetes Verfahren, Erkenntnisse aus der Ausfalleffektanalyse mit den möglichen unterschiedlichen Verzweigungen zu erfassen. Sie unterstützt damit die Erkenntnisse der Ausfalleffektanalyse, weil diese im Regelfall allein nicht ausreicht, um die meist vorhandenen Verzweigungen er Auswirkungen zu erkennen. Ausfalleffektanalyse, Fehlerbaumanalyse und Ereignisanalyse zusammen ermöglichen qualitative und quantitative Aussagen über die Funktionsfähigkeit, Zuverlässigkeit und Sicherheit einzelner Anlagen nach dem derzeitigen Stand der Technik. In dieser Kombination sind die Aussagen dieser Analysen den FMEA-Ergebnissen überlegen.

Weitere kundenorientierte TQM-Methoden sind beispielsweise die bereits in Kapitel 3 behandelten **Kunden-Feedback**-Programme oder auch **Konkurrenzanalysen**.

4.2 Mitarbeiterbezogene TQM-Methoden

4.2.1 Sieben-Basis-Werkzeuge (für die ständige Verbesserung)

Bei den mitarbeiterorientierten TQM-Methoden und Werkzeugen besitzen die in Bild 4-8 genannten sieben Basiswerkzeuge mit dem Schwerpunkt der Fehlererkennung eine große Bedeutung für die ständige Prozeßverbesserung, weil sie von den Mitarbeitern vor Ort ohne hohen Aufwand zur Prozeßverbesserung eingesetzt werden können.

Sie bauen aufeinander auf und können in allen Phasen eines Problemlösungs- und Verbesserungsprozesses eingesetzt werden. Es beginnt mit der Erzeugung von Problembewußtsein und mit der Lokalisierung der Probleme sowie dem Festlegen der Aufgaben mit der Bestimmung der möglichen Fehlerursachen. Es geht weiter über das Entwickeln von Lösungsalternativen bis hin zur Einführung der Lösung und zum Erfolgsnachweis.

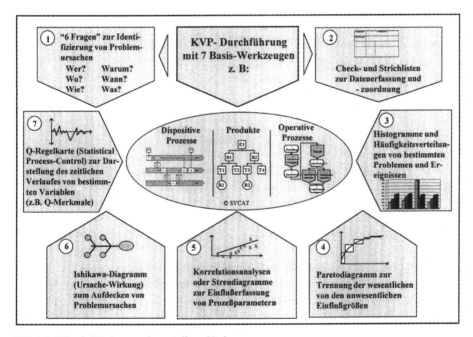

Bild 4-8 7-Basis-Werkzeuge der ständigen Verbesserung

Basiswerkzeug Nr. 1 sind die sechs Fragen zur Identifizierung von **Problemursachen**. Die Probleme lassen sich über die Beantwortung folgender Fragen lokalisieren:

wer / was / wo / wann / warum / wie

und damit die Ansatzpunkte für ihre Beseitigung erarbeiten.

Basiswerkzeug Nr. 2 sind einfache Check- und Strichlisten zur Datenerfassung und Datenzuordnung. Über einen festgelegten Zeitraum wird ermittelt, welche Fehler wie oft auftreten (Fehlersammellisten). Die Fehlerkennzeichnung erfolgt beispielsweise durch

Angabe des Fehlerortes, der Fehlerart, der Fehlerhäufigkeit und der Fehlerursache. In Schaubildern läßt sich die **Häufigkeitsverteilung** von bestimmten Problemen und Ereignissen übersichtlich darstellen. Diese Fehlerstatistiken sind zur Vermeidung und zur Erkennung von Fehlern unbedingt erforderlich. Unter anderem sind sie eine wichtige Voraussetzung für die unter Punkt 4.1.2 erläuterte FMEA.

Basiswerkzeug Nr. 3 ist ein Hilfsmittel zur Visualisierung von Meßwertverteilungen in bestimmten Intervallen des Meßbereiches in Form von **Histogrammen**. Damit läßt sich die Frage beantworten, ob ein Prozeß normalverteilte Meßwerte liefert. Weiter ist zu erkennen, wie die Meßwerte im Verhältnis zu den Toleranzen verteilt sind, um auf diese Weise den Grad der Toleranzausnutzung durch den Prozeß abzuschätzen.

Zweckmäßigerweise geht man zum Erstellen eines Histogrammes folgendermaßen vor:

1)   Es müssen mindestens n = 50 Meßwerte vorliegen

2)   Der Meßbereich ist sinnvoll in Intervalle einzuteilen.

       Dabei sollte die Klassenbreite auf Endziffern wie 10; 5; 2; 1,0; 0,5; 0,1; usw. gerundet sein.

3)   Eintragen der Meßwerte in die jeweilige Klasse (Strichliste)

4)   Übertragen der Häufigkeitswerte der Strichliste in ein Säulendiagramm. Bei diesem sind auf der Abszisse die Meßintervalle eingetragen.

Oft ist es auch sinnvoll, aus den absoluten Häufigkeitswerten, wie sie in der Strichliste stehen, die relativen Häufigkeitswerte mit zu berechnen.

Mit Basiswerkzeug Nr. 4, dem **Paretodiagramm**, können die wesentlichen von den unwesentlichen Einflußgrößen getrennt werden. In Verbindung mit dem Paretoprinzip wird mitunter von der 80/20 Regel gesprochen, weil häufig 80% der Probleme von 20% der Ursache her rühren. Beispielsweise sind erfahrungsgemäß 80% des Ausschusses von 20% der Teile verursacht. Hierbei handelt es sich aber immer um circa-Werte. Die Verteilungen werden im Pareto-Diagramm visualisiert und in Form eines Säulendiagrammes dargestellt, bei dem Probleme oder ihre Ursachen in der Reihenfolge ihrer Bedeutung zugeordnet werden.

Bei der **ABC-Analyse** werden entsprechend den empirischen Erfahrungen bei Untersuchungsobjekten drei Klassen gebildet, beispielsweise für Kosten, Wert, Umsatz, Aufwand oder Risiko. Diese Klassen entsprechen der Wichtigkeit des Auftretens und sind hier als A,- B- und C-Komponenten bezeichnet. Die A-Komponenten sind mit besonderer Sorgfalt zu analysieren, zu planen und zu steuern. Die B-Komponenten sind nach mittelrangigen Gesichtspunkten abzuarbeiten. Die C-Komponenten können im ersten Schritt vernachlässigt werden. A-Komponenten liegen mengenmäßig bei ca. 5%, stellen aber in der Regel 70-80% des Wertes dar. Beispielsweise beim Teilespektrum eines Unternehmens. B-Komponenten haben einen Mengenanteil von 10%, ihr Wert liegt bei ca. 10-15%. Die C-Komponenten sind mengenmäßig bis zu 80% beteiligt, ihr Wert oder ihre Kosten liegen nur bei ca. 5% am Gesamtanteil.

Als Basiswerkzeug Nr. 5 dienen **Korrelationsanalysen** oder **Streudiagramme**. Damit lassen sich die Einflüsse von Prozeßparametern verdeutlichen. Das Streudiagramm ist ein x-y-Diagramm, bei dem auf der Abszisse die zu untersuchende Einflußgröße und auf der

Ordinate die Problemgröße aufgetragen werden. Es ergibt sich auf diese Weise eine charakteristische Funktionskurve, die der ABC-Analysekurve ähnelt.

Die zu untersuchende Einflußgröße wird z.B. auf 25 Werte eingestellt. Der Wert der Problemgröße wird gemessen. Man erhält so 25 x-y-Wertepaare. Für jedes Wertepaar erzeugt man im x-y-Diagramm einen Meßpunkt. Je deutlicher sich ein funktionaler Zusammenhang zeigt, desto klarer ist der Einfluß der untersuchten Größe an dem Problem. Wenn die y-Werte sehr stark streuen, bedeutet dies, daß y möglicherweise nicht die Haupteinflußgröße ist, sondern daß die Werte von y sehr stark von anderen, während des Experiments nicht kontrollierten Einflußgrößen bestimmt wurden. Um die Wirkung dieser anderen Einflußgrößen herauszufinden, empfiehlt es sich, beim Erstellen des Streudiagrammes keine der anderen Einflußgrößen konstant zu halten.

Als mathematisches Hilfsmittel zur Beurteilung des Einflusses von x auf y läßt sich bei einem linearen Zusammenhang eine Ausgleichsgerade durch die Punktewolke legen und der Korrelationskoeffizient r berechnen. Viele Statistikprogramme auch in Taschenrechnern bieten die Berechnung des Korrelationskoeffizienten an. Nach Eingabe der x-y-Wertepaare erhält man einen Wert, der immer zwischen -1 und +1 liegt. Der Interpretation dient folgende Tabelle:

Wert von r	Bedeutung
$0,7 < r < 1$	klare positive Korrelation
$0,3 < r < 0,7$	unklare positive Korrelation
$-0,3 < r < +0,3$	keine Korrelation
$-0,7 < r < -0,3$	unklare negative Korrelation
$-1 < r < -0,7$	klare negative Korrelation

Da nicht alle abgebildeten funktionalen Zusammenhänge linear sind, besitzt die Problemgröße häufig ein Optimum, das es zu bestimmen gilt. Auch in diesem Fall leistet das Streudiagramm wertvolle Dienste, indem es den Verlauf der Funktion und somit das Optimum ebenfalls darstellt.

Das Ishikawa-Diagramm, auch als Ursache-Wirkungs- oder Fischgräten-Diagramm bezeichnet, als Basiswerkzeug Nr. 6 dient zum Aufdecken und Abarbeiten von Problemursachen. Bei der Erstellung des „Ursache-Wirkungs-Diagramms" nach *Ishikawa* werden alle Neben- und Unterursachen einer vorher festgelegten Hauptursache zugeordnet. Diese Hauptursachen stoßen auf den horizontalen Pfeil, der in Richtung der Problemwirkung zeigt. Dadurch ergibt sich das obengenannte Fischgrätenmuster. Die vier am üblichsten auftretenden und im Diagramm verwendeten Hauptursachen sind Mensch, Material, Methode und Maschine.

In einem **Brainstorming** ordnen die Teilnehmer aus ihrem Wissen und ihrer Erfahrung der jeweiligen Ursachenhauptgruppe die Ursachen zu, welche die Wirkung hervorrufen oder sie beeinflussen. Diese Ursachen werden entsprechend ihrer Bedeutung als Ober- oder Unterbegriffe in Form von Gräten oder Untergräten an die passende Hauptgräte angefügt. Anschließend werden die wichtigsten Ursachen in Form einer Prioritätsbearbeitung lokalisiert und anschließend weiter bearbeitet.

Zum Ishikawa-Diagramm ist in Bild 4-9 ein Beispiel aus der Praxis dargestellt. Hier ging es darum, den Mitarbeitern durch diese Methode die Potentiale und die Funktion des neu eingerichteten Logistikzentrums zu erläutern und Lösungen für die Akzeptanz dieser Maßnahmen zu finden. Die Lösungsansätze zur Beseitigung der festgestellten Problemursachen sind hierbei direkt zugeordnet.

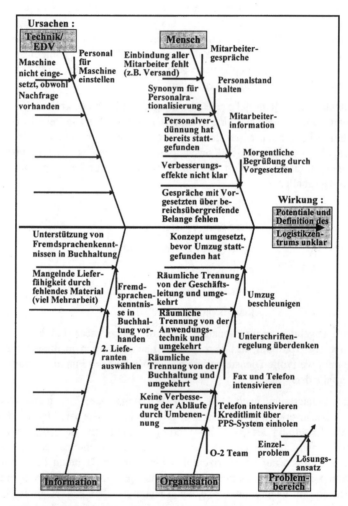

Bild 4-9 Problem-Lösungsdiagramm nach *Ishikawa*

Der Vorteil der Anwendung des **Ishikawa-Diagrammes** liegt in der systematischen Erfassung der Problemursachen und in dem eben erläuterten Detaillierungsgrad. Für jede lokalisierte Problemursache kann dann eine Problemlösung erarbeitet werden. Das Abarbeiten aller Problemursachen bewirkt die Lösung des Gesamtproblems.

Beim Erstellen eines Ursache-Wirkungs-Diagrammes hat sich in der Praxis folgendes Vorgehen als optimal erwiesen:

• Das Problemlösungsteam bildet sich aus Beteiligten und Fachleuten

- Das Problemlösungsteam trifft sich zu einer Brainstorming-Sitzung

- Das Problemlösungsteam zeichnet die Hauptgräte des Diagramms mit Pfeilrichtung auf die Wirkung

- Das Problemlösungsteam sammelt potentielle Ursachen im Brainstorming

- Die potentiellen Ursachen werden nach logischen Gesichtspunkten zu Hauptursachen zusammengefaßt. Häufig werden die 5 M (Mensch, Maschine, Material, Methode und Mitwelt (= Umwelt) verwendet.

- Für jede der Hauptursachen zeigt ein Pfeil auf die Hauptgräte. Die Hauptursachen werden an die Enden dieser Pfeile geschrieben. Die unter einer Hauptursache zusammengefaßten Ursachen werden Pfeilen zugeordnet, die auf die Hauptursache zeigen. Liegen diesen Ursachen wieder Unterursachen zugrunde, wird weiter verzweigt, bis man zum Grund der Ursachen vorgestoßen ist.

- Ist das Fischgrätendiagramm fertig, sollte eine letzte Brainstormingrunde durchgeführt werden, da dem Problemlösungsteam häufig aufgrund der Visualisierung noch weitere Ideen kommen.

Basiswerkzeug 7 ist die **Qualitätsregelkarte** als das klassische Qualitätsmanagement-Instrument zur Betrachtung und Darstellung des zeitlichen Verlaufes von bestimmten Merkmalsausprägungen, um rechtzeitig Prozeßprobleme zu erkennen.

In ihrer ursprünglichen Form stellt diese Karte physisch ein Formblatt dar, in dem die Prüfergebnisse original oder verdichtet in ihrer zeitlichen Reihenfolge eingetragen werden. In diesem Formblatt sind Grenzlinien definiert, deren Überschreitung bestimmte vorher festgelegte Korrekturmaßnahmen des Prozesses auslöst. Dieser Ablauf ist in Punkt 4.3.1 „SPC" ausführlich mit Bilddarstellungen beschrieben.

Zusammengefaßt läßt sich die Anwendungsbreite der Qualitäts-Regelkarte wie folgt darstellen:

- sie ist ein Hilfsmittel für eine fortlaufende **Prozeßregelung**, das die Unterscheidung von zufälligen und systematischen Veränderungen erlaubt

- sie dient als Werkzeug, den fähigen Prozeß sicher zu führen, d.h. zu beherrschen

- sie gibt Hinweise auf mögliche Ursachen, wenn ein Prozeß außer Kontrolle gerät

- sie sorgt für eine Verminderung von Ausschuß und Nacharbeit und somit von Qualitätskosten

- sie erhöht die effektive Kapazität der Betriebsmittel

- sie dokumentiert die Qualität des Prozesses und der Produkte

- sie gilt als „gemeinsame Sprache" bei Diskussionen über Qualität im Betrieb

- sie ermöglicht den Nachweis für Qualitätsfähigkeit eines Lieferanten

- sie ermöglicht den Nachweis im Hinblick auf die Produzentenhaftung

- sie ermöglicht die Verkleinerung der Streuung von Qualitätsmerkmalen

Die Auswahl der richtigen Qualitäts- oder Prüfmerkmale zur Beobachtung mit SPC ist der entscheidende Schritt für die Prozeßbeherrschung. Dabei sollte man einmal Kenntnis über die systematischen Einflüsse sogenannter Signalfaktoren zur Prozeßstabilisierung besitzen sowie über die Prozeßstreuung, die durch Störfaktoren (Fehlerursachen) mit stochastischer Verteilung hervorgerufen wird.

Die sieben erläuterten Basis-Qualitätswerkzeuge mit dem Schwerpunkt der Fehlererkennung und Fehleranalyse lassen sich in die in Bild 4-10 genannten sieben Managementwerkzeuge einbringen. Diese sieben Managementwerkzeuge stellen ein Maßnahmenbündel zur Kommunikation und Visualisierung von Problemen dar, das alle Phasen des Problemlösungsprozesses unterstützt.

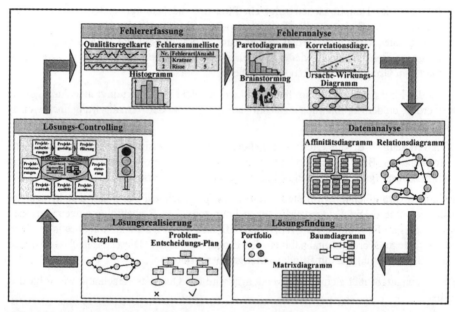

Bild 4-10 Sieben Management-Werkzeuge

Diese sieben Managementwerkzeuge wiederum sind in dem bereits in Kapitel 1 unter Punkt 1.3.1 beschriebenen PDCA-Zyklus von *W. Edwards Deming* enthalten.

4.2.2 Poka-Joke

Poka-Joke ist ein japanisches Konzept zur Durchsetzung von fehlhandlungssicheren Verrichtungen und Maßnahmen. Japanisch heißt „poka" unbeabsichtigter oder zufälliger Fehler und „joke" heißt Verminderung. Dieses Konzept mit dem langfristigen Ziel der Nullfehlerprinzip-Garantie soll also das Entstehen unbeabsichtigter oder zufälliger Fehler verhindern oder zumindest reduzieren. Die Methode Poka-Joke wurde 1986 durch *Shigieo Shingo* in Deutschland veröffentlicht. Bestandteil der Poka-Joke-Philosophie ist die Erkenntnis, daß Menschen als Bestandteil eines automatisierten Fertigungsprozesses unter besonderen Bedingungen stehen, die eine teilweise starke Konzentration erfordern, wobei der Prozeß selber aber keine Rücksicht auf physiologische Schwankungen nimmt. Daher kommt es aufgrund menschlicher Unzulänglichkeiten, wie z.B. Unaufmerksamkeit, Ermüdung oder fehlende Übung, immer wieder zu Fehlhandlungen, die Fehler im Urlauf verursachen. Typische Fehlhandlungen oder Fehlgriffe sind beispielsweise:

- vertauschen
- vergessen
- verwechseln

- falsch ablesen
- falsch verstehen
- falsch interpretieren u.ä.

Durch Poka-Joke soll sichergestellt werden, daß aus diesen Fehlhandlungen keine Fehler am Produkt entstehen. Die drei wichtigen Elemente des Poka-Joke sind

- ein Detektionssystem mit Sensoren und Überwachungseinrichtungen,
- ein Auslösemechanismus mit Kontakten, Zählern oder Bewegungsdetekoren,
- ein Reguliervorgang durch Alarm oder Abschalten auslösen.

Alle drei Elemente kommen mit einfachen Hilfsmitteln aus. Dabei wird zwischen einem einfachen und einem intelligentem Poka-Joke unterschieden. Einfaches Poka-Joke geschieht durch mechanisches Gestalten, z.B. durch eine Einlegeschikane verhindern, daß bei einer Einlegevorrichtung nur narrensichere Einlegearbeiten möglich sind. Beim intelligenten Poka-Joke wird das Betriebsmittel eingesetzt, um zu prüfen, ob ein Fehler gemacht wurde. Ein Beispiel für intelligentes Poka-Joke ist das Türöffnen beim Auto, hier wird ein Pfeifton ausgelöst, wenn die Scheinwerfer noch eingeschaltet sind. Der Fahrer merkt also sofort, daß er vergessen hat das Licht auszuschalten.

Auch Poka-Joke läßt sich in eine Kette der Anwendung der hier beschriebenen Qualitätstechniken bringen. Angefangen hat die Anwendung der Methoden mit der FMEA oder Ausfalleffektanalyse zur frühzeitigen Feststellung möglicher Fehlerursachen. Über die SPC werden mögliche Prozeßfehler festgestellt. Folgen und Ursachen werden über die sieben Basiswerkzeuge ermittelt und als Prozeßsicherungsmethode wird abschließend Poka-Joke eingesetzt.

4.2.3 Fehlererkennungs- und Prozeßstoppsystem (JIDOIKA)

Ein sehr wichtiges japanisches prozeßintegriertes Qualitätssicherungskonzept ist ein Fehlererkennungs- und Prozeßstoppsystem, das insbesondere von *Toyota* geprägt wurde. Hierbei wird eine prozeßintegrierte merkmalsbezogene 100%-Prüfung der Teile, Baugruppen und Produkte durchgeführt, um die Fehlerrate gravierend zu minimieren. Sobald eine Abweichung vom Standardablauf auftritt, unterbricht dieses Fehlererkennungs- und Prozeßstoppsystem den Fertigungsprozeß, wobei zwischen mitarbeiter- und technikbasierenden Fehlererkennungs- und Prozeßstoppsystemen zu unterscheiden ist. Beim mitarbeiterbasierenden System handelt es sich um manuelle Aktivitäten des Mitarbeiters aufgrund der von ihm durchgeführten Selbst- oder Folgekontrolle. Beim technikbasierenden Fehlersystem werden über Sensoren die Arbeitsabläufe überwacht und im Falle eines Fehlerauftretens die Stopp-Mechanismen ausgelöst.

Die manuelle **Prozeßunterbrechung** findet i.d.R. durch das Ziehen einer Reißleine oder der Betätigung einer Haltertaste bzw. Schalters durch den Mitarbeiter statt. Mit dem Ziehen der Reißleine wird gleichzeitig eine Leuchtanzeige mit Arbeitsstations-Nr. an einer zentralen Anzeigetafel japanisch ´ANDON´ aktiviert, so daß alle am Fertigungsprozeß

beteiligten Mitarbeiter die Prozeßunterbrechung mitgeteilt bekommen, um danach gemeinsam in dem entsprechenden Prozeßabschnitt die Fehlerursache, -findung und -
behebung durchführen zu können. Gleichzeitig ist diese Prozeßunterbrechung ein Grund,
sofort und systematisch die Fehler und ihre Ursachen umfassend zu ermitteln, damit durch
die danach einzuleitenden Maßnahmen ein Wiederauftreten dieses Fehlers unterbunden
wird. Häufig ist dies ein Grund, das evtl. neue Einstellparameter oder neue Arbeitsablauf-
standards festgelegt werden.

4.2.4   Qualitätszirkel

Eine einheitliche Begriffsbestimmung der Qualitätszirkel liegt nicht vor. Beispielsweise
sind nach *Antoni* 1990 Qualitätszirkel kleine Gruppen von Mitarbeitern der unteren Hierarchieebene, die sich regelmäßig auf freiwilliger Grundlage treffen, um Probleme aus ihrem Arbeitsbereich zu bearbeiten. Nach einer weiteren Definition besteht ein Qualitätszirkel aus einer moderierten Arbeitsgruppe, die alles bearbeitet, was einem reibungslosen
Arbeitsablauf im Wege steht. Produkt-, Prozeß- und soziale Qualität stehen im Blick-
punkt. Ausgenommen sind tarifvertragliche, arbeitsrechtlich geregelte Fragen sowie
grundsätzliche Managemententscheidungen und die Themenreligion und -politik. Nach
Bungard und *Wiendieck* 1986 handelt es sich bei Qualitätszirkeln um Gesprächsrunden

- von 5 bis 10 Mitarbeitern aus unteren Hierarchieebenen

- die in der Regel aus einem Arbeitsbereich stammen

- die auf freiwilliger Basis arbeitsbezogene Probleme im weiteren Sinne besprechen und
  möglichst eigenverantwortlich zu lösen versuchen

- deren Moderation im Sinne der Diskussionsleitung übernimmt entweder der direkte
  Vorgesetzte der Mitarbeiter, also z.B. der Vorarbeiter bzw. Meister, oder ein ausge-
  wähltes Mitglied der Gruppe oder ein Moderator aus einem ganz anderen Bereich

- Die Produktqualität ist dabei nur ein - wenn auch sehr wichtiger - Teilaspekt; daneben
  werden Fragen der Arbeitssicherheit, der Arbeitsplatzgestaltung, der Zusammenarbeit
  mit den Vorgesetzten und vieles mehr diskutiert.

Häufig wird der Begriff Qualitätszirkel auch als Oberbegriff für Kleingruppenarbeit verwendet. Andere Begriffe sind beispielsweise Werkstattzirkel, **Lernstattgruppe**, Projekt-
gruppe, TQM-Zirkel, TQC-Zirkel, teilautonome Arbeitsgruppe, **KAIZEN-Team**, QFD-
Team, KVP-Quadrat-Team oder COQ-Team und weitere.

Grundsätzlich soll in diesen Qualitätszirkeln das spezielle Wissen der Mitarbeiter und die
Motivation zur Verbesserung gefördert werden. Permanente Qualitätszirkel sollen gewährleisten, das ernste Probleme gar nicht erst auftreten. Wie bei **KAIZEN** hat also die Arbeit im
Qualitätszirkel das Ziel, alle Mitarbeiter selbstverantwortlich in den Prozeß der Leistungserstellung mit einzubinden. Dabei entwickelt sich die Teamfähigkeit der Mitarbeiter. Eine
Qualifizierung wird erreicht, indem in den Qualitätszirkeln die Techniken und Methoden
der Qualitätsüberwachung und des Qualitätsmanagements behandelt werden.

Da die Mitarbeit in diesen Qualitätszirkeln in der Regel auf freiwilliger Basis erfolgt, ist es
oft sehr schwierig, die Mitarbeiter über einen längeren Zeitraum innerhalb dieser Qualitätszirkel zu mobilisieren. Hinderlich ist hier u.a., daß die Mitarbeiter nach wie vor zu we-

nig Spielraum besitzen, um bekannte Schwachstellen tatsächlich zu beseitigen. Wenn Defizite angesprochen werden, ohne daß eine Maßnahme zur Beseitigung ergriffen wird, führt das zur Demotivation. Hier sind die Vorgesetzten in Qualitätszirkeln gefordert, den notwendigen Spielraum zu schaffen. Der große Erfolg der Qualitätszirkel im Werkstattbereich hat dazu geführt, diese auch in dispositiven Aufgabenbereichen einzusetzen.

4.2.5 Total Productive Maintenance (TPM)

Die konsequente Weiterentwicklung der vorher beschriebenen **Qualitätszirkelarbeit** führt zum Total-Productive-Maintenance-Konzept (TPM), bei dem die Mitarbeiter für eine vorbeugende Instandhaltung der Produktionsanlagen während ihrer gesamten Lebensdauer zuständig sind, um so beispielsweise die in Bild 4-11 genannten Zielsetzungen zu erreichen.

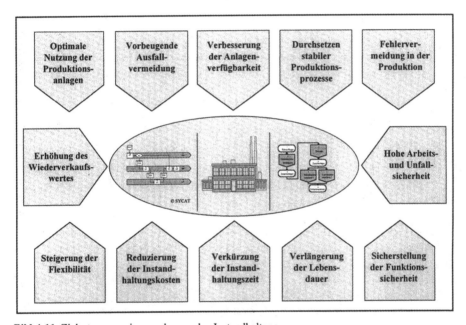

Bild 4-11 Zielsetzungen einer vorbeugenden Instandhaltung

Um diese Zielsetzungen zu erreichen, sind beispielsweise folgende Aufgabenstellungen zu erledigen:

1. Einrichtung von bereichsübergreifenden **Verbesserungsteams**

Diese Verbesserungsteams, die sich aus Mitarbeitern der Produktion, Instandhaltung und dem Qualitätsmanagement zusammensetzen, haben die Aufgabe evtl. Maschinenstörungen durch vorbeugende Maßnahmen zu verhindern. Gleichzeitig sollen dabei Rüst- und Einrichtungsverluste, Lehrlauf- und Kurzstillstände, verringerte Taktgeschwindigkeit der Anlagen sowie Qualitätsverluste durch Ausschuß und Nacharbeit oder Anlaufschwierigkeiten mit beseitigt werden.

2. Autonome Instandhaltung durch die Maschinenbediener

Die Maschinenbediener sollen die Instandhaltungsmaßnahmen selbständig durchführen. Zu diesen Tätigkeiten gehört beispielsweise die Betriebsmittelwartung, die richtige Bedienung sowie die Erhaltung der Einsatzfähigkeit dieses Betriebsmittels durch Reinigung und Schmierung. Weiter gehören dazu regelmäßige Inspektionen sowie die Durchführung von kleineren Reparaturen mit Berichterstattung oder die Unterstützung bei größeren Reparaturen der Betriebsmittel.

3. Entwicklung eines **Instandhaltungskonzeptes**

Zweck dieses Instandhaltungskonzeptes ist es, alle notwendigen Vorgaben beispielsweise in Form einer Instandhaltungsmanagement-Systemdokumentation zu erarbeiten, in der exakt festgelegt ist, welche Aufgaben zu welchem Zeitpunkt von welchem Mitarbeiter wie erledigt werden müssen. Dies kann beispielsweise in Form von Betriebshandbüchern erfolgen. Weiter ist in diesem Instandhaltungskonzept festgelegt, wie die Ergebnisse der Inspektion auszuwerten sind und welche Maßnahmen sich daraus ableiten lassen. Auch die Instandhaltungspläne mit Intervallen, Zeiten und benötigten Ressourcen sind zu hinterlegen. Über Instandhaltungsauswertungen wird ein Instandhaltungscontrolling ausgeübt. Hierbei werden auch die Instandhaltungs-Istkosten erfaßt.

4. Schulung und Training der Mitarbeiter

Die beteiligten Mitarbeiter müssen über die TPM-Grundlagen, Werkzeuge und Instandhaltungsmethoden umfassend informiert werden. Durch intensive Schulung, Training und gründliche Einarbeitung werden dann die Mitarbeiter in die Lage versetzt, Instandhaltungsmaßnahmen eigenständig durchzuführen.

5. Ständige TPM-Verbesserung

Die Maschinenbediener und Produktionsmitarbeiter sind für einen ständige Verbesserung der Prouduktionsanlagen hinsichtlich ihrer Bedienbarkeit und Instandhaltung sowie zur Herstellung der Prozeßsicherheit verantwortlich. Insbesondere sind ihre Praxiserfahrungen beispielsweise in die Investitionsüberlegungen für Maschinen in der Konstruktions- und Herstellungsphase oder in der Installations- und Anlaufphase mit einzubeziehen. Gleichzeitig ist eine bereichsübergreifende Zusammenarbeit von Entwicklung, Konstruktion, Produktion, Qualitätsmanagement und Instandhaltung nötig, damit die Probleme am Arbeitsplatz möglichst früh erkannt und bereits vor ihrem Auftreten beseitigt werden. Auch die Durchsetzung von Ordnung und Sauberkeit am Arbeitsplatz gehört mit zum TPM-Konzept. Mit einem sauberen Arbeitsplatz erhöht sich die Disziplin, die Moral und die Motivation der Mitarbeiter. Allerdings ist TPM nach Erfahrungen aus Japan ein sehr langwieriger Prozeß, der im Durchschnitt ca. 3 Jahre dauert, um die erhofften Ergebnisse in Form einer verbesserten Verfügbarkeit der Anlage und einer Steigerung der Arbeitsproduktivität zu erhalten.

4.3 Prozeßbezogene TQM-Methoden und Werkzeuge

4.3.1 Statistische Prozeßkontrolle (SPC)

Ein beherrschter Prozeß mit Einhaltung der vorgegebenen Prozeß- und Produktmerkmale ist das Ziel aller Verbesserungsmaßnahmen bei der Produktherstellung. Die Beherrschung dieses Prozesses setzt das Prozeßverstehen und die Kenntnis über die Prozeßentwicklung voraus. Prozesse werden dabei verstanden als Vorgänge oder Abläufe, die wiederholt stattfinden. Jeder Prozeß hat ein geplantes Ergebnis in Form von Produkten, Dienstleistungen und/oder Informationen. Dieses Ergebnis soll durch entsprechende Kombination der Produktionsfaktoren Mensch/Maschine/ Material und Information erreicht werden. Mit SPC erhält man die Aussage, ob der beobachtete Prozeß mit dem festgelegten Qualitätsmerkmal beherrscht und fähig ist. Dies geschieht auf der Grundlage statistischer Methoden durch das Erfassen von Stichproben und Wahrscheinlichkeiten der Verteilung. SPC ist grundsätzlich keine Vollkontrolle, sondern eine Stichprobenprüfung. Damit steht also nicht der individuelle Merkmalsträger, sondern eine Gesamtheit (das Kollektiv) von Merkmalsträgern im Mittelpunkt der Betrachtung.

Die Leistungsfähigkeit der statistischen Prozeßkontrolle wird durch keine andere Prozeßsteuerungsmethode auch nur annähernd erreicht. Das liegt daran, daß die Prüfergebnisse sehr schnell verfügbar sind und daß eine Teilprüfung sehr viel preiswerter als eine Hundertprozentprüfung ist. Zusammenfassend besteht das Ziel der statistischen Prozeßkontrolle darin, anhand von Stichprobenprüfungen unter Verwendung mathematisch statistischer Verfahren Aussagen über die Ausführungsqualität einer Menge von hergestellten Produkten zu erhalten.

Bei der statistischen Prozeßkontrolle werden zwei Arten der Prüfung unterschieden. Einmal handelt es sich um eine kontinuierliche Fertigungs- oder Prozeßüberwachung (inspection). Darunter versteht man alle statistischen Prüfvorgänge während des Fertigungsablaufes, die dazu geeignet sind, durch Informationen über den Prozeßzustand eine Steuerung des Prozesses zu ermöglichen, so daß sich das Qualitätsmerkmal des herzustellenden Produktes stets innerhalb vorgeschriebener Grenzen befindet. Bei dieser Art der Fertigungsregelung hat man es stets mit potentiell unendlichen Gesamtheiten zu tun, d.h., man arbeitet mit der statistischen Theorie für Stichproben aus unendlichen Gesamtheiten.

Zum zweiten handelt es sich bei dem Verfahren der statistischen Qualitätssicherung um Abnahme- oder Annahmeprüfungen. Hierbei wird geprüft, wie groß bei einem gegebenem Losumfang die Anzahl der dem Los zu entnehmenden Stücke des Stichprobenumfangs sein sollen und unter welchen Voraussetzungen das Los akzeptiert werden kann. In der Abnahmeprüfung wird stets mit endlichen Gesamtheiten gearbeitet, so daß die statistische Theorie für Stichproben aus endlichen Gesamtheiten zur Anwendung kommt. Bei der Abnahmeprüfung ist also die Fertigung eines Vor-, Zwischen- oder Endproduktes bereits abgeschlossen. Es wird geprüft, ob der geforderte Standard, ausgedrückt durch einen Ausschußanteil, erreicht wurde oder nicht.

Die folgenden Ausführungen beziehen sich im Schwerpunkt auf die Prozeß- oder Fertigungsüberwachung. Sie gelten aber genauso für Maschinen- und Prüfmittelfähigkeitsuntersuchungen.

4.3.2   Prozeßfähigkeitsuntersuchungen

Die Prozeßfähigkeitsuntersuchung erfolgt auf der Basis der Führung einer Regelkarte für variable Merkmale.

Es gibt zwei Arten von **Prozeßfähigkeitsuntersuchung**:

- die Untersuchung der **vorläufigen Prozeßfähigkeit**

- die Untersuchung der **fortdauernden Prozeßfähigkeit**

Der Hauptunterschied zwischen diesen beiden Arten von Prozeßfähigkeitsuntersuchung ist der der Untersuchung zugrunde liegende Beobachtungszeitraum.

Eine vorläufige Prozeßfähigkeitsuntersuchung führt man durch, um frühzeitig Information über die Qualitätsleistung eines neuen oder geänderten Prozesses zu erhalten. Auf der, bei der Untersuchung benutzten Regelkarte müssen mindestens zwanzig Stichproben eingetragen werden. Eine vorläufige Prozeßfähigkeitsuntersuchung wird wahrscheinlich nicht das volle Ausmaß der Prozeßstreuungen widerspiegeln, die z.B. durch Schichtwechsel, unterschiedliche Rohmaterialchargen, Schwankungen oder Umweltbedingungen usw. verursacht werden.

Die Untersuchung der fortdauernden Prozeßfähigkeit unterscheidet sich von der Untersuchung der vorläufigen Prozeßfähigkeit dadurch, daß ihr Daten eines längeren Beobachtungszeitraumes zugrunde liegen und alle zufallsbedingten Streuungsursachen mit berücksichtigt werden, insbesondere auch diejenigen zufallsbedingten Streuungsursachen, deren gesamte Auswirkungen auf den Prozeß erst über mehrere Stichprobenintervalle hinweg voll wirksam werden. Die Länge dieses Beobachtungszeitraums wird im Einzelfall davon abhängen, wie lange diese Streuungsquellen dazu brauchen, ihre gesamten Auswirkungen zu zeigen. Der Mindestbeobachtungszeitraum beträgt jedoch 20 normale Produktionstage.

In der Wiederholung der Prozeßabläufe werden die Ergebnisse der Merkmale um eine mittlere Lage streuen. In den meisten Fällen kann diese Streuung mit dem mathematischen Modell der Normalverteilung angenähert und damit simuliert werden. Die Streuung hat in aller Regel zufällige und systematische Ursachen und Anteile.

Den Streuungsanteil der zufälligen Ursachen nennt man auch natürliche Streuung. Sie ist durch die Prozeßführung und Prozeßkorrektur nicht oder nur schwer beeinflußbar. Die natürliche Streuung besitzt nach Baumbach folgende Eigenschaften:

- sie ist Folge des festgelegten Prozeß-Design (Gestaltung des Fertigungsprozesses)

- sie kann durch Regelung nicht verringert werden

- sie bleibt gleich, solange die Prozeßparameter sich nicht verändern

- sie läßt sich voraussagen, wenn der Prozeß nach Stillegung unter gleichen Bedingungen wieder aufgenommen wird

- sie läßt sich bereits nach kurzer Prozeßbeobachtung ermitteln

- sie ergibt sich aus der Streuung der Meßwerte innerhalb der gezogenen Stichproben

Die nicht natürliche systematische Streukomponente ist durch folgende Kriterien gekennzeichnet:

- sie läßt sich ermitteln, wenn man den Prozeß länger beobachtet

- sie ist repräsentiert durch die Streuung der Mittelwerte der gezogenen Stichproben

- sie wird im Prozeß ausgeprägt

- sie kann durch entsprechende Regelung minimiert werden

- sie kann jederzeit und mit unterschiedlichen Vorzeichen auftreten

- sie läßt sich nur voraussagen, wenn die Regelkartentechnik korrekt angewandt wird

Zur Ermittlung der systematischen Einflüsse auf die Prozeß- und Produktmerkmale und zur Beeinflussung der Signalfaktoren wird neben SPC auch die nachfolgend noch näher erläuterte Taguchi- und Shainin-Methode eingesetzt.

Aus den Ergebnissen der **Stichproben** gewinnt man Kennwerte für die Verteilung des beobachteten Merkmals. Diese Kennwerte bestehen meistens aus Mittelwerten und Standardabweichungen oder Spannweiten. Hieraus leiten sich die statistisch fundierten Aussagen über den Verlauf des Prozesses ab. Wenn bei einem Fertigungsprozeß die systematischen Streuungseinflüsse weitgehend minimiert sind und nur noch die zufälligen Streuungseinflüsse einwirken, so ist der Prozeß im mathematisch/statistischen Sinne als stabil oder beherrscht zu bezeichnen. Die Prozeßfähigkeit ist also abhängig von:

- den Spezifikationsgrenzen

- der Prozeßstreubreite (d.h. der Standardabweichung des Prozesses)

- der Prozeßlage (d.h. dem Prozeßmittelwert)

Aus dem Vergleich der Häufigkeitsverteilung der Meßwerte auf der Regelkarte mit den vorgegebenen Spezifikationsgrenzen lassen sich Prozeßfähigkeitskennwerte errechnen. Zu unterscheiden sind folgende Fähigkeitsindexe:

- pp = vorläufiges Prozeßpotential

- ppk = vorläufige Prozeßfähigkeit

- cp = fortdauerndes Prozeßpotential

- cpk = fortdauernde Prozeßfähigkeit

Das Prozeßpotential (pp bzw. cp) beurteilt die Qualitätsleistung des Prozesses anhand eines Vergleichs der Prozeßstreubreite fp mit der Toleranzbreite. Die Standardabweichung sR als Maß für die Streuung ist der Prozeßparameter, der in den Prozeßfähigkeitsindex cP eingeht. cP ist definiert als das Verhältnis aus Toleranz und dem 6fachen Betrag der Standardabweichung sR:

$$cP = \frac{\text{Werkstück-Toleranz}}{6 * sR}$$

cP bezieht sich dabei auf die Werkstücktoleranz, also auf den Abstand der Toleranzgrenzen (Spezifikationsgrenzen). Die Standardabweichung sR wird nach der **Spannweitenmethode** (Range-Methode), der Mittelwert der Standardabweichungen aus den Stichproben berechnet.

Nach dem Gesetz der **Normalverteilung** ist zu erwarten, daß sich 68,26% aller Meßwerte im „mittleren Drittel" zwischen den im Abstand von Sollwert (+/- 3 . sR 6-Sigma-Streuung) eingetragenen Regelgrenzen, bzw. Eingriffsgrenzen befinden.

Die relative Prozeßstreubreite fp sollte normalerweise nicht mehr als 75% der Werkstücktoleranz bei quantitativen (meßbaren) Qualitätsmerkmalen und nicht mehr als 75% der vorgegebenen Qualitätsforderung (z.B. Anteil fehlerhafter Einheiten oder Anzahl Fehler pro Stichprobe) bei qualitativen (zählbaren) Qualitätsmerkmalen betragen. Dadurch besteht eine genügende Sicherheit gegenüber Toleranzüberschreitungen.

Der cP-Index als Prozeßfähigkeitspotential-Kenngröße ist also ein Index für das Verhältnis der Gesamttoleranz eines Merkmalwertes zur 6-Sigma-Streuung, ohne die Lage dieser Prozeßstreuung, d.h. die Lage des Mittelwertes der Häufigkeitsverteilung zu den Spezifikationsgrenzen, zu berücksichtigen. Dieser Index darf nur bestimmt werden, wenn der Prozeß stabil (unter statistischer Kontrolle) ist. Sigma ist dabei der Schätzwert der Standardabweichung der Grundgesamtheit.

Aus der Ausnutzung der **Prozeßstreubreite** zur Toleranzbreite von 75% folgt, daß dieser Kennwert cp mindestens 1,33 betragen muß bzw. daß die Toleranz so groß wie 8 sR sein sollte.

Durch den weiteren Prozeßfähigkeitsindex cpk soll die Lage des Prozesses beurteilt werden. Die Prozeßfähigkeit (ppk bzw. cpk) beurteilt die Qualitätsleistung des Prozesses anhand eines Vergleichs der Prozeßstreubreite mit der Toleranzbreite unter gleichzeitiger Berücksichtigung der Prozeßlage und zeigt damit an, ob der Prozeß sicher auf die Toleranzmitte geführt wird. Sie kennzeichnet die Prozeßsicherheit:

$$cpk = \frac{\text{Toleranzgrenze} - \text{æ}}{3 * sR}$$

Der Mittelwert æ des Prozesses wird als arithmetisches Mittel der jeweils letzten 25 Stichprobenmittelwerte festgestellt. Er ist mit der dem Mittelwert æ am nächsten liegenden Toleranzgrenze zu vergleichen und auf 3sR zu beziehen. Maßgebend ist der Absolutwert von cpk als ein Index für das Verhältnis der Gesamttoleranz zur 6-Sigma-Streuung unter Berücksichtigung der Prozeßlage. Dieser Index darf nur bestimmt werden, wenn der Prozeß stabil (unter Kontrolle) ist.

Eine Verbesserung des Prozesses äußert sich in einem Anwachsen der Kennwerte cp und cpk über die genannten Grenzwerte hinaus.

Bei einem Prozeß, dessen Mittelwerte sich aus der Toleranzmittel zu den Toleranzgrenzen hin verschiebt, sinkt der Faktor cpk unter 1,0 ab.

Eine Klassifizierung des Prozesse über die cp und cpk-Werte als A-, B-, oder C-Prozeß gibt folgende Einteilung:

A-Prozeß:	cp >1,33	(Prozeßfähigkeit gut)
	cpk>1,33	(Prozeßsicherheit gut)
B-Prozeß:	cp >1,33	(Prozeßfähigkeit gut)
	cpk<1,33	(Prozeßsicherheit schlecht)

C-Prozeß:	cp <1,33	(Prozeßfähigkeit schlecht)
	cpk<1,33	(Prozeßsicherheit schlecht)

Verläuft also der Prozeß wie im Fall A innerhalb der vorgegebenen Eingriffsgrenzen, dann ist dieser Prozeß unter Kontrolle und kann so weiter laufen. Sind die Eingriffsgrenzen oder andere Bedingungen wie in Fall B und C verletzt, muß eingegriffen werden.

Bild 4-12 zeigt den Ablauf bei der Auswertung von Stichproben bei Prozeßfähigkeitsuntersuchungen. Zuerst werden die Stichproben mit Hilfe des Wahrscheinlichkeitsnetzes überprüft, ob eine Normalverteilung vorliegt. Diese Normalverteilung ist die Voraussetzung für die nachfolgende Ermittlung der Prozeßfähigkeitskennwerte. Über den Prozeßfähigkeitskennwert wird danach das Streuungsverhältnis beurteilt und beim Prozeßfähigkeitskennwert cpk die Führung des Prozesses auf die Toleranzmitte überprüft.

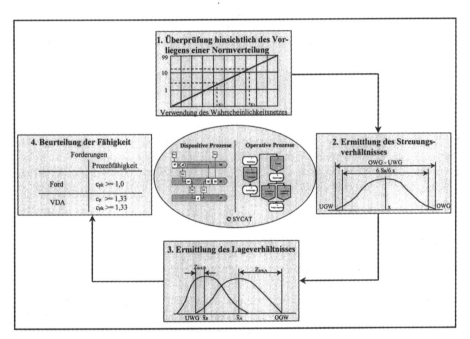

Bild 4-12 Arbeitsschritte bei der Prozeßfähigkeitsuntersuchung

Wie bereits ausgeführt, ist ein Prozeß normalerweise als fähig zu beurteilen, wenn folgende Bedingungen erfüllt sind:

- relative Prozeßstreubreite fp = 75 %
- Prozeßfähigkeitpotential cp = Größe 1,33
- Prozeßfähigkeit cpk = Größe 1,33.

Über die Anwendung der Qualitätsregelkarte und über die Grundlagen der Statistik existieren zahlreiche Veröffentlichungen, die auch im Literaturnachweis dieses Kapitels genannt sind. Da nur über eine weitere detaillierte Betrachtung mit Kenntnis der statistischen Grundlagen die verschiedenen Formen und Möglichkeiten der Merkmalserfassung und

Auswertung möglich ist, sei hierauf verzichtet und stattdessen auf die entsprechende Literatur verwiesen. Allerdings wird in Kapitel 6 die Qualitätsregelkarte im Rahmen der Qualitätsprüfungen noch einmal behandelt.

Die Ergebnisse von SPC sollten natürlich noch während der Produktion genutzt werden, um fehlerhafte Entwicklungen zu unterbinden. Allerdings kann über die Qualitätsregelkarte vor Ort die Prozeßfähigkeit nicht festgestellt werden, da für die Prozeßregelung die Eingriffsgrenzen und nicht die Produkttoleranzen verbindlich sind. Dafür läßt sich die Prozeßfähigkeit durch Auswertung der Daten von Qualitätsregelkarten ermitteln. Dazu werden die arithmetischen mittleren Mittelwerte bzw. Medianwerte und die Gesamtstreuung errechnet und mit der Toleranz verglichen. Hieraus ergeben sich die bereits beschriebenen Kennwerte zur Beurteilung der Prozeßfähigkeit.

Je nachdem, ob man das Dreifache oder das Vierfache der Streuung oder eine andere Basis zugrunde legt, erhält man dabei unterschiedliche Vorgaben für die Prozeßfähigkeit.

4.3.3   Taguchi und Shainin

Genau so wichtig, wie durch die Anwendung der FMEA-Methode potentielle Fehler frühzeitig zu erkennen und zu beseitigen, ist es auch, vor einer Serienproduktion die Produkte und Prozesse so zu gestalten, daß sie sich robust gegenüber Störgrößen verhalten, um dadurch mögliche Schwankungen der Qualitätsmerkmale zu minimieren. Das Einrichten eines Prozesses und der darauf folgende Prozeßanlauf bedarf in der Regel einer großen Erfahrung, damit diese Prozesse nicht instabil beginnen. Häufig wird dabei vom Mitarbeiter auf Kataloge oder Tabellen zurückgegriffen, mit denen die Prozeßgrößen bestimmt werden. Immer wieder gibt es auch Spezialisten mit langjähriger Erfahrung, die mit ihrem Fingerspitzengefühl in der Lage sind, derartige Prozesse stabil anlaufen zu lassen.

Eine systematische Methode gegenüber der Vorgehensweise von „trial and error" ist die Verwendung faktorieller Pläne zur gleichzeitigen Untersuchung von mehreren Prozeß-Einflußfaktoren. Alternativ wird dann über die festgelegten Versuchsanforderungen versucht, eine schrittweise Optimierung des Prozesses zu erreichen. Dabei stellt die Einfaktor-Methode die einfachste Art und Weise dar, um einen Prozeß gezielt zu untersuchen. Hierbei wird jeweils ein Prozeßfaktor oder eine Steuergröße variiert, während alle anderen Faktoren konstant gehalten werden. Da hierbei eine reproduzierbare Vorgehensweise entsteht, bietet die Einfaktor-Methode trotz ihrer Einfachheit eine Hilfe bei der Prozeßeinstellung. Allerdings hat sie auch Nachteile. Da nur jeweils eine Steuergröße variiert wird, sind Wechselwirkungen zwischen verschiedenen Steuergrößen oder Faktoren nur schwer erkennbar. Außerdem kann der Einfluß zusätzlicher Störgrößen nicht mit in die Untersuchung einbezogen werden.

Um diese Nachteile auszuschalten, gibt es den vollfaktoriellen Versuch. Hier werden gleichzeitig mehrere Faktoren ausgewogen und gegeneinander variiert. Über diesen Weg wird es möglich, Mittelwerte für die Einstellung zu bilden und sogenannte Effekte zu ermitteln. Diese Effekte beruhen entweder auf der Verstellung eines Faktors oder es sind Wechselwirkungseffekte, die durch die gleichzeitige Verstellung mehrerer Faktoren ausgelöst wurden. Durch diese Bildung von Effekten entsteht ein wesentlicher Vorteil gegenüber der Einfaktormethode, da die Versuchsergebnisse auf den realen Prozeß besser zu übertragen sind. Allerdings wird ein relativ hoher Aufwand bei diesem vollfaktoriellen

Versuch in der Praxis nötig sein, vor allen Dingen dann, wenn man die möglichen Wechselwirkungen zwischen verschiedenen Faktoren lokalisieren möchte. Die Verläßlichkeit der Analyse ist nur gesichert, wenn die notwendige Versuchsanzahl auch durchgeführt wird. Hierbei finden die Methoden der Statistik Anwendung, um mit einer geringen Versuchsanzahl auf die Gesamtheit von Ergebnissen schließen zu können. Diese Ergebnisse sollen im Schwerpunkt zwei Fragen beantworten:

1. welches sind die wichtigsten Einflüsse auf die Funktion eines Produktes oder auf die Leistung eines Prozesses

2. auf welchen Wert (Wertstufe) sollten die Einflußgrößen eingestellt oder ausgerichtet werden, um die Funktion eines Produktes oder die Leistung eines Prozesses zu optimieren

Taguchi hat nun einen Weg entwickelt, der eine drastische Reduzierung der Versuchszahlen verspricht, allerdings nicht zu abgesicherten Ergebnissen führt. Dies ist auch ein Kritikpunkt von den Experten der klassischen Versuchsmethodik: *Taguchi* bedient sich zwar klassischer Versuchspläne, verschweigt allerdings ihre Herkunft. Außerdem wird an der Taguchi-Methode kritisiert, daß sie zwar eine Systematik zur gemeinsamen Untersuchung von Faktoren und Störeinflüssen anbietet, allerdings ist sie sehr empfindlich gegenüber Scheineffekten. Aufgrund der vielen implizit vorgenommenen Annahmen, z.B. Vernachlässigung von Wechselwirkungen, sind zusätzliche Experimente zur Bestätigung der Taguchi-Ergebnisse zwingend erforderlich. Allerdings hat *Taguchi* seiner Versuchsplanung noch eine spezielle Qualitätsphilosphie vorgeschaltet, mit der es ihm gelungen ist, den Überlegungen der Versuchsplanung weltweit Geltung zu verschaffen. Häufig sind hieraus auch Anstöße gekommen, die Prozesse anhand der klassischen Versuchsmethodik weiter zu untersuchen. Der Grundgedanke dieser Philosophie von *Taguchi* besteht darin, daß er Qualität definiert durch den geringstmöglichen Verlust, der der Gesellschaft zu dem Zeitpunkt entsteht, an dem das Produkt in die Nutzung übergehen wird. Mit der Funktion des Qualitätsverlustes wird die Qualität damit geldlich bewertet. Dieser imaginäre Verlust für die Gesellschaft sollte aber nicht mit realen Verlusten verwechselt werden.

Die Abschätzung der **Verlustfunktion** wurde, wie Bild 4-13 zeigt, von *Taguchi* in Form einer Parabel formuliert. Unter der Annahme, daß der Qualitätsverlust symmetrisch zum Zielwert verläuft, ergibt sich als Verlustfunktion eine Parabel. Mit Hilfe der quadratischen Verlustfunktion läßt sich der Qualitätsverlust als Funktion der Abweichung des Produktmerkmals vom Zielwert hinreichend genau beschreiben. Die vorgegebenen Toleranzgrenzen für eine spezifische Eigenschaft sind lediglich Hilfsmittel, um Entscheidungen innerhalb des Unternehmens herbeizuführen. Für den Kunden sind sie unwichtig. Qualität ist also das gesamtwirtschaftliche Minimum im Unternehmen, beim Kunden und in der Gesellschaft. Ziel der Prozeßentwicklung muß also sein, diese Verluste zu reduzieren.

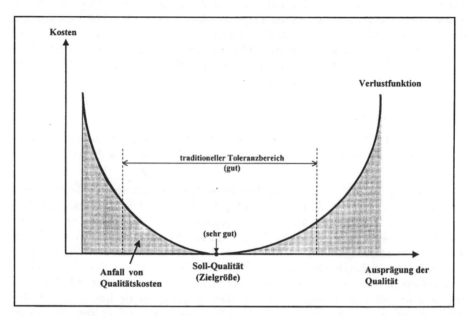

Bild 4-13 Verlustfunktion nach *Taguchi*

Der Verlust tritt aber nicht erst dann auf, wenn sich das Produkt außerhalb der spezifizierten Funktionsgrenzen befindet, sondern auch schon innerhalb dieser Funktionsgrenzen. Ein Funktionswert, gerade innerhalb der Toleranzgrenzen, ist nicht besser als einer, der gerade außerhalb der Toleranzgrenze liegt. Folglich werden also auch durch Abweichungen vom Sollwert Verluste induziert, selbst wenn das Produkt als fehlerfrei durch eine Prüfung geht. Die Aufgabe der Optimierung besteht nun darin, für alle Prozeß-(Taguchi-Prozeß-Parameter-Design) und Produkt-(Taguchi-Produkt-Parameter-Design) Funktionen die Verluste zu minimieren.

Ausgangspunkt dafür ist bei *Taguchi* die Ursachenbetrachtung. Jede Ursache hat eine mehr oder weniger große Wirkung. Wenn man alle Wirkungen wirklichen Ursachen zuordnen könnte und darüber hinaus alle Ursachen steuern würde, ließe sich eine Produktion exakt auf den Sollwert fahren. Das ist aus technischen Kostengründen allerdings nicht möglich. Deshalb wird nur eine begrenzte Zahl von Ursachen als steuerbare Parameter (Steuerfaktoren) eingesetzt. Die übrigen läßt man als sogenannte **Störfaktoren** auf das System einwirken. Nach *Taguchi* können die Steuerfaktoren nicht nur den Zielwert beeinflussen, sondern auch die Empfindlichkeit des Systems gegenüber Störfaktoren beeinflussen. Allerdings haben nicht alle Steuerfaktoren in gleicher Weise Einfluß auf den Zielwert und die Streuung. Deshalb werden die Wirkungen von Steuergrößen mit einem „Signal Rausch" - Verhältnis bewertet, wobei die Störgrößen als Rauschfaktoren vorliegen. Die Steuerfaktoren lassen sich je nach Wirkung vier verschiedenen Typen zuordnen:

Typ 1 -   Einfluß auf Funktion und Streuung
Typ 2 -   Einfluß auf Funktion, nicht auf Streuung
Typ 3 -   Einfluß auf Streuung, nicht auf Funktion
Typ 4 -   Nur geringer Einfluß auf Funktion und Streuung

Zweck der Versuche ist es nun, die beste Kombination der Einfluß- oder Steuergrößen zu finden. In Bild 4-14 ist dieser Ablauf der statistischen Versuchsplanung nach *Taguchi* (Design of Experiments) in drei Schritten dargestellt:

1)   **System-Design**   **2)**   **Parameter-Design**   **3)**   **Toleranz-Design**

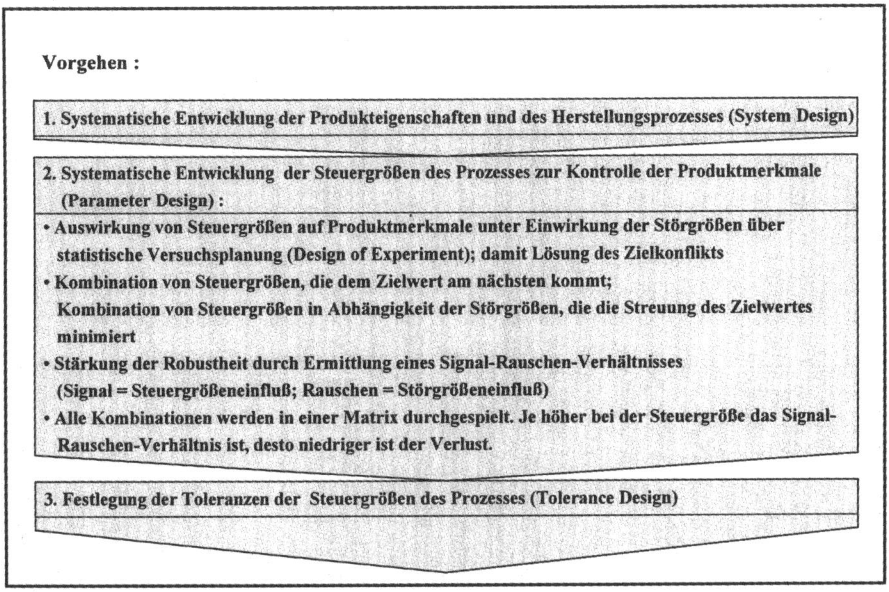

Vorgehen :

1. Systematische Entwicklung der Produkteigenschaften und des Herstellungsprozesses (System Design)

2. Systematische Entwicklung der Steuergrößen des Prozesses zur Kontrolle der Produktmerkmale (Parameter Design) :
- **Auswirkung von Steuergrößen auf Produktmerkmale unter Einwirkung der Störgrößen über statistische Versuchsplanung (Design of Experiment); damit Lösung des Zielkonflikts**
- **Kombination von Steuergrößen, die dem Zielwert am nächsten kommt; Kombination von Steuergrößen in Abhängigkeit der Störgrößen, die die Streuung des Zielwertes minimiert**
- **Stärkung der Robustheit durch Ermittlung eines Signal-Rauschen-Verhältnisses (Signal = Steuergrößeneinfluß; Rauschen = Störgrößeneinfluß)**
- **Alle Kombinationen werden in einer Matrix durchgespielt. Je höher bei der Steuergröße das Signal-Rauschen-Verhältnis ist, desto niedriger ist der Verlust.**

3. Festlegung der Toleranzen der Steuergrößen des Prozesses (Tolerance Design)

Bild 4-14 Ablauf der statistischen Versuchsplanung nach *Taguchi*

In Schritt 1 erfolgt die systematische Entwicklung der Produkteigenschaften und des Herstellungsprozesses (System-Design).

Schritt 2 beinhaltet die systematische Entwicklung der Steuergrößen des Prozesses zur Kontrolle der Produktmerkmale (Parameter-Design). Hierbei werden die Auswirkungen von Steuergrößenänderungen auf die Produktmerkmale bzw. auf die Zielwerte unter Einwirkung der Störgrößen über statistische Versuchsplanung (Design of Experiments) festgestellt. Dabei werden zwei Fragen beantwortet:
- Erstens wird die Kombination von Steuergrößen festgestellt, die dem Zielwert am nächsten kommt,
- zweitens wird die Kombination von Steuergrößen in Abhängigkeit der Störgrößen ermittelt, welche die Streuung des Zielwertes minimiert. Dazu werden alle Kombinationen von Steuer- und Störgrößen in einer Matrix dargestellt und durchgespielt.

Danach können im Schritt 3 die Toleranzen der Steuergrößen und des Prozesses festgelegt werden (Toleranz-Design).

Wenn für die einzelnen Steuerfaktoren die Art ihres Einflusses auf Funktion und Steuerung bekannt ist, läßt sich damit die Optimierungsstrategie betreiben, die sich aus der Verlustfunktion ableitet. Angestrebt wird, die Wirkung von Störgrößen durch Einstellung der Steuergröße so zu vermindern, ohne dabei die Ursache selbst, also die Störgröße, zu eliminieren oder zu reduzieren. Das ist aber nichts anderes, als den Prozeß unempfindlich, also robuster gegenüber den Wirkungen der Störfaktoren zu machen.

Zur Gesamtoptimierung des Prozesses sind eine möglichst große Zahl von Steuerfaktoren einzubeziehen. Die im Rahmen des Parameter-Design durchgeführten Untersuchungen zielen darauf ab, die Reaktion des Prozesses bzw. des Systems auf Änderungen der Steuerfaktoren festzustellen und damit die Wirkung der Steuerfaktoren zu quantifizieren.

Wie bereits einleitend ausgeführt, sind die Ergebnisse dieser Vorgehensweise aus einem kritischen Blickwinkel nach drei unterschiedlichen Gesichtspunkten zu interpretieren: Entweder sind die Wechselwirkungen alle vernachlässigbar oder einige wenige Haupteffekte sind im hohen Maße dominant (Paretoprinzip). Weiter kann die Auswirkung der optimalen Einstellung zufällig die entsprechend korrekte Einstellung der Wechselwirkungen ergeben. Nur wenn diese Randbedingungen auch zutreffen, lassen sich nach *Taguchi* mit relativ geringem Versuchsaufwand positive Ergebnisse erzielen. Ansonsten wird man bei dieser Vorgehensweise zu einem falschen Ergebnis kommen. *Taguchi* setzt sich über dieses Risiko hinweg und verweist auf die Verwendung von Bestätigungsexperimenten, um dabei zu prüfen, ob man einem Trugschluß aufgesessen ist oder nicht. Dies bedeutet aber, daß man einen zusätzlichen Aufwand betreibt, der allerdings im Sinne der Anwendung von Qualitätssicherungsmethoden mit dem Qualitätsgedanken nicht zu vereinbaren ist.

Im Gegensatz zur Taguchi-Methode geht **Shainin** in mehreren aufeinander gestuften Schritten vor, bei denen er die wichtigen Einflußgrößen Schritt für Schritt eingrenzt. Entscheidend ist, daß das Paretoprinzip dabei Anwendung findet. Damit wird vorausgesetzt, daß unter vielen Einflußgrößen nur wenige einen dominanten Einfluß haben. Auch wenn das Paretoprinzip keine absolute Allgemeingültigkeit besitzt, so kann man doch davon ausgehen, daß bei vielen vorhandenen Einflußgrößen einige wenige besonders wichtig sind. Aus der statistischen Versuchsmethodik sind eine große Anzahl von Verfahren bekannt, mit denen man wichtige Faktoren lokalisieren kann. *Shainin* hat aus dieser Vielzahl drei ausgewählt, die eine große Einfachheit besitzen, aber nur bei speziellen Fragestellungen anwendbar sind. Es handelt sich um die

• Multivariationskarten,
• den paarweisen Vergleich und
• die Komponentensuche.
Die Bausteine der Shainin-Methodik sind in Bild 4-15 dargestellt.

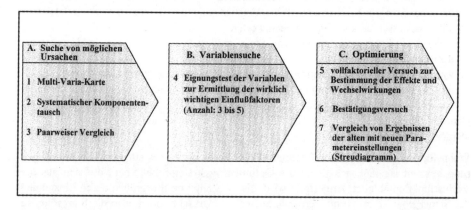

Bild 4-15 Die Bausteine der Shainin-Methodik

Erläuterungen zu Stufe A: Suche nach möglichen Ursachen

Bei der Multivariationskarte werden aus dem Prozeß, ähnlich wie bei einer Verwendung der Qualitätsregelkarte, in periodischen Zeitabständen Stichproben entnommen und grafisch ausgewertet. Mit Hilfe der Multivariationskarte wird die Streuung der Stichprobe in drei Teile zerlegt:

Einmal in die Streuung eines Teiles. Dazu werden je Teil der Minimal- und Maximalwert des Merkmals ermittelt. Zum zweiten erfolgt eine Zerlegung in die Streuung zwischen den Teilen einer Stichprobe und zum dritten in die Streuung von Stichprobe zu Stichprobe. Diese Streuungsanteile werden verglichen und die stärksten Streueinflüsse ermittelt, um die Hauptursachen einzugrenzen.

Beim paarweisen Vergleich werden aus dem laufenden Prozeß eine gleich große Stückzahl von guten und schlechten Teilen entnommen. In einer detaillierten Analyse wird dann untersucht, welche Merkmale diese Gut- und Schlechtteile am häufigsten unterscheiden. Beim systematischen Komponentenaustausch folgt dann das wechselseitige Vertauschen von Komponenten einer guten und einer schlechten Baugruppe. Aus den Veränderungen der Zielgrößen nach dem Vertauschen lassen sich die Komponenten ermitteln, die den Haupteinfluß darstellen.

Erläuterungen zu Stufe B: Eingrenzung der Variablen (Variablensuche)

Aus den verbliebenen Einflußgrößen werden anschließend die wirklich wichtigen Einflußfaktoren (3 bis 5) herausgefiltert. Die Einstellwerte dieser Einflußgrößen bei guten als auch bei schlechten Produkteigenschaften werden in unterschiedlicher Weise in Versuchsläufen kombiniert. Als Ergebnis erhält man Aussagen entweder über die sehr große oder vernachlässigbare kleine Bedeutung dieser Einflußgrößen.

Die Zielsetzung der variablen Suche ist also nicht die Ermittlung einer optimalen Einstellung, sondern die Frage, welche Faktoren das Prozeßergebnis am stärksten beeinflussen. Die Festlegung der Faktorstufen, also einmal der schlechtesten Stufe, die wahrscheinlich schlechte Ergebnisse liefert, und der besten Stufe, die wahrscheinlich gute Ergebnisse liefert, ist eine wesentliche Randbedingungen für die Anwendung des Verfahrens. Nur wenn die Zuordnung der Stufen korrekt getroffen wurde und die Stufenabstände entsprechend gewählt sind, wird das Verfahren zu guten Ergebnissen führen.

Um diese festzustellen, wird ein Vorversuch durchgeführt, der dann noch einmal wiederholt wird. Dabei werden alle Faktoren sowohl auf ihre schlechteste Einstellung als auch auf ihre beste Einstellung gewählt und ein entsprechender Versuch durchgeführt. Anschließend erfolgt die Abschätzung der Streuung zwischen den Wiederholungen (d) und den betrachteten Gesamteffekten durch den gleichzeitigen Wechsel aller Faktorstufen (D).

Ist das Verhältnis D durch d größer als 5 : 1, so beinhalten die untersuchten Faktoren mindestens eine dominante Größe. *Shainin* hat diesen Faktor als das Rote X bezeichnet. Falls dieses rote X nicht auftritt, kommen folgende Möglichkeiten in Betracht:

- ein dominanter Faktor ist in der Zusammenstellung nicht enthalten
- die Einstellung wurde schlecht gewählt, weil die Abstände der Faktorstufe zu gering sind,
- die Einstellung von gut und schlecht wurden vertauscht festgelegt,

- es treten kreuzende Wechselwirkungen auf, bei denen der Effekt nur zutage tritt, wenn ein Faktor auf der schlechtesten, ein anderer auf der guten Einstellung steht.

Sollte der Vorversuch negativ ausfallen, dann schlägt *Shainin* vor, die Untersuchung anderer Faktoren, die Ermittlung der Gut-/Schlechtstufen über einfaktorielle Versuche oder vollfaktorielle Untersuchungen von jeweils vier Faktoren durchzuführen. Fällt der Vorversuch positiv aus, so kann jetzt in Stufe C die eigentliche Optimierung beginnen.

Erläuterungen zu Stufe C: Optimierung

Über komplette faktorielle Versuche in Schritt 5 werden die nunmehr bedeutendsten der verbliebenen Einflußgrößen und deren optimale Werte, auch unter der Berücksichtigung von Wechselbeziehungen, herausgefunden. Dazu wird der jeweilige Faktor zunächst auf seinen Bestwert eingestellt und alle anderen Faktoren auf ihren schlechtesten Wert. Das Ergebnis wird mit dem Vorversuch verglichen, bei dem alle Faktoren auf der schlechtesten Einstellung gewählt wurden. Zeigt sich eine deutliche Umkehr des Versuchsergebnisses, so ist der Faktor hoch dominant bzw. das rote X.

Zeigt sich eine schwache Umkehr der Versuchsergebnisse, so ist der Faktor zusammen mit anderen Faktoren dominant. Damit ist nach *Shainin* das pink X gefunden.

In Schritt 6 - Bestätigung B gegen A - wird diese Vorgehensweise auf alle Faktoren angewandt.

Als abschließende Bestätigung auf der Basis des existenten (alten) Prozesses „A" im Vergleich mit einem neuen, besseren Prozeß „B" genügen nur wenige Muster aus der Produktion, um Schlüsse zu ziehen. Diese Technik ersetzt sehr viel umfangreichere Stichproben. Sie baut auf Wahrscheinlichkeiten bei Permutation und Kombination auf, wenn die Rangordnung der Merkmalswerte betrachtet wird. Je nach Vertrauensniveau wird die Zahl der notwendigen Stichproben bzw. Versuche bestimmt. Die Meßergebnisse von diesen Mustern werden in eine Rangreihe (besser/schlechter) gebracht und in ihrer Anordnung beurteilt. Wenn die Ergebnisse von (A) und (B) nicht überlappen, ist der eine Prozeß eindeutig der Bessere. Die Größe des Vorteils von B gegen A wird ermittelt durch das Vergleichen der Lage der beiden Mittelwerte aus den Werten B bzw. A.

Es folgt in Schritt 7 eine Rangreihenbewertung über die wichtigen Einflußgrößen. Damit soll der optimale Wert und die zulässige Streubreite der wichtigsten Einflußgröße bestimmt werden.

Stellt man noch einmal die Verfahren von *Taguchi* und *Shainin* der klassischen Versuchsmethodik gegenüber, so bleibt festzustellen, daß die klassische Versuchsmethodik bisher nicht Eingang als Standard-Methode gefunden hat, weil gesicherte Ergebnisse nur mit einem relativ hohen Aufwand erreichbar sind.

Diesen Anspruch auf eine leichte Handhabung besitzen aber die Taguchi- und Shainin-Methode. Allerdings ist das Risiko hoch, daß falsche Schlußfolgerungen gezogen werden oder daß die Versuche nicht zu dem angestrebten Ergebnis führen, weil die Randbedingungen oder die getroffenen Annahmen nicht sauber genug abgeklärt wurden. Aus diesem Grund sollten die Verfahren nur bei genauer Kenntnis der Zusammenhänge und Rahmenbedingungen Anwendung finden. Vorher ist immer eine gründliche Systemanalyse notwendig, um die Versuche dann korrekt durchführen zu können.

4.3.4 Prozeßwertanalyse

Nach der DIN 69010 ist die Wertanalyse definiert als ein System zum Lösen von komplexen Problemen, die nicht oder nicht vollständig algorithmierbar sind. Sie beinhaltet das Zusammenwirken von

- Systemelementen
- Methoden

- Management
- Verhaltensweisen

bei deren gegenseitiger gleichzeitiger Beeinflussung mit dem Ziel einer Optimierung der Prozesse. Die Anwendung der Wertanalyse bewirkt ein Ergebnis, das durch eine entsprechende Verhaltensweise der beteiligten Personen gefördert wird. Die Qualität des Ergebnisses ist also von der Verhaltensweise der Beteiligten abhängig. Die im Jahre 1947 von *Larry D. Miles* entwickelte Methode unter der Bezeichnung Value-Engineering hat sich sehr schnell von einer Kostenreduzierungs- zu einer Kostenvermeidungsmethode weiterentwickelt. Heute wird sie verstärkt zur Optimierung von Prozessen sowie für Verbesserung im Gemeinkostenbereich eingesetzt. Als Zielgröße stehen nicht mehr so sehr die Kosten zur Diskussion, sondern beispielsweise Ausfallzeiten, Produktzeiten, Produktqualität, Gemeinkostenzuschläge oder Dienstleistungskosten. Die Wertanalysemethode kann sehr gut in die QFD-Methode integriert werden, auch in Qualitätszirkeln wird sie häufig zur Produkt- und Prozeßverbesserung mit eingesetzt. Ziel einer Wertanalysebetrachtung ist es, dem vom Kunden erwarteten Nutzen bezüglich eines Produktes oder einer Dienstleistung zu geringstmöglichen Kosten, kürzesten Zeiten, oder angemessener Qualität zu bieten. Hierbei wird von konkreten Zielvorgaben ausgegangen. Das Arbeiten erfolgt funktionsübergreifend, also prozeßorientiert nach einem vorgegebenen Arbeitsplan, z.B. dem Wertanalysearbeitsplan nach DIN 69910. Die dabei dargestellte Vorgehensweise mit den 6 Grundelementen zeigt Bild 4-16, die Inhalte dieser Grundelemente sind ebenfalls genannt.

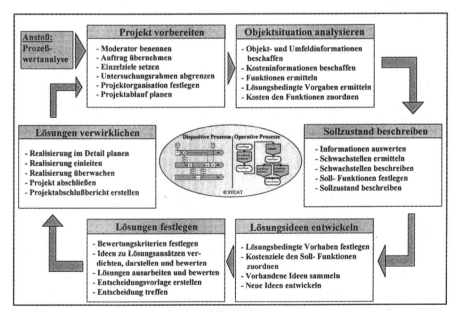

Bild 4-16 Prozeßwertanalyse-Regelkreismodell

Die Abarbeitung der einzelnen Aktivitäten im Grundelement 1 erfolgt im Team. In einer Eröffnungssitzung werden gemeinsam die Zielsetzung, Terminvorgaben und Aufgabenabgrenzung entwickelt. Bezugspunkt ist ein definiertes Problem, das es näher zu analysieren gilt. In der Informationsphase (Grundelement 2) wird die Problemursache lokalisiert. Hierzu wird der Prozeß systematisch untersucht und Schwachstellen ermittelt. Die Gruppenmitglieder erarbeiten sich alle relevanten Informationen zu diesem Problemkreis und informieren sich untereinander. Aus den ermittelten Schwachstellen und deren Lösungen zur Beseitigung ergibt sich in Grundelement 3 die Definition des Soll-Zustandes. Es schließt sich im 4. Grundelement die Kreations- und Bewertungsphase an, d.h. mit gezieltem Einsatz der beschriebenen Kreativitätstechniken sollen die Gruppenmitglieder Verbesserungsaktivitäten definieren, die zum Erreichen des Soll-Zustandes führen. Die Realisierungsphase in Grundelement 5 entspricht den Einzelschritten des Wertanalyseplans: Lösung festlegen und Lösungen realisieren. Hierbei wird die Wertanalysegruppe aktiv mit eingebunden und kann so die erarbeiteten Vorgaben in Grundelement 6 selber in die Praxis umsetzen. Das dabei in der Regel eintretende Erfolgserlebnis führt zu einem hohen Motivationsschub und motiviert zu weiteren Verbesserungsaktivitäten.

4.3.5 Qualitätsprüfungen im Prozeß

Der klassische Bereich der Qualitätssicherung ist die Qualitätsprüfung auf der operativen Ebene, d.h. bei der Produkterstellung in der Fertigung und Montage. Damit wird das Fehlerentdeckungsprinzip vor der Produktauslieferung herausgestellt.

Wie bereits in den vorherigen Kapiteln ausgeführt, wäre bei der Entwicklung des Qualitätsbegriffes hin zu einer umfassenden Unternehmensqualität die Beschränkung der Qualitätsprüfung auf die operative Ebene eine viel zu enge Betrachtungsweise. Auch die dispositiven, d.h. die planenden und steuernden Prozesse im Unternehmen müssen bezüglich der Erfüllung der qualitätsrelevanten Dienstleistungskomponenten sowie der Erfüllung der systembezogenen, aus den in der DIN EN ISO 9001 abgeleiteten Qualitätsforderungen den gleichen Prüfungsgesichtspunkten unterworfen sein, wie die operativen Prozesse. Das durchgängige Leitmotiv dabei lautet:

"Qualität erzeugen und nicht erprüfen".

Qualitätssicherung beginnt schon weit vor dem operativen Herstellungsprozeß. Durch Prüfungen läßt sich im nachhinein die ungenügende Erfüllung von Qualitätsforderungen nicht beseitigen. Nach DIN 55350 ist die Qualitätsprüfung definiert als:

Feststellungen, inwieweit eine Einheit
die Qualitätsforderung erfüllt

Dabei ist eine methodische Vorgehensweise sicherzustellen, um dieser Aufgabenstellung wirtschaftlich gerecht zu werden. In immer stärkerem Maße wird dabei die Qualitätsprüfung durch den Rechnereinsatz unter dem Stichwort CAQ (Computer Aided Quality) unterstützt. In der Praxis hat sich eine Unterteilung der Inhalte der Qualitätsprüfung in folgende drei Bereiche durchgesetzt:

- **Prüfplanung**   • **Prüfausführung**   • **Prüfdatenverarbeitung**

Bei der Prüfplanung werden die Vorgaben hinsichtlich zu prüfender Qualitätsmerkmale, des zu benutzenden Prüfplanes mit den einzusetzenden Prüfmitteln sowie des geplanten

Prüfablaufs erarbeitet. Nach der Prüfbeauftragung schließt sich die eigentliche Prüfausführung entsprechend dem Bearbeitungszustand mit dem Prüfen bzw. Messen der Merkmalsausprägungen und dem Festhalten der Prüfdaten nach vorgegebenen Dokumentationsstrukturen an. Die Beurteilung der Prüfergebnisse erfolgt dann im Rahmen der Qualitätslenkung. Beim Auftreten von Fehlern werden entsprechende Maßnahmen zur Beseitigung ergriffen. Durch Rückmeldung der Ergebnisse an die betroffenen Abteilungen und der gezielten Beseitigung der ermittelten Schwachstellen wird das angestrebte Qualitätsregelkreismodell durchgesetzt. Da die organisatorische Eingliederung der Qualitätsprüfung in der nationalen als auch internationalen Normung offengelassen wird, gibt es sehr unterschiedliche Lösungen in der Praxis, die sich an den betrieblichen Rahmenbedingungen orientieren. In kleineren oder mittelständischen Betrieben wird häufig unter der Funktionsbezeichnung "Qualitätswesen" die Prüfplanung und Prüfdurchführung von einer Stelle gemeinsam durchgeführt. In Großunternehmen sind diese beiden Funktionen (Exekutive und Legislative) getrennt. Mitunter wird auch die Prüfplanung von der Fertigungsplanung mit wahrgenommen, weil die **Prüfablaufplanung** sehr stark von dem vorhandenen Fertigungsverfahren abhängig ist und in den Fertigungsablauf prozeßbezogen integriert sein muß. Arbeits- und Prüfvorbereiter müssen deshalb immer sehr eng zusammenarbeiten, um Arbeitsablauf und Prüfablauf aufeinander abzustimmen. Deshalb geschieht die Prüfplanung in derselben Phase wie die Arbeitsplanung, nämlich vor Beginn der Fertigung eines Produktes. **Prüfplanung** und Prüfausführung werden im wesentlichen von der Art der Qualitätsprüfung beeinflußt. Hierbei sind, wie Bild 4-17 zeigt, eine ganze Anzahl von Gliederungsgesichtspunkten zu beachten. Ohne Anspruch auf Vollständigkeit sind in diesem Bild zwölf verschiedene Gliederungsgesichtspunkte aufgeführt. Es beginnt mit der Einteilung von Qualitätsprüfungen nach der Phase der Produkterstellung, unterschieden nach Eingangs-, Zwischen-, End-, Ablieferungs- und Abnahmeprüfung.

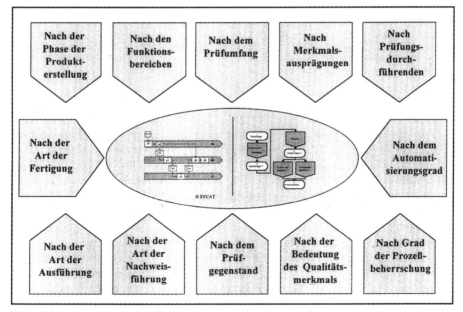

Bild 4-17 Arten von Qualitätsprüfungen

Die **Eingangsprüfung** reduziert sich immer mehr auf die notwendige Identitätsprüfung, bei der geprüft wird, ob die gelieferte Ware nach Warenart und Menge mit der Bestellung übereinstimmt. Zwischenprüfungen während der Produktion sollen die Produktqualität und die Prozeßfähigkeit sicherstellen. Hierbei finden auch häufig statistische Methoden Anwendung, wie etwa SPC. Insbesondere muß sichergestellt sein, daß bei Werkzeug- wechsel, Umbauten oder sonstigen Änderungen des Prozeßablaufes weiterhin die Her- stellung spezifikationsgerechter Teile ermöglicht wird. Eine gute Instandhaltung der Be- triebsmittel aber auch die laufende Prüfung der Werkzeuge ist nötig, um nach jedem Ein- richten die geforderten Prozeßabläufe wieder sicher herzustellen. Bei der Endprüfung be- steht für das Unternehmen das letzte Mal die Gelegenheit, Qualitätsmerkmale vor der Übergabe an den Kunden festzustellen und Gesamtfunktionsprüfungen durchzuführen. Der Umfang dieser Prüfung kann auch von den vereinbarten Nachweisforderungen ab- hängig sein.

Der als nächster Gliederungsgesichtspunkt behandelte Prüfumfang hängt von diesen Ver- einbarungen ab. Der Umfang und Aufwand bei der Endprüfung kann in dem Maße redu- ziert werden, wie durch alle vorgelagerten Qualitätsprüfungen die Erfüllung der Qualitäts- forderung sichergestellt ist. Bei der Gliederung nach dem Prüfumfang ist als erstes die vollständige Prüfung genannt. Hierunter versteht man das vollständige Prüfen aller Qua- litätsmerkmale an einem oder mehreren Erzeugnissen. Im Gegensatz dazu bedeutet eine Hundertprozentprüfung das Prüfen eines einzelnen Merkmals an allen Teilen eines Prüflo- ses. Hundertprozentprüfungen sind immer kostenaufwendig und zeitraubend. Sofern nicht anders vereinbart oder vom Gesetzgeber vorgeschrieben, wird man im allgemeinen Prü- fungen auf Stichprobenbasis vornehmen.

Bei der **Abnahmeprüfung** wird kontrolliert, ob ein vorgelegtes Los eines Vor-, Zwi- schen- oder Endproduktes dem geforderten Qualitätsstandard entspricht. Voraussetzung dabei ist, daß der Herstellungsprozeß abgeschlossen wurde. Anhand des vorgegebenen Prüfplanes ist festgelegt, wie groß bei gegebenem Losumfang die Anzahl der zu entneh- menden Teile sein soll und unter welchen Voraussetzungen das Los akzeptiert wird.

Bei der **Stichprobenprüfung** werden nach einer Stichprobenanweisung aus einem Prüflos einige Teile entnommen, an denen das bestimmte Merkmal geprüft wird. Danach wird das gesamte Prüflos hinsichtlich dieses Merkmals mit Hilfe statistischer Auswerteverfahren beurteilt. Daraus lassen sich dann Rückschlüsse auf die Gesamtheit der betreffenden zu beurteilenden Menge beziehen. Diese Stichprobe muß ein möglichst getreues Abbild der untersuchten Gesamtheit bilden. Deshalb ist sicherzustellen, daß eine Zufallsauswahl vor- genommen wird. Die Auswahlprüfung kann mit Hilfe von Auslosen, Auswürfeln oder durch die Auswahl mit Hilfe von Zufallszahlen erreicht werden. Bei der eingeschränkten Zufallsauswahl wird die zufällige Auswahl der Teile in festgelegten, örtlichen oder zeitli- chen Abständen vorgenommen, wobei der Startpunkt der Prüfung ebenfalls zufällig be- stimmt ist. Zwar sollten immer, wo Stichprobenprüfung zulässig sind, diese bevorzugt genutzt werden, allerdings ist diese Art der Prüfung nicht immer vertretbar: Wenn etwa fehlerhafte Einheiten zu Schäden bei der Benutzung führen und dermaßen hohe Folgeko- sten verursachen, die die Kosten einer Hundertprozentprüfung im Hause übertreffen, so ist von einer Stichprobenprüfung unbedingt abzusehen. Allerdings kann es häufig so sein, daß zerstörende Prüfungen aus Kostengründen nicht stichprobenweise durchgeführt wer- den können. Bei vollständiger Homogenität eines Massenproduktes ersetzt die Stichprobe die **Hundertprozentprüfung**.

Die folgende Gliederung in Bild 4-18 unterteilt die Qualitätsprüfungen nach Art der Merkmalsausprägung. Die Merkmalsausprägung ist die an einer Einheit durch Messung, Zählung oder Beurteilung feststellbare Größe oder Art eines Merkmals.

Bild 4-18 Merkmalsarten, -ausprägungen und -auswertungen

Ergänzend dazu gibt es eine Erläuterung der Begriffe zu vorgegebenen **Merkmalswerten**, unterschieden z.B. nach:

- Merkmalswert = Wert eines quantitativen oder qualitativen Merkmals
- Nennwert = Wert einer Größe zur Gliederung des Anwendungsbereichs
- Bemessungswert = im allgemeinen ein vom Hersteller vorgegebener, für die Betriebsbedienung geltender Wert einer Merkmalsgröße
- Sollwert = Wert einer Größe, von dem der Istwert dieser Größe so wenig wie möglich abweichen sollte
- Richtwert = Wert einer Größe, dessen Einhaltung durch die Istwerte empfohlen wird, ohne daß Grenzwerte vorgegeben sind
- Grenzwert = Mindest- oder Höchstwert einer Merkmalsgröße

- Mindestwert   = Kleinster zugelassener Wert einer Größe, oberer Grenzwert
- Grenzmaß   = Grenzwert bei Längenmaßen
- Grenzbetrag   = Betrag für Mindest- und Höchstwert (absolut)
- Grenzabweichung   = Untere oder obere Grenzabweichung einer vorgegebenen Merkmalsgröße
- Untere Grenzabweichung   = Mindestwert minus Bezugswert
- Obere Grenzabweichung   = Höchstwert minus Bezugswert
- Bezugswert   = Bereits definierter Nennwert oder Sollwert ohne Merkmalsgröße

Die Feststellung von **Merkmalsausprägungen** wird als Messung bezeichnet. Bei einer Messung verwendet man in Abhängigkeit der Merkmalsart verschiedene Meßskalen. Quantitative Merkmale können durch messende Prüfungen oder **Zählprüfungen** beurteilt werden. Bei der Bestimmung der Merkmalsausprägung durch **Zählvorgänge** handelt es sich um diskrete Merkmale, z.B. Fehleranzahl, Anzahl von Stillständen oder Zähnezahlen eines Zahnrades. Das zu zählende Merkmal wird in Vergleich zu Soll- oder Grenzzahlen gesetzt.

Bei messenden Prüfungen handelt es sich um kontinuierliche Merkmale. Sie werden auch als variabel bezeichnet. Der Ist-Wert eines Merkmals wird über das Meßmittel mit einer Meßskala bestimmt. Bei qualitativen Merkmalen erfolgt die Bewertung nach Muster oder Vergleichsnormalvorgaben. Hierbei spricht man auch von einer Attributsprüfung oder von einer Eigenschaftsprüfung, entsprechend der Fragestellung: "Merkmal erfüllt - ja oder nein bzw. gut/schlecht?" Bei dieser Beurteilung handelt es sich dann um Ordinalmerkmale.

Bei nominalen Merkmalen erfolgt die Prüfung nach vorgegebenen Gruppen oder Klassen ähnlich der Benotung, wie z.B. sehr gut/gut/genügend/ausreichend/schlecht. Die Wahl des Prüfverfahrens nach den folgenden Gliederungsgesichtspunkten wird stark von der eben beschriebenen Merkmalsart bestimmt.

Bei der Einteilung von Qualitätsprüfungen wird nach dem Prüfungsdurchführenden zwischen Fremd-, Eigen- und Selbstprüfung unterschieden. Zählende Prüfungen haben den Vorteil, daß sie in der Regel mit weniger qualifiziertem Personal und mit relativ einfachen technischen Mitteln durchgeführt werden können. Dazu kommt die kürzere Prüf- und Auswertungszeit gegenüber variablen Prüfungen. Fremdprüfungen, z.B. durch den Abnehmer am Herstellort, haben den Vorteil, daß spezialisierte Prüfverfahren oder Prüfmittel nur einmal erforderlich sind und daß der Zeitverlust für Prüfungen im eigenen Hause entfällt. Bei Fehlerfeststellungen kann sofort ohne hohen organisatorischen Aufwand die Fehlerbeseitigung vor Ort erfolgen. Eine Rücksendung ist nicht nötig. Auftretende Probleme können so besser geklärt und die Wirkungen von Problemlösungen aktueller festgestellt werden.

Bei **Eigenprüfungen** erfolgt die Einführung und Überwachung dieser Prüfungen zentral durch das Qualitätswesen mit den zuständigen Prüfern. Sie sind für die richtige Durchführung der Prüfung, das richtige Aufzeichnen der Prüfergebnisse sowie die Weiterleitung der Prüfergebnisse und die Einleitung der notwendigen Korrekturmaßnahmen bei festgestellten Abweichungen verantwortlich. Mit Hilfe von Meßmittelstudien ist zu garantieren, daß die Wiederholbarkeit, die Reproduzierbarkeit sowie die ständige Prozeßfähigkeit des

Prüfverfahrens gewährleistet ist. In immer größeren Maße wird die Qualitätsprüfung vom Werker in der Fertigung selbst vorgenommen. Der Meister oder Vorarbeiter hat dann dafür zu sorgen, daß die Selbstprüfung fachlich richtig durchgeführt wird und daß auch die Folgeaktivitäten wie Beobachten, Eingreifen und Melden, ordnungsgemäß ablaufen können.

Unterschieden werden kann weiter die Qualitätsprüfung nach der Art der Ausführung, differenziert nach manueller, halbautomatischer oder automatischer Prüfung. Bei der manuell durchgeführten Prüfung werden die mit Hilfe des Prüfmittels festgestellten Prüfergebnisse manuell auf Belegen oder Prüfberichten vermerkt. Bei der halbautomatischen Prüfung werden die Daten über Dateneingabegeräte oder direkt am Arbeitsplatz per PC in das System eingegeben und dort entsprechend verarbeitet. Hierbei können auch Verbund- oder Markierungslochkarten, Markierungsbelege oder Klarschriftbelege verwendet werden. Bei der automatischen Prüfung werden die Qualitätsdaten Online mit rechnergesteuerten Meßwertverarbeitungssystemen erfaßt, beispielsweise mit Hilfe eines Mehrkoordinatenmeßgerätes und durch die entsprechende meßtechnische Software verarbeitet. Das vom Meßgerät erzeugte Meßsignal wird digitalisiert und über Standardschnittstellen an den Meßrechner übertragen. Entsprechend der Meßaufgabe erfolgt die Auswertung. Hierbei geht die Entwicklung immer mehr zur Prozeßmeßtechnik, um die Herstellungsqualität fortlaufend zu beurteilen.

Eine ähnliche Einteilung der **Qualitätsprüfung** erfolgt nach dem Grad der Prozeßbeherrschung. Zum einen kann nach Prüfungen unterschieden werden, die sich auf einfachen Prozessen mit unkritischen Merkmalen bezieht. Diese können vom Werker häufig mit automatisierten Prüfeinrichtungen, z.B. Mehrstellenmeßgeräten, im endgültigen Zustand geprüft werden. Davon zu unterscheiden sind aufwendigere Prozeßprüfungen mit zum Teil schwierig einzuhaltenden Merkmalen, beispielsweise mit engen Toleranzen, die wegen ihrer Wichtigkeit für die ordnungsgemäße Weiterbearbeitung besonderer Beachtung bedürfen und komplexe Prozeßprüfungen mit schwierig einzuhaltenden Prozeßparametern, die häufig auch kritische Merkmale darstellen.

Bei diesem Gliederungsgesichtspunkt geht es um die Feststellung der **Prozeßbeherrschung** der im Englischen als "Process in Control" bezeichnet wird. Darunter ist ein industrieller Prozeß zu verstehen, dessen

> Mittelwert und Streuung, Anteil fehlerhafter Einheiten und die mittlere Anzahl von Fehlern einer Einheit sich stabil verhalten, d.h. daß die beobachteten Abweichungen zufällig sind.

Danach kann ein Prozeß nur dann als beherrscht gelten, wenn er ohne ständige Eingriffe von außen Ist-Werte produziert, die innerhalb der vorgegebenen Grenzwerte liegen. Zu vergleichen sind bei einem Prozeß die von der Konstruktion und Entwicklung vorgegebenen Toleranzwerte und die vorhandene Prozeßstreuung bei der Produktherstellung, die wiederum von der Fähigkeit der Technologie und der Fähigkeit des Personals abhängig ist. Ein Prozeß, dessen Streubreite größer als die vorgegebene Toleranz ist, produziert demnach ständig fehlerhafte Teile. Würden Toleranz und Streubreite genau übereinstimmen, käme es bei der geringsten Form- und Lageänderung der Werte zu Toleranzüberschreitungen. Nur wenn die Prozeßstreubreite ausreichend kleiner ist als die Toleranz, ist von einem beherrschten Prozeß zu sprechen. Im allgemeinen wird man mindestens eine Streubreite von 0,5 Toleranz anstreben. Die Unterscheidung nach der Bedeutung des Qualitätsmerkmals bezieht sich auf die Einteilung kritischer Haupt- bzw. Nebenmerkmale. Tafel 4-1 präzisiert diese Aussage noch einmal. Die Vorgaben für die Einteilung in kritische Hauptfehler und Nebenfehler erfolgt in der DIN 55 350, Teil 31. Dabei werden kritische Fehler so verstanden, daß sie voraussichtlich für Personen, die die betreffende Einheit benutzen, instandhalten oder auf sie angewiesen sind, gefährliche oder unsichere Situationen schaffen. Weiterhin sind diejenigen als kritische Fehler zu bezeichnen, von denen anzunehmen oder bekannt ist, daß sie voraussichtlich die Erfüllung der Funktion einer größeren Anlage, wie z.B. eines Schiffes, eines Flugzeuges, einer Rechenanlage oder einer medizinischen Einrichtung, verhindern.

Tafel 4-1 Prüfanforderungen anhand der drei Fehlerklassen nach DIN 40080:

Der Umfang der Prüfanforderungen und die Schärfe der durchzuführenden Prüfungen können in Anlehnung an die DIN 40080 bzw. DIN ISO 2859 in den definierten drei Fehlerklassen nach Teilen und Funktionen erfolgen:

Kritische Fehler	Teile, von deren einwandfreier Funktion Menschenleben abhängen, oder deren Ausfall unverhältnismäßig hohe Kosten verursachen kann.
Hauptfehler	Teile, deren Ausfall den Verlust der Komponente zur Folge haben, dessen Brauchbarkeit wesentlich beeinträchtigen oder hohe Kosten verursachen kann.
Nebenfehler	Teile, deren Ausfall die Brauchbarkeit der Komponenten nur unwesentlich oder gar nicht beeinträchtigen.

Die Risikowahrscheinlichkeit ist bei der Festlegung der Anforderungen und Prüfungen mit zu berücksichtigen.

Die Anforderungen an ein Produkt und dessen Teile sind in Pflichtenheften zusammengefaßt. Diese Forderungen, die Maßnahmen zu ihrer Erfüllung und Überprüfung werden aufgegliedert, z.B.:

- Spezifikation für Zukaufkomponenten und Gegenstandsnormen,

- Wartungs- und Reparaturanweisungen,

- Technische Dokumentation (Bearbeitung, Montage, Verfahren),

- Prüfanweisungen (Wareneingang, Werkstoffprüfungen, Verfahrens- und Fertigungskontrollen, Endprüfung, Abnahme),

- Lager- und Transportanweisungen,

- Bedienungsanleitungen.

Die nicht zeichnungsgerechte Ausführung kritischer Merkmale kann also zu einer Gefährdung von Personen oder dem Verlust der Gesamtanlage führen. Ein Hauptfehler als nicht kritischer Fehler führt voraussichtlich zu einem Ausfall der Einheit oder setzt die Brauchbarkeit für den vorgesehenen Verwendungszweck wesentlich herab. Eine nicht zeichnungsgerechte Ausführung bedeutet also das Risiko einer nachhaltigen Funktionsstörung. Bei Nebenmerkmalsprüfungen bzw. Nebenmerkmalen wird die Hauptfunktion nicht nachhaltig gestört. Natürlich hängt der Prüfumfang, die Art der Dokumentation und die Prüfschärfe im wesentlichen von dieser Merkmalsklassifikation ab.

Es folgt die Einteilung der Art von Qualitätsprüfung nach dem Prüfgegenstand, beispielsweise, ob es sich um Einkaufsprüfungen, Musterprüfungen, Probeablaufprüfungen, Tätigkeitsprüfungen, Teileprüfungen, Werkzeugprüfungen oder Prüfmittelprüfungen handelt.

Ein weiterer Einteilungsgesichtspunkt ist die Art der **Nachweisführung**. In Übereinstimmung mit der DIN EN ISO 10021 wird unterschieden nach nichtspezifischen Prüfungen und spezifischen Prüfungen. Nichtspezifische Prüfungen sind vom Hersteller durchgeführte Prüfungen nach ihm geeignet erscheinenden Verfahren, durch die ermittelt werden soll, ob die nach einem bestimmten Verfahren hergestellten Erzeugnisse den in der Bestellung festgelegten Anforderungen genügen. Die geprüften Erzeugnisse müssen nicht notwendigerweise aus der Lieferung selbst stammen. Spezifische Prüfungen sind Prüfungen, die vor der Lieferung nach den in der Bestellung festgelegten technischen Bedingungen an den zu liefernden Erzeugnissen oder an Prüfeinheiten, von denen diese ein Teil sind, durchgeführt werden, um festzustellen, ob die Erzeugnisse den in der Bestellung festgelegten Anforderungen genügen.

Dieser Unterscheidung folgend gibt es entsprechende Prüfbescheinigungen. Zu nichtspezifischen Prüfungen gehören Werksbescheinigungen und Werkszeugnisse. Bei Werksbescheinigungen bestätigt der Hersteller nur, daß die gelieferten Erzeugnisse den Bestellvereinbarungen entsprechen; ohne Angabe von Prüfergebnissen. Bei Werkszeugnissen bestätigt der Hersteller mit Angabe von Prüfergebnissen auf der Grundlage nichtspezifischer Prüfungen, daß die gelieferten Erzeugnisse den Vereinbarungen bei der Bestellung entsprechen. Den spezifischen Prüfungen sind als Bescheinigung das **Werksprüfzeugnis**, das **Abnahmeprüfzeugnis** und das **Abnahmeprüfprotokoll** zugeordnet.

Kritische Merkmale oder Bauteile, entsprechend der oben beschriebenen Merkmalseinteilung, sind dokumentationspflichtige Teile (Control Items), weil ihre Eigenschaften sich möglicherweise in gefährlichen oder unsicheren Bedingungen für Menschen auswirken können, wenn sie das Produkt gebrauchen, es handhaben, verbrauchen oder davon abhängen. Die Nachweise selber können sich auf die beschaffenen Materialien und Teile, auf die Prozesse und auf das Produkt selber beziehen. Hier schließt sich der Kreis zu den einleitend erläuterten Abnahmeprüfungen mit losweiser oder kontinuierlicher Stichprobenprüfung, um den Nachweis zu erbringen, daß die Qualitätsforderungen erfüllt sind. Der lückenlose Qualitätsnachweis über alle Stufen der Herstellung wird durch die Forderung der Chargenverfolgung erfüllt.

Die letzte hier behandelte Gliederung von Qualitätsprüfungen richtet sich nach der Art der Fertigung, unterschieden nach Prüfungen bei der Serienfertigung und Prüfung bei der Einzelfertigung. Unter der Serienfertigung ist auch der Übergang zur Massenfertigung zu verstehen. Die Basis für die Auswertungen bei der Serienfertigung sind Stichprobenwerte, die sich auf die Prozeßstabilität, die Maschinenfähigkeit und auf die Fehlerhäufigkeit beziehen.

Bei der **Einzelfertigung** sind mangels Masse statistische Qualitätsprüfungen nicht möglich. Auch eine aufwendige Prüfplanvorgabe entfällt in der Regel. Prüfprotokolle werden hier nur für dokumentationspflichtige Teile erstellt. Auswertungen über ein bestimmtes Teil können über die innerhalb eines bestimmten Zeitraumes gelaufenen Aufträge durchgeführt werden.

Im immer größeren Maße werden im Unternehmen **Selbstprüfungen** angestrebt. Nach der Begriffsnorm DIN 55350.2 ist Selbstprüfung der Teil der zur Qualitätslenkung erforderlichen Qualitätsprüfung, der vom Bearbeiter selbst ausgeführt wird. Neben der Mobilisierung der Mitarbeiter ist die rasche Fehlerfeststellung und Fehlerursachenbeseitigung ein Argument für die Selbstprüfung. Durch die dabei eintretende Höherqualifizierung wird das Prinzip von Ursache und Wirkung von Fehlerhäufigkeiten besser verstanden und im Sinne einer kontinuierlichen Verbesserung umgesetzt.

Durch die Selbstprüfung wird auch die Durchsetzung interner Qualitätsregelkreise angestrebt. In der internen Kunden-Lieferanten-Beziehung wird damit erreicht, daß keine fehlerhaften Teile in andere Bereiche oder an andere Arbeitsplätze weitergegeben werden. Die Ausregelung von Fehlern geschieht vor Ort. Es muß an keiner späteren Stelle Zeit und Geld für die Nachbearbeitung fehlerhaft gelieferter Teile aufgewendet werden. Die internen Regelkreise laufen dabei immer nach den drei Stufen ab:

- **Prüfvorgabe**
- **Fehlererfassung**
- **Fehlerbearbeitung**

Innerhalb dieser internen Qualitätsregelkreise findet natürlich die Umsetzung der Qualitässicherungsfunktionen statt:

- Qualitätsplanung
- Qualitätslenkung
- Qualitätsprüfung mit Fehlerbeseitigung

Allerdings wird die Wirksamkeit von Selbstprüfungen nur dann Erfolg haben, wenn die Grundbedingungen für die Selbstprüfungen auch erfüllt sind. Diese beginnen mit der Grundregel, daß der Prozeß qualitätsfähig sein muß und der Bearbeitungsablauf vom Selbstprüfer direkt beeinflußbar ist. Der Herstellungsprozeß oder das dabei hergestellte Produkt müssen für die Prüfungen zugänglich sein. Die Prüfungen selbst müssen mit der Qualifikation des Selbstprüfers in Übereinstimmung stehen. Der Selbstprüfer muß ausreichend qualifiziert und sicher im Umgang mit den Prüfmitteln und den vorgegebenen Prüfplänen sein. Der Selbstprüfer muß auch den vorgegebenen Prüfablauf beherrschen und die Ergebnisse seiner Prüfung dokumentieren. Die Wirksamkeit der Selbstprüfung muß von den Vorgesetzten ständig beurteilt werden und auch mit dem Betriebsrat abgestimmt sein.

Ein weiteres Abfallprodukt der Selbstprüfung ist, daß Ausbildungsdefizite der Mitarbeiter deutlich werden. Wer am gleichen Arbeitsplatz mehr Fehler macht als ein anderer Mitarbeiter, muß besser ausgebildet werden. Die Selbstprüfung erzeugt aber bei diesem Mitarbeiter selber das Interesse, sein Arbeitsergebnis zu verbessern. Sie ist auch gleichzeitig ein indirekter Vertrauensbeweis in die persönliche Leistungsfähigkeit dieses Mitarbeiters.

Die Einführung der Selbstprüfung zwingt aber die Qualitätsverantwortlichen zu einem konsequenten, durchdachtem Vorbereiten, damit die Mitarbeiter auch selbstverantwortlich reagieren können.

4.4 Erfolgsorientierte TQM-Methoden und Werkzeuge

4.4.1 Potentialanalysen

Das Potentialmanagement konzentriert sich in erster Linie auf die Verbesserung der Wertschöpfung im Prozeß sowie auf die Beseitigung jeglicher Verschwendung für nichtwertschöpfende Aktivitäten. Innerhalb der verschiedenen Geschäfts- bzw. Kernprozesse im Unternehmen geht es darum, die Effizienz dieser Geschäftsprozesse zu erfassen und sie in Bezug auf die obengenannten Schlüsselpotentiale „Kosten, Zeiten, Qualitäten, Flexibilität und Service" zu optimieren. Deshalb sind Potentialanalysen auch immer qualitätsrelevante Aktivitäten. Sehr viele der oben erläuterten Qualitätstechniken lassen sich für Potentialuntersuchungen innerhalb der vorher gemeinsam mit den Mitarbeitern analysierten und dokumentierten Geschäftsprozesse verwenden. **Potentiale** sind definiert als die im Unternehmen vorhandenen Ressourcen und Fähigkeiten, die bei koordiniertem Einsatz einen Wettbewerbsvorteil gegenüber der Konkurrenz ermöglichen. Bei der Potentialanalyse mit dem dahinterstehenden Potentialmanagement geht es um die Aktivierung der Schlüsselpotentiale im Prozeß, auch als Primärpotentiale bezeichnet. Diese sind im einzelnen:

- Kosten, d.h. Wirtschaftlichkeit und Effizienz der Abläufe
- Zeiten, d.h. Schnelligkeit der Aufgabenerledigung
- Qualität, d.h. fehlerfreie Produkte und Dienstleistungen
- Flexibilität, d.h. Anpassungsfähigkeit an Kundenwünsche
- Service, d.h. der Kundennutzen muß in verbesserten Kosten, Zeiten und Qualitäten sichtbar werden.

Die Vorgehensweise bei der **Potentialanalyse** läßt sich in 5 Einzelschritte zerlegen.

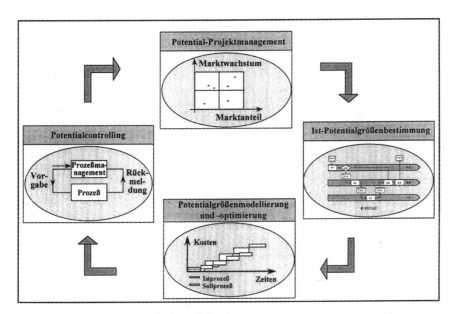

Bild 4-19 Vorgehensweise bei der Potentialanalyse

Wie Bild 4-19 zeigt, beginnt der Zyklus aus Qualitätssicht in Schritt 1 mit der Planungsphase, d.h. der Strategieentwicklung zur Zukunftssicherung mit Hilfe einer Situations-
analyse. Hierbei spielen die bereits erläuterten Veränderungsprozesse, der Wertewandel in
der Gesellschaft, neue Technologieentwicklungen, das Verhalten der Konkurrenz oder die
Entwicklung der Kundenforderungen als zu erfassende Rahmenbedingungen für die Stra-
tegievorgabe eine wichtige Rolle. Aus den dabei gewonnenen Erkenntnissen leiten sich
die Festlegungen der Potentiale hinsichtlich Effektivität, Wirtschaftlichkeit, Durchlaufzeiten und Qualitäten, immer in Reflexion zum definierten Kundennutzen ab. Es folgt die
Auswahl der qualitätsrelevanten Prozesse, die von diesen Entwicklungen betroffen sind.
Weiter müssen die Systemgrenzen der Prozesse und die Bezugsobjekte, d.h. die einzelnen
Prozeßstufen bestimmt werden.

Im folgenden Schritt 2 wird die Prozeß-Ist-Analyse zur Potentialgrößenbestimmung vorgenommen. Inhalte dieses Schrittes sind:

- **Prozeßvisualisierung** (Systemmodell)

- **Basisdatenermittlung** (Input/Output)

- Prozeßdetaillierung

- Tätigkeits- und Funktionsanalysen

- Prozeßorientierte Zielgebiete (Prozeßzeiten, Kosten, Qualitäten)

- Zeit-Potentialermittlung

- Kosten-Potentialermittlung

- Kosten- und Leistungsberechnung mit Kennzahlen

Grundlage für alle Verbesserungsaktivitäten ist die Darstellung des gemeinsamen Prozeßbildes, das hinsichtlich der Zeit- und Kostenpotentiale detailliert zu analysieren ist. Die
Detaillierung des Prozeßmodells kann über verschiedene Einzelanalysen vorgenommen
werden, beispielhaft sind genannt die Input-Output-Analyse pro Funktion bzw. pro Prozeßstufe oder die Tätigkeits- oder Funktionsanalyse.

Die Input-Output-Analyse ergibt einen Überblick über die eingesetzten Ressourcen und
Ressourcenverbräuche. Die Input-Beschreibung nennt die Quellen, d.h. die Lieferanten für
den betrachteten Prozeß, beim Output werden die Empfänger des Prozesses definiert, d.h.
die Kunden beschrieben. Bei den zu ermittelnden Ressourcen der Input-Output-Analyse
handelt es sich in der Hauptsache um Informationen über Betriebsmittel, Organisationsmittel, das Personal, das Material bzw. die Bestände, die vorhandenen Flächen oder die
eingesetzten Hilfsmittel. Die eigentliche Kosten- und Leistungsbewertung erfolgt allerdings erst im 3. Schritt, bei der Potentialgrößenerfassung.

In Schritt 3 wird die Potentialgrößenmodellierung und -optimierung mit dem Schwerpunkt
der Kosten- und Leistungsbewertung vorgenommen. Dazu gehört z.B.:

- Zuordnung der Lösungsansätze

- Bewertung der Lösungsansätze

- Auswahl der Verbesserungsmaßnahmen

- Einführung der Maßnahmen

Das Potentialcontrolling mit der Messung der kontinuierlichen Potentialverbesserung erfolgt in Schritt 4. Verwendung finden hierbei beispielsweise die in Kapitel 6 erläuterten Prozeßkosten- und Controllingkennzahlen.

4.4.2 Nutzwertanalyse

In die Erfolgsbewertung der Unternehmens- bzw. Qualitätsaktivitäten fallen nicht allein nur monetäre, d.h. finanzielle Kriterien, wie sie sich beispielsweise aus der Unternehmensrechnung bzw. Kosten- und Leistungsrechnung ergeben, sondern auch nichtmonetäre Faktoren. Im Gegensatz zu den finanziellen Kriterien lassen sich diese Bewertungsfaktoren sehr schwierig quantifizieren. Beispiele für nicht quantifizierbare Erfolgsfaktoren sind beispielsweise unterteilt nach technischen, sozialen und wirtschaftlichen Kriterien:

Technische Kriterien	Soziale Kriterien	Wirtschaftliche Kriterien	Qualitätsbezogene Kriterien
• Zuverlässigkeit	• Arbeitssicherheit	• Liquidität	• Kundenanforderungen
• Verfügbarkeit	• Gesundheitsvorsorge	• Verschuldung	• Mitarbeiteranforderungen
• Kompatibilität	• Arbeitsplatz - sichernd	• Marktanteil	• Mitarbeitermotivation
• Qualität		• Image	• Qualitätsfähigkeit

Mit Hilfe der Nutzwertanalyse lassen sich diese quantitativen Bewertungskriterien in Ergänzung zu einer quantitativen Bewertung mit monetären Bewertungsfaktoren in eine ganzheitliche Erfolgsbetrachtung mit einbeziehen.

Bei der Nutzwertanalyse auch als Scoring-Modell bezeichnet, werden als erstes die unterschiedlichen Kriterien bzw. Teilziele, die zur Bewertung oder Auswahl aus mehreren möglichen Handlungsalternativen herangezogen werden, festgelegt. Für jedes einzelne Kriterium kann entweder eine lineare Werteskala bzw. bei Bedarf auch nichtlineare Wertefunktionen festgelegt werden. Für die lineare Werteskala kann beispielsweise eine Einteilung nach

„ sehr gute, gute, befriedigende, ausreichende, nicht ausreichende Erfüllung "

zugrunde gelegt werden. Nichtlineare Wertefunktionen lassen sich beispielsweise in Form von zu entwickelnden Funktionskurven hinsichtlich ihres Erfüllungsgrades bewerten. Bei der Kriterienwahl sollte darauf geachtet werden, daß keine Konkurrenzbeziehung untereinander existiert und das die einzelnen Kriterien nicht in einer Mittel/Zweck-Beziehung miteinander verknüpft sind. Außerdem sollte die Kriterienanzahl nicht größer als 10 Kriterien umfassen, weil ansonsten das Modell an Einfachheit und Überschaubarkeit verliert.

Da die Entscheidungs- bzw. Bewertungskriterien in der Regel nicht die gleiche Bedeutung bzw. Einflußgröße für das zu bewertende Objekt besitzen, muß eine Kriteriengewichtung stattfinden, mit der eine Reihenfolge der Bedeutung der einzelnen Kriterien untereinander festgelegt wird. Für die Ermittlung des Gewichtungsfaktors gibt es unterschiedliche Verfahren z.B. die Delphi-Methode, Brainstorming oder die Methode der singulären Vergleiche. In Bild 4-20 wird ein paarweiser Vergleich der einzelnen Kriterien untereinander vorgenommen.

Bewertungsmatrix für die Gewichtung der Systemkriterien

Lfd Nr.	Systemkriterien	1	2	3	4	5	6	7	8	Punkte	G(%)	G
1	Erhöhung d. Arbeitszufriedenh.		2	3	2	0	3	2	2	14	13	5
2	Verbesserung d. Kooperation	2		3	3	1	3	4	4	20	18	8
3	Senken der Fluktuationsrate	1	1		1	2	0	3	2	10	9	2
4	Erhöhung der Unfallsicherheit	2	1	3		1	2	4	2	15	14	6
5	Steigerung der Motivation	4	3	2	3		1	3	2	18	16	7
6	Verminderung von Streß	1	1	4	2	3		0	3	14	12	4
7	Abbau von Monotonie	2	0	1	0	1	4		1	9	8	1
8	Erhöhen der Transparenz	2	0	2	2	2	1	3		12	10	3
	Summe (100%):									112	100%	

Punktebewertungsverfahren

Systemkriterien	G-Wert	Prozeß-variante 1		Prozeß-variante 2		Prozeß-variante 3	
		B-W	P	B-W	P	B-W	P
1.) Arbeitszufriedenheit	5	4	20	3	15	5	25
2.) Kooperation	8	2	16	3	24	4	32
3.) Senken der Fluktuationsrate	2	1	2	5	10	3	6
4.) Unfallsicherheit	6	3	18	3	18	3	18
5.) Motivation	7	2	14	1	7	5	35
6.) Verminderung von Streß	4	3	12	2	8	4	16
7.) Abbau von Monotonie	1	4	4	2	2	3	3
8.) Transparenz	3	5	15	2	6	4	12
Gesamtpunktzahl			101		90		147
Rangreihe			2		3		1

G-Wert ----> Gewichtsfaktor, z.B.:   1 bis 7
B-Wert ----> Bewertungsklasse, z.B.:   5 = sehr gut
                                       4 = gut

                                       1 = sehr schlecht

Bild 4-20 Paarweiser Methodenvergleich

Hierbei können folgende Fälle auftreten:

- Kriterium 1 ist sehr viel wichtiger als Kriterium 2   4 : 0
- Kriterium 1 ist wichtiger als Kriterium 2   3 : 1
- Kriterium 1 ist gleich wichtig Kriterium 2   2 : 2
- Kriterium 1 ist weniger wichtig als Kriterium 2   1 : 3
- Kriterium 1 ist sehr viel weniger wichtig als Kriterium 2 0 : 4

Für die ebenfalls in Bild 4-20 gezeigten drei Handlungsalternativen kann jetzt der jeweilige Erfüllungsgrad des betrachteten Kriteriums multipliziert mit dem dazugehörenden Gewichtungsfaktor eine klare Aussage treffen, wie das Kriterium bzw. die Zielgröße erfüllt wird. Durch die Addition aller Bewertungsfaktoren ergibt sich die Gesamtsumme für die betrachtete Handlungsalternative. Über diesen Weg kann auch für Außenstehende sehr transparent dargestellt werden, nach welchen Kriterien und Überlegungen die Entscheidungsfindung bzw. Erfolgsbewertung vorgenommen wurde.

4.4.3 Investitionsrechnung

Mit Hilfe von Investitionsrechnungen kann beurteilt werden, ob sich Qualitätsmanagement-Investitionen für das Unternehmen auszahlen. Wie Bild 4-21 zeigt, kann grundsätzlich zwischen statischen und dynamischen Investitionsrechnungen mit den dazugehören-den einzelnen Investitionsrechenarten unterschieden werden. Wobei die statische Investi-tionsrechnung die klassischen Kostenrechnungsverfahren beinhaltet. Bei der dynamischen Investitionsrechnung werden die zukünftigen Einnahmen und Ausgaben der Qualitätsma-nagement-Investition über die Lebensdauer auf den Investitionszeitpunkt diskontiert. So-bald die Ausgaben, die Einnahmen überschreiten, lohnt sich die Investition nicht mehr.

Statische Investitionsrechnung	Dynamische Investitionsrechnung
z.B.: - Verfahrensvergleiche (AZREI)	z.B.: - Diskontierungsmethode
- Wirtschaftlichkeitsrechnung	- Kapitalwert CO
- Deckungsbeiträge	- Interner Zinsfuß
- Kritische Stückzahlen	- Annuitätenmethode AN
- Auftragskostenrechnung	- Kapitalgrenzwert Cgrenz
- Platzkostenrechnung:	- Kritische Absatzmenge
- Maschinenstundensatz	- Kritischer Erlös
- Werkzeugkosten	- Rationalisierungsinvestition
- Erweiterte Kostenvergleichsrechnung	- Erweiterungsinvestition
(Auftragskosten)	- Ersatzzeitpunkt
- Teilkostenrechnung	- Mapi Verfahren

Bild 4-21 Investitionsrechnungsarten

4.4.4 CAQ-Einsatz

Unter dem Stichwort **Computer Aided Quality (CAQ)** sind hier integrierte EDV-Lösungen zur Unterstützung des Qualitätsmanagements im Unternehmen genannt, insbe-sondere läßt sich das in Kapitel 6 noch ausführlich erläuterte umfassende Unterneh-menscontrolling in der Praxis umsetzen. Im Kern haben diese CAQ-Systeme entwick-lungstechnisch mit der prozeßnahen Prüfdatenerfassung, Speicherung und Verarbeitung begonnen und sich dann mit ihrem Ausbau zur statistischen Prozeßregelung weiterentwik-kelt. Der Funktionsumfang hat sich dann kontinuierlich erweitert, beispielsweise um die rechnerunterstützte Prüfplanung und **Prüfsteuerung, Prüfdynamisierung, Prüfauftrags-steuerung**, Freigabeentscheide, Lieferantenbewertungen, Qualitätskostenerfassung- und -übernahme von Qualitätscontrollingfunktionen. Auch das gesamte Prüfmittelmanagement mit Planung, Konstruktion, Beschaffung, Bereitstellung, Überwachung sowie das Instand-haltungs-management lassen sich in CAQ einbinden. Über kompatible Softwaremodule für die einzelnen Qualitätsmanagement-Aufgabenstellungen ist eine Integration der ein-zelnen Anwendung in einem einheitlichen System möglich. Anhand der CAQ-Ergebnisse wird der Unternehmenserfolg gemessen.

Der zukunftsorientierte CAQ-Einsatz ist gekennzeichnet durch zwei Entwicklungen. Zum einen muß, wie Bild 4-22 zeigt, die Integration der verschiedenen CAQ-Komponenten in ein umfassendes unternehmensspezifisches Informationssystem prozeßorientiert erfolgen.

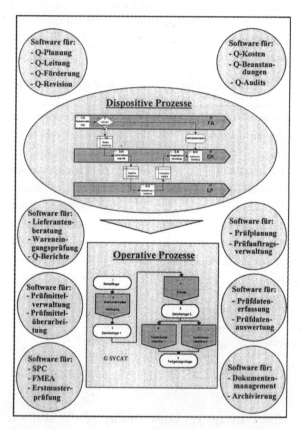

Bild 4-22 Prozeßorientierte **CAQ-Systemkomponenten**

Zum zweiten ergeben sich aus den steigenden Kunden- und Normenforderungen neue CAQ-Module, die ebenfalls in die bestehende Systemlandschaft einzubinden sind. Als Beispiel für die zuletzt genannte Entwicklung steht die Anwendung der QS 9000 bzw. der VDE Standard Band 6, Teil 1.

Die sich in den letzten Jahren herausgebildete Qualitätsmanagement-System- bzw. CAQ-Architektur ist im Bild 4-23 in Form eines Ebenen-Konzeptes dargestellt. Auf der Planungsebene mit dem Host-Rechnerbetrieb befindet sich die Stammdatenverwaltung auf einem Datenbankserver. Hier wird auch die Verknüpfung zu anderen Softwareanwendungen im Unternehmen, beispielsweise zum PPS-System, hergestellt. Die Qualitätslenkungs-Funktionen werden auf der Lenkungsebene mit Hilfe von Qualitätsmanagement-Leitständen wahrgenommen. Für den Leitstand bedeutet dies die Übernahme von Stammdaten aus dem übergeordneten Host-System mit Verwaltung der Prüfpläne, Vorgabe der Prüfanweisungen, Auswerten und Dokumentieren der Prüfergebnisse mit Weitergabe an die beteiligten Stellen sowie die Bildung von Kennzahlen.

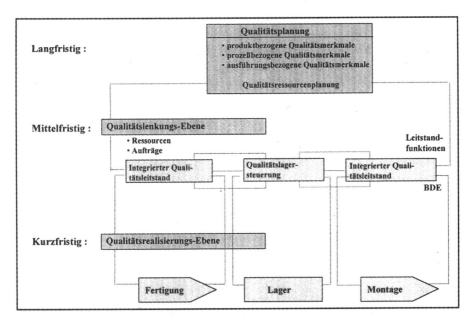

Bild 4-23 Integriertes hierarchisches Qualitätsplanungs- und -lenkungskonzept

Der operativen Ebene ist als EDV-Hilfsmittel das **BDE-System** zugeordnet. Nach wie vor ist es in der Praxis eine entscheidende Schwachstelle, daß dieses BDE-System nicht den Anforderungen hinsichtlich der Transparenzforderungen über den ablaufenden Prozeß entspricht. In Verbindung mit dem BDE-Einsatz ergibt sich folgender rechnerunterstützter Ablauf der Qualitätsprüfung. Ausgangspunkt ist eine Prüfauftrags-Nr., die im System hinterlegt ist. Über die BDE-Software sind die fixen Fertigungsauftragsdaten wie Fertigungsauftrags-, Artikel-, Chargen-, Material- oder Kunden-Nr. mit den Qualitätsmanagement-Prüfungsdaten wie Prüfauftrags-Nr., Personal-Nr., Qualitätsmanagement-Mitarbeiter und weitere Prüfdaten verknüpft. Auch das Ergebnis der Prüfung am Arbeitsplatz wird direkt in das BDE-System eingegeben. Bei einer beanstandeten Menge wird sofort dokumentiert, welche Fehlerart die Ursache für die Beanstandung war. Später wird dazu in der Qualitätsleitung der Verwendungsbescheid zugeordnet.

Der **Prüfvorgang** muß immer mit einer Auswertung und Beurteilung abschließen. Die Beurteilung beinhaltet eine Entscheidungsfindung, ob das Ergebnis der Prüfung zu positiven oder negativen Aussagen führt, d.h., ob die Qualität ausreichend oder nicht ausreichend ist. Das Ziel der Auswertung und Beurteilung muß darin liegen, daß die Ergebnisse klar und leicht verständlich sind, der untersuchte Tatbestand und die Randbedingungen transparent vorliegen und die Entscheidung eindeutig ist, ob und welche Maßnahmen getroffen werden müssen.

Wie in Tafel 4-2 vorgegeben, zerlegt sich der Ablauf der **Prüfdatenverarbeitung** in die vier Teilstufen:

- Auswerten und Beurteilen
- Behandlung fehlerhafter Einheiten
- Kennzahlenbildung
- Weitergabe an beteiligte Stellen

Tafel 4-2 Ablauf der Prüdatenverarbeitung

Ablaufstufen   *Einflußgrößen*

Auswerten und Beurteilen

- Fehleranalyse nach Fehlerart	- Qualitätslenkung
- nach Fehlerort	- Stichprobenumfang
- Fehlerausprägung	- Identifizierungsanforderungen
- Fehlerursache	- Fehlercode (Schlüssel)
- Fehlerhäufigkeit	- CAQ-Einsatz
- Fehlerkosten	- Entscheidungsregeln
- Fehlergewichtung	- Qualitätslenkung

Behandlung fehlerhafter Einheiten

- Kennzeichnung von Fehlern	- Abweichungsgründe
- Aussonderung der Einheiten	- Qualitätskostenentwicklung
- Korrekturmaßnahmen	- Sperrlagerorganisation
- Freigabeorganisation	- Verantwortlichkeit
- Dokumentation	- Fehlerverhütungsstrategien

Kennzahlenbildung

- Kennzahlendefinition	- Qualitätscontrolling
- Häufigkeitsverteilung	- Regelkreismodell
- ABC-Analyse	- Schwachstellenbestimmung
- Ausschußquoten	- Fehlertrends
- statistische Daten	- Fehlerkostenentwicklung

Weitergabe an beteiligte Stellen

- Qualitätsinformationen	- Unternehmensmodell
- Qualitätsverfahrensanweisungen	- Kennzahlenbildung
- Qualitätshandbuch	- Qualitätsmanagementsystem
- Qualitätsbewußtsein	- Fehlermanagement
- kontinuierliche Qualitätsverbesserung	- Lieferantenbeteiligung

In der ersten Ablaufstufe der Prüfdatenverarbeitung "Auswerten und Beurteilen" wird eine detaillierte Fehleranalyse nach Fehlerart, Fehlerort, Fehlerausprägung, Fehlerursache, Fehlergewichtung, Fehlerkosten und weiteren Gesichtspunkten wie Fehlermaßnahmen oder Verantwortlichkeit für die Abstellung der Fehler durchgeführt. Grundlage dafür sind die bei der vorher beschriebenen Prüfausführung erfaßten Prüfdaten. Diese Prüfdaten ergeben sich häufig aus der Anwendung der im folgenden noch näher beschriebenen Stichprobenprüfungen. Dies setzt aber immer die Herstellung größerer Stückzahlen eines Teiles oder Tätigkeiten voraus. Der Vorteil dieser Prüfung ist, daß mit relativ geringen Prüfumfängen ausreichend zulässige Qualitätsaussagen möglich sind. Die Durchführung dieser Stichprobenverfahren erfolgt nach mathematischen und physikalischen Vorgaben, z.B. in errechneten Tafeln, in denen festgelegt ist, welche Probenanzahl (Stichprobenumfang n) aus einer Losgröße (Losumfang N) zu entnehmen und zu prüfen ist, um zu einer bestimmten Aussagewahrscheinlichkeit (z.B. 95 %) über die Qualität der Teile zu gelangen.

Die **Stichprobenprüfung** ist in nationalen oder internationalen Normen festgelegt. Zu nennen ist für die attributive Stichprobenprüfung die DIN 40080 und der amerikanische Militärstandard 105 D. Das stichprobenweise Prüfen nach variablen Merkmalen wird nach der amerikanischen Militärstandard 414 durchgeführt. Gekennzeichnet ist diese Stichprobenprüfung durch die sogenannte "annehmbare Qualitätslage (AQL)". Darunter versteht man den maximalen Schlechtanteil (oder die maximale Fehleranzahl bezogen auf 100 Einheiten), der noch als annehmbare Qualität angesehen werden kann. Dieser Punkt wird auch als Gutgrenze bezeichnet.

Die auf dieser Grundlage erarbeiteten Stichprobenpläne werden häufig als Bestandteil für **Liefervereinbarungen** in bezug auf Prüfung und Abnahme von Waren benutzt. Ihre genaue Anwendung und Ableitung ist in den Schriften der Deutschen Gesellschaft für Qualität (DGQ) veröffentlicht. Dort werden dann auch Begriffe wie die repräsentative Stichprobe, langfristige Streuung, **Stichprobenfrequenz**, **Stichprobenentnahme** oder Operationscharakteristik (OC) erläutert.

Eine wesentliche Vereinfachung besteht bei der Prüfdatenerfassung und Auswertung in der Benutzung von Fehlerschlüsseln. Diese **Fehlercodierung** ist außerdem auch wieder die Grundlage für den Rechnereinsatz bei der Prüfdatenerfassung und Auswertung. Hierbei können dann beispielsweise numerische Tastaturen, Barcode-Leser oder Spracheingabegeräte Verwendung finden. Der Detaillierungsgrad dieser Schlüssel muß unternehmensspezifisch angepaßt werden. Er kann sehr tiefgehend aufgebaut sein. Die Prüf- bzw. auch ermittelten Fehlerdaten lassen sich mit Hilfe von Fehlerarten- und Ausprägungsschlüsseln rechnerunterstützt sehr schnell verdichtet auswerten. Bei der Feststellung von Fehlern ist dann zu entscheiden, wie die weitere Behandlung fehlerhafter Teile erfolgt. Dies ist die zweite Ablaufstufe innerhalb der Prüfdatenverbeitung. Bei Stichprobenprüfungen ist die Entscheidung über den weiteren Ablauf relativ einfach zu überblicken. Bei einem normalen Prozeßablauf werden die Merkmalsausprägungen des interessierenden Prüfmerkmals überwiegend innerhalb der Warngrenzen liegen. Im Bild 4-24 wird diese Situation in der Abbildung der Qualitätsregelkarte gezeigt. Liegt die Merkmalsausprägung (V) zwischen Warn- und Eingriffsgrenze, ist zu vermuten, daß der Herstellungsprozeß bereits gestört ist. Über weitere Stichprobenprüfungen ist festzustellen, ob tatsächlich ein Fehler vorliegt. Über eine ebenfalls in Bild 4-24 dargestellte Mittelwertkarte ist die zugehörige Verteilung der Einzelwerte dargestellt. Dabei wurde die Eingriffsgrenze der Qualitätsregelkarte mit der Wahrscheinlichkeit 99% festgelegt, d.h. bei ungestörtem Fertigungsablauf wird kaum in die Fertigung eingegriffen. Um einen umfassenden Überblick zu erhalten, fügt man dieser Mittelwertkarte in einer weiteren Auswertung noch die Standardabweichungs- bzw. Spannweitenkarte (Steuerungskarte) hinzu. Aus ihr kann gleichzeitig sowohl Lage also auch Streuung des Fertigungsprozesses bezüglich der Merkmalsausprägung beurteilt werden.

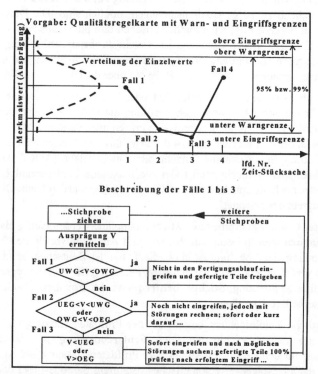

Bild 4-24 Entscheidungsregeln bei Verwendung von Qualitätsregelkarten

Bei der Feststellung von unzulässigen Abweichungen von Werten der Qualitäts- bzw. Prüfmerkmale sind als erstes folgende Maßnahmen zu ergreifen:

• Kennzeichnung der fehlerhaften Einheiten

• Aussondern der fehlerhaften Einheiten

• Verfügen über fehlerhafte Einheiten

Unter "Verfügen über fehlerhafte Einheiten" ist die Festlegung der weiteren Behandlung dieser Teile bis zum endgültigen Verwendungsentscheid zu verstehen. Insbesondere sind Korrekturmaßnahmen einzuleiten. Dazu ist nötig, die Bedeutung des aufgetretenen Qualitätsproblems abzuschätzen, die möglichen Ursachen zu analysieren und daraufhin vorbeugende Maßnahmen einzuleiten. Aus den festgestellten Abweichungsgründen vom Sollwert sind darüber hinaus Überlegungen anzustellen, wie mittelfristig diese Fehler nicht mehr auftreten können, beispielsweise wenn Toleranzen zu eng vorgegeben sind. Für die kurzfristige Beseitigung der Fehlerursachen ist eine sehr sorgfältig geplante und mit allen Beteiligten abgestimmte Freigabeorganisation mit Zuordnung der Verantwortlichkeiten, beispielsweise in Form einer Qualitätsmanagement-Verfahrensanweisung, zu entwickeln. Hier wird auch die notwendige Dokumentation der fehlerhaften Einheiten und das Ergebnis der eingeleiteten Korrekturmaßnahmen festgehalten. Auch die physische Behandlung der fehlerhaften Teile, z.B. in einer separaten Sperrlagerorganisation ist sorgfältig zu dokumentieren.

5 Prozeßorientierte Qualitätsmanagement-Systemeinführung

Die im folgenden beschriebene prozeßorientierte Qualitätsmanagement-Systemeinführung als Grundlage für **TQM** erfolgt nach einem, in der Praxis in vielen Branchen bewährten Vorgehensmodell mit Rechnerunterstützung, hier mit der Prozeßmanagement-Software SYCAT.

Das Risiko bei Einführung eines normkonformen Qualitätsmanagement-Systems liegt in der formalen Umsetzung der in der Norm beschriebenen 20 Qualitätsmanagement-Elemente mit hohem bürokratischen Aufwand, ohne daß die Beteiligten, d.h. also die Mitarbeiter im Unternehmen, mit ihrer Kernkompetenz in die Qualitätsmanagement-Systemeinführung mit einbezogen werden. Damit sind Akzeptanz und Motivationsverluste vorprogrammiert. Außerdem muß für die Pflege eines auf diesem Weg eingeführten Qualitätsmanagement-Systems ein hoher bürokratischer Aufwand getrieben werden, der in keinem Verhältnis zum zu erwartenden Nutzen steht.

Das dargestellte Vorgehensmodell zeichnet sich dadurch aus, daß es die Chancen einer Qualitätsmanagement-Systemeinführung zu organisatorischen, funktionalen, personellen, informationstechnischen und weiterer Verbesserungsgesichtspunkten nutzt. Gemeinsam mit den Mitarbeitern werden die qualitätsrelevanten Prozesse analysiert, modelliert und dokumentiert. Die Mitarbeiter stehen im Mittelpunkt der Prozeßgestaltung und Qualitätsmanagement-Systemeinführung. Ihr Wissen wird in einem rechnergestützten Erfahrungsspeicher zur Verbesserung der Kernkompetenz und für die Entwicklung zu einem lernenden Unternehmen hinterlegt. Gleichzeitig wird durch die permanente Einbindung ohne zusätzlichen Aufwand die Schulung der Mitarbeiter durchgeführt, die Qualitätsmanagement-Qualifikation erhöht; damit die Akzeptanz und Motivation für das Gelingen des Qualitätsmanagement-Systemeinführungsprojektes gesichert.

Weiter werden durch dieses Vorgehensmodell gleichzeitig die in Kapitel 3 beschriebenen Grundsätze des Total-Quality-Management (TQM) innerhalb der drei Strategiefelder:

- **Kundenorientierung**
- **Mitarbeiterorientierung**
- **Prozeßorientierung**

berücksichtigt bzw. mit dem Zweck der Erfolgsorientierung angewendet.

Die Prozesse werden verbessert, um den Kundennutzen zu erhöhen. Das Qualitätsmanagement-System soll also dafür sorgen, daß die Kundenorientierung im Unternehmen erhöht wird.

Die Mitarbeiter müssen so geführt werden, daß sie diesen Kundenorientierungsgedanken verstehen und eigenverantwortlich und mit Selbstcontrolling unterstützen. Das Qualitätsmanagement-System soll also auch Mitarbeiterorientierung mit umsetzen.

Dies auf der Grundlage der Prozeßorientierung, d.h. gemeinsam mit den Mitarbeitern analysierter, modellierter und dokumentierter Prozesse, die im KVP-Sinne (kontinuierlicher Verbesserungsprozeß) hinsichtlich der Leistungsfähigkeit und Qualität durch die Mitarbeiter ständig verbessert werden. Somit sind die Voraussetzungen für die Erfolgsorientierung als Ergebnis dieser Aktivitäten innerhalb der drei Strategiefelder gegeben.

Das eingesetzte Prozeßmanagement-Tool unterstützt dieses in Bild 5-1 in 4 Phasen dargestellte Vorgehensmodell wesentlich, weil der notwendige Dokumentationserstellungs- und verwaltungsaufwand als Grundlage für die Zertifizierung erheblich reduziert wird. Auch die Einführung einer normkonformen Dokumentenlenkung nach den Qualitätsmanagement-Elementen 5 und 16 wird ebenso erleichtert wie die Auditdurchführung und Mitarbeiterschulung nach Qualitätsmanagement-E 17 und 18, weil die Unterstützung dieser Aufgaben ebenfalls rechnerunterstützt geleistet wird.

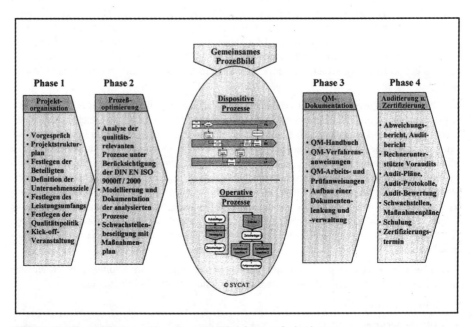

Bild 5-1 Dr. Binner CIM-house-Vorgehensmodell bei der prozeßorientierten
Qualitätsmanagement-Systemeinführung

5.1   Phase 1: Qualitätsmanagement-Projektinitialisierung

5.1.1   Vorgespräch

Voraussetzung für die Implementierung eines Qualitätsmanagement-Systems ist die Identifikation der Unternehmensleitung mit den Zielvorstellungen. Wichtig ist, daß **alle** Mitarbeiter innerhalb der obersten Leitung diese Entscheidung mittragen, sich mit diesen Zielen identifizieren und durch ihr persönliches Engagement in der Wirkung verstärken. Zielsetzung des Vorgespräches ist es u.a.:

Festlegung des Qualitätsmanagementbeauftragten (Beauftragter der obersten Leitung (QMB))

• Projektrahmendaten besprechen (Kosten, Zeiten, Dauer des Projektes, Zertifizierungstermin)

- Kernprozesse/Hauptprozesse/Wertschöpfungsprozesse definieren (Verbesserungspotential)
- Betriebsversammlung terminieren
- Führungskräfteschulung planen

5.1.2 Projektstrukturplanung

Es folgt die Aufstellung und Pflege eines Projektstrukturplanes durch den Berater/QMB mit Hilfe des vorgegebenen Qualitätsmanagement-Referenzprojektstrukturplanes. Dazu gehört u.a.

Festlegung der

- Teilprojekte
- Projektschritte
- Termine oder ggf. Zeitfenster
- Verantwortlichkeiten
- Prozeßbeteiligten in den Kernprozessen

5.1.3 Definition der Qualitätspolitik und -ziele

Im Rahmen von vorbereitenden Gesprächen muß sich die Unternehmensleitung darüber Klarheit verschaffen, ob eine Identifikation der Führung erreicht wurde, also die Führungskräfte noch vor einer größeren Informationsveranstaltung (z.B. Betriebsversammlung) ins „Boot" geholt werden.

5.1.4 Kick-off-Veranstaltung

Die Geschäftsleitung hat dafür zu sorgen, daß alle Mitarbeiter im Unternehmen rechtzeitig über den Sinn und Zweck der Qualitätsmanagement-Systemeinführung informiert und sensibilisiert werden, um nicht im Vorfeld schon auf Ablehnung zu stoßen. Aus diesem Grund besitzt die Kick-off-Veranstaltung auch einen hohen Stellenwert.

In dieser Kick-off-Veranstaltung werden alle Beteiligten über das Qualitätsmanagement-Projekt und die Bedeutung für ihr Unternehmen im Bezug auf den Wettbewerbserfolg informiert. Themen für diese Betriebsversammlung sind z.B.:

- DIN EN ISO 9000 ff.
- Qualitätsmanagement-System
- Zertifizierung
- Was bedeutet Qualitätsmanagement für den einzelnen Mitarbeiter ?
- Grober Projektablauf (Vorgehensmodell)

5.2   Phase 2: Prozeßanalyse und -dokumentation

5.2.1   Prozeßdefinitionen und -spezifikation

Als erstes sind die qualitätsrelevante Prozesse innerhalb des unternehmensspezifischen Unternehmensmodells zu definieren und der jeweilige Prozeßinput und Prozeßoutput zu bestimmen. Bei der Input-/Output-Untersuchung ist es wichtig herauszufinden, was der zu betrachtende Prozeß von den vorgeschalteten Prozessen benötigt bzw. was die nachgeschalteten Prozesse von dem zu betrachtenden erwarten. Dazu sind nicht nur Forderungen an das Material und Personal sondern auch an Informationen festzulegen. Ist der Input/Output und damit auch die Forderungen nachgeschalteter Tätigkeiten auf den zu betrachtenden Prozeß bekannt, kann nun die Aufgabenstellung, der Zweck und das Ziel des betrachteten Prozesses definiert werden.

Die Aufgaben im einzelnen:

* Definition der Prozesse mit Teilaufgaben,

* Spezifikation der Prozeßinhalte

* Festlegung der Zielsetzung des Prozesses,

* Festlegung des Geltungsbereichs für den Prozeß und Festlegung der angrenzenden Prozesse (Vorgänger, Nachfolger)

* Bestimmung des Prozeßverantwortlichen, der für die Gestaltung des Prozesses, die Planung und Einleitung von Verbesserungsmaßnahmen sowie das Vertreten der Prozeßbelange im Unternehmen zuständig ist

* Erstellen einer Prozeßcharakteristik

* Ermittlung der Anforderungen an den Prozeß (Kundenwünsche erfassen, Benchmarking usw.)

5.2.2   Prozeß-Istanalyse

Hier sind die Prozeßabläufe, Arbeitsschritte, Aktivitäten, Verantwortungen, die verwendeten Dokumente und Daten sowie die Zuständigkeiten systematisch rechnerunterstützt zu erfassen und zu dokumentieren.

Bei der Ist-Aufnahme sind zu betrachten:

1. Informations-Quellen

* Mitarbeiter (z.B. Geschäftsleitung, Abteilungsleitung, Sachbearbeiter, Arbeiter)

* Organisatorische Dokumentation (z.B. Aufbaudarstellungen, Arbeitsablaufdarstellungen, Vorgaben der Ablauforganisation, Ergebnisse früherer Ist-Aufnahmen)

* Arbeitsmittel (z.B. Formulare, Akten, Schreiben, Karteien)

2. Techniken

* **Workshop-Methode**: Alle wesentlichen Beteiligten werden zu einem Abstimmungsgespräch eingeladen, um ihr Prozeß-Know-how in die Prozeß-Istanalyse einzubringen.

- **Interview-Methode**: Befragung einzelner Mitarbeiter: Abteilungsbezogen im Einzelgespräch.

- **Fragebogen**: Fragebogen mit freien Antworten oder mit Auswahlantworten.

- **Arbeitsfluß-Erfassungsblätter**: Erstellen von detaillierten Berichten durch die Mitarbeiter über ihre ausgeführten Arbeiten.

- **Dokumentationsauswertung**: Auswertung von Aufschreibungen über das System.

3. Inhalte der Prozeßanalyse:

- *Arbeitsablauf:* Arbeitsgänge, Reihenfolge der Arbeitsgänge, Arbeitsträger (z.B. Mitarbeiter, Computer), Informationseingaben, Verarbeitung, Speicherung (z.B. Karteien, Listen), Ausgaben

- *Mengen:* Aktuelle und zukünftige Mengen (z.B. Prüfmittel, Lehren)

- *Zeiten:* (z.B. Arbeitszeit pro Arbeitsgang, Durchlaufzeit des Arbeitsablaufs)

- *Sachmittel:* Feststellung der in diesem Arbeitsablauf eingesetzten Sachmittel (z.B. Computer, Meßgeräte)

- *Kapazitäten:* Verfügbares bzw. benötigtes Personal

- *Informationsträger:* Ermittlung aller in einem Ablauf benutzten Formulare und Dokumente

- *Kosten:* z.B. Personalkosten, Materialkosten, Kapitalkosten

- *Anforderungen:* Auftauchende Probleme ermitteln, Verbesserungen ermitteln (z.B. Vorschläge vom Mitarbeiter), Forderungen der Systembeteiligten ermitteln

Zusammengefaßt werden bei der Ist-Aufnahme die Prozesse durch folgende Parameter/Daten charakterisiert:

- **Wer macht es** (durchführende/verantwortliche Personen): Funktionsbereiche/Mitarbeiter
- **Was**   (Tätigkeiten)   : Funktionen
- **Wann**   (Zuordnung zum Arbeitsablauf)   : Zeitliche Reihenfolge Funktionen
- **Wo**   (Ort)   : Kostenstellen/Abteilungen
- **Womit**   (Mittel, Methoden)   : Hilfsmittel, DV-Einsatz
- **Wie**   (festgelegt Weise)   : Arbeitsschritte
- **aufgrund welcher Informationen**   : Informationsträger/mitgeltende Dokumente

Die aufgenommenen Prozeßdaten werden in den PC eingegeben und bearbeitet. Über diese Art der Darstellung lassen sich die funktionalen, organisatorischen, personellen und zeitlichen Abhängigkeiten im Prozeß einfach überblicken und eindeutig zuordnen. Gleichzeitig wird der Prozeß normkonform dokumentiert.

Diese Darstellung wird anschließend den Mitarbeitern erneut zur weiteren Abstimmung vorgelegt und in weiteren Interviews kontinuierlich bis hin zum wahren Prozeßablauf detailliert. Ein großer Augenmerk wird dabei auf die Dokumentenlenkung der im Prozeß verwendeten bzw. erstellten Dokumente gelegt, da dieses in Qualitätsmanagement-Element 5 und Qualitätsmanagement-Element 16 eine eindeutige Forderung der Norm darstellt.

Bei der Aufnahme der Ist-Prozesse ist darauf zu achten, daß die Mitarbeiter in dieser Phase kontinuierlich bei der Erstellung der Qualitätsmanagement-Dokumentation mit einbezogen und ständig über Änderungen informiert werden. Das spezifische Know-how und die Akzeptanz der

Mitarbeiter gegenüber einer Qualitätsmanagement-Systemeinführung ist von enormer Wichtigkeit, da ansonsten viele Synergieeffekte, wie z.B. Prozeßtransparenz, Mitarbeitermotivation, Verbesserung der Prozeßabläufe etc. nicht genutzt werden können.

Weiterhin muß in dieser Phase dem Mitarbeiter immer wieder klar gemacht werden, daß es im wesentlichen darum geht, eine Dokumentation *bestehender* Prozeßabläufe zu erstellen. Wunschdenken der Mitarbeiter in bezug auf die Prozeßabläufe darf hierbei nicht einfließen, dies ist dann nach der in Punkt 5.2.3 beschriebenen Schwachstellenanalyse ein Ansatz bei der Sollkonzept-Modellierung.

Folgende Hinweise zur Moderation der IST-Aufnahme sind zu beachten:

- Blockaden und Ängste abbauen
- Es ist nicht notwendig, jeden einzelnen Handgriff zu erfassen.
- Die detaillierte Erfassung von Sonderfällen ist zu unterlassen.
- Bei der Ist-Aufnahme ist der Eindruck eines Verhörs bei den Mitarbeitern zu vermeiden.
- Der Moderator dieser Workshops sollte viel Erfahrung haben.
  (Der Moderator muß den Prozeß aber nicht kennen.)

Die Aufgaben der Moderation sind:

1. Prozeßbeteiligte einladen ggf. schulen
(Wenn Sie Bereichsleiter einladen, hören Sie, wie es sein soll
und nicht wie es ist.)

2. Workshop durchführen
Die Fragen zu Ist-Aufnahme sind einfach:
Input: Was wird von wem für die Funktion benötigt ?
Funktion: Was wird daraus gemacht ?
Output: Wer erhält was aus der Aktivität ? Wo geht es weiter ?

3. Prozeßdokumentation von den Beteiligten bestätigen lassen
(Detaillierung)

Kurzbeschreibung eines systematischen Prozeßmanagement-Tools

Eine wesentliche Unterstützung bei der Qualitätsmanagement-Systemeinführung bietet ein unter der Bezeichnung **SYCAT** (Systematische CIM-house-Analyse-Tools) entwickeltes Prozeß-Management-Werkzeug auf PC-Basis für die systematische Optimierung und transparente Darstellung von Geschäfts- und Betriebsprozessen.

SYCAT basiert auf gängiger Standardsoftware, wie dem ABC FlowCharter von Micrographx oder Visio, MS-Excel, -Access und –Word, und ist in Modulstruktur aufgebaut. Basierend auf dem Grundmodul zur Geschäfts- und Betriebsprozeß-Optimierung können zusätzliche Module für verschiedenste Funktionalitäten verwendet werden:

Die Geschäftsprozeß-Visualisierung erfolgt in der speziellen SYCAT-Darstellung, bei der Arbeits-, Material- und Ressourcenfluß in der zeitlichen Reihenfolge der Aufgabenerledigung abgebildet sind. Aus diesem, gemeinsam mit den Mitarbeitern entwickelten Ist-Prozeß, wird , nach erfolgter Schwachstellen-Aufnahme und -Eliminierung, ein Sollprozeß modelliert. Sämtliche, den Prozeßablauf betreffenden Daten bzw. Informationen werden in der SYCAT-Datenbank hinterlegt. Die auf diese Weise erarbeiteten Ergebnisse und Vorgaben stehen dann für die Erstellung der Qualitätsmanagement-Dokumentation und für kontinuierliche Verbesserungsprozesse (**KVP**) aktuell und transparent zur Verfügung (siehe Bild 5-2).

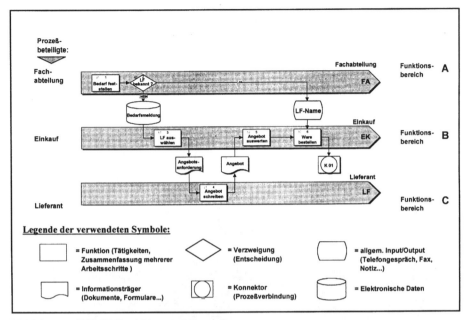

Bild 5-2   SYCAT-Geschäftsprozeß-Darstellung

Ein zusätzliches SYCAT-Modul, ebenfalls auf der Grundlage der visualisierten Prozeßdarstellung, ist das SYCAT-TQM-Tool, das in Phase 3 die kostengünstige und schnelle Einführung von Qualitätsmanagement-Systemen nach der DIN EN ISO 9000 ff zum Ziel hat. Alle qualitätsrelevanten Aktivitäten werden Qualitätsmanagement-Element-bezogen im Rechner dokumentiert und stehen für die Qualitätsmanagement-Handbuch- sowie Qualitätsmanagement-Verfahrensanweisungserstellung aktuell zur Verfügung. Ebenfalls hinterlegte Referenzmodelle und -dokumente reduzieren den Einführungsaufwand für den Anwender. Ein integriertes rechnergestütztes Auditmodul ermöglicht eine Aussage darüber, welche Aufgaben innerhalb der Kernprozesse im Unternehmen nötig sind, um die Zertifizierung erfolgreich durchzuführen.

Diese TQM-Software kann neben der Verbesserung der Qualitätsmanagement-Abläufe und Einführung des Qualitätsmanagement-Systems auch sehr gut zu Schulungs- und Ausbildungszwecken eingesetzt werden, da alle Normtexte hinterlegt sind. In Phase 4 folgt dann nach Durchführung von Voraudits die Einleitung der Zertifizierung durch eine vom Unternehmen zu bestimmende Zertifizierungsgesellschaft.

Erstellen einer Prozeßkette mit SYCAT

Erstellung der Prozeßkette in VISIO 5.0 und weitere Bearbeitung in der SYCAT-Datenbank

- Zeichnen der am Prozeß beteiligten Funktionsbereiche
- Zeichnen der Funktionen

- Zeichnen der Informationsträger die zwischen zwei Funktionsbereichen weitergereicht bzw. ausgetauscht werden

- Numerierung der Funktionen in der Ablauffolge (zeitliche Gliederung)

- Einbinden der in der Graphik enthaltenen Informationen in die Datenbank über die in SYCAT gegebene Schaltfläche („1"; Bild 5-3)

- Bearbeiten der Daten in SYCAT

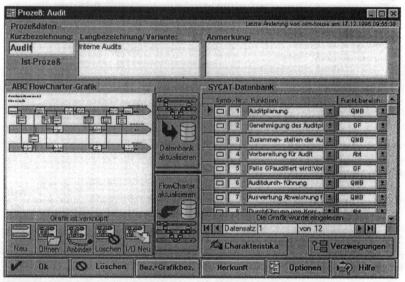

Bild 5-3 SYCAT-Maske: Grafik / Datenbank

Detaillierung auf Funktionsebene

Die einzelnen Funktionen der Prozeßkette können in SYCAT beliebig detailliert und in der Datenbank hinterlegt werden.

So können unter anderem über die SYCAT-Funktionsmaske (Bild 5-4) eingegeben werden:

- Funktionsbereiche
- zusätzliche Input/Output-Informationen
- Mitarbeiter und Kostenstellen
- Tätigkeits- und Prozeßkosten
- Schwachstellen mit Maßnahmenplan
- Zuständigkeiten/Verantwortlichkeiten
- Anmerkungen
- Qualitäts- und Logistikforderungen
- Gefährdungsdaten

- Aufgaben/Funktionen
- Arbeitsschritte
- Tätigkeits- und Durchlaufzeiten
- Dokumente und Daten
- EDV-Funktionalitäten
- Arbeits- und Betriebsmittel
- Qualitätsmanagement-Module
- Umweltdaten
- Ergonomiedaten

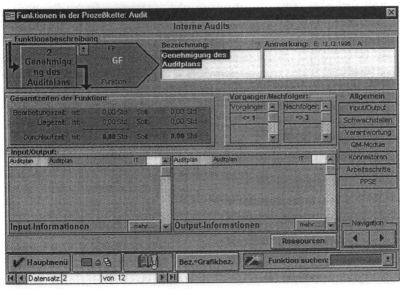

Bild 5-4 SYCAT-Maske „Prozeßfunktions-Beschreibung"

SYCAT-Ausgaben

Ausgaben, die aus den in der Datenbank getroffenen Zuordnungen erstellt werden, sowie ein Beispiel für die Detaillierungsgrade einer Prozeßablaufbeschreibung, sind in Bild 5-5 zu sehen.

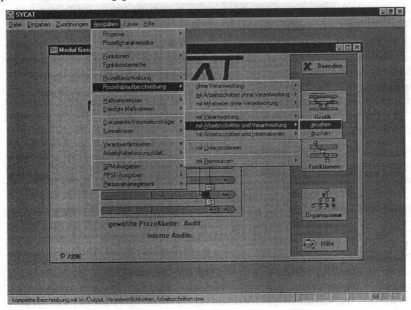

Bild 5-5 SYCAT-Maske Grundmodul/Ausgaben

5.2.3 Schwachstellenanalyse

Im Anschluß an die Ist-Analyse der Geschäftsprozesse erfolgte die Schwachstellenanalyse. Hier lokalisieren die Mitarbeiter, die ihre Prozesse am besten kennen, die Defizite im betrachteten Prozeß und legen gemeinsam Lösungsansätze zur Schwachstellenbeseitigung fest. Die Grundlage für die Einleitung der Verbesserungsprozesse durch die Mitarbeiter und die Vorgabe von detaillierten Zielvereinbarungen bildet die mit SYCAT erstellte normkonforme Prozeßdokumentation.

Die Aufnahme der Schwachstellen erfolgte in der Regel in Interview-Form. Die an dem Prozeß beteiligten Mitarbeiter stehen dabei mit ihren Fähigkeiten und Kenntnissen im Vordergrund. Sie benennen die in ihrem Bereich auftretenden Schwachstellen und ordnen sie konkret den betroffenen Funktionen im jeweiligen Prozeß zu.

1. Schwachstellen benennen und kennzeichnen

- Schwachstellen treten prozeßbezogen auf
- Schwachstellen treten funktionsbezogen auf
- Die meisten Schwachstellen treten erfahrungsgemäß bei den Schnittstellen/Informationsflüssen auf

2. Schwachstellen priorisieren

Es gibt zwei Möglichkeiten, die Prioritäten zu ermitteln:

- Alle Schwachstellen pro Prozeßkette sind über eine Matrix den Mitarbeitern zugeordnet. Die Mitarbeiter vergeben pro Schwachstelle eine Priorität von 1 bis 5 (1=wichtig, 5=eher unwichtig), diese wird anschließend gemittelt und ergibt eine aussagefähige Bewertung der Schwachstelle für den gesamten Prozeßdurchlauf.

- Die Benennung der Schwachstellen wird im Rahmen der Workshop-Prozeßaufnahme auf einen Flip-Chart übertragen und mit einer hohen und niedrigen Bewertungsspalte versehen. Jeder Mitarbeiter erhält, bezogen auf die Anzahl der Schwachstellen pro Prozeßkette, eine bestimmte Anzahl roter und grüner Punkte (rot = hoch, grün = niedrig). Er kann diese Punkte pro Schwachstelle beliebig einsetzen. Am Ende werden die grünen und roten Punkte zusammengezählt, und es ergibt sich eine Prioritätsvergabe, die wieder auf den SYCAT-Zahlenschlüssel übertragen werden kann.

Die Bewertung der einzelnen Schwachstellen findet zeitlich versetzt zur Schwachstellenaufnahme statt, damit die einzelnen Mitarbeiter genügend Zeit hatten, sich mit der Problematik, auch anderer Abteilungen, auseinanderzusetzen.

Folgende Eingaben können in der in Bild 5-6 abgebildeten SYCAT-Schwachstellenmaske funktionsbezogen vorgenommen werden:

- Lösungen für die Schwachstelle
- nötige Maßnahme zur Lösung
- Priorität
- Vergabe für Durchführungsverantwortlichkeit an bestimmte Mitarbeiter
- Terminvergabe zur Realisierung der Maßnahme
- Dauer der Schwachstellenbeseitigung
- Tag der Erledigung

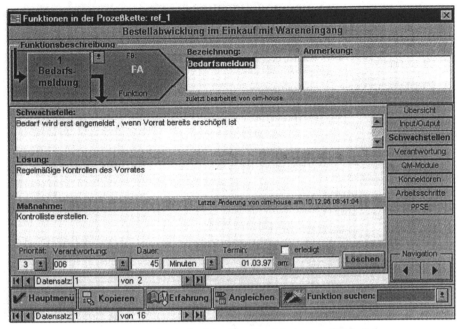

Bild 5-6 SYCAT-Formular zur Eingabe der Schwachstellen, Lösungen und Maßnahmen

Nach Eingabe der Daten in SYCAT wird im Anschluß der Maßnahmenplan für die jeweilige Prozeßkette ausgedruckt und allen Beteiligten zur Verfügung gestellt. Diese Dokumentation ist die Grundlage für die spätere Ausarbeitung von Lösungsmöglichkeiten zu den Schwachstellen.

5.2.4 Entwicklung der Soll-Prozesse

Nachdem die Schwachstellen den Funktionen im betrachteten Prozeß zugeordnet sind, erfolgt die Prozeßmodellierung und -optimierung durch die Mitarbeiter.

Aus der Schwachstellenanalyse ergeben sich Lösungsansätze zur Beseitigung der lokalisierten Defizite. Typische Ansatzpunkte für schnelle Verbesserungsmöglichkeiten sind:

- schlecht oder nicht genutzte Informationssysteme

- Wegfall von nicht benötigten Listen, Informationen oder sonstigen Daten

- Erweiterung des Entscheidungsspielraumes

Kostenträchtige Änderungen, die unter Umständen durch das Reengineering überflüssig werden, sind zu vermeiden. Wenn Verbesserungen kostengünstig bereits vor dem Reengineering zu erzielen sind, sollte man sofort handeln. Durch die Integration der „Betroffenen" bei der Prozeßmodellierung wird den Mitarbeitern die Angst vor Veränderungen genommen und gleichzeitig das Interesse und die Bereitschaft für neue Strukturen geschaffen. Durch diese Vorgehensweise wird eine stärkere Identifizierung mit den Prozessen erreicht, das Projekt macht aufgrund dieser Vorgehensweise einen wesentlichen Schritt in Richtung Mitarbeiterorientierung und damit in Richtung der Erfüllung der drei TQM-Strategiefelder „Mitarbeiterorientierung, Prozeßorientierung sowie Kundenorientierung" .

Auf Basis der erarbeiteten Lösungsmöglichkeiten und der damit verbundenen eindeutigen Zuordnung zu Funktionen und Abteilungen können auf einfache Art und Weise die Sollprozesse entwickelt werden. Für eine erfolgreiche Durchführung des **Reengineering** lassen sich die in Bild 5-7 genannten Prinzipien formulieren:

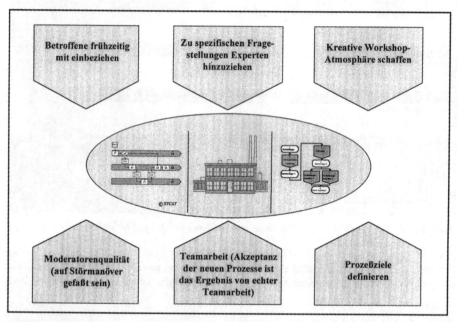

Bild 5-7 Prinzipien für eine erfolgreiche Durchführung des Reengineering

Für die Sollkonzept-Maßnahmenumsetzung sind folgende Punkte von **entscheidender** Bedeutung:

- restrukturierte bzw. neue Prozesse lassen sich nur durch ein umfangreiches **Projektmanagement** einführen

- festlegen von **Maßnahmen, Verantwortung, Termin**

- **Maßnahmenverfolgung (Status)**

- Erfolgsmessung über **Erfolgskennzahlen**

Diese SOLL-Prozesse stellen gleichzeitig die Vorgabe für die Erstellung des Qualitätsmanagement-Handbuches mit den dazugehörigen Qualitätsmanagement-Verfahrens- und Arbeitsanweisungen dar. Die komplette Dokumentation wurde hierbei, analog der Vorgehensweise bei der Ist-Zustandsbeschreibung, mit Hilfe von SYCAT und dem ABC FlowCharter bzw. VISIO erstellt.

5.3   Phase 3: Erstellung der Qualitätsmanagement-Dokumentation

Grundlage für den Erhalt des Zertifikates ist eine normkonforme Beschreibung der Prozesse im Unternehmen in Form eines Qualitätsmanagement-Handbuches mit Zuordnung der Verfahrens-, Arbeits- und Prüfanweisungen an der jeweiligen Stelle im vorher dokumentierten Leistungsprozeß.

5.3.1   Festlegung und Erstellung der Qualitätsmanagement-Systemdokumentation

Mit der Entscheidung, ein Qualitätsmanagement-System nach DIN EN ISO 9000 ff. aufzubauen, ergibt sich zwangsläufig die Notwendigkeit einer Dokumentation. Diese ist üblicherweise, wie in Bild 5-8 gezeigt, aufgebaut. Die Dokumentation des Qualitätsmanagement-Systems ist, wie in der Pyramide zu sehen, in drei Teile unterteilt. Hierbei handelt es sich um:

- Teil 1: **Qualitätsmanagement-Handbuch (QMH)**

- Teil 2: **Verfahrensanweisungen (VA)**

- Teil 3: **Arbeitsanweisungen (AA), Prüfanweisungen** und andere Arbeitsunterlagen

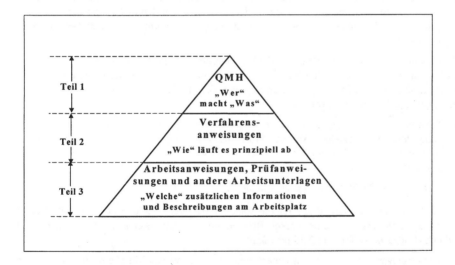

Bild 5-8 Aufbau der Dokumentation für Qualitätsmanagement-System

Die entscheidende Aufgabe der übergeordneten Darstellung von qualitätsrelevanten Zusammenhängen und Tätigkeiten kommt dabei dem Qualitätsmanagement-Handbuch zu. Es ist die Grundlage zur Beschreibung, Ausführung, Beurteilung und Weiterentwicklung der qualitätssichernden Elemente, Maßnahmen und Aktivitäten. Es werden Vorgänge, Abläufe, Zuständigkeiten und Schnittstellen im Unternehmen transparent, im Zusammenhang verständlich und nachvollziehbar gemacht.

Es sollte firmenspezifisch und individuell nach den Erfordernissen des Unternehmens aufgebaut sein und sich als Visitenkarte des Unternehmens präsentieren. Es ist somit - in der Regel – ein, das ganze Unternehmen umfassendes Dokument und sollte die im Unternehmen ablaufenden Prozesse aufzeigen.

Das Qualitätsmanagement-Handbuch in Teil 1 beschreibt die Rahmenbedingungen und die Struktur aller im Unternehmen ablaufenden Prozesse, wesentliche Inhalte eines Qualitätsmanagement-Handbuches sind:

- unternehmensspezifische Qualitätsmanagement-Grundsätze (Qualitätspolitik),

- Aufbauorganisation des Unternehmens,

- grundsätzliche Beschreibung der Qualitätsmanagement-Ablauforganisation,

- die qualitätsrelevanten Vorgehensweisen der Organisation

- Zuständigkeiten bei qualitätsrelevanten Tätigkeiten,

- Festlegung zur Überprüfung, Aktualisierung und Überwachung des Handbuches.

Das QMH in Teil 1 vermittelt so einen allgemeinen Überblick über die Grundsätze, die Aufbau- und Ablauforganisation, betriebsspezifische Zusammenhänge, Verantwortlichkeit und Kompetenzen im Unternehmen. Die Beschreibung im QMH umfaßt das ganze Unternehmen. Sie wird verteilt an die Unternehmensleitung und an die Abteilungsleiter. Jeder Mitarbeiter im Unternehmen kann das QMH einsehen. Das QMH kann externen Personen zur Verfügung gestellt werden. Aus diesem Grund ist es zu vermeiden, zuviel Firmen-Know-how zu offenbaren. Es muß jedoch eine Transparenz und eine Sicherstellung für die Kunden in dem Beschriebenen erkennbar sein.

Die Verfahrensanweisungen in Teil 2 enthalten detaillierte Ablauf- und Aufgabenbeschreibungen von internen Betriebsvorgängen. Die Verfahrensanweisungen sind vertraulich und werden ausschließlich intern verteilt. Bei Bedarf können Kunden die sie interessierenden Verfahrensanweisungen direkt vor Ort einsehen.

Die Arbeitsanweisungen (Teil 3) enthalten Regelungen von Einzelheiten, die sich auf qualitätssichernde Tätigkeiten beziehen, wie z.B. Prüfpläne, Fertigungszeichnungen oder Detailanweisungen. Die Arbeitsanweisungen sind vertraulich und werden ausschließlich intern verteilt. Bei Bedarf können Kunden die Arbeitsanweisungen im Unternehmen einsehen.

Die Vorteile eines Qualitätsmanagement-Handbuches sind z.B.:

- Das QMH bildet die Grundlage für die ständige Weiterentwicklung des Qualitätsmanagement-Systems sowie für eine externe Beurteilung des Qualitätsmanagement-Systems z.B. durch Behörden, Auditoren (DQS oder ähnliche)

- Qualitätsrelevante Tätigkeiten im Unternehmen werden für den Mitarbeiter transparent dargestellt (besonders wichtig bei Personalwechsel)

- Das QMH dient als Bezugsdokument für Qualitätsmanagement-Vereinbarungen mit Lieferanten oder Abnehmern

Der sich ergebende Rahmenaufbau des Qualitätsmanagement-Handbuches sieht folgendermaßen aus:

1) Deckblatt:

   Firmenadresse, Titel, Ausgabenummer

2) Liste der gültigen Abschnittsausgaben (Revisionsstatusblatt):

   Die Liste dient zur besseren Übersicht, welchen Änderungsstand die einzelnen Abschnitte haben.

3) Inhaltsverzeichnis:

   Liste der Abschnitte und Unterabschnitte des Qualitätsmanagement-Handbuches, mit Freigabevermerk des Qualitätsmanagement-Beauftragten des Unternehmens.

4) Abschnitte des Qualitätsmanagement-Handbuches:

   Beschreibung der im Anwendungsbereich erforderlichen Qualitätsmanagement-Elemente.

5) Anhang:

   Hier sind, je nach Anwendungszweck, Verfahrensanweisungen zu hinterlegen.

Das QMH ist als ein „**Quick-Reference-Guide**" der Prozesse des Unternehmens zu verstehen.

Bei der prozeßorientierten Gliederung wird das Qualitätsmanagement-Handbuch in Abschnitte gemäß den festgelegten Unternehmensprozessen strukturiert.

Aufbau:

Pos.	Benennung	Erläuterungen
1	Deckblatt	Anzugeben sind: Firmenname, Nachweisstufe, Laufende Nummer des QMH (Exemplar-Nummer), Vermerk (ob vom Änderungsdienst erfaßt)
2	Inhaltsverzeichnis	Änderungsstand der Kapitel, Register
3	Benutzerhinweise/Vorwort	Allgemeiner Überblick der Unternehmensentwicklung (Historie)
4	Aufgaben und Pflichten des Managements	Im Rahmen der Aufbauorganisation ist ein Organigramm zu erstellen und eine Regelung der Zuständigkeiten zu treffen (Zuständigkeit = Verantwortung + Kompetenz).
5	Übersicht der Unternehmensprozesse	Grafische Übersicht der Prozeßzusammenhänge. (Konnektorenübersicht)
6	Beschreibung der Prozesse im QMH	Die einzelnen Prozesse sind im QMH kurz und prägnant zu beschreiben. Dabei müssen die Kerninhalte eindeutig beschreiben sein.

Tabelle 5-1 Abschnitte eines Qualitätsmanagement-Handbuches

5.3.2 Prozeß- und Verfahrensbeschreibung

Die Prozeß- bzw. Verfahrensbeschreibungen für die Leistungs(Kern-)prozesse in Teil 2 ergeben sich bei Rechnerunterstützung aus den bereits in Punkt 5.2 bzw. Phase 2 analysierten und modellierten Leistungsprozessen automatisch.

* Die Definition und Erarbeitung der Führungs- und Unterstützungsprozesse erfolgt nach dem bereits in Bild 2-24 erläuterten DGQ-Modell, wobei hierfür bereits im Rechner hinterlegte Referenzprozesse vorliegen. Diese Referenzprozesse müssen unternehmensspezifisch angepaßt werden.

In Bild 2-22 wurden diesen Prozessen des in Kapitel 2.2 beschriebenen Prozeßmodells die Normelemente zugeordnet. Diese Darstellung wird präzisiert über eine Matrix, wie sie Bild 5-9 zeigt.

QM-Elemente nach ISO 9001	1	2	3	4	5	6	7	8	9	10	11	12	13	14	15	16	17	18	19	20
Führungsprozesse																				
Unternehmensphilosophie	x																			
Qualitätspolitik und -ziele	x																			
Aufbauorganisation	x																			
Qualitätsplanung	x	x																		
Bewertung des Systems	x																			
Interne Audits																x				
Problemlösungsprozeß													x	x						
Reklamationsmanagement														x					x	
Leistungsprozesse																				
Projektablauf, Neue Dienstleistungen					x															
Bearbeiten von Anfragen, Erstellen v. Angeboten, Prüfen d. Kundenbonität				x																
Prüfen von Angeboten und Aufträgen				x																
Entwickeln und Konstruieren					x															
Fertigen, Montieren und Prüfen									x	x										
Planen, Steuern, Überwachen d. Prod.									x											
Unterstützungsprozesse																				
Einarbeitung neuer Mitarbeiter																		x		
Schulung/Training																		x		
Weiterbildung																		x		
Leistungsbeurteilung																		x		
Kundenbeziehungen				x			x								x		x			
Bedarfsanalyse				x																
Programmgestaltung									x											
Unterauftragnehmer						x														
Rückverfolgbarkeit v. erstellten Leistungen								x			x									
Transfersicherung															x				x	

Bild 5-9 Matrix mit der Zuordnung der Qualitätsmanagement-Elemente zu den Prozessen

Die einzelnen Normelemente sind hier den relevanten Geschäftsprozessen im Prozeßmodell zugeordnet.

5.3.3 Aufbau einer Dokumentenlenkung und –verwaltung

Als Dokument werden alle Schriftstücke bezeichnet, die Vorgaben zur Aufbau- und Ablauforganisation des Qualitätsmanagement-Systems enthalten bzw. diese darstellen oder prozeß- bzw. produktspezifische Vorgabedaten fixieren. Sie existieren in Form von Papierkopien oder können auf elektronischen und anderen Medien gespeichert sein (Datenträger, Mikroverfilmung).

Dokumente werden in drei Kategorien unterschieden:

- **Systembezogene Dokumente** enthalten fachbereichsübergreifende Vorgaben für Zuständigkeiten und Abläufe des Qualitätsmanagement-Systems. (Verfahrensanweisungen und Organigramme).

  Die systembezogenen Dokumente sind in der „Liste der gelenkten Dokumente nach QME 5" aufgeführt.

- **Prozeßbezogene Dokumente** enthalten bereichsübergreifende Vorgaben zum Ablauf von produktunabhängigen, qualitätsrelevanten Prozessen (Verfahrensanweisungen) und arbeitsplatzspezifische Vorgaben zur Ausführung von produktunabhängigen, qualitätsrelevanten Aufgaben (z.B.: Arbeitsanweisungen, Betriebsanweisungen).

  Die qualitätsrelevanten, prozeßbezogenen Dokumente sind in der „Liste der gelenkten Dokumente nach **QUALITÄTSMANAGEMENT-ELEMENT**" aufgeführt.

- **Produktbezogene Dokumente** enthalten Vorgaben zur Herstellung, Bearbeitung und Prüfung sowie zum Handling von Produkten sowie Daten und Produktinformationen, z.B. Material- und Produktspezifikationen.

Alle Dokumente werden zur Vereinfachung der Verwaltung klassifiziert. Die jeweilige Klasse bildet eine Dokumentenart. Die „Liste der gelenkten Dokumentenarten nach QUALITÄTS-MANAGEMENT-ELEMENT" zeigt alle qualitätsrelevanten Dokumentenarten.

Beispiele für die wichtigsten Dokumentenarten, abzugrenzen nach system-, prozeß- und produktbezogenen Dokumenten, sind:

Dokumentenart	systembezogen	prozeßbezogen	produktbezogen
Qualitätsmanagement-handbuch	X		
Organigramm	X		
Qualitätsmanagement-verfahrensanweisung	X	oder X	
Arbeitsanweisung		X	
Betriebsanweisung		X	
Prüfanweisung		X	
Materialspezifikation			X
Produktspezifikation			X

Tabelle 5-2   Unterschied von system-, prozeß- und produktbezogenen Dokumenten

Diese Dokumente müssen von den dafür Verantwortlichen archiviert und aktualisiert werden.

Unter „Archivierung der Dokumente" wird die dokumentenspezifische Aufbewahrung (Dauer, Ort, Art) der Dokumente verstanden. Die Archivierung stellt sicher, daß

- die leichte Wiederauffindbarkeit,

- der dauerhafte Schutz vor Verlust und Beschädigung des Originals bzw. des Belegexemplares gewährleistet wird.

Die Aktualisierung von Dokumenten bezieht sich auf den Austausch und die Verteilung der Dokumente sowie den Einzug bzw. die Vernichtung ungültiger Dokumente, auf die Schulung über Inhalte neuer Dokumente und die Übermittlung der Schulungsinhalte innerhalb der Fachabteilungen.

Die Verantwortlichkeiten und Zuständigkeiten der verschiedenen Fachabteilungen im Zusammenhang mit den Verfahren zur Lenkung der Dokumente und Daten sind in der „Liste der gelenkten Dokumentenarten nach QUALITÄTSMANAGEMENT-ELEMENT" festgelegt. Für die Erstellung und Verwaltung allgemeiner Formulare ist das Qualitätswesen zuständig. Alle Mitarbeiter sind verantwortlich für den sorgfältigen Umgang und die ordnungsgemäße Aufbewahrung von Dokumenten. Im einzelnen ist dies beispielsweise:

- Die Unternehmensleitung für die Erstellung und Verteilung von fachbereichsübergreifenden Organigrammen

- Das Qualitätswesen für die

  - Lenkung (Beschaffung und Verteilung) der für das Unternehmen relevanten Normen

  - Änderung bzw. Aktualisierung der Qualitätsmanagement-Verfahrensanweisungen

  - Prüfung bzw. Freigabe von Prüfanweisungen

- Fertigungs- und kaufmännische Leitung für die Freigabe von system- und prozeßbezogenen Anweisungen

- Leiter des Fachbereichs für die

  - Erstellung und Verteilung von fachbereichsspezifischen Organigrammen

  - Aufbewahrung von Belegexemplaren und Originaldokumenten

  - Vernichtung von ungültigen Originaldokumenten

- Ersteller der Dokumente mit folgenden Einzelaufgaben:

  - Veranlassung der Hinterlegung des Originals im QMH Teil II bzw. III des Fachbereichsleiters

  - Veranlassung der Aufnahme des Dokuments in das Dokumentenverwaltungsprogramm „SYCAT"

  - Änderung bzw. Aktualisierung des Dokuments

  - Veranlassung der Aufnahme der Änderung des Dokuments in „SYCAT"

  - Verteilung der Dokumente und zugehörigen Listen

- Die Vorgesetzten einer organisatorischen Einheit mit den Aufgaben:

  - Unterverteilung von neuen Dokumenten

  - Austausch von geänderten Dokumenten

  - Dokumentation des Austausches

– Unterrichtung der Mitarbeiter über neue und geänderte Dokumente und ggf. Durchführung der Schulung zum Inhalt des Dokumentes sowie Dokumentation der Schulung bezogen auf den einzelnen Mitarbeiter.

– Aufnahme der „Liste der gelenkten Dokumente nach QME5" in das QMH Teil II

– Prüfung von Anweisungen auf Angemessenheit und Durchführbarkeit

– Freigabe von produktbezogenen Dokumenten

- Einzug und Vernichtung von ungültigen Dokumenten im Bereich der organisatorischen Einheit

In einer Liste sind die Qualitätsmanagement-Beauftragten für die einzelnen Fachbereiche genannt:

Fachbereich	Beauftragter	Vertreter
• Qualitätswesen	•	•
• Produktion	•	•
• Logistik	•	•
• Entwicklung	•	•
• Verwaltung	•	•
• Vertrieb	•	•

Tabelle 5-3   Beispiel einer Liste der Qualitätsmanagement-Beauftragten

5.3.4 Normgerechte Erstellung, Prüfung und Lenkung der Dokumente

Allgemeine Formulare zur Erstellung von Dokumenten

Allgemeine Formulare unterliegen nicht der Lenkung von Dokumenten. Da sie jedoch oftmals als Vorlage für die Erstellung von Dokumenten und Qualitätsaufzeichnungen dienen, wird deren Verwaltung im folgenden beschrieben.

Produktbereichsübergreifend genutzte Formulare werden zentral durch das Qualitätswesen erstellt, aktualisiert, verwaltet und verteilt. Der betroffene Bereich bekommt diese Formulare über das Netzwerk in einem logischen Laufwerk bereitgestellt. Eine Liste der vorliegenden Formulare ist mit der Datei „inhalt.doc" abzurufen.

Produktbereichsspezifische Formulare (qualitätsrelevant) kann jeder fachlich kompetente Mitarbeiter unter Berücksichtigung der Unternehmensrichtlinien erstellen. Produktbereichsspezifische Formulare müssen Bestandteil einer Anweisung sein und mit dieser gelenkt werden. Mit EDV erstellte Formulare sind auf dem Netzwerk unter einem anderen Laufwerk als die produktbereichsübergreifenden Formulare abzulegen. Dabei ist zu beachten, daß jeder Fachabteilung ein Verzeichnis „Formulare" zur Verfügung steht. Grundsätzlich ist jeweils ein Belegexemplar des Formulares im Qualitätsmanagement-Handbuch Teil II bzw. III der erstellenden Fachabteilung zu hinterlegen.

Die Verwaltung der Formulare kann gemäß der Verwaltung von system- und prozeßbezogenen Dokumenten ebenfalls mit einer Dokumentenverwaltungssoftware erfolgen.

Erstellung der Dokumente

Die Erstellung aller Dokumente erfolgt so, daß diese lesbar sind und bleiben. Zu unterscheiden ist die **Erstellung system- und prozeßbezogener Dokumente**

System- und prozeßbezogene Dokumente werden gemäß der Verfahrens- und Arbeitsanweisungen erstellt. Anweisungen werden von Fachkräften erstellt, die mit der Durchführung dieser Tätigkeiten beauftragt sind und auch über entsprechende Kenntnisse verfügen. Beispielsweise:

- Sachbearbeiter im Vertrieb,
- Sachbearbeiter in der Entwicklung,
- Fertigungsleiter,
- Mitarbeiter des Qualitätswesens,
- Sachbearbeiter im Einkauf usw.

Die Erstellung **produktbezogener Dokumente** erfolgt durch Mitarbeiter des jeweils „herausgebenden" Fachbereiches, wobei diese fachlich kompetent und ausreichend eingearbeitet sein müssen. Dabei sind die im Zusammenhang mit dem Dokument bzw. der Dokumentenart festgelegten Regelungen zu beachten.

Prüfung der Dokumente

Die Prüfung der **system- und prozeßbezogenen Dokumente**, bei der Anweisungen auf Durchführbarkeit und Angemessenheit geschieht im Regelfall durch den Vorgesetzten des Erstellers. Denkbar ist aber auch ein Mitarbeiter aus dem gleichen Bereich. Eine Prüfung durch den Ersteller selbst ist nicht zulässig.

Die Prüfung der produktbezogenen Dokumente erfolgt durch fachlich kompetentes Personal. Sie ist von der Art des Dokumentes abhängig. In der Regel prüft der Vorgesetzte des Erstellers das Dokument nach Fertigstellung, die Prüfung durch einen Mitarbeiter aus dem gleichen Bereich ist auch zulässig. Kriterien für die Prüfung sind beispielsweise:

- Sachliche und fachliche Richtigkeit,
- Angemessenheit der dort beschriebenen Maßnahmen,
- Übereinstimmung mit den Vorgaben,
- Konformität mit der Norm DIN EN ISO 9001 und anderen Normen und Richtlinien,
- Einvernehmen mit gesetzlichen Vorschriften und Empfehlungen,
- Korrespondenz mit allen anderen Dokumenten,
- Höchstmaß an Standardisierung,
- Übereinstimmung mit Kundenvereinbarungen und Unternehmensvorgaben,.

- Korrekturlesen gegen die Vorlage,

- Einverständniserklärung (mündlich/schriftlich) für die Freigabe des Dokumentes aller betroffenen Stellen,

- Informationsaustausch zwischen allen vom Inhalt des Dokuments betroffenen Stellen. Freigabe der Dokumente

Freigabe system- und prozeßbezogener Dokumente

Das Verfahren zur Freigabe von Qualitätsmanagement-Verfahrensanweisungen ist in der entsprechenden Verfahrensanweisung beschrieben. Die Freigabe von erstellten und geprüften system- und prozeßbezogenen Anweisungen erfolgt im Regelfall durch den jeweiligen Linienvorgesetzten des Fachbereiches. Ist die Prüfung der Anweisung bereits durch den Linienvorgesetzten des Fachbereiches erfolgt, ist er auch berechtigt, die Freigabe durchzuführen. Hausvorschriften und Prüfanweisungen sind vom Qualitätswesen freizugeben. Bedingung einer Freigabe ist eine zuvor bestandene Prüfung der Dokumente.

Freigabe produktbezogener Dokumente

Die Freigabe produktbezogener Dokumente fällt in den Zuständigkeitsbereich der jeweiligen Fachabteilung. Produktbezogene Dokumente können - abhängig von der Dokumentenart - durch Datum und Unterschrift nach bestandener Prüfung freigegeben werden.

Herausgabe / Verteilung der Dokumente

Die Herausgabe/Verteilung aller Dokumente erfolgt so, daß die Kopien lesbar sind und bleiben. Die Herausgabe und Verteilung der **systembezogenen und prozeßbezogenen** Dokumente (QM Teil I und QM Teil II) ist im QMH Teil I beschrieben. Die Herausgabe und Verteilung von Anweisungen sind in der entsprechenden Verfahrensanweisung beschrieben. Gültige Kopien werden durch ein farbiges Firmenlogo auf dem Papier gekennzeichnet. Sie sind somit eindeutig als genehmigte Kopien zu erkennen. Kopien ohne diese Kennzeichnung sind ungültig. Die Verteilung erfolgt gemäß der Verteilerliste in der „Dokumentenübersicht". Originale (ohne Firmenlogo) der Dokumente werden nicht verteilt und sind beim Fachbereichsleiter im QM Teil III zu hinterlegen. Der Empfänger des Dokuments ist jeweils der Vorgesetzte der organisatorischen Einheit; er ist für die Erledigung der zu veranlassenden Folgetätigkeiten (Unterverteilung) verantwortlich.

Produktbezogene Dokumente werden von den jeweils zuständigen Fachabteilungen herausgegeben und dokumentenspezifisch verteilt. Die Herausgabe/Verteilung erfolgt über die erstellenden Fachabteilungen nach dem in der "Dokumentenübersicht" festgelegten Verteiler.

Die Lenkung der Dokumente und Daten (Vorgabe-Dokumente) erfolgt rechnerunterstützt, z.B.:

- Führungsdokumente/ Qualitätsmanagement-Systemdokumente (z.B. QMH, Prozeßbeschreibungen, usw.)

- Produkt- und auftragsunabhängige Dokumente

- Auftrags- und produktabhängige Dokumente und Daten

Lenkung der Aufzeichnungen (Nachweis-Dokumente)

Alle Aufzeichnungen und Daten die notwendig sind, um die Rückverfolgbarkeit nachvollziehen und den Nachweis führen zu können, daß Forderungen erfüllt worden sind, werden ebenfalls rechnerunterstützt gelenkt, z.B.:

- Auditberichte
- Schulungsnachweise
- Produktaufzeichnungen

Alle system- und prozeßbezogenen Dokumente sind, soweit sie nicht explizit vom Fachbereich ausgeschlossen werden, durch ein Dokumentenverwaltungsprogramm zu lenken. Dazu werden alle EDV-technisch erstellten Dokumente zentral auf dem Netzwerk-Server unter einem logischen Laufwerk abgelegt. Dazu ist auf dem Laufwerk für jeden Fachbereich ein eigenes Verzeichnis angelegt.

Die Kennzeichnung der Dokumente wird wieder system-, prozeß- und produktbezogen durchgeführt. Zur eindeutigen Identifikation der systembezogenen, produktbereichsspezifischen Dokumente, werden diese mit Angabe der Dokumentenart (Kurzbezeichnung) und der Ident-Nummer (z.B.: VA05_02) versehen. Ihr Revisionsstatus wird ab der 2. Ausgabe mit Datum und Ausgabe-Ident (beginnend bei A) gekennzeichnet. Die Identifikation / Kennzeichnung produktbezogener Dokumente können von den Fachbereichen „frei" gestaltet werden (äußere Form), wobei zu beachten ist, daß auch diese Dokumente einen eindeutigen Ident, einen Titel sowie Ersteller und Datum der Ausgabe enthalten müssen. Mit EDV erstellte Dokumente sind zusätzlich mit dem Dateinamen incl. Pfadnamen zu versehen. Dokumentenarten von produktbezogenen Dokumenten sind im Produktbereich in einheitlicher äußerer Form zu benutzen. Dokumente, die ihre Gültigkeit verloren haben, jedoch als Belegexemplar o.ä. dienen, werden im Original mit der Aufschrift „UNGÜLTIG" gekennzeichnet. Kopien dieser Dokumente sind zu vernichten.

5.3.5   Normgerechte rechnerunterstützte Verwaltung der Dokumente

Die Sicherstellung der Lenkung von Dokumenten und Daten ist ebenfalls eine Forderung der neuen ISO 9000:2000 in Kapitel 5 „Verantwortung der Leitung". Folgende Umsetzungsaktivitäten werden dabei genannt:

- Verfahren zur Lenkung von allen erforderlichen internen und externen Dokumenten einführen, festlegen und überwachen
- Erstellung, Prüfung, Freigabe, Überarbeitung, Verteilung und Verfügbarkeit regeln
- Fristen und Verfahren zur Kennzeichnung, Archivierung, Vernichtung festlegen
- Sicherstellen, daß ungültige Dokumente nicht verwendet werden

Die dazugehörenden notwendigen Dokumentationen sind beispielsweise:

- Revisionsstandlisten
- Verteilerschlüssel
- Interne und externe Ausgabe- und Empfangsnachweise
- Nachweise von DV-Verfahren mit Zugangsberechtigungen in Datenschutzmaßnahmen
- Verzeichnis externer Dokumente

Auch die Sicherstellung der Lenkung von Qualitätsaufzeichnungen ist eine Normforderung in Kapitel 5. Zur Umsetzung sind erforderlich:

- Verfahren zur Lenkung von allen erforderlichen internen und externen Qualitätsaufzeichnungen einführen, festlegen und überwachen
- Erstellung, Kennzeichnung, Prüfung, Freigabe, Änderung und Verteilung regeln
- Fristen und Verfahren zum Einzug zur Archivierung und Vernichtung festlegen
- Verfügbarkeit sicherstellen

Die dazu gehörenden Qualitätsnachweise sind beispielsweise Auftragsaufzeichnungen, Fertigungsnachweise, Protokolle, Checklisten, Prüfnachweise und andere Aufzeichnungen zum Nachweis der erfüllten Forderungen.

Verwaltung system- und prozeßbezogener Dokumente
Die Verwaltung system- und prozeßbezogener Dokumente kann über eine rechnergestützte Dokumentenverwaltungssoftware, hier am Beispiel von „SYCAT"-DLV, erfolgen. In diesem Programm werden alle notwendigen Angaben zur Lenkung des Dokuments hinterlegt, um die „Liste der gelenkten Dokumente nach QME5" und „Liste der gelenkten Dokumentenarten nach QME 5" zu erzeugen. Pro Fachbereich ist jeweils ein Mitarbeiter berechtigt, diese Daten zu pflegen. Angaben zu neuen Dokumenten und Änderungen sind vom Ersteller der jeweiligen Dokumente an den Eingabeberechtigten weiterzuleiten. Nach Aktualisierung der Daten verteilt der Ersteller die Dokumente und die zugehörigen Listen gemäß dem Verteiler.

Verwaltung produktbezogener Dokumente
Die Verwaltung der produktbezogenen Dokumente obliegt den herausgebenden Fachbereichen. Im SYCAT Dokumentenverwaltungssystem werden nur die produktbezogenen "Dokumentenarten" erfaßt und gepflegt. Pro Fachbereich ist jeweils ein Mitarbeiter berechtigt, diese Daten zu pflegen. Angaben zu neuen oder geänderten Dokumentenarten sind vom Ersteller der jeweiligen Dokumente an den Eingabeberechtigten weiterzuleiten. Nach Aktualisierung der Daten verteilt der Ersteller die Dokumente und die zugehörigen Listen gemäß dem Verteiler.

Archivierung system- und prozeßbezogener Dokumente
Die Aufbewahrungszeit für Originaldokumente beträgt mindestens 5 Jahre nach Ablauf ihrer Gültigkeit. Änderungen, die bis dahin ausgeführt worden sind, werden in Form von Datenträgern oder Papier durch den Fachbereichsleiter gemäß der "Liste der gelenkten Dokumente nach QM 5" archiviert (Belegexemplar).

Archivierung produktbezogener Dokumente
Die Aufbewahrungszeit für Originaldokumente beträgt mindestens 5 Jahre nach Verlust ihrer Gültigkeit. Die Archivierung (Belegexemplar) ungültig gewordener, produktbezogener Originaldokumente (einschließlich der elektronischen Datensicherung) erfolgt durch den Fachbereichsleiter gemäß der "Dokumentenübersicht".

Vernichtung der Dokumente
Alle Kopien von Dokumenten, deren Gültigkeit erloschen ist, werden von den Leitern der organisatorischen Einheit eingezogen und vernichtet. Die Vernichtung von Kopien vertraulicher Dokumente erfolgt durch Zerstören der Dokumente im Reißwolf oder durch ein dafür beauftragtes Unternehmen.

Lenkung von Verordnungen, Normen, Richtlinien
Für die Lenkung (Beschaffung und Verteilung) der für das Unternehmen relevanten Normen ist das Qualitätswesen zuständig.

Vertraulichkeit im Umgang mit Dokumenten

An Personen außerhalb des Unternehmens dürfen Dokumente nur mit Genehmigung des Fachbereichsleiters in Absprache mit dem Qualitätswesen ausgegeben werden.

Änderungsdienst

Die Empfänger von aktualisierten Dokumenten (Vorgesetzte einer organisatorischen Einheit) sind nach Erhalt für den sofortigen Einzug bzw. die Vernichtung der ungültigen Dokumente zuständig. Sie dokumentieren den vollzogenen Austausch und ggf. die Schulung oder Unterweisung durch Datum und Unterschrift in dem Formular "Unterweisung über den Inhalt von Dokumenten" bzw. "Austausch von Dokumenten".

Geänderte Dokumente werden bezüglich Zuständigkeit und Handhabung (Erstellung, Prüfung, Freigabe, Herausgabe, Verteilung, Aktualisierung) wie neu erstellte Dokumente behandelt. So wird gewährleistet, daß alle einschlägigen Hintergrundinformationen, die bei der Erstellung, Prüfung und Freigabe des Dokuments vorgelegen haben, auch bei der Änderung zur Verfügung stehen.

Änderungen von bestehenden Dokumenten können durch alle Fachabteilungen veranlaßt werden. Sie werden z. B. dann vorgenommen, wenn innerhalb des Qualitätsmanagement-Systems Verfahren, Zuständigkeiten oder Arbeitsabläufe neu festgelegt worden sind. Zudem können Änderungen notwendig werden, wenn der Gesetzgeber oder die Kunden es fordern.

Aufgrund von Vorgaben wird das Dokument geändert. Die für die Änderung des Dokumentes zuständige Person dokumentiert die Änderung durch Datum und Unterschrift in dem Feld „Erstellung bzw. Änderung" in der Unterschriftenleiste.

Bei Änderung von system- und prozeßbezogenen Dokumenten wird der Revisionsstand (beginnend bei A) erhöht. Dadurch ist der Revisionsstatus jederzeit erkennbar. Geänderte Abschnitte werden in Dokumenten mit einem schwarzen Strich am rechten Rand gekennzeichnet.

Die Änderung der produktbezogenen Dokumente erfolgt dokumentenspezifisch durch die Fachabteilung, die die vorhergehende Ausgabe erstellt hat. Der Revisionsstatus wird über eine Ausgabe-Nr., ein Datum oder andere Kennzeichen festgelegt.

- Wo es durchführbar / erforderlich ist, ist die Art der Änderung im Dokument selbst (mit einem schwarzen Strich am rechten Rand) oder in einer „Änderungsmitteilung" ausgewiesen (z.B. bei Stücklisten, Arbeitsplänen, usw.).

5.4 Phase 4: Auditierung und Zertifizierung

5.4.1 Qualitätsaudits

Nach der DIN EN ISO 8402 ist ein Qualitätsaudit die " Systematische und unabhängige Untersuchung um festzustellen, ob die qualitätsbezogenen Tätigkeiten und damit zusammenhängende Ergebnisse den geplanten Anordnungen entsprechen und ob diese Anordnungen tatsächlich verwirklicht und geeignet sind, die Ziele zu erreichen".

Qualitätsaudits nach DIN EN ISO 9001/VDA 6.1 werden unterschieden in Produktaudit, Prozeßaudit und Systemaudit.

Der Schwerpunkt beim **Produktaudit** bezieht sich auf das fertiggestellte und geprüfte Produkt. Ziel ist es, Qualitätsmerkmale, die in Zeichnungen, Normen und sonstigen Spezifikationen dokumentiert sind, zu überprüfen und die Ursachen der Fehler festzustellen.

Ziel des **Prozeßaudits** ist es bestimmte Arbeitsfolgen bzw. Prozesse auf mögliche Schwachstellen zu untersuchen. In einem Prozeßaudit werden folgende, für einen Prozeßablauf charakteristische Merkmale überprüft:

- Untersuchungen und Ergebnisse von Maschinen und Prozeßfähigkeiten
- Maschinen, Werkzeuge, Vorrichtungen sowie andere Hilfsmittel
- Prüfeinrichtungen und -anweisungen
- Zusammenstellung der Spezifikationsgrenzen des Prozesses
- Qualifizierungsgrad des Personals.

Systemaudits dienen der Überwachung des Qualitätsmanagement-Systems. Ziel ist es, Schwachstellen aufzudecken und daraus Verbesserungen einzuleiten.

Man unterscheidet zwischen externen und internen Audits:

- Bei den **externen Systemaudits** geht es um die Überprüfung der Qualitätsmanagement-Systeme durch Kunden oder um die Überprüfung der Qualitätsmanagement-Systeme durch eine akkreditierte Zertifizierungsstelle zum Zwecke einer Zertifizierung
- **Interne Systemaudits** dienen der Überwachung des Qualitätsmanagement-Systems oder wesentlicher Systemkomplexe daraus. Das Ziel soll vorrangig das Ermitteln von Schwachstellen und deren Behebung sein. Außerdem gilt es Verbesserungspotential zu ermitteln und in das bestehende Qualitätsmanagement-System zu integrieren. Grundsätzlich ist dabei zu beachten, daß für interne und externe Audits die gleichen Kriterien angewandt werden.

Die Bedeutung der internen Audits kann man daran erkennen, daß in den weltweit maßgebenden Qualitätsmanagement-Systemen interne Audits als separates Qualitätsmanagement-Element eingegliedert sind.

In Bild 5-10 werden die Inhalte der verschiedenen Qualitätsaudits gegenübergestellt.

Qualitätsaudit	intern	extern
Systemaudit	Eigenüberwachung des Unternehmens durch entsprechend qualifizierte Qualitätsauditoren. In bestimmten Zeitabständen zwecks Vervollständigen und Verbesserung des Qualitätsmanagementsystems.	1. Überprüfung von potentiellen Auftragnehmern, wenn das Auftragsvolumen außer Fertigung noch Entwicklung und Beschaffung enthält. 2. Zertifizierung /Auditierung des Betriebes nach DIN EN ISO 9001/VDA 6.1.
	Dokumentation: Qualitätsmanagement	
Prozeßaudit	Nach Prozeßbeanstandungen und/oder wenn Prozeßparameter, deren Einfluß auf die Qualität nicht direkt meßbar sind, wie Zeit, Temperatur, Intensität, Häufigkeit und ihre Kombinationen nicht ausreichend beherrscht werden. Verfahrensbeispiele: - Kleben - Warmbehandlung - Schweißen	Relevante Prozesse bei einem Auftragnehmer, die nach einer möglichen Auftragserteilung in Anspruch genommen werden. z.B. Arbeits- und Prüffolgen, wie sie durch die QSF vorgegeben werden und der Einfluß von direkten und indirekten Prozeßparametern
	Dokumentation: Qualitätsmanagement-Handbuch 1, Qualitätsmanagement-Handbuch 2 (Verfahrensanweisungen)	
Produktaudit	Nach Fehlermeldung oder Kundenreklamation: Präventiv: Stück	• bei eindeutiger Fehleranalyse • bei großer Fehlerauswirkung (Produkthaftung) • bei systematischen Fehlern, wie sie aus der Fehlerstatistik deutlich werden (Wiederholungsfehler) • vor der Fertigung großer Zahlen • nach Fertigungsumstellung / -verlagerung
	Überprüfung der Wirksamkeit der Elemente des Qualitätsmanagement-Systems, die zu diesem Produktergebnis führten.	
	Dokumentation: Bauunterlagen / Produktbeschreibungen	

[Quelle: Pfeiffer, "Qualitätsmanagement", Hanser Verlag 1993]

Bild 5-10 Inhalte der verschiedenen Qualitätsaudits

5.4.2 Audit-Vorbereitung und Planung

Interne Systemaudits sind so zu planen, daß die qualitätssichernden Maßnahmen des Unternehmens in regelmäßigen Abständen in allen Bereichen, Abteilungen, Labors usw. untersucht werden. Ein Abstand von einem Jahr zwischen den Audits ist zweckmäßig.

Außerplanmäßige Audits werden aufgrund von Kundenforderungen vorgenommen z.B. bei:

- Reklamationen
- Änderung der Organisation

Systemaudits bedürfen einer gründlichen Vorbereitung. Dies gilt für die Auswahl und Vorbereitung der Auditoren, die Planung sowie das Schaffen der notwendigen Voraussetzungen, die Bereitstellung von Arbeitsdokumenten usw.. Voraussetzung für die sinnvolle Durchführung eines Systemaudits ist ein vollständig in einem Qualitätsmanagement-Handbuch beschriebenes Qualitätsmanagement-System des Unternehmens mit allen Qualitätsmanagement-Verfahrensanweisungen (QMV). Das Qualitätsmanagement-Handbuch und die wesentlichen Anweisungen (wie z.B. Organisation, Qualitätspolitik) müssen von der Unternehmensleitung in Kraft gesetzt worden sein. In den Unterlagen muß festgelegt sein, welches Regelwerk (Darlegungsstufe 9001, 9002 oder 9003) zugrunde gelegt wird. Die Fragelisten, mit denen das Qualitätsmanagement-System überprüft wird, müssen sich an dem zugrundeliegenden Regelwerk ausrichten und vor Beginn des Audits erstellt werden.

Die Unternehmensleitung informiert alle Mitarbeiter über die regelmäßige Durchführung von internen Audits in allen Unternehmensbereichen und benennt den Verantwortlichen. Das kann der Qualitätsbeauftragte sein, der seinerseits den Auditor oder das Auditteam benennt. Die Unternehmensleitung legt fest, daß interne Audits als ein unverzichtbares Instrument der Unternehmensleitung angesehen werden.

Auch in der neuen ISO 9000:2000 ist die Durchführung von internen Qualitätsaudits eine Normforderung in Kapitel 8 „Messung, Analyse, Verbesserung". Umgesetzt werden muß diese Forderung durch das Einführen und ständige Weiterführen interner Qualitätsaudits (nach dem Leitfaden DIN ISO 10.011). Weiter muß festgestellt werden, ob das eingeführte Qualitätsmanagement-System sich nach den Anforderungen der internationalen Normen richtet und dieses Qualitätsmanagement-System wirksam umgesetzt und erhalten wird. Die bei der Umsetzung dieser Normforderungen einzusetzenden Auditverfahren müssen enthalten:

- die Ablaufplanung der zu auditierenden Aktivitäten, Bereiche und Prozesse
- die Benennung und Ausbildung der Auditoren

Weiter müssen nach dieser Normenforderung die Ergebnisse der internen Audits hinsichtlich folgender Aussagen dokumentiert werden:

- festgelegte Abweichungen
- Kontrolle der Wirksamkeit von Korrekturmaßnahmen
- Empfehlung zur Verbesserung

Die Ergebnisse des internen Audits sind dem auditierten Bereich mitzuteilen. Die notwendigen Dokumente sind beispielsweise Auditpläne, Qualifikationsnachweise der Auditoren, Auditberichte, Abweichungsberichte, Maßnahmenpläne zur Einführung von Korrekturmaßnahmen. Berichte über die Wirksamkeit von Korrekturmaßnahmen, Testprotokollen usw.

Der Auditplan (Plan für die Durchführung eines Audits) sollte vom Auditleiter erstellt, flexibel gehalten und vom Auftraggeber genehmigt werden.

Darin sollten enthalten sein:

• Auditziele und Umfang, z.B. Qualitätsfähigkeit der Abteilung xy für alle Prozesse und Verfahren dieser Abteilung

• Benennung der Verantwortlichen, z.B. der Auditoren, deren verantwortliche Gesprächspartner

• Referenzdokumente, z.B.:

• Qualitätsmanagement-Handbuch	• Werksnormen
• Betreffende Verfahrensanweisungen	• Qualitätsberichte, Qualitätskostenberichte
• Arbeitsanweisungen	• letzte Auditberichte
• Produktionsnormen	• Funktions/-Stellenbeschreibungen
• Abteilungsinterne Dokumente	• Organigramme

Für alle betroffenen Abteilungen wird ein Auditzeitplan erstellt. Darüber hinaus sind festzulegen:

• Vertraulichkeitsforderungen

• Verteilerliste für Auditprotokoll und Auditbericht

• Liste der Arbeitsdokumente

Bei der Planung eines Audits ist es erforderlich, weitere Arbeitsdokumente bzw. Formulare zur Verfügung zu stellen.

Dazu zählen Formulare, z.B. für

• Auditprotokolle zur Dokumentation der Auditfeststellungen und Abweichungen, die man im allgemeinen mit der Frageliste verbindet

• Abweichungsberichte zur Dokumentation und Gewichtung der festgestellten Abweichungen

• Auditberichte, in welchen über das gesamte Audit berichtet wird und die erforderlichen Verbesserungsmaßnahmen formuliert sind.

Nach Bekanntgaben des Auditplans sollte das Qualitätsmanagement-Team konzentriert die Prozesse überprüfen, bei denen Schwachstellen möglich sind bzw. bei denen bereits in Zertifizierungsaudits oder bei internen Systemaudits Abweichungen aufgetreten sind. Der Zeitraum vor dem Überwachungsaudit muß entsprechend groß sein, um genügend Zeit zur Verfügung zu haben, Mängel, die infolge der Überwachungstätigkeiten entdeckt werden, sicher abstellen zu können. Dabei sollten mit Hilfe einer Checkliste systematisch alle Spezifikationen überprüft werden. Die Überwachungstätigkeiten sind in zwei Hauptgruppen gegliedert:

Organisatorische Überprüfung, z.B.:

• Umsetzung der Maßnahmen aus den vergangenen Zertifizierungs-/Überwachungsaudits

- Abweichungen und Maßnahmen aus internen Audits
- Umsetzung der statistischen Prozeßbeherrschung mittels Prozeßregelkarten (Eingriffsgrenzen) und Fehlersammelkarten
- Durchführung von Qualitätsmanagement-Schulungen
- Aushänge
- Schlüsselprojekte
- Zeitliche Einteilung der einzelnen Überwachungstätigkeiten

Überprüfung der Qualitätsmanagement-Dokumentation, z.B.:

- Vollständigkeit der Qualitätsmanagement-Handbücher
- Unterlagen der Fähigkeitsuntersuchungen
- Unterlagen zur Arbeitsplatzabnahme
- Schulungsnachweise
- Einhaltung des internen Systemauditplans
- Einhaltung des Prozeßauditplans
- Auswertung der Produktaudits
- Vollständigkeit von Arbeitsanweisungen
- Vollständigkeit von Prüfplänen und Prüfanweisungen
- Vollständigkeit der FMEA
- KVP-Nachweise
- Aktualität der Formulare

Die Überprüfung wird durchgeführt, indem der Auditbericht des letzten Zertifizierungs-/Überwachungsaudits genau analysiert wird. Die Abweichungen bzw. Schwachstellen und die daraus entstandenen Empfehlungen werden mit dem daraus entstandenen Maßnahmenplan untersucht. Der Bereich QM prüft, ob die Schwachstellen abgestellt wurden und ob durch Änderungen einzelner Prozesse eine Beanstandung durch die Zertifizierungsstelle beim Zertifizierungs-/Überwachungsaudit in ähnlicher Form wieder aufkommen könnte. Diese Tätigkeit sollte ungefähr zwei Monate vor dem Audit stattfinden.

Abweichungen aus den vergangenen internen Audits werden durch den Bereich QM nochmals überprüft. Dabei werden besonders Schwachstellen untersucht, die auch in früheren Audits aufgetreten sind. Außerdem werden alle Abweichungen in den Bereichen überprüft, bei denen ein Nachaudit erforderlich ist. Mit dieser Tätigkeit sollte noch vor Bekanntwerden des Auditplans begonnen werden, da die Prüfung der Abweichungen mit beträchtlichem Zeitaufwand verbunden ist.

Werden bei dieser zusätzlichen Überprüfung Schwachstellen oder gar Abweichungen festgestellt, sind unverzüglich Maßnahmen zu ergreifen.

5.4.3   Durchführung eines internen Qualitätsmanagement-Systemaudits

Der folgende Abschnitt gibt einen Überblick über die Vorgehensweise bei der Systemaudit-durchführung.

Bei einem Einführungsgespräch sind der Leiter des zu prüfenden Bereichs und die Mitarbeiter, die das Auditteam begleiten sollen, anwesend. Der Audit(team)leiter erläutert den Zweck des Audits und die Vorgehensweise. Dabei werden die Fragelisten und die Formblätter vorgelegt, wenn sie nicht schon vorher besprochen wurden, die Eintragungsregeln erklärt und die Bericht-erstattung erläutert. Es wird aufgelistet, welche Qualitätsmanagementverfahren und sonstige Anweisungen für das Audit herangezogen werden.

Ein Zeitplan wird festgelegt. Eventuell benötigte Mitarbeiter der zu prüfenden Bereiche werden informiert. Falls der Leiter des Bereichs nicht ständig zugegen sein kann, sind für das Ab-schlußgespräch Termin, Ort und Teilnehmerkreis zu vereinbaren.

Bei der Wiederholung des Audits kann die Einführung im allgemeinen kurz gehalten werden.

Soweit erforderlich, sollte das Auditorenteam vor der Befragung die entsprechenden Unterlagen prüfen und mit dem zugrundeliegenden **Qualitätsmanagement-Regelwerk** vergleichen. An-hand der vorliegenden Verfahrensanweisungen, des Qualitätsmanagement-Handbuchs und der Arbeitsanweisungen ist es möglich festzustellen, inwieweit schriftliche Anweisungen bekannt-gemacht sind und inwieweit sie den Ansprüchen genügen. Damit können bereits Abweichungen und Unterlassungen festgestellt werden. Eine erste Beurteilung ist möglich. Die Vorprüfung gibt auch ausreichend Stoff für Befragungen und für Nachprüfungen vor Ort.

Durch Befragungen vor Ort werden in den betreffenden Bereichen Nachweise gesammelt und durch Prüfung von Unterlagen und Tätigkeiten Feststellungen getroffen. Die Fragen werden in der Regel anhand der Auditcheckliste (Frageliste) gestellt. Langsames Vorgehen, allgemein verständliche Formulierungen, Erläuterungen und Zwischenfragen helfen, Unsicherheit der Be-fragten oder Verständigungsschwierigkeiten auszuräumen.

Um Mißverständnisse zu vermeiden, ist es angebracht, die Antwort des Befragten mit eigenen Worten zu wiederholen. Dies gilt besonders dann, wenn aus der Antwort eine Abweichung vom Sollstand hervorgeht. Konfrontationen erschweren den Ablauf des Audits und können den Er-folg beeinträchtigen. Deshalb ist eine aggressive Fragestellung ebenso zu vermeiden wie Vor-würfe bei Abweichungen und Diskussionen über die Zweckmäßigkeit einer Weisung oder Maß-nahme, deren Anwendung zu prüfen ist. Meinungsäußerungen der Betroffenen sind dennoch von Belang.

Man geht davon aus, daß etwa 200 Auditfragen zur Bewertung eines Qualitätsmanagement-Systems ausreichen, d.h. pro Qualitätsmanagement-Element im Durchschnitt etwa zehn Fragen zu bewerten sind.

Zu diesen hauptsächlichen Fragen müssen Unterfragen gestellt werden, wie z.B.:

- Nach welcher Weisung gehen Sie vor?
- Wie verstehen Sie diese Weisung?
- Erklären Sie, wie Sie diese Weisung anwenden.
- Welches sind Ihre Qualitätsziele?
- Wie werden diese sichergestellt?

Bei internen Audits ist es oft zweckmäßig, die Check- bzw. Frageliste abteilungsweise aufzubauen, da die gleichen Fragen oft in verschiedenen Abteilungen zu bewerten sind.

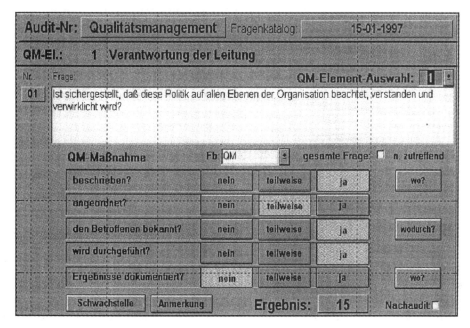

Bild 5-11 SYCAT-Qualitätsmanagement-Audit-Eingabemaske

Das Ergebnis der Befragung kann und sollte durch praktische Prüfungen im Sinne eines Vergewisserns bestätigt werden. Dabei wird festgestellt, ob und in welchem Umfang die Regelungen bekannt sind und eingehalten werden. Den Umfang der Prüfungen muß der Audit(team)leiter oder Auditor fallweise bestimmen. Das Ergebnis ist der Nachweis der Einhaltung des Sollzustandes, z.B. aus Verfahren, Norm, Arbeitsanweisung oder die Feststellung von Abweichungen und deren Bedeutung.

Die Prüfungen können sich z.B. beziehen auf:

* Vorhandensein von wirkungsvollen Arbeitsanweisungen usw.

* Vorhandensein von wirkungsvollen Prüfanweisungen an Arbeitsplätzen

* Prüfnachweise in Unterlagen, an Prüfmitteln oder an Werkstücken

* Kennzeichnung von Unterlagen, Bauelementen oder Meßgeräten

In der Regel gehen Befragung und praktische Prüfung ineinander über. Mit Rücksicht auf die Belastung der Mitarbeiter kann es zweckmäßig sein, die Prüfungen zusammenzufassen und die betroffenen Stellen vorher zu informieren.

Jeder während des Audits festgestellte oder durch Nachweis belegte Sachverhalt ist eine **Auditfeststellung** und wird im Auditprotokoll nachgewiesen. Ein **Nachweis** ist eine qualitative oder quantitative Information, Aufzeichnung oder Feststellung, die bewiesen werden kann. Wird durch Beobachtungen, Messung oder Untersuchung die Nichterfüllung festgelegter Forderungen einer Qualitätsmanagement-Norm festgestellt, spricht man von einer **Abweichung** oder einem **Fehler (Nichtkonformität)**.

Alle Auditfeststellungen, besonders die Abweichungen, werden protokolliert. Sie können z.B. in Fragelisten oder in Abweichungsberichten festgehalten werden. Dabei kommt es darauf an, sowohl die bestätigenden Dokumente und Argumente festzuhalten, als auch alle Abweichungen, Unterlassungen und Fehler zu notieren. Die Abweichungsberichte werden vom Leiter des geprüften Bereichs gegengezeichnet. Abweichungen sind zu bewerten.

Es gibt Abweichungen, die noch akzeptiert werden können und nicht mehr akzeptable Abweichungen, die erwarten lassen, daß die Qualitätsziele nicht erfüllt werden. Am Abschlußgespräch sollten dieselben Mitarbeiter teilnehmen, die am Einführungsgespräch teilgenommen haben. Der Auditleiter gibt eine Zusammenfassung der Ergebnisse und vereinbart mit dem Leiter des geprüften Bereichs Termine für Verbesserungsmaßnahmen.

Die Auswertung des Audits erfolgt durch den Auditor, der diese Auswertung in Form eines Auditberichtes der Geschäftsleitung und dem betreffenden Bereich vorzulegen hat.

Der Auditbericht sollte sowohl Art als auch Inhalt des Audits getreu wiedergeben. Der Auditbericht muß mit dem Datum und der Unterschrift des Auditleiters versehen sein.

Der Auditbericht sollte, soweit zutreffend, die folgenden Angaben enthalten:

- Umfang und Ziele des Audits

- Einzelheiten des Auditplans, die genaue Angabe der Mitglieder des Auditteams und des Beauftragten der auditierten Organisation, die Audittermine und die genaue Angabe der betreffenden auditierten Organisation

- die genaue Angabe der Referenzdokumente, anhand derer das Audit durchgeführt wurde (Qualitätsmanagement-Norm, Qualitätsmanagement-Handbuch der auditierten Organisation usw.)

- Feststellungen von Abweichungen, Fehlern

- das Urteil des Auditteams darüber, inwieweit die auditierte Organisation die Forderungen der anwendbaren Qualitätsmanagement-Norm und der einschlägigen Dokumentation erfüllt die Fähigkeit des Qualitätsmanagement-Systems zur Erfüllung der vorgegebenen Qualitätsziele

- Ort und Datum (Zeitraum)

- Verteilerliste für den Auditbericht

Es wird empfohlen, sich auf eine zusammenfassende Darstellung zu beschränken und die verschiedenen Auditunterlagen dem Bericht beizufügen. Ihnen können die entsprechenden Einzelheiten entnommen werden. Der Bericht soll mit dem Leiter des geprüften Bereichs abgestimmt werden. Falls Meinungsverschiedenheiten bestehen, sind beide Meinungen in den Bericht aufzunehmen. Der Bericht und die Auditunterlagen sind ausreichend zu kennzeichnen.

Auditberichte sind vertraulich und werden an die Verantwortlichen des geprüften Bereichs verteilt. Ein über diesen Personenkreis hinausgehender Verteiler ist besonders festzulegen.

Die Aufbewahrung des Auditberichtes richtet sich nach der Regelung für die Archivierung von Unterlagen im Unternehmen.

Eine entsprechende Aufbewahrungsfrist sollte betrieblich geregelt sein, da der Bericht bei eventuellen Regressionsansprüchen nach dem Produkthaftungsgesetz als Entlastungsbeweis dienen kann.

Maßnahmenpläne und -überwachung

Die Durchführung von Verbesserungsmaßnahmen ist Aufgabe des Verantwortlichen des betroffenen Bereichs. Die Verbesserungsmaßnahmen und ihre Ergebnisse werden durch den Auditor geprüft und bewertet. Werden durch das Audit Schwachstellen des Qualitätsmanagementsystems gefunden, führt das Qualitätswesen die erforderlichen Verbesserungsmaßnahmen durch.

5.4.4 Schulung

Die Information und Schulung zur Einführung des Qualitäts- und Prozeßgedankens sollte im „großen Rahmen" durchgeführt werden, das heißt Schulung der Mitarbeiter in allen Führungsebenen. Inhalt der Schulung (Veranstaltung) sollte sein:

- Was heißt Qualität ?
- Was ist Qualitätsmanagement ?
- Was ist Prozeßmanagement ?
- Was ist ein Prozeß ?
- Beispiele von Prozessen (aus der betrieblichen Praxis, QMH) aufzeigen
- Wer sind die Kunden ?
- Regelkreis der Verbesserung, Prozeßziele
- Darstellung der weiteren Schritte (z.B. Zertifizierung)

Die Dokumentation erfolgt über einen Schulungsplan, wie in Bild 5-12 dargestellt.

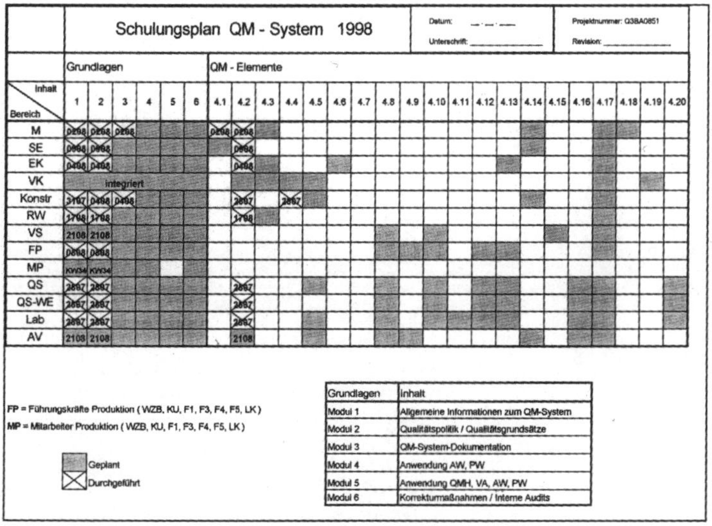

Bild 5-12 Schulungsplan Qualitätsmanagement-System

5.4.5 Zertifizierung

Inhaltlich wurde die Zertifizierung bereits in Kapitel 2.2.5 behandelt. Im konkreten Einzelfall empfiehlt es sich, mehrere Zertifiziergesellschaften anzusprechen und ihr Leistungsangebot zu vergleichen. Sind alle unternehmensspezifischen Prozesse im Qualitätsmanagement-System erfaßt und besteht Vertrauen in die Funktionsfähigkeit des Qualitätsmanagement-Systems, ist der Zeitpunkt für die Terminabsprache für das Zertifizierungsaudit mit dem Auditor gekommen. Als Vorbereitung ist dem Auditor die Qualitätsmanagement-Dokumentation zur Verfügung zu stellen. Im Regelfall sind die Prozeßbeschreibungen hinzuzufügen, da diese dem Auditor konkrete Vorstellungen über das individuelle Qualitätsmanagement-System vermitteln.

Unterstützende Begleitung des Zertifizierungsaudits durch den Berater ist sinnvoll. Er kann bei auftretenden Schwierigkeiten bzw. Klärungsbedarf eingreifen.

Gegebenenfalls erfolgt eine Nachbearbeitung der während des Zertifizierungsaudits festgestellten Abweichungen bzw. Empfehlungen. Die Kosten einer Zertifizierung sind abhängig von der Struktur eines Unternehmens. Daher ist es nicht möglich, an dieser Stelle konkrete Kosten aufzuzeigen. Im wesentlichen beeinflussen die Faktoren Unternehmensgröße, Anzahl der Standorte, Komplexität der Ablaufprozesse und gewähltes Darlegungsmodell (DIN EN ISO 9001, 9002, 9003) die zu erwartenden Aufwände und somit die Kosten.

6 Systematische TQM-Ergebnismessung und Qualitätsweiterentwicklung

6.1 TQM-Controlling

6.1.1 Qualitätsmanagement-Regelkreis

Die mit Hilfe der TQM-Strategie (Total Quality Management) im Unternehmen angestrebte Durchsetzung einer umfassenden Unternehmensqualität, die sich innerhalb des gesamten Produktlebenszyklus auf die ständige Verbesserung des Kundennutzens aufgrund kontinuierlicher Qualitätsverbesserungen bezieht, benötigt ein umfassendes Qualitätscontrolling-Instrument, das in der Lage ist den Erfolg der TQM-Strategien zu bewerten.

Auch in der neuen ISO 9000:2000 wird in Kapitel 8 ein Controllingsystem zur Messung und Überwachung der Wirksamkeit des Qualitätsmanagement-Systems gefordert. Die Umsetzung dieser Normforderung hat über die Einführung und Aufrechterhaltung eines Meß- und Analyseverfahrens zur Ermittlung der Wirksamkeit des Qualitätsmanagements zu erfolgen. Dazu sind:

- Qualitätsziele festzulegen
- Ergebnisse zu analysieren
- Reviews über die Wirksamkeit des Qualitätsmanagement-Systems durchzuführen

Die Kundenzufriedenheit muß hierbei als ein Maß für die Leistung des Qualitätsmanagement-Systems gelten. Die dazu geforderten Dokumentationen sind, neben dem Qualitätsmanagement-Handbuch, den Verfahrensanweisungen und anderen mitgeltenden Unterlagen, insbesondere Protokolle über:

- Qualitätszielvorgaben
- Interne Audits
- Lieferantenbewertungen
- Protokolle über Mitarbeiterzufriedenheitsanalysen
- Management-Reviews.

Gefordert wird also ein durchgängiges, über alle hierarchischen Ebenen und Prozesse miteinander vernetztes Führungsinstrumentarium, das zu Planungs-, Kontroll- und Vergleichszwecken eingesetzt werden kann.

Ferner sind als weitere Normenforderungen Datenanalysen zur Verbesserung des Qualitätsmanagement-Systems durchzuführen. Umgesetzt wird dies durch die Analyse geeigneter Daten als ein Mittel zur Verbesserung des Qualitätsmanagement-Systems.

Dazu gehören Analysen von:

- Internen Audits
- Korrektur und Vorbeugemaßnahmen

- Nicht anforderungsgerechten Produkten und/oder Dienstleistungen
- Kundenreklamation
- Kundenzufriedenheitsäußerungen

Die dazu notwendigen Dokumentationen sind beispielsweise

- Auditberichte
- Fehleraufzeichnungen
- Aufzeichnungen über Kundenkritiken
- Qualitätsberichte
- Soll-/Ist-Vergleiche zu Qualitätskennziffern

Dieses Führungsinstrumentarium besteht, wie Bild 6-1 zeigt, im Schwerpunkt aus einem Führungskennzahlensystem, das sich gleichermaßen für ein ergebnis- bzw. erfolgsorientiertes Controlling durch das Management und für ein prozeß- bzw. verfahrensorientiertes Controlling durch die Mitarbeiter verwenden läßt. Das ergebnis-/erfolgsorientierte Controlling ist den beiden oberen Ebenen im beschriebenen Unternehmensmodell zuzuordnen. Hierbei werden strategische Aspekte abgedeckt.

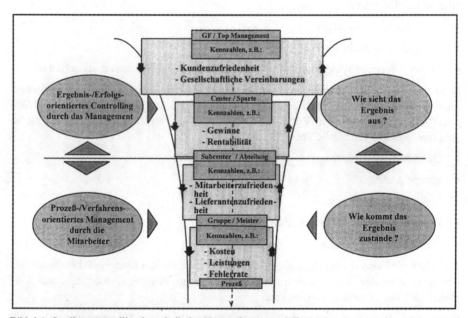

Bild 6-1 Qualitätscontrolling innerhalb des Unternehmensmodells

Die Ziele des strategischen **Qualitätscontrollings** liegen darin, die langfristigen Qualitätsziele auf der Grundlage einer Stärken- und Schwächenanalyse des eigenen Unternehmens zu ermitteln. Aus den festgestellten Chancen und Risiken des Marktes sowie aus den Rahmenbedingungen der gegenwärtigen Wirtschaftssituation muß eine aus den daraus resultierenden Qualitätsanforderungen entsprechende Qualitätsstrategie abgeleitet und über die Qualitätsziele durchgängig im Unternehmen verankert werden.

Dagegen hat das operative Qualitätscontrolling mehr die kurzfristige und wirtschaftliche Umsetzung der Qualitätsstrategie durch das Qualitätsmanagement-System zum Ziel, hier geht es also vorrangig um Effizienz und Effektivität mit dem Ziel einer mittelfristigen Gewinnmaximierung. Dieses Controllingsystem konzentriert sich darauf, eine Aussage zu treffen, wie die Ergebnisse bezüglich Marktanteil, Gewinn, Kapitelrendite aber auch Kundenzufriedenheit und gesellschaftlicher Verantwortung aussehen. Diese Ergebnisse bilden die Grundlage für strategische Entscheidungen, z.B. hinsichtlich zukünftiger Absatz-, Beschaffungsmarkt-, und Technologiestrategien, der Personalpolitik oder der zukünftigen Entwicklung der Unternehmenshauptprozesse.

Das prozeß- und verfahrensorientierte Controlling wird schwerpunktmäßig operativ durch die Mitarbeiter durchgeführt. Hierbei handelt es sich um Qualitätsstandards bzw. Kennzahlen in den Prozeßbereichen, für die die Mitarbeiter eigenverantwortlich auf Grundlage der durchgeführten Zielvereinbarungen ·aktiv sind. Die Controllingaussage lautet hier: „Wie kommt das Ergebnis zustande?" Anhand dieser Ergebnisse werden von den Mitarbeitern Maßnahmen eingeleitet, die zur Zielerreichung führen. Im Schwerpunkt handelt es sich dabei um die Überprüfung der Zweckmäßigkeit und Wirtschaftlichkeit der Aktivitäten. Weiter führt diese Eigenbeurteilung dazu, operative Verbesserungen durchzuführen, Rückmeldungen über den Erfolg seiner Arbeit zu erhalten oder das Management über kritische Abweichungen im Sinne eines Frühwarnsystems zu informieren. Zu dem einleitend genannte Führungsinstrumentarium gehören aber auch die bereits in Kapitel 5 ausführlich erläuterten Prozeßaudits und Management-Reviews, die ergänzend zum Prozeßcontrolling ebenfalls Prozeßbeurteilungen ermöglichen und Ansatzpunkte für Verbesserungen liefern.

Die Verknüpfung zwischen der strategischen, taktischen, dispositiven und operativen Ebene im Unternehmensmodell zeigt das Bild 6-2 am Beispiel der Zielsetzung „Kundenzufriedenheit steigern", ähnlich wie bei der in Kapitel 4 erläuterten Quality-Function-Deployment (QFD)-Methode.

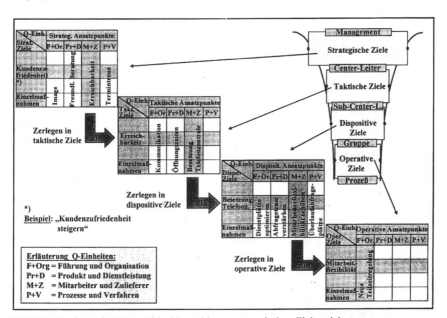

Bild 6-2 Durchgängige Kennzahlenhierarchie zur strategischen Zielerreichung

Ausgehend von der strategischen Zielsetzung erfolgt die Bestimmung der strategischen Ansatzpunkte als Vorgabe für die Bildung von taktischen Zielsetzungen mit Ableitung der taktischen Ansatzpunkte. Diese sind wiederum auf der darunterliegenden Ebene der Bezugspunkt für ein Zerlegen in dispositive Ziele. Für diese dispositiven Ziele werden wieder dispositive Ansatzpunkte innerhalb der vorgegebenen Qualitätseinheiten festgelegt. Die dispositiven Ansatzpunkte werden auf der untersten Ebene wieder zerlegt in operative Ziele, denen operative Ansatzpunkte mit den Einzelmaßnahmen zugeordnet werden. Diese Darstellung korrespondiert mit der bereits in Bild 3-12 gezeigten strategischen Durchgängigkeit der Qualitätspolitik und dem in Bild 2-33 beschriebenen qualitätseinheitenbezogenen Qualitätsmanagementregelkreis.

Das Grundprinzip des Controllingmanagements entspricht dem bereits in Kapitel 1 genannten kybernetischen Regelkreis, wie es über das Unternehmensmodell dargestellt wurde. In Bild 6-3 sind in allgemeiner Form die auszuführenden Einzelschritte zur Durchsetzung dieses Regelkreismodells erläutert, wobei diese allgemeine Darstellung nicht nur für den Qualitätsmanagementregelkreis gilt, sondern für alle weiteren Controllingfunktionen und Aufgaben wie beispielsweise Unternehmenscontrolling, Finanzcontrolling, Produktionscontrolling, Termincontrolling, Logistikcontrolling, Investitionscontrolling und viele andere mehr. Auch in Kapitel 3, bei der Beschreibung der Durchführung des Prozeßmanagements, findet sich diese allgemeine Controllingsystembeschreibung wieder, hier auf das Qualitätsmanagement bezogen.

Bild 6-3 Inhalte des Controllingmanagements am Beispiel „Qualitätsmanagement"

Sie beginnt in Schritt 1 mit der Vorgabe der Strategie und Qualitätspolitik mit Ableitung der Qualitätsziele. In Schritt 2 sind diese Qualitätsziele in Form von Führungsgrößen oder Soll-Werten beschrieben, wobei das nachfolgend erläuterte TQM-Kennzahlensystem eine wesentliche Hilfestellung gibt. Diese Kennzahlen sind Grundlage für die Zielvereinbarungen in den unterschiedlichen Unternehmensebenen. Die Unternehmensziele auf der obersten Ebene quantifizieren das Hauptziel des Unternehmens, also den langfristigen Geschäftserfolg. Es folgen die Zufriedenheitsziele bezogen auf Kunden, Mitarbeiter und die Gesellschaft sowie die Hauptprozeßziele für die zweite Ebene. In dieser zweiten Ebene haben die Kennzahlen zur Quantifizierung der Hauptprozeßziele eine Doppelfunktion. Zum einen dienen sie der darüber liegenden Ebene, also der Unternehmensleitung zur Erfolgsbeurteilung. Zum zweiten dienen sie den Bereichspartnern oder Hauptabteilungsleitern auf der Hauptprozeßebene für die Führung und Koordination mehrerer abteilungsübergreifender Prozesse. Die Teilprozeßziele in der dritten Ebene quantifizieren über die Zielkennzahlen unter Berücksichtigung der unternehmensindividuellen Besonderheit die prozeßnahen Vorgaben, sie sind in enger Zusammenarbeit mit dem Prozeßmitarbeitern zu entwickeln. Auf Prozeßfunktions- bzw. Aktivitätsebene sind die arbeitsplatzbezogenen Kennwerte hinterlegt.

Über das **Prozeßmonitoring** in Schritt 3 werden die Ist-Kennwerte in der jeweiligen Ebene bzw. im betrachteten Haupt- und Teilprozeß erfaßt und gemessen. In Schritt 4, der sogenannten Diagnosephase, werden die Zielabweichungen analysiert, um dann in Schritt 5 der Therapiephase geeignete Maßnahmen zur Beseitigung der festgestellten Abweichungen einzuleiten, um die einleitend genannten Zielvorgaben noch zu erreichen. In Schritt 6 erfolgt abschließend das Maßnahmencontrolling, ob tatsächlich auch alle in Schritt 5 eingeleiteten Maßnahmen erfolgreich umgesetzt wurden. Falls hierbei Veränderungen gegenüber der Ausgangssituation in Schritt 1 festgestellt werden, müssen ggf. die Zielvorgaben den neuen Rahmenbedingungen angepaßt werden.

Nach diesen Prinzipien verläuft auch der Regelkreis der Qualitätsprüfung, der dem oben beschriebenen Qualitätsmanagementregelkreis untergeordnet ist. Dieser Qualitätsprüfungsregelkreis soll produktbezogen über die genannten hierarchischen Ebenen die Produktqualität sicherstellen. Der Regelkreis der Qualitätsprüfung beginnt auf der strategischen Ebene ebenfalls mit der Vorgabe der Produktspezifikationen, die dann auf der darunterliegenden taktischen Ebene über die Qualitätsplanung in das Planen der Prüfmerkmale, in das Planen des Prüfablaufes, in das Planen der Prüfmittel und das Planen der Prüfdurchführung unterteilt wird. In der dispositiven Ebene hat dann die Qualitätsleitung die Aufgabe aktuell diese Prüfpläne an die beteiligten Stellen in der Wertschöpfungskette weiterzugeben, damit auf der operativen Ebene die Qualitätsprüfung erfolgen kann. Über die Rückmeldung der IST-Werte, d. h. Prüfwert und den sich anschließenden Prüfauswertungen ergeben sich die IST-Kennwerte, die den vorgegebenen, produktbezogenen SOLL-Werten bzw. Spezifikationen gegenüber gestellt werden. Aus den festgestellten Abweichungen leiten sich die notwendigen Korrekturmaßnahmen ab. In diesem Regelkreis der Qualitätsprüfung wird also vor Ort am Arbeitsplatz eine prozeßnahe und kurzfristige Beseitigung der festgestellten Fehler am Produkt oder der Dienstleistung angestrebt.

Weiter soll dieser Regelkreis der Qualitätsprüfung die in Kapitel 8 der neuen ISO 9000:2000 genannte Normforderung „Messung und Überwachung der festgelegten Anforderungen an Produkte oder Dienstleistungen" erfüllen. Danach sind geeignete Meßmethoden für Produkte und/oder Dienstleistungen vorzusehen, um zu überprüfen, ob die festgelegten Anforderungen eingehalten werden. Das beinhaltet z.B.:

- Organisation und Durchführung von angemessenen Prüfungen
- Erarbeitung von Prüfanweisungen und Prüfplänen.

Zu den geforderten Dokumentationen gehören neben den Qualitätsaufzeichnungen auch Prüfpläne, Prüfanweisungen, Prüfprotokolle, Testprotokolle, Stichprobenpläne, (Attributive und Variable) Checklisten und Vergleichsmuster.

Dem gegenüber steht beim oben bereits erläuterten Qualitätsmanagementregelkreis eine durchgängige Beseitigung der Schwachstellen bezüglich der bereits ausführlich beschriebenen Qualitätseinheiten in allen hierarchischen Ebenen und Prozessen des Unternehmensmodells zur Diskussion. Dies im Sinne des Wandels von der Fehlerentdeckungsstrategie zur Fehlerverhütungsstrategie. Es ist nicht die Produktkontrolle, die hierbei im Mittelpunkt der Betrachtung steht, sondern die Verbesserung der Geschäfts- / Betriebsprozesse, um eine fehlerfreie Produktherstellung zu garantieren.

6.1.2 TQM-Qualitätskennzahlen

Wie oben ausgeführt, sind die Prozeßorientierung und das Prozeßcontrolling heute die Grundlagen für den unternehmerischen Erfolg. Aus diesem Grund müssen sich die Kennzahlen an den Prozessen im Produktlebenszyklus ausrichten, wobei es sich hierbei nicht mehr allein um Qualitätskennzahlen handelt.

Wie Bild 6-4 zeigt, gibt es eine große Anzahl von Kennzahlenansätzen innerhalb des betrieblichen Regelkreismodells mit vorgabeseitigen wie rückgabeseitigen Verwendungen. Diese Kennzahlen dienen vorgabeseitig beispielsweise als Hilfsmittel für die Umsetzung von Unternehmensplanungen, Führungsinstrumenten, Zielvereinbarungen, Benchmark-Bildung oder Erfolgsziffernfestlegung. Weiter finden sie Verwendung bei der Entwicklung von Entlohnungsmodellen oder geben Unterstützung bei der Selbststeuerung. Rückmeldeseitig finden die Kennzahlen Verwendung natürlich bei der Prozeßoptimierung und zur Schwachstellenbeseitigung, außerdem sind sie die Grundlage für das Selbstcontrolling, für Wirtschaftlichkeitsanalysen, die operative Wirksamkeitsbewertung und die Zielerreichungsgradmessung.

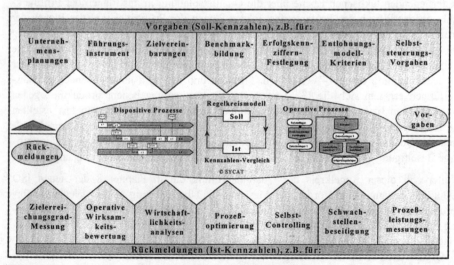

Bild 6-4 Kennzahlenverwendung im betrieblichen Regelkreismodell

Der umfassende Anspruch der Kennzahlenverwendung innerhalb eines durchgängigen Kennzahlensystems besteht darin, daß es eine optimale Führung, Steuerung und Ausführung der vorher gemeinsam mit den Mitarbeitern modellierten Prozesse ermöglicht und dabei gleichzeitig ein Kontrollsystem implementiert wird, mit dem die Leistungsfähigkeit der Prozeßausführung gemessen werden kann. Über das Prozeßmonitoring, d.h. durch die Beobachtung des zeitlichen Ablaufgeschehens werden die vordefinierten Soll-Controllingkennzahlen als Ist-Werte einfach und zielgenau erfaßt. Hierbei bietet es sich an, als Bezugspunkt bzw. Kontrollpunkt die im Rahmen der Prozeßanalyse und -gestaltung transparent beschriebenen organisatorischen und funktionalen Schnittstellen im Prozeßablauf festzulegen, um den Prozeßfortschritt zusammen mit den dabei angefallenen **Qualitätskosten** exakt zu messen. Ein Beispiel zeigt Bild 6-5 :

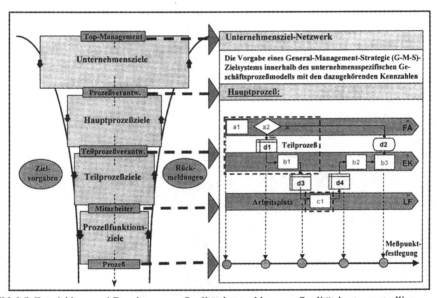

Bild 6-5 Entwicklung und Zuordnung von Qualitätskennzahlen zum Qualitätskostencontrolling

Ausgangspunkt ist wieder auf der obersten Ebene das Unternehmenszielnetzwerk, das sich aus der Vorgabe der bereits erläuterten General-Management-Strategie ableitet. Die weitere Unterteilung der Ebenen ist hier prozeßbezogen vorgenommen, d.h. in der zweiten Ebene geht es um die Prozeßverantwortlichkeit der Hauptprozesse, in der dritten Ebene um die Verantwortlichkeit der **Teilprozesse** und auf der untersten, d.h. auf der Prozeßebene werden die Prozeßaktivitäten bzw. Prozeßfunktionen betrachtet. Über die exakt abgeleiteten Meßpunkte werden diese Kennzahlen genau beschrieben. In Form einer Übersichtstabelle wird die Berichtsart und der Berichtsweg für jede einzelne Kennzahl festgelegt. Damit soll sichergestellt werden, daß die entsprechenden Kennzahlen allen Bedarfsträgern zum benötigten Zeitpunkt zur Verfügung stehen. Eine derartige Übersichtstabelle kann folgende Spalten beinhalten:

Spalte 1 -   Meßpunktzuordnung bzw. Prozeß-Nr.

Spalte 2 -   Kennzahlendefinition mit Zuordnung zum Bericht,
             hier wird also der entsprechende Kennzahlenbericht genannt.

Spalte 3 -   Hier wird die verantwortliche Stelle der Mitarbeiter oder die Gruppe be-
              schrieben, die für die Erfassung dieser Kennzahlen verantwortlich sind.

Spalte 4 -   Empfänger; hier wird die empfangende Stelle für diesen
              Kennzahlenbericht genannt

Spalte 5 -   Häufigkeitsfrequenz; hier wird festgelegt, in welcher Häufigkeit diese
              Kennzahl zu erfassen und aufzubereiten ist, beispielsweise quartalsweise,
              monatlich, wöchentlich

Spalte 6 -   Berechnungsvorschrift, hier wird beschrieben, wie diese Kennzahl gebil-
              det wird bzw. wie die Berechnung dieser Kennzahl zu erfolgen hat

Spalte 7 -   Informationsgehalt; hier wird der Informationsgehalt dieses Kennzahlen-
              berichtes definiert, beispielsweise zum Managementbericht „Kran-
              kenstand" die aufgelaufenen Fehltage oder zum Kennzahlenbericht
              „Mehrarbeit" die Anzahl der Überstunden.

In Bild 6-6 wird eine Meßpunkt- und Kennzahlenzuordnung anhand eines Vertriebspro-
zesses beispielhaft dargestellt. Über die Abgrenzung des Kennzahlenbegriffes gibt es in
der Literatur allerdings keine Einigkeit. Verwendet werden können hier absolute Kennzahlen, beispielsweise als Einzelzahl, Summe, Differenz oder Mittelwert, aber auch, wie
in diesem Bild gezeigt, Verhältniszahlen, die ebenfalls nach unterschiedlichen Gesichtspunkten gebildet werden können.

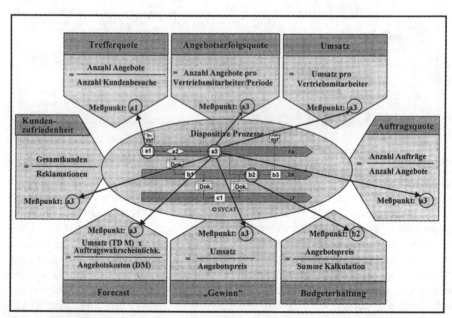

Bild 6-6 Entwicklung und Zuordnung von Qualitätskennzahlen zum Qualitätskostencontrolling

Unterschieden wird nach Gliederungszahlen, bei denen eine Gesamtgröße in Teilgrößen
aufgegliedert wird und diese zur Gesamtgröße in Beziehung steht, z.B. qualitätsbezogene

Kosten zu den Gesamtkosten. Weiter gibt es die Beziehungszahlen, bei denen gleichwertige, inhaltliche aber ungleichartige Daten ins Verhältnis gesetzt werden. Beispielsweise Meßpunkt A 1: Anzahl Angebote zu Anzahl Kundenbesuche oder auch Indexzahlen, bei denen es sich um ein Verhältnis von Zahlen mit gleichen Maßeinheiten aus verschiedenen Perioden oder zu unterschiedlichen Zeitpunkten handelt. Beispielsweise in Meßpunkt A3: die Entwicklung des Umsatzes pro Vertriebsmitarbeiter über die Zeit.

6.1.3 TQM-Kennzahlensysteme

Die Forderungen an ein durchgängiges umfassendes TQM-Kennzahlensystem, das sich gleichzeitig in ein umfassendes, ganzheitliches Kennzahlensystem nach General-Management-Strategie-Gesichtspunkten integrieren läßt und das beispielsweise Anforderungen wie Erweiterbarkeit oder Entwicklung allgemeingültiger Unternehmens- und branchenunabhängiger Qualitätskennzahlen beinhaltet, die den Informationsbedarf der unterschiedlichsten Beteiligten im Unternehmen unabhängig von Bereich und Hierarchie abdecken muß, haben dazu geführt, daß in den letzten Jahren neue Kennzahlensystemansätze entwickelt wurden. Hierbei werden zum einen finanzielle und nichtfinanzielle Kennzahlen, zum anderen betriebswirtschaftliche und qualitätsrelevante Kennzahlen miteinander verknüpft, wobei zusätzlich auch kunden- bzw. mitarbeiterorientierte Gesichtspunkte in die Betrachtung aufgenommen werden. Zum einen handelt es sich hierbei um den von *Kamiske* entwickelten Ansatz des Return on Quality (RoQ) zum anderen um Balanced-Scorecard nach *Kaplan/Norton*.

Das RoQ-Kennzahlen-System nach *Kamiske* besteht aus den beiden Teilen Führungskennzahlsystem und Systementfaltung. Beide Systeme müssen sich an den jeweiligen Zielsystemen des Unternehmens ausrichten, wobei sich das Führungskennzahlsystem an dem Informationsbedarf der Unternehmensleitung orientiert und systematisiert finanzielle und nichtfinanzielle Kennzahlen, die zur Beurteilung des eigenen Unternehmenserfolges sowie für den Vergleich mit anderen Unternehmen im Sinne eines Benchmarking geeignet sind, zuordnet. Das Ziel der Systementfaltung ist es, daß **Führungskennzahlsysteme** mit unternehmensspezifischen Kennzahlen für die Hauptprozeß- und Teilprozeßebene zu erweitern, um so ein geschlossenes unternehmensindividuelles Qualitätsmanagement-Kennzahlensystem zu erhalten.

Das Führungskennzahlsystem unterteilt sich dabei, wie Bild 6-7 zeigt, in zwei Hauptbereiche. Zum einen die Werteebene, sie enthält die rein finanziellen Kennzahlen und ist an das Kennzahlensystem nach *DuPont* angelehnt. Zum zweiten die Treiberebene, sie umfaßt die Maßnahmenpakete des TQM, die im folgenden als Qualitätstreiber bezeichnet werden. Weiter gehören zur Treiberebene diverse Kennzahlen mit ihrer quantitativen Beurteilung entsprechend den EQA-Kriterien „Kunde-Mitarbeiter-Gesellschaft und Prozeß". Damit orientiert sich dieses TQM-Kennzahlensystem an dem Kriterienmodell des European-Quality-Award (EQA), das im folgenden noch ausführlich beschrieben wird.

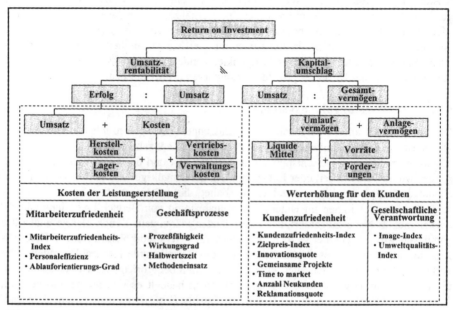

Bild 6-7 Das *DuPont*-Kennzahlensystem

Über die Systementfaltung, die wie bereits obengenannt, ebenfalls zu diesem TQM-Kennzahlensystem gehört, wird in acht Schritten ein Unternehmen ausgehend von seinen bereits vorhandenen Zielsystem den Kriterien des EFQM-Modells angepaßt. In den ersten Schritten wird das TQM-Kennzahlensystem auf der Grundlage der Unternehmensziele entsprechend dem Top-down-Vorgehen entwickelt. In den darauf folgenden Schritten werden die Kennzahlen, ausgehend von den Unternehmensprozessen entsprechend eines Bottom-up-Vorgehens auf ihre praktische Umsetzbarkeit hin überprüft. Beide Vorgehensweisen werden ergänzend angewendet. Im siebten Schritt werden die entwickelten Kennzahlen zu einem hierarchischen System miteinander verbunden. Dabei wird beschrieben, wie die entwickelten Kennzahlen von ihren Anwendern in den täglichen Arbeitsprozeß übernommen und in das Berichtswesen des Unternehmens eingegliedert werden können. Im abschließenden achten Schritt werden Vorschläge erarbeitet, die das so entwickelte TQM-Kennzahlensystem in den Prozeß der ständigen Verbesserungen einbinden, um aktuell zu bleiben.

Der Einstieg in die **Rentabilitätsanalyse** erfolgt über die Betrachtung der Wirkung von Qualitätstreibern auf den Unternehmensgewinn, differenziert nach Umsatz, Erlösen und Kosten im Sinne des RoQ. Danach läßt sich der Gewinn durch die Werterhöhung der Unternehmensleistung für den Kunden sowie durch die Reduzierung der Kosten für Nutz-/Stütz-/Blind-/ und Fehlleistung erhöhen. Da in diesen erweiterten Rentabilitätskennzahlensystem ausschließlich die Investition in TQM-Maßnahmen betrachtet werden, wird der Return on Investment (ROI), hier als Return on quality (RoQ) bezeichnet.

Ebenfalls aus finanziellen und nicht finanziellen Kennzahlen besteht die von *Kaplan/Norton* entwickelte **Balanced-Scorecard** zu deutsch: ausgewogener Berichtsbogen.

Balanced-Scorecard ist dabei ein Kennzahlensystem voneinander abhängigen Zielsetzungen, Meßgrößen und Aktionen, das als Bindeglied zwischen der Entwicklung einer Strategie und ihrer Umsetzung im Unternehmen einsetzbar ist. Wie Bild 6-8 zeigt, werden die strategischen Unternehmenszielsetzungen dabei aufeinander aufbauend über folgende Kennzahlenperspektiven verknüpft:

- Finanz-Perspektive

- Kunden-Perspektive

- Mitarbeiterlern- und -entwicklungsperspektive

- Interne Prozeß-Perspektive

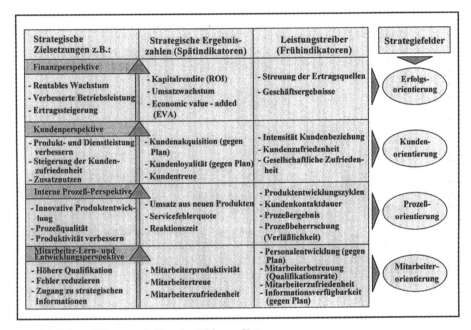

Bild 6-8 Balanced-Scorecard - Ursache-Wirkungs-Kette

Anhand der Kennzahlen aus der finanzwirtschaftlichen Perspektive können das Management oder die Gesellschafter beurteilen, ob die Aktivitäten des Unternehmens zu einer Erfolgs- bzw. Ergebnisverbesserung geführt haben. Hierbei werden die klassischen betriebswirtschaftlichen und finanziell wirtschaftlichen Kennzahlen, wie z.B. Rentabilität, Umsatzrentabilität, Cash flow, ROI, Amortisation, Umschlagzeit, Umschlaghäufigkeit des Kapitals oder Liquidität, verwendet.

Die **Kundenperspektive** informiert darüber, wie der externe Kunde die Unternehmensleistung beurteilt. Die Mitarbeiterlern- und -entwicklungsperspektive zeigt, wie über die ständigen Verbesserungsprozesse und die Innovationsfähigkeit der Mitarbeiter Fehler reduziert oder der Umsatzanteil an Neuprodukten erhöht werden kann. Die Kennzahlen aus der Geschäftsprozeßperspektive beschreiben die Effizienz und Effektivität der Unternehmensprozesse anhand von Produktivitätsdurchlaufzeiten oder Qualitätskennzahlen.

Die hierarchische Verknüpfung dieser Kennzahlen über die Unternehmens- bzw. Prozeß-
ebenen zeigt Bild 6-9 in einer Darstellung, die die bekannte **Trichterabbildung** des Unternehmensmodells um 180 Grad gedreht benutzt.

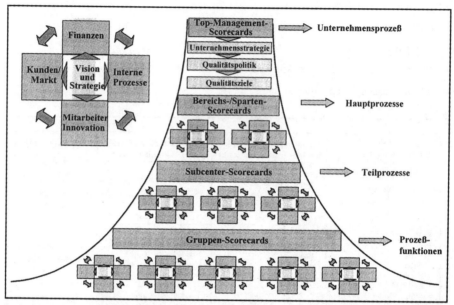

Bild 6-9 Herunterbrechen von Balanced-Scorecards

Ausgehend von der obersten Unternehmensebene mit der dort vorgegebenen Unternehmensstrategie, Unternehmenspolitik und den Unternehmenszielen leiten sich die Bereichs-
bzw. Sparten-Scorecards für die Hauptprozeßebene, die Subcenter und Abteilungs-
Scorecards für die Teilprozeßebene sowie die Gruppen- und Mitarbeiter-Scorecards für
die Prozeßfunktions- bzw. Prozeßaktivitätenebene ab. Bei den Bereichs- und Sparten-
scorecards wird die strategische Ausrichtung unter den Rahmenbedingungen des Unternehmens abgebildet. Genannt sind spartenspezifische Ziele, Treiber und Meßgrößen.
Auch hier ist die bereits in Bild 6-1 angesprochene strategische und operative Durchgängigkeit gegeben. Während sich die oberen beiden Ebenen mehr an den strategischen Gesichtspunkten orientierten, sind bei den Subcenter-Scorecards und bei den Gruppenscore-
cards die operativen Ziele, Meßgrößen und Kennzahlen genannt.

Ein weiteres hier vorgestelltes TQM-Kennzahlensystem orientiert sich an den bisher vorgenommenen TQM-Definitionen mit der Differenzierung in abzudeckende TQM-
Strategiefelder und den zugeordneten Qualitätseinheiten einer umfassenden Unternehmensqualität, wie sie beispielsweise in Bild 1-19 im Hinblick auf die Strategiefelder und
in Bild 3-14 in bezug auf die abgeleiteten Qualitätsziele aus der Qualitätspolitik mit Bewertung über Kennzahlen vorgenommen wurden. Wie Bild 6-10 zeigt, können für jede der
genannten Kennzahlen das jeweilige strategische, taktische, dispositive oder operative
Ziel, die dazugehörende Führungsgröße, der erreichte Ist-Wert, die Verantwortung und die
abzuleitenden Maßnahmen, beispielsweise in Form einer Kennzahlenmatrix, zugeordnet
werden.

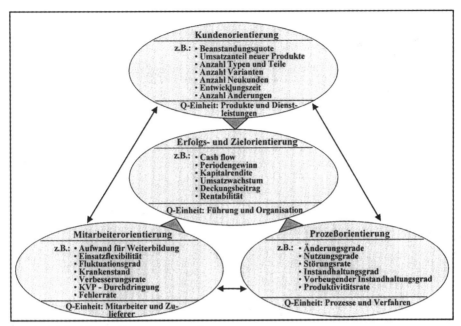

Bild 6-10 TQM-Kennzahlenmanagement-System

6.1.4 TQM-Benchmarking

Es bietet sich an, das im vorherigen Punkt 6.1.3 beschriebene TQM-Kennzahlensystem auch für **Benchmarking**-Zwecke zu nutzen. Dies ist, wie Bild 6-11 zeigt, ebenfalls in der Durchgängigkeit und bezogen auf alle finanziellen und nichtfinanziellen Kennzahlen in jeder Hierarchie- bzw. Prozeßebene möglich. Die Benchmarkingziele und Maßnahmen dabei sind vielfältig. Speziell auf der strategischen Ebene geht es dabei um die systematische Bewertung der eigenen Wettbewerbsposition gegenüber dem Wettbewerb und um das kontinuierliche Lernen vom Klassenbesten (**best practice**).

Auf der **Hauptprozeßebene** geht es um den „**Best in class-process**". Auf der dispositiven Ebene mit den dazugehörigen Teilprozessen findet ein internes Benchmarking statt, ebenso wie auf der operativen Ebene am Arbeitsplatz.

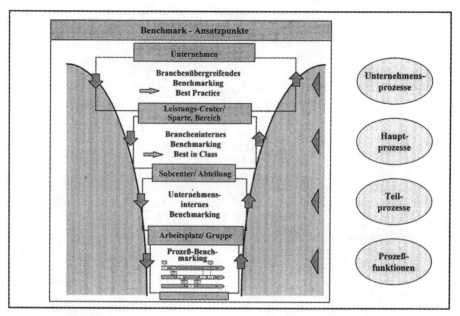

Bild 6-11 Prozeß-Benchmark

Weitere Ziele, die sich daraus ergeben, sind beispielsweise:

- Bestimmen der Ursachen für Leistungslücken gegenüber dem Wettbewerb
- Schließen der Leistungslücke, um den Klassenbesten zu überholen
- Systematische Anstöße zur Prozeßverbesserung
- Systematische Verbesserung des Prozeß-Outputs
- Verwenden der Benchmarks als neue Zielvorgabe für KVP-Einleitung
- Stärken/Schwächen-Ermittlung
- Instrument zum Setzen oder Verändern von strategischen Zielen
- Instrument zur operativen Zielerreichung
- Permanentes Lernen aus Benchmarking

Einige Beispiele für Benchmark-Anwendungen sind in Bild 6-12 genannt, hier wieder den einzelnen Qualitätseinheiten der umfassenden Unternehmensqualität zugeordnet. Beispielsweise bezogen auf die Qualitätseinheit „Produkte und Dienstleistungen" können Benchmarks Anwendung finden beim Vergleich der Kundenzufriedenheitsraten, Anzahl und Dauer von Reklamationen, Produktentwicklungszeiten oder Anzahl von Typen und Produkten in gleichartigen Unternehmen. Bezüglich der Qualitätseinheit „Führung und Organisation" lassen sich Benchmarks anwenden bei Messung der TQM-Durchdringung bzw. beim Vergleich mit anderen Unternehmen oder auch Spartenbereichen, Abteilungen, hinsichtlich der Prägung einer Markenphilosophie (**Branding**), Globalisierung der Vermarktung oder bei Marktanteilsvergleichen.

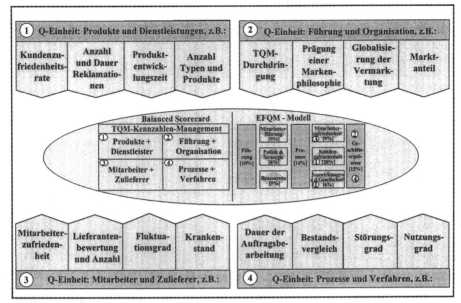

Bild 6-12 Beispiele für Benchmark-Anwendungen

Diese Benchmark-Anwendungsbereiche lassen sich beliebig fortsetzen. Sie können sich auf alle vorher genannten Kennzahlen beziehen. Allerdings sollten die Rahmenbedingungen für die Anwendung der Benchmarks klar beschrieben sein, d.h. die Prozeßcharakteristika sollte ebenso vorliegen wie Aussagen beispielsweise über Betriebsgrößen, Fertigungstiefe, Kundenstruktur, DV-Durchdringung und weitere Branchenmerkmale. Dies bedeutet allerdings nicht, daß bei anderen Rahmenbedingungen firmenübergreifende Vergleiche nicht stattfinden sollten, da die Erfahrung gezeigt hat, daß sich gerade aus dieser firmen- und branchenübergreifenden Betrachtung Innovationsanstöße ergeben können. Eine wichtige Benchmark-Größe sind die nachfolgend noch betrachteten Prozeßkosten. Mit Hilfe der Prozeßkosten ist eine systematische Erfassung von Prozeßveränderungen möglich, d.h. bewertbar. Gerade auf Kostentreiberebene lassen sich hier branchenübergreifend vergleichbare Aussagen treffen.

6.2 Qualitätskostenbetrachtung

Im Rahmen des TQM-Controllings besitzt die Erfassung und Bewertung der qualitätsbezogenen Kosten einen hohen Stellenwert. In Bild 6-13 sind die Aufgaben und Ziele der Qualitätskostenrechnung dargestellt.

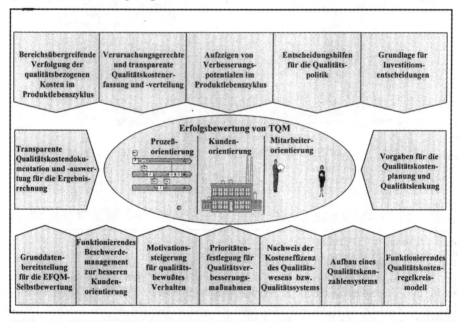

Bild 6-13 Aufgaben und Ziele der Qualitätskostenrechnung

Als erstes Ziel ist die bereichsübergreifende Verfolgung der qualitätsbezogenen Kosten mit einer verursachungsgerechten und transparenten Qualitätskostenerfassung und -zuordnung genannt, gleichzeitig werden damit auch Verbesserungspotentiale innerhalb des Produktlebenszyklusses durch die Transparentmachung von Blind- und Fehlleistungen aufgezeigt. Diese Transparenz erleichtert die Entscheidungsfindung für die Qualitätspolitik und ist Grundlage für Investitionsentscheidungen. Weiter ergeben sich Vorgaben für Qualitätskostenplanungen und für die Qualitätslenkung. Installiert werden soll ein funktionierendes, betriebsspezifisch angepaßtes Qualitätskosten-Regelkreismodell, mit dem gleichzeitig der Aufbau eines Qualitätskennzahlensystems verbunden ist. Dieses Kennzahlensystem kann den Nachweis der Kosteneffizienz und Wirksamkeit des Qualitätswesens bzw. des eingeführten Qualitätssystems führen. Zusätzliche Aufgaben und Ziele sind die Prioritätsfestlegung für Qualitätsverbesserungsmaßnahmen, die Motivationssteigerung für qualitätsbewußtes Verhalten oder das Einrichten eines funktionierenden Beschwerdemanagements zur besseren Kundenorientierung. Weiter findet eine Grunddatenbereitstellung für die Selbstbewertung nach den EFQM-Kriterien statt, über eine transparente Qualitätskostendokumentation und -auswertung sind klare Fakten für die Ergebnisrechnung vorhanden.

In Bild 6-14 sind die Grunddefinitionen der Qualitäts- und qualitätsbezogenen Kosten genannt.

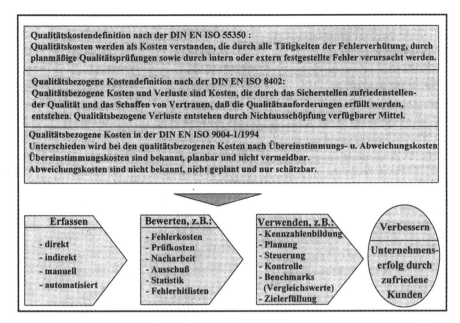

Bild 6-14 Grunddefinitionen der Qualitätskostenrechnung

Nach der DIN EN ISO 53 350 werden **Qualitätskosten** als

Kosten verstanden, die durch alle Tätigkeiten der Fehlerverhütung, durch planmäßige Qualitätsprüfungen sowie durch intern oder extern festgestellte Fehler verursacht werden.

Dabei ist die Anwendung des Begriffes „Qualitätskosten" aus den noch zu erläuternden Gründen nicht mehr zeitgemäß; er wurde offiziell durch den Begriff „qualitätsbezogene Kosten" ersetzt.

Die DIN EN ISO 8402 definiert den Begriff der **qualitätsbezogenen Kosten und Verluste** als

Kosten, die durch das Sicherstellen zufriedenstellender Qualität und das Schaffen von Vertrauen, daß die Qualitätsanforderungen erfüllt werden, entstehen, sowie Verluste in Folge des Nichterreichens zufriedenstellender Qualität.

Anmerkung 1: Qualitätsbezogene Kosten sind in einer Organisation gemäß deren eigenen Kriterien eingeteilt.

Anmerkung 2: Einige Verluste mögen schwer quantifizierbar sein, sie können aber sehr bedeutsam sein, etwa ein Verlust an positiver Einstellung.

Qualitätsbezogene Verluste nach obiger Definition sind im Prozeß und bei Tätigkeiten dadurch verursachte Verluste, daß verfügbare Mittel nicht ausgeschöpft werden.

Anmerkung: Einige Beispiele für qualitätsbezogene Verluste sind: Verluste der Kundenzufriedenheit, versäumte Gelegenheit zur Wertsteigerung für den Kunden, für die Organisation oder für die Gesellschaft ebenso eine Vergeudung von Mitteln und Material.

Qualitätsbezogene Kostenhinweise finden sich ebenfalls in der DIN EN ISO 9004 - 1 (1994). Hiernach wird bei den qualitätsbezogenen Kosten nach Übereinstimmungs- und Abweichungskosten unterschieden. Im folgenden werden diese drei sehr unterschiedlichen qualitätsbezogenen Kostendefinitionen bzw. -betrachtungsweisen hier noch ausführlich behandelt.

Nach DIN EN ISO 55350, Teil 11, versteht man unter Qualitätskosten alle Kosten, die durch die Tätigkeiten der Fehlerverhütung durch planmäßige Qualitätsprüfungen sowie durch intern oder extern ermittelte Fehler verursacht werden.

Wie Bild 6-15 zeigt, gibt es vier qualitätsbezogene Kostenblöcke. Bei dem ersten Block handelt es sich um die Fehlerverhütungskosten. Das sind die Kosten, die entsprechend der Rahmenempfehlung der DGQ (Deutsche Gesellschaft für Qualität) durch fehlerverhütende und fehlervorbeugende Tätigkeiten und Maßnahmen im Rahmen des Qualitätsmanagement verursacht werden. Im engeren Sinne sind es die Kosten, die entstehen, um alle Beteiligten in die Lage zu versetzen, ihre Arbeit bereits beim ersten Mal richtig auszuführen.

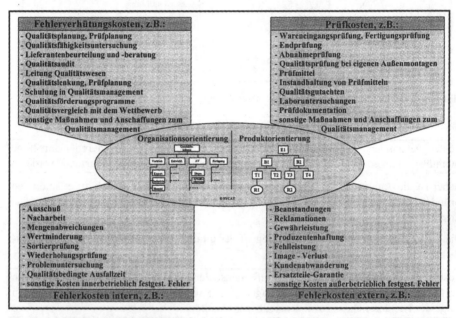

Bild 6-15 Qualitätskosteneinteilung

Bei den Prüfkosten handelt es sich um die Kosten für die Qualitätsprüfung innerhalb des Qualitätsmanagement. Im wesentlichen handelt es sich um Personal-, Prüfmittel- und Prüfeinrichtungskosten. Die Prüfkosten entstehen also bei der Feststellung, ob die geforderte Qualität tatsächlich erreicht wurde.

Bei den Fehlerkosten wird unterschieden in „interne und externe" Fehlerkosten. Sie entstehen durch zusätzlichen Aufwand, der dadurch verursacht wurde, daß die Produkte die Qualität nicht erreicht hatten und deshalb zum Teil erheblicher Aufwand im Unternehmen geleistet werden mußte, um diese produzierten Fehler zu beseitigen.

Aus Erfahrungen der Industrie ergibt sich nach einer Praxisuntersuchung eine Aufteilung dieser Kostenblöcke in folgende Größen:

Fehlerverhütungskosten betragen rund	:	2 bis 15 %
Prüfkosten betragen rund	:	60 bis 80 %
interne und externe Fehlerkosten		
betragen rund	:	20 bis 30%

der Qualitätskosten.

Diese Qualitätskosten wiederum machen ebenfalls nach empirischen Aussagen zwischen 5 bis 15 % der Herstellkosten aus. Als Mittelwert wäre also bei einer Annahme von 10 % Qualitätskosten bei einem Herstellkostenanteil von 1.000.000 der Qualitätskostenanteil 100.000,- DM,

wobei	25.000,- DM Fehlerkosten sowie
	70.000,- DM Prüfkosten
entstehen und nur	5.000,- DM für die Fehlerverhütung

ausgegeben werden.

Bei dieser Aufteilung der Qualitätskosten werden bereits die Strategiedefizite deutlich. Nur durch eine Steigerung des Fehlerverhütungskostenanteiles als vorbeugende Qualitätsmanagement-Komponente lassen sich interne und externe Fehlerkosten sowie Prüfkosten reduzieren. Hierbei zeigt sich auch der in der Praxis ein immer häufiger stattfindende Wandel:

„Weg von der Fehlerentdeckungsstrategie hin zur Fehlerverhütungsstrategie".

Nicht die Produktionskontrolle ist der Hauptansatz der Qualitätsmanagement-Maßnahmen, sondern die Verbesserung in den vorgelagerten Planungs- und Steuerungsbereichen. Unterstützt wird diese Aussage von der empirisch ermittelten Zehnerregel. Danach liegt die Fehlerzahl eines Produktes in der Entwicklungs- und Planungsphase bereits bei 70 bis 80 %, während die Fehlerentdeckung in diesem Bereich bei einem 1 % liegt. Die Fehlerentdeckung und -beseitigung findet mit 80 % nach der Produktion und beim Kunden statt. In jeder Phase steigen die Kosten zur Fehlerbeseitigung, angefangen bei der Entwicklung, über die Produktion bis zum Kunden um den Faktor 10. Dies ist ein klares Argument für eine vorbeugende Qualitätssicherung, die aber nur auf der Basis des bereits genannten umfassenden Qualitätscontrolling möglich ist.

Defizite bei der traditionellen Qualitätskostenbetrachtung

Bei der oben beschriebenen traditionellen, d.h. funktionsorientierten Qualitätskostenbetrachtung nach der DIN EN ISO 55 350 sind bei genauerem Hinschauen gravierende Defizite zu erkennen, die hier in Bild 6-16 ohne Anspruch auf Vollständigkeit genannt sind.

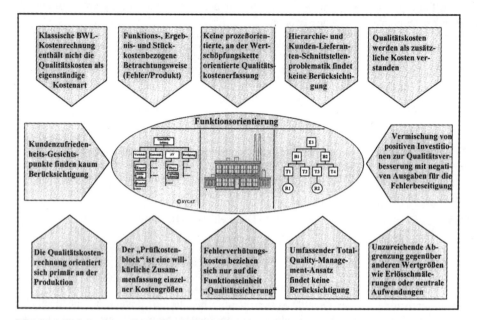

Bild 6-16 Defizite der traditionellen Qualitätskostenbetrachtung

Einleitend ist festzustellen, daß die klassische betriebswirtschaftliche Kostenrechnung die Qualitätskosten nicht als eigenständige Kostenart beinhaltet. Aus diesem Grund sind die Qualitätskosten auch nicht im betrieblichen Rechnungswesen gesondert erfaßt oder ausgewiesen. Vielmehr muß immer im Einzelfall geprüft werden, welcher Anteil von Qualitätskosten innerhalb der konventionellen Kostenarten,- Kostenstellen- und Kostenträgerrechnungen existiert. Es findet hier also eine funktions-, ergebnis- und stückkostenbezogene Betrachtungsweise statt, die nach den Vorgaben tayloristischer Organisationsstrukturen den Fehler bzw. die Fehlerkosten bezogen auf das Produkt in den Mittelpunkt stellt. Es wird also keine prozeßorientierte bzw. qualitätskreisbezogene Qualitätskostenerfassung vorgenommen. Damit werden hierarchische und interne oder externe Kunden- und Lieferanten-Schnittstellenproblematiken nicht berücksicht.

Aus der genannten Definition der Qualitätskosten geht hervor, daß die Qualitätskosten als zusätzliche Kosten verstanden werden, also eine gute Qualität zusätzlichen Aufwand bedeutet und eine bessere Qualität noch mehr Kosten verursacht. Hierbei werden positive Investition zur Qualitätsverbesserung mit negativen Ausgaben zur Fehlerbeseitigung vermischt, außerdem findet eine unzureichende Abgrenzung gegenüber anderen Wertgrößen, wie z.B. Erlösschmälerungen oder neutralen Aufwendungen, statt. Beispielsweise beziehen sich die Fehlerverhütungskosten nur auf die Funktionseinheit „Qualitätssicherung". Auch der Prüfkostenblock ist eine willkürliche Zusammenfassung einzelner Kostengrößen, wobei sich diese Betrachtung auch noch primär an der Produktion ausrichtet. Kundenzufriedenheitsgesichtspunkte werden also kaum beachtet. Die in den Unternehmen immer stärker angewandte Philosophie des Total-Quality-Management (TQM) findet keine Berücksichtigung

Die einleitend in Bild 6-14 vorgenommene qualitätsbezogene Kostendefinition nach der DIN EN ISO 9004 - 1 (1994) nimmt deshalb eine andere Betrachtung, nicht die der Qualitätskostenbetrachtung, vor. In Bild 6-17 wird die Unterscheidung zwischen funktionsorientierter Sichtweise der klassischen Qualitätskostenrechnung und der prozeßorientierten Sichtweise der modernen Qualitätskostenrechnung deutlich.

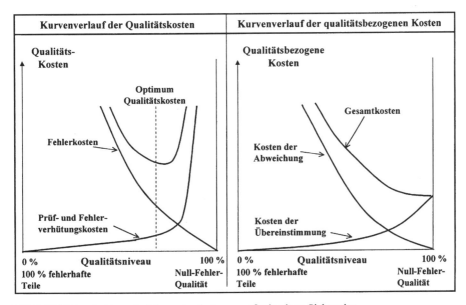

Bild 6-17 Unterscheidung funktionsorientierte - prozeßorientierte Sichtweise

Bei der funktionsorientierten Sichtweise ergibt sich das Optimum der Qualitätskosten aus den Fehlerkosten und den Prüfkostenkurven. Bei dem prozeßorientierten Qualitätskostenoptimum ergeben sich die optimalen Qualitätskosten aus dem Konformitäts- und Nichtkonformitätskosten.

Konformitätskosten bzw. **Übereinstimmungskosten** werden definiert als Kosten die anfallen, um in Unternehmen die Fähigkeit zur Herstellung fehlerfreier Erzeugnisse zu schaffen und zu erhalten (Investitionscharakter).

Unter Abweichungskosten (**Non-Konformitätskosten**) werden alle Kosten zusammengefaßt, die für die Behebung der Abweichung von Kundenforderungen anfallen. Bei Abweichungskosten liegt also eine Verschwendung von Ressourcen und damit eine Verminderung der Wertschöpfung vor.

Im Gegensatz dazu stellen Übereinstimmungskosten im Sinne einer Investition einen positiven Beitrag zur Wertschöpfung dar. Bei dieser Betrachtung steht also die Kundenzufriedenheit im Vordergrund. Die Qualität wird bei dieser Betrachtungsweise als integraler Anteil der Prozesse angesehen, d.h. daß das klassische produktorientierte Qualitätskostenmodell, das zusätzlich mehr vergangenheitsorientiert aufgebaut war, durch ein zukunftsorientiertes Qualitätskostenmodell ersetzt wird.

Übereinstimmungskosten (Konformitätskosten) (Notwendige Kosten)	Abweichungskosten (Non-Konformitätskosten) (Vermeidbare Kosten)
Fehlerverhütungskosten :	**Interne Fehlerkosten :**
- Qualitätsplanung - Leitung des Qualitätswesens - Qualitätsbezogene Schulungen - Qualitätsaudits - Prüfplanung - Durchführung von FMEA-s	- Ausschuß - Nacharbeit - Mengenabweichung - Problemuntersuchungen - Prüfungen (ungeplant)
Prüfkosten (geplant) :	**Externe Fehlerkosten :**
- Wareneingangsprüfung - Fertigungsprüfung - Endprüfung - Erstmusterprüfung - Prüfmittel	- Gewährleistung - Produzentenhaftung - Rückrufaktionen - entgangene Deckungsbeiträge - verlorene Marktanteile

Bild 6-18 Qualitätsbezogene Kostenunterscheidung nach DIN EN ISO 9004-1 : 1994

Zu den Konformitätskosten zählen nach Bild 6-18 die Fehlerverhütungskosten sowie die geplanten Prüfkosten. Zu den Non-Konformitätskosten zählen die internen und externen Fehlerkosten sowie die ungeplanten Prüfungen. Konformitätskosten sind bekannt, planbar und nicht vermeidbar. Sie besitzen im allgemeinen Gemeinkostencharakter und sind als Investition in die Zukunft, Sicherung und Wettbewerbsfähigkeit des Unternehmens zu verstehen.

Non-Konformitätskosten sind vermeidbare Kosten für Ineffizienz-, Ausschuß- und Fehlerkosten jeder Art und werden zur Behebung bestehender Abweichungen von den Kundenforderungen, wie z.B. Kosten für Nacharbeit, Garantie und Gewährleistung, betrachtet. Diese Kosten sind also vermeidbar, nicht geplant und nur schätzbar.

Gemeint sind damit also alle Einsparungen, die sich durch die Einführung eines normkonformen Qualitätsmanagement-Systems gegenüber der herkömmlichen Arbeitsweise ergeben. Diese Einsparungen sind beispielsweise

- Verminderte Kosten der Reklamationsbearbeitung
- Reduzierte Versandkosten incl. Rückfrachtkosten
- Kostenersparnis für Wiederaufbereitung
- Ersparter Verwaltungsaufwand
- Verminderter Kundendienstaufwand
- Einsparung bei den Vertriebskosten
- Geringere Versicherungsprämien für Produkthaftung
- Zinsgewinne aus niedriger Vorratshaltung

6.2.1 Qualitätskostenerfassung nach der DIN EN ISO 8402

Eine etwas andere Sichtweise der Qualitätskostenaufteilung nimmt die ebenfalls in Bild 6-14 erläuterte Einteilung nach der DIN EN ISO 8402 vor. Wie Bild 6-19 zeigt, werden nach dieser Norm qualitätsbezogene Kosten definiert als die Kosten, die durch das Sicherstellen zufriedenstellender Qualität und durch das Schaffen von Vertrauen, daß die Qualitätsforderungen erfüllt werden, entstehen. Zu diesen qualitätsbezogenen Kosten gehören aber auch Verluste in Folge des Nichterreichens zufriedenstellender Qualität.

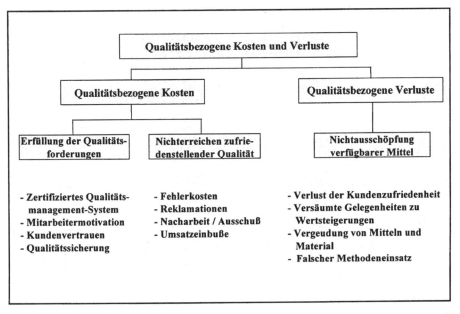

Bild 6-19 Gliederungsschema für qualitätsbezogene Kosten und Verluste

Dem gegenüber stehen die eigentlichen qualitätsbezogenen Verluste. Das sind die in den Prozessen und bei Tätigkeiten dadurch verursachten Verluste, daß verfügbare Mittel nicht ausgeschöpft werden. Beispiele dazu sind ebenfalls in Bild 6-19 genannt. Diese qualitäts- bzw. fehlerbezogenen Verluste gehen vielfach weit über das hinaus, was im Unternehmen zur Zeit monetär bewertet wird, weil die Ursachen in Fehlern, d.h. in Nichterfüllung von Qualitätsforderungen liegen, die in dem gesamten Produktlebenszyklus vorkommen. Im Bild 6-20 sind die qualitätsbezogenen Verluste noch einmal näher betrachtet. Sie unterscheiden sich hier in die 8 Gruppen: „Fehlerkosten, Mindererlöse, Produktivitätsverluste, Kundenabwanderungen, Temporäre Verluste, Mitarbeiterdemotivation, Organisationsverluste sowie Imageverluste".

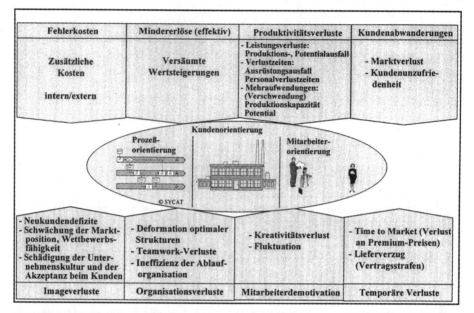

Fehlerkosten	Mindererlöse (effektiv)	Produktivitätsverluste	Kundenabwanderungen
Zusätzliche Kosten intern/extern	Versäumte Wertsteigerungen	- Leistungsverluste: Produktions-, Potentialausfall - Verlustzeiten: Ausrüstungsausfall Personalverlustzeiten - Mehraufwendungen: (Verschwendung) Produktionskapazität Potential	- Marktverlust - Kundenunzufriedenheit
- Neukundendefizite - Schwächung der Marktposition, Wettbewerbsfähigkeit - Schädigung der Unternehmenskultur und der Akzeptanz beim Kunden	- Deformation optimaler Strukturen - Teamwork-Verluste - Ineffizienz der Ablauforganisation	- Kreativitätsverlust - Fluktuation	- Time to Market (Verlust an Premium-Preisen) - Lieferverzug (Vertragsstrafen)
Imageverluste	Organisationsverluste	Mitarbeiterdemotivation	Temporäre Verluste

Bild 6-20 Qualitätsbezogene Verluste

Aus dieser Aufzählung wird klar, warum eine Erfassung dieser Fehlerkosten in der Praxis recht schwierig ist. Gleichzeitig wird aber auch deutlich, wo die Ansatzpunkte zur Verbesserung der Wirtschaftlichkeit liegen. Alle obengenannten acht Verlustpositionen sind gleichzeitig Ansatzpunkte zur Verbesserung.

6.2.2 Prozeßorientierte qualitätsbezogene Kostenerfassung im dispositiven Bereich

Die **Prozeßkostenrechnung** nimmt eine Abkehr von der traditionellen, d.h. der funktionsorientierten Kostenrechnung vor. Über die Ermittlung von Prozeßkostensätzen wird eine verursachungsgerechte Gemeinkostenbewertung möglich.

Bei der Prozeßkostenanalyse werden die Gemeinkosten in den dispositiven oder indirekten Unternehmensbereichen prozeß- bzw. teilprozeßorientiert erfaßt, um so anteilig innerhalb des jeweils vorhandenen Gemeinkostenblockes die Qualitätskosten zu lokalisieren. Die Bezugsgrößen bei der Prozeßkostenanalyse sind nicht mehr Einheit pro Stück, sondern Kostentreiberkennzahlen, die für den jeweiligen Funktionsbereich angeben, wie hoch die Kosten pro Geschäftsprozeßausführung sind.

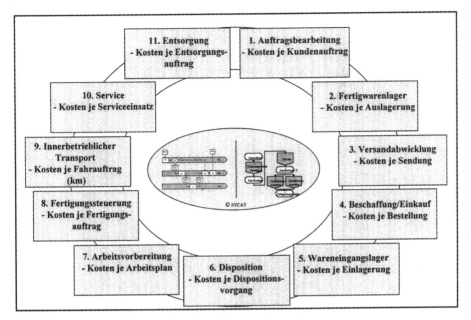

Bild 6-21 Zuordnung der Kostentreiber (Prozeßkostenrechnung)

Bild 6-21 zeigt vereinfacht die Zuordnung der Kostentreiber zu den beteiligten Prozessen im Qualitätskreis. Für einen Auftrag oder für das jeweilige Produkt sind innerhalb der beteiligten Bereiche die Kosten prozeßbezogen zu ermitteln. Beispielhaft bezogen auf die Vertriebs- und Versandlogistik bedeutet dies, die Kosten je Angebot, je Auftrag, je Reklamation, je Auslagerung, je Sendung oder je Abrechnung in Abhängigkeit der Komplexität des jeweiligen Kostentreibers zu erfassen.

In Bild 6-22 ist beispielhaft eine Prozeßkostenrechnung für eine Reklamationsbearbeitung in einem definierten Kostenstellenbereich dargestellt.

Abteilung:

Kostenstellen Nr.	Anzahl Mitarbeiter	Kosten/ Mitarbeiter u. Monat	Kostenstellen Plankosten [DM/100%]
4711	6	10000,-	6 x 10000,- = 60000,-
4712	4	5000,-	4 x 5000,- = 20000,-
4713	5	6000,-	5 x 6000,- = 30000,-
			$\sum$ *Summe* = 110000,-

Teilprozeß - Plandaten:

Anzahl Mitarbeiter	KST-Nr.	Gesamt-kapazität (pro Std/Monat)	Teilprozeß - Anteil Nr.	%	Std	Teilprozeßkosten Gesamt [DM]	Anteil [DM]
1	4711	160	16	50	80	10000,-	5000,-
2	4712	320	16	30	96	10000,-	3000,-
3	4713	480	16	20	96	18000,-	3600,-
$\sum$ *Summe*		960			272	38000,-	11600,-

Kostentreiber Daten:

Periode	Kostentreiberart	Anzahl Kosten-treiber	%	Std/Monat
1	Angebote	40	50	136
1	Aufträge (normal)	25	30	81,6
1	Aufträge (komplex)	5	10	27,2
1	Reklamationen	10	10	27,2
		$\sum$ *Summe* = 272		

Prozeßkosten je Kostentreiber(für definierten Teilprozeß)

Kostentreiberart	Prozeß - Kosten	Kosten/KT
Angebote	0,5 x 11600,- = 5800,-	5800,- : 40 = 145,-
Aufträge (normal)	0,3 x 11600,- = 3480,-	3480,- : 25 = 139,20
Aufträge (komplex)	0,1 x 11600,- = 1160,-	1160,- : 5 = 232,-
Reklamationen	0,1 x 11600,- = 1160,-	1160,- : 10 = 116,-

Bild 6-22   Beispiel einer Kostentreiberberechnung für die Reklamationsbearbeitung

Dieses Beispiel einer Prozeßkostenrechnung zeigt, daß am Anfang eine Ermittlung der Plan-Prozeßkosten pro Kostenstelle als Ausgangsgröße steht. Diese Plan-Prozeßkosten entsprechen den üblicherweise pro Kostenstellen vorgegebenen Plankosten. Für den betrachteten Teilprozeß, werden dann die anteiligen Planprozeßkosten mit Hilfe des vorgegebenen prozentualen Teilprozeß-Anteils ermittelt. Diese Teilprozeß-Plankosten sind anschließend Bezugspunkt für die Zuordnung der Kostentreiber, die allerdings in jeder Prozeßfunktion anders aussehen können. Bei dem hier beschriebenen Vorgehensmodells zur Prozeßkostenrechnung bleibt es dem Anwender überlassen, welchen Detaillierungsgrad er vorgeben möchte. Eine Differenzierung nach Produkten innerhalb dieser Teilprozesse ist ebenfalls möglich. Die Summe aller ablaufenden Teilprozesse im Unternehmen, die sich mit diesem Produkt innerhalb der gesamten Wertschöpfungskette beschäftigen, könnte dann für die Stückkostenermittlung dieses Produktes herangezogen werden. An dieser Stelle verbindet sich also die traditionelle Stückkostenrechnung mit der Prozeßkostenrechnung. Das Problem bei der auf diese Weise durchgeführten Stückkostenrechnung liegt allerdings darin, tatsächlich alle relevanten Teilprozesse des betrachteten Auftrages oder Produktes für die Prozeßkostenrechnung zu erfassen.

Eine prozeßorientierten Qualitätskostenerfassung kann auch sehr einfach auf der Grundlage der mit SYCAT visualisierten und dokumentierten Prozesse erfolgen. Die systematische Erfassung der Qualitätsabweichungskosten für definierte Geschäftsvorfälle, hier am Beispiel einer Mindermengenlieferung in der SYCAT-Darstellung, ist in Bild 6-23 gezeigt.

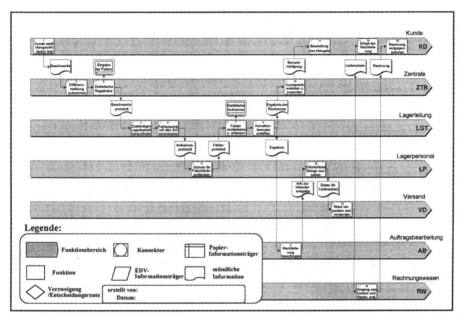

Bild 6-23 Prozeßorientierte Ermittlung von Qualitätsabweichungskosten am Beispiel einer Mindermengenlieferung

In der Datenbank können zu dieser Prozeßdarstellung die Bearbeitungszeiten zusammen mit den Prozeßkostensätzen, aber auch die Liegezeiten und Durchlaufzeiten eingetragen werden. Auf diese Weise ist exakt im Prozeß zu lokalisieren, welche zusätzlichen Kosten durch die Mindermengenlieferung entstanden sind. Aus der Prozeßdarstellung ergeben sich gleichzeitig Ansatzpunkte, an welcher Stelle im Prozeß zukünftig diese Fehler vermieden werden können. Über die ebenfalls in der Datenbank vorgenommene Zuordnung von Verantwortlichkeit, Erfolgskennzahl und Termin wird über ein rechnergestütztes Maßnahmencontrolling sichergestellt, daß die Defizite im Ablauf tatsächlich beseitigt werden. Bei diesem Beispiel handelt es sich allerdings um eine vereinfachte Form der Prozeßkostenrechnung, die aufgrund der transparenten Prozeßabbildung möglich wird und für die nur die Bearbeitungszeiten und die dazugehörigen Plankostensätze erforderlich sind. Deshalb wird in dem jetzt folgenden Punkt die eigentlichen Prozeßkostenrechnung vertieft behandelt.

6.2.3 Prozeßleistungsarten als Grundlage der Qualitätskostenbetrachtung

Eine ebenfalls prozeßorientierte qualitätskostenbezogene Betrachtung, die eine durchgängige Wertschöpfungsoptimierung durch Beseitigung von Verschwendung zum Ziel hat, orientiert sich an den in Bild 6-24 gezeigten Prozeßleistungsarten. Nach Meier's Handbuch für die Wirtschaft versteht man unter der Wertschöpfung die Summe der in einem Unternehmen im Laufe einer Periode durch Tätigkeit geschaffenen Werte. Hier unterschieden nach

„Nutzleistung, Stützleistung, Blindleistung und Fehlleistung".

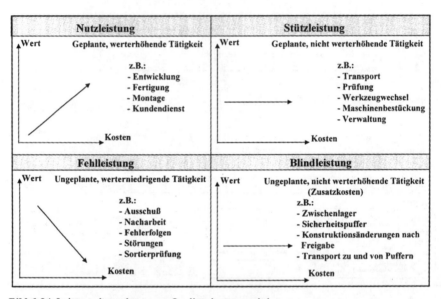

Bild 6-24 Leistungsbetrachtung zur Qualitätskostenermittlung

Die **Nutzleistung** beinhaltet alle geplanten wertschöpfenden Tätigkeiten, die zur Wertsteigerung für den Kunden beitragen.

Als **Stützleistung** werden alle geplanten Aktivitäten bezeichnet, die die Nutzleistung in der Wertschöpfungskette unterstützen, damit das geplante Ergebnis der Prozesse erreicht werden kann. Dazu gehören z.B. Transportprüfung, Rüsttätigkeiten oder Verwaltungsaufgaben.

Zur **Blindleistung** gehören die ungeplanten Tätigkeiten in der Wertschöpfungskette, die keine Steigerung des Kundennutzens nach sich ziehen. Dies sind z. B. Zwischen- und Pufferlager, Konstruktionsänderungen nach Freigabe.

Die **Fehlleistung** entsteht, wenn der Wert des Produktes oder der Dienstleistung für den Kunden gemindert wird. Klassische Fehlleistungen sind: Ausschuß, Nacharbeit, Sortierprüfung oder sonstige Störungen der Produktion.

Für den wirtschaftlichen Erfolg ist es also nötig, daß die im Rahmen der Herstellungsprozesse auftretenden nichtwertschöpfenden Tätigkeiten minimiert werden, während der Anteil der wertschöpfenden Tätigkeiten zu maximieren ist. Alle Tätigkeiten die nicht zur

Werterhöhung beitragen, enthalten Verbesserungspotentiale. Jeder Mitarbeiter muß dazu motiviert werden, Blind- und Fehlleistungen zu eliminieren und das Verhältnis von Stütz- zu Nutzleistung zu optimieren.

Grundlage für die Anwendung dieser Qualitätskostenverbesserungsansätze ist wiederum die Analyse, Modellierung und Dokumentation der ablaufenden Geschäftsprozesse innerhalb des Produktlebenszyklusses. Den einzelnen Prozeßfunktionen müssen anschließend prozentual die Leistungsarten zugeordnet werden, um die Anteile der jeweiligen Leistungsart zu lokalisieren. Über Business-Reengineering-Maßnahmen wird der Anteil der Nutzleistung, also der eigentliche Anteil der Wertschöpfung erhöht. Eine Ausweitung dieser Betrachtung über die gesamte Wertschöpfungskette im Unternehmen, mit Erfassung aller Kosten über die gesamte Lebensdauer des Produktes, wird als **„Life-Cycle-Costing"** (LCC) bezeichnet. Der Schwerpunkt von LCC liegt darin, die Abhängigkeiten zwischen Entscheidungen und frühen Entwicklungsphasen sowie Zahlungsströmen und späteren Projektphasen zu untersuchen.

6.2.4 Operative (direkte) qualitätsbezogene Kostenerfassung über BDE

Im direkten Bereich lassen sich die Prüfkosten und die internen Fehlerkosten mit Hilfe von Betriebsdatenerfassungsgeräten rechnerunterstützt ermitteln. Bild 6-25 zeigt die Anwendungsbreite der über BDE erfaßten Betriebsdaten. Neben den qualitätsrelevanten Daten handelt es sich z.B. um

- Auftragskostenerfassung
- Maschinenkostenerfassung
- Personalkostenerfassung

- Gemeinkostenerfassung
- Servicekostenerfassung
- Flexible Plankostenrechnung.

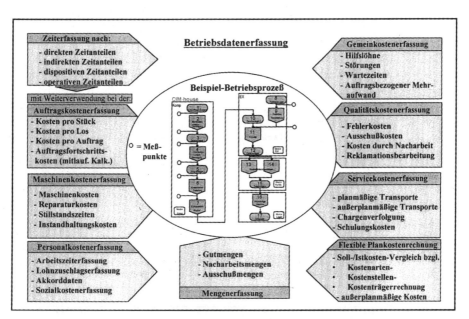

Bild 6-25 Qualitäts-, Zeit-, Kosten- und Mengencontrolling über Betriebsdatenerfassung

In Kapitel 4.4.4 CAQ-Einsatz wurde auf die BDE-Thematik bereits eingegangen. In Bild 6-26 wird der Ablauf bei der Erfassung und Einsteuerung von Nacharbeit mit Hilfe von Betriebsdatenerfassungsgeräten beispielhaft dargestellt. Ausgegangen wird dabei von der Prüffeststellung von Gut-Stückzahlen und Ausschuß-Stückzahlen am Arbeitsplatz, wobei die Ausschuß-Stücke nach Abfall (Schrott) und nach Nacharbeit sortiert werden. Für die eindeutige Kostenerfassung wird in Form von Schlüsseln die Schadensart und der Verursacher in das BDE-System eingegeben. Die identifizierenden Daten zu dieser Nacharbeit liegen bereits systemintern vor. Durch die Anmeldung und Abmeldung des Werkers wird die Zeit für die Nacharbeit festgehalten und kostenmäßig bewertet. Auch der Verlust durch die nicht mehr weiter verwertbaren Teile, die in den Abfall gelangen, wird mit Hilfe der Kostenwerte aus der Betriebsbuchhaltung ermittelt. Die Eingabe der Nacharbeitsdaten in das BDE-System hat weiterhin den Vorteil, daß in der Fertigungssteuerung die Auswirkungen dieser Nacharbeit auf nachfolgende Fertigungsauftragseinplanungen überschaubar sind.

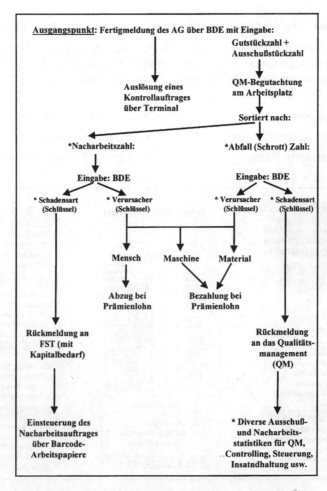

Bild 6-26 Ablauf bei der Einsteuerung von Nacharbeit mit BDE

Eine wesentliche Vereinfachung dabei ist die Verschlüsselung von Fehlern in Verbindung mit einer Kostenschlüsselzuordnung. In Bild 6-27 ist eine Kostenschlüsseldarstellung auf der Grundlage einer **Standardmängelliste** abgebildet.

Code	Herstellungsart/Produktart		Code	Herstellungsart/Produktart
1	spanende Bearbeitung		6	Gummiteile
2	spanlose Bearbeitung		7	Federn
3	Oberflächenbehandlung		8	Bauteile
4	Gußteile		9	Leiterplatten
5	Kunststoffteile		10	Schweißteile

Code	Fehlerarten	Ausprägung
1	Maßfehler	Dicken, Radien, Toleranzüberschreitung
2	Oberflächenfehler	Oberflächengüte, Grat, Schlieren, Riefen, Lunker, Poren, Oberflächenrisse, Härterisse
3	Lagefehler	Mittenversatz, Kernversatz, Winkelabweichung, Bereichsüberschreitung
4	Formfehler	Formverzug, Härteverzug, Einfallstellen, Unebenheit, Planparallelität
5	sonstige Fehler	Material-, Folge-, Abgleich-, Unterlagenfehler, Korrosion
6	Bauteilfehler	Funktions-, Parameterausfall, Instabilität, mechanischer Defekt
7	Leiterplattenfehler	Lot fehlt, kalte Lötstelle, Lötung abgehoben, Leiterbahn unterbrochen, Kontakte unterbrochen, thermische Beschädigung, Ätz-, Bestückungsfehler
8	Schweißteilfehler	Schlacke, Zunder, Nahteinfall, -überhöhung, Anlauffarben, thermische Beschädigung

Bild 6-27 Fehlerschlüsselbeispiel für die Produkterstellung

Natürlich kommen bei der Eintragung der Schlüsselwerte nicht nur Betriebsdatenerfassungsgeräte in Betracht, sondern auch viele Belegarten wie **Fehlermeldeformulare**, Ausschußmeldungen, Nacharbeitskarten, Gemeinkostenscheine oder **Reparaturberichte**. Die mit Hilfe der Schlüssel ermittelten Fehler und ihre Bewertung durch das Rechnungswesen bei Zeit- und Materialverbräuchen ergibt die Grundlage für Qualitätskostentrenderkennungen, Schwachstellenhinweisen oder die Qualitätskennziffer-Bildung. In Bild 6-28 sind Beispiele für die grafischen Darstellungen von Fehlerauswertungen und Qualitätskosten-Controlling-Ergebnissen gezeigt, wobei diese Darstellung von **Fehlerauswertungen** beispielsweise unterschieden wird nach:

- Produkt (Herstellqualität)
- Teilefamilie (Produktqualität)
- Bereich (Ausführungsqualität)
- Kostenstelle
- Arbeitsgang (Prozeßqualität)

- Fehlerarten (Fehlerhauptgruppen)
- Fehlerursachen
- Lieferant (Lieferqualität)
- Auftrag
- Kostenschlüssel-Nr.

Die Auswertungszeiträume, z.B. pro Tag, Woche oder Monat, müssen natürlich mit vorgegeben werden.

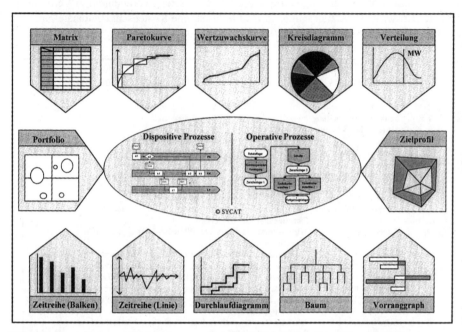

Bild 6-28 Darstellung von Fehlerauswertungen und Qualitätskosten-Controlling-Ergebnissen

Die Ergebnisse der Prüfauswertung in Form der geschilderten Ergebnisdarstellungen müssen allen Beteiligten im Unternehmen zur Verfügung gestellt werden, sicherlich immer entsprechend der jeweiligen Anforderung aufbereitet. Die so aufbereiteten und verdichteten Qualitäts- und Prüfdaten dienen auch der Qualitätsmotivation der Mitarbeiter und fördern das Qualitätsbewußtsein. Sie haben damit unmittelbare Auswirkungen auf die Erfüllung der Zielsetzungen des Qualitätsmanagement-Systems. Hiervon sind die Vorgesetzten genauso betroffen wie die Mitarbeiter, aber auch die Lieferanten.

6.3 TQM-Auszeichnungen

6.3.1 Nationale und internationale Auszeichnungen

Die nationale und internationale Bedeutung des Total-Quality-Management hat dazu geführt, daß international und national immer mehr **Qualitätsauszeichnungen** und Preise ausgelobt werden, die die Entwicklung zu einem umfassenden Qualitätsmanagement fördern. Unter Qualitätsauszeichnungen (Quality Awards) sind Preisvergaben durch spezielle Institutionen zu verstehen, die für den Nachweis der Förderung der Qualität und des Qualitätsverständnisses im gesamten Unternehmen sowie deren erfolgreiche interne und externe Umsetzung vergeben werden. In Bild 6-29 sind die bedeutendsten Qualitätspreise und -auszeichnungen differenziert nach nationalen und internationalen Gesichtspunkten dargestellt. Sie werden im nachfolgenden kurz erläutert.

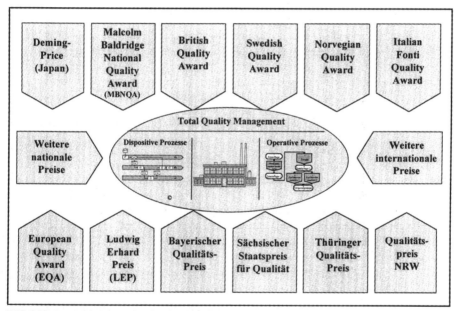

Bild 6-29 Internationale und nationale Qualitätsauszeichungen und -preise

Bei den meisten dieser genannten Preise handelt es sich um einen national begrenzten Bewerberkreis. Nur der European Quality Eward und der *Deming*-Application-Preis sind national nicht begrenzt. Inzwischen gibt es gerade auf Länderebene immer mehr nationale Qualitätspreise, nicht genannt ist beispielsweise hier der finnische Quality Eward, der Prix Francais de la Qualité oder der Irish Quality Mark. In Deutschland sind gerade in den letzten Jahren eine ganze Anzahl regionaler Qualitätspreise vergeben worden. Wie gezeigt handelt es sich hier beispielsweise um den bayrischen Qualitätspreis, sächsischen Staatspreis für Qualität oder den Qualitätspreis Nordrhein-Westfalen.

Üblicherweise läuft bei der Vergabe dieser Quality Awards die gleiche Methodik der Preisvergabe ab. Alle Bewerber durchlaufen als erstes einen im wesentlichen deckungsgleichen Selektionsprozeß, in dessen Verlauf sie zunächst schriftlich durch Ausfüllen eines Fragebogens oder durch eine detaillierte Stellungnahme zu den Beurteilungskriterien bewerben. Bei der eigentlichen Prüfung der Bewerbung analysieren die Prüfer, die zur Vorbereitung auf diese Prüfung ein Schulungsprogramm zu absolvieren haben, anhand der einzelnen Bewerbungskriterien des jeweilig zugrunde liegenden Kriterienmodells die dargestellten Leistungen. Die Entscheidung erfolgt mit Hilfe einer Evaluierungs-Matrix, die angibt, in wie weit die einzelnen Dimensionen der Beurteilungskriterien erfüllt sind. Erst wenn diese Prüfung bestanden ist, wird das Unternehmen in eine zweite Bewertungsstufe aufgenommen. Es folgt eine Ortsbesichtigung des Unternehmens, auf der Grundlage der Ergebnisse dieser Ortsbesichtigung wird ein Abschlußbericht erstellt, der an das mit der Entscheidung beauftragte Kommite weitergeleitet wird, das die Entscheidung über den Gewinner trifft.

Der Unterschied zwischen Auszeichnung und Preisen besteht darin, daß beispielsweise bei der Bewerbung um den European-Quality-Preis mehrere Ausgezeichneten jeweils für sich den Preis in Form einer Qualitätsmedaille erhalten, das Unternehmen mit der besten Organisation davon den European Quality Award bekommt. Obwohl der Gewinn der Auszeichnung oder des Preises dem ausgezeichneten Unternehmen keinen direkten finanziellen Vorteil oder sogar die Gewähr für eine erfolgreiche Weiterentwicklung bietet, so ist doch ein erheblicher Prestigezuwachs damit verbunden, der durchaus auch Marktvorteile bringen kann. Außerdem werden die Preisträger in der Regel in den führenden Wirtschaftszeitschriften und Managementmagazinen vorgestellt. Der interne Nutzen für das Unternehmen zeichnet sich insbesondere durch eine gesteigerte Motivationsfähigkeit der Mitarbeiter und durch ein erhöhtes Qualitätsbewußtsein aus, das zu Kostensenkungen und Produktivitätssteigerungen führt. In einer Studie Anfang der 90er Jahre wurde nachgewiesen, daß beispielsweise die Gewinner des *Deming*-Preises in Japan zwischen 1980 und 1990 durchschnittlich einen doppelt so hohen Gewinn realisieren konnten wie der jeweilige Branchendurchschnitt.

Kennzeichen bei allen **Qualitätspreisen** ist es, daß sie sich auf eine ganzheitliche bzw. umfassende Unternehmensqualität beziehen. Die Preiswürdigkeit des Unternehmens wird an einer ganzen Anzahl von Bewertungskriterien überprüft, zu denen beispielsweise Geschäftsergebnisse, Kundenorientierung, Mitarbeiterführung und -zufriedenheit, Unternehmenspolitik und -strategie sowie auch gesellschaftliche Verantwortung gehören. Die Bereiche, in denen das Unternehmen Erfolge vorweisen muß, gehen also weit über den in der DIN EN ISO 9000ff. abgesteckten Bereich hinaus, wie auch das später noch gezeigte Radar- bzw. Spinnendiagramm zeigt.

Einer der bekanntesten und auch ältesten Qualitätspreise ist der 1951 zum ersten mal vergebene *Deming*-Application-Preis - kurz *Deming*-Preis - in Japan. Mit Hilfe des Amerikaners *W. Edward Deming* entwickelte die Union of Japanese Scientists And Engineers (JUSE) diesem modellhaften Ansatz zur qualitätsorientierten Unternehmensführung, der in der japanischen Literatur unter dem Synonym Total Quality Control (TQC) als nationale Qualitätsauszeichnung Anwendung fand. Der *Deming*-Preis wird an Unternehmen verliehen, die das Modell des TQC mustergültig anwenden und beherrschen. In der japanischen Industrie besteht ein großer Anreiz, diese prestigeträchtige Auszeichnung zu erlangen. Deshalb hat sich dieses TQC-Modell auch sehr stark in Japan durchgesetzt. Bis 1990 konnten 126 Unternehmen die Auszeichnung erringen.

Das TQC-Modell als Grundlage des Deming-Preises besteht in festgelegten Hauptkriterien mit entsprechenden Unterpunkten sowie einer dazu gehörigen Punkteskala. Die Hauptkriterien des Demingpreises unterteilen sich in zwei Hauptgruppen. Zum einen wie Bild 6-30 zeigt, geht es um die fünf Hauptkriterien, die sich mit aufbauorganisatorischen Inhalten befassen. Die weiteren Hauptkriterien 6 bis 10 besitzen ablauforganisatorische Bewertungsinhalte.

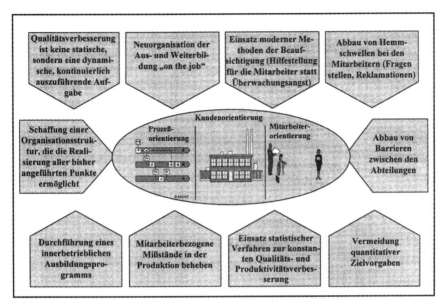

Bild 6-30 Hauptkriterien des *Deming*-Preises

Innerhalb des Auszeichnungszyklusses treten die Bewerber untereinander in keinen direkten Wettbewerb. Die beteiligten Unternehmen, welche die hohen Anforderungen des Modells erfüllen, erhalten die Auszeichnung. Insofern spielt es hier keine Rolle, wieviel Unternehmen sich beworben haben. Durch die zunehmenden Erfolge der japanischen Wirtschaft gerade in den 70er und 80er Jahren interessierten sich auch Unternehmen aus anderen Ländern für das TQC-Konzept. Insbesondere die Amerikaner, die dann 1988 als amerikanisches Pendant zum *Deming*-Preis dem *Malcolm Baldridge* National Quality Award (MBNQA) erstmalig vergaben. Hierbei handelt es sich um eine staatlich geförderte Qualitätsverbesserungsinitiative. Sie ist in einem vom amerikanischen Präsidenten Ronald Reagan unterschriebenen Gesetz mit der internen Bezeichnung „Puplic law 100-107" gesetzlich verankert. In dieser Gesetzesvorlage wird den amerikanischen Unternehmen als Orientierungshilfe, Leitfaden und Katalysator ein Fundament mit der Zielsetzung geboten, die Qualität amerikanischer Produkte und Dienstleistungen bei simultaner Verbesserung der Produktivität zu steigern. Mit diesem *Malcolm Baldridge* National Quality Improvement Act wird die Entwicklung eines nationalen TQM-Modells gefördert. Die Qualitäsauszeichnung wird seit 1988 vom Präsidenten der Vereinigten Staaten persönlich jenen Unternehmen verliehen, die herausragende Qualitäts- und Produktivitätssteigerung als Resultat der Anwendung dieses TQM-Modells nachweisen können. Der MBNQA wird jeweils max. zwei Bewerbern in den folgenden drei Kategorien verliehen:

- produzierende Unternehmen

- dienstleistende Unternehmen

- kleinere Unternehmen (mit weniger als 500 Beschäftigten)

Für die Verantwortung, Organisation der Auszeichnung ist das National Institut for Standards in Quality (NIST) zuständig. Das zugrunde liegende TQM-Modell besteht aus drei Ebenen, die sich durch einen zunehmenden Detaillierungsgrad auszeichnen. Die erste Ebene umfaßt sieben Hauptkriterien. Die sogenannten Examination Kategories. Sie gliedern sich, wie Bild 6-31 zeigt, auf der zweiten Ebene in 20 Unterpunkte, die sogenannten Examination Items.

Beurteilungskriterien	maximale Punktzahl	
1. Führung durch die Geschäftsleitung		**95**
1.1 Führungsverhalten der Geschäftsleitung		45
1.2 Qualitätsmanagement		25
1.3 Gesellschaftliche Verantwortung	25	
2. Information und Analyse		**75**
2.1 Management und Umfang von Qualitäts- und Leistungsdaten		15
2.2 Vergleiche mit Wettbewerbern und Benchmarking		20
2.3 Analyse und Nutzung von Daten auf Unternehmensebene		40
3. Strategische Qualitätsplanung		**60**
3.1 Prozeß der strategischen Qualitäts- und Unternehmensplanung		35
3.2 Qualitäts- und Leistungspläne		25
4. Personalentwicklung und Management		**150**
4.1 Human Resources Management		20
4.2 Mitarbeiterbeteiligung		40
4.3 Aus- und Weiterbildung		40
4.4 Leistungsbeurteilung und Anerkennung		25
4.5 Mitarbeiterzufriedenheit und Motivation		25
5. Management der Prozeßqualität		**140**
5.1 Entwicklung und Einführung von Qualitätsprodukten		40
5.2 Prozeßmanagement:Produkt-,Dienstleist.- und Lieferprozesse		35
5.3 Prozeßmanagement:Wertschöpfgs- u. interne Dienstleistgsproz.		30
6. Qualitäts- und Geschäftsergebnisse		**95**
6.1 Ergebnisse der Produkt- u. Dienstleistungsqualität		70
6.2 Geschäftsergebnisse		50
6.3 Ergebnisse d. Wertschöpfungsproz. u. intern. Dienstleistungen		25
6.4 Ergebnisse: Qualität der Zulieferer		20
7. Kundenorientierung und -zufriedenheit		**300**
7.1 Ermittlung gegenwärtiger u. zukünftiger Kundenerwartungen		35
7.2 Management der Kundenbeziehungen		65
7.3 Verpflichtung dem Kunden gegenüber		15
7.4 Feststellung der Kundenzufriedenheit		30
7.5 Ergebnisse der Kundenzufriedenheit		85
7.6 Kundenzufriedenheit im Vergleich		70
Erreichbare Punkte insgesamt		**1000**

Bild 6-31 TQM-Beurteilungskriterien

Jedem Unterpunkt wird im Bewertungsprozeß eine max. erreichbare Punktzahl zugewiesen, wodurch eine unterschiedliche Gewichtung vorgenommen wird. Die maximal erreichbare Gesamtpunktzahl aller Kriterien beträgt 1000 Punkte. Die in Bild 6-29 genannten nationalen und internationalen Qualitätspreise, wie beispielsweise British Quality Award, wurden in der Regel in den 80er Jahren entwickelt und von den jeweiligen zuständigen Organisationen eingeführt, beim British Quality Award durch die British Quality Association (BQA) veröffentlicht. In dem vom Springer-Verlag herausgegebenen TQM-Lose-Blatt-Werk sind diese Qualitätspreise im einzelnen erläutert.

Für Deutschland hat natürlich der Europan Quality Award ebenso wie der *Ludwig Erhard* Preis, der sich am Bewertungsmodell des EQA orientiert, die größte Bedeutung. Der European Quality Award wurde erstmalig im Oktober 1992 vom spanischen König *Juan Carlos* und dem amtierenden Präsidenten der Kommission der europäischen Union *Jac Delors* im Rahmen des europäischen Forum für Qualitätsmanagement in Madrid vergeben. Er wird durch die European Foundation for Quality Management (EFQM) verliehen, die sich die Steigerung der Wettbewerbsfähigkeit europäischer Organisationen sowie die Förderung der Bedeutung Qualität in allen Funktions- und Tätigkeitsbereichen zum Ziel gesetzt hat. Sie will damit Unterstützung bei der Entwicklung von Maßnahmen zur Qualitätsverbesserung geben. Heute gehören ihr etwa 600 Unternehmen aus 17 Staaten Europas, darunter 80 deutsche Unternehmen an. Ziel nach den Statuten der EFQM ist es, die Entwicklung und Förderung eines modellhaften europäischen TQM-Verständnisses unter den Mitgliedern des Top-Managements zu erreichen. Die Struktur dieses EFQM-Modells wird im folgenden Punkt 6.3.2 ausführlich behandelt.

Aus der Gemeinschaftsarbeit des VDI mit der DQG und sechs großen deutschen Wirtschaftsverbänden, die sich seit 1995 mit der Entwicklung dieses Preises befaßt hatten, wurde 1997 zum ersten mal unter der Schirmherrschaft des Bundespräsidenten der *Ludwig Erhard* Preis vergeben. Ziel dieser Gemeinschaftsarbeit war es, einen Preis zu schaffen, der großes Interesse in der Öffentlichkeit erfährt, um auf diesem Weg ein Stück zur Sicherung des Standortes Deutschland beizutragen. Bei den sechs großen Wirtschaftsverbänden handelt es sich um

- Bundesverband der Deutschen Industrie (BDI)

- Bundesverband der Deutschen Arbeitgeberverbände (BDA)

- Bundesverband des Deutschen Groß- und Außenhandels (BGA)

- Deutscher Industrie- und Handelstag (DIAT)

- Hauptverband des Deutschen Einzelhandels (HDE)

- Zentralverband des Deutschen Handwerkes

Die Organisationen in Deutschland sollen die Chancen dieses TQM-Modells nutzen lernen und in der Beschäftigung mit dem Preis bereits die ersten Erkenntnisse über ihre Verbesserungsmöglichkeiten finden. Unter Organisation sind dabei nicht nur Industrieunternehmen zu verstehen, sondern auch Behörden, Verbände, Verwaltungen, Banken, Handel, das Gesundheitswesen und sonstige Dienstleister.

Der *Ludwig Erhard* Preis wird als Auszeichnung und als Preis vergeben. Bewerber, die eine bestimmte, von der Jury festzusetzende Punktzahl in allen Kriterien nachgewiesen haben, erhalten eine Auszeichnung. Von diesen Ausgezeichneten bekommt der Teilnehmer mit der besten Organisation, d.h. mit der besten Bewertung den *Ludwig Erhard* Preis. Der Aufbau des Bewertungsmodells für Spitzenleistungen im Wettbewerb entspricht dem EFQM-Modell für Business Excellence. Bei der Verleihung werden die beiden Kategorien

„Unternehmen" und „öffentliche Dienstleistungsbetriebe" unterschieden, wobei es für die öffentlichen Dienstleistungsbetriebe noch getrennte Bewerbungsunterlagen für die Felder „Gesundheitsfürsorge, Bildung und öffentliche Verwaltungen" gibt.

Auch auf der Ebene der Bundesländer erhalten Qualitätspreise eine immer höhere Bedeutung, insbesondere um sich im regionalen Umfeld mit den Mitbewerbern messen zu können. So gibt es, wie bereits in Bild 6-29 gezeigt, seit 1993 den *Bayerischen Qualitätspreis*, der vom Bayrischen Staatsministerium für Wirtschaft, Verkehr und Technologie an Produktionsunternehmen der Industrie und aus dem Handwerk verliehen wird. Seit 1998 wird der bayerische Qualitätspreis auch an Handelsunternehmen des Groß- und Einzelhandels vergeben. Dieser Preis ist eine jährliche Auszeichnung zur Anerkennung bayrischer Unternehmen, die herausragende Leistungen im Bereich Qualität und Qualitätsmanagement ausweisen. Gleichzeitig soll der Qualitätsgedanke in Industrie und Öffentlichkeit verstärkt in die Diskussion eingebracht werden.

Die Auszeichnung soll

- das Verständnis der Anforderung für hervorragende Qualität verbessern,

- die mit einer erfolgreichen Qualitätsstrategie verbundenen Vorteile herausstellen sowie

- die Rolle der Qualität als Wettbewerbsfaktor mit ständig wachsender Bedeutung für den Industriestandort Bayern hervorheben.

Der *Qualitätspreis Nordrhein-Westfalen* wird seit 1994 vom Minister für Wirtschaft und Mittelstand, Technologie und Verkehr (MWMTV) für kleine und mittlere Unternehmen vergeben. Ziel dieser Vergabe ist es, die Fähigkeit der kleinen und mittleren Unternehmen zu außergewöhnlichen Ideen bei der Erarbeitung qualitätsfördernder Maßnahmen aufzuzeigen und zu honorieren. Der Preis wird an qualitätsbewußte Unternehmen, insbesondere für Strategien und Denkansätze verliehen, die sich durch Originalität Innovationscharakter und Mitarbeiterorientierung, wirtschaftlichen Erfolg und seit 1998 besonders durch Kundenorientierung auszeichnen. Es geht bei dieser Ausschreibung also nicht um besondere Produktqualitäten, sondern um die Effektivität von organisatorischen Maßnahmen, die zu einer größeren Kundenzufriedenheit beitragen. Durch die Präsentation und Veröffentlichung der prämierten Leistungen sollen alle Unternehmen in Nordrhein Westfalen, also NRW branchenübergreifend für Fragen des Qualitätsmanagement sensibilisiert werden. Zuständig für die Organisation und die Vorbereitung zur Verleihung des Qualitätspreises NWR ist die Initiative Qualitätssicherung Nordrhein-Westfalen e.V. -kurz IQS NRW- genannt. Sie ist eine vom Ministerium für Wirtschaft und Mittelstand Technologie und Verkehr gegründete Initiative, in der sich Unternehmen, Verbände, andere Wirtschaftsvereinigungen und auch Einzelpersonen zusammengeschlossen haben.

Der *Sächsische Staatspreis für Qualität* wurde 1994 vom sächsischen Staatsministerium für Wirtschaft und Arbeit am Welt-Qualitätstag 1994 als eine Qualitätsoffensive der Wirtschaft (Qualitätsforum Sachsen) ins Leben gerufen. Anläßlich der europäischen Qualitätswoche 1997 lobte der sächsische Ministerpräsident erstmalig diesen Preis aus, so daß er 1998 zum ersten Mal vergeben wurde. Künftig wird dieser im Wechsel mit dem sächsischen Staatspreis für Design alle zwei Jahre ausgeschrieben. Dieser Staatspreis für Qualität wird in folgenden vier Katagorien vergeben

A) produzierende Unternehmen mit bis zu 100 Beschäftigten

B) produzierende Unternehmen mit mehr als 100 Beschäftigen

C) Dienstleistungsunternehmen mit bis zu 100 Beschäftigten

D) Dienstleistungsunternehmen mit mehr als 100 Beschäftigten

Mit dieser Auszeichnung sollen hervorragende Ergebnisse sächsischer Unternehmen bei der Verwirklichung eines umfassenden Qualitätsmanagements gewürdigt werden. Darüber hinaus dient der Preis als Ansporn und Leitlinie zur kontinuierlichen Qualitätsverbesserung im Freistaat Sachsen. Träger des Preises ist der Freistaat Sachsen.
Für 1999 gibt es erstmalig den *Thüringer Qualitätspreis*. Informationen darüber sind beim RKW Thüringen in Erfurt zu erhalten.

6.3.2 Inhalte des EFQM-Modells

In der deutschen Industrie hat sich als anerkannte Bewertungsgrundlage für den Grad der Durchdringung der beschriebenen TQM-Strategie der EQA durchgesetzt. Aus diesem Grund werden die EQA-Inhalte im folgenden näher erläutert. Er dient als Orientierungshilfe für noch notwendige TQM-Maßnahmen und Handlungsanleitungen und ist damit auch gleichzeitig Grundlage zur Standortbestimmung über den Erfüllungsgrad einer umfassenden Unternehmensqualität. Die einzelnen EQA-Kriterien sind in Bild 6-32 genannt. Sie lassen sich in zwei Bewertungsabschnitte unterteilen. Zum einen gibt es die Befähigerkriterien. Sie bewerten, wie die Qualitätsziele der TQM-Strategie erreicht werden. Zum zweiten gibt es die Ergebniskriterien. Sie befassen sich damit, was die Organisation mit diesen Befähiger-Aktivitäten erreicht hat. Zu den jeweiligen Kriterien sind die Prozentzahlen genannt, die in die Bewertung einbezogen werden. Insgesamt sind 100 %, d.h. 1 000 Punkte zu erreichen. Jeweils 50 % für Befähiger- und Ergebniskriterien. Die Bewertung selber erfolgt über eine Selbstbewertung (Self-Assessment) in Form von Fragenlisten durch die eigenen Mitarbeiter. Über diesen Weg wird gleichzeitig bereichsübergreifende Teamarbeit initiiert und kontinuierliche Verbesserungsprozesse eingeleitet.

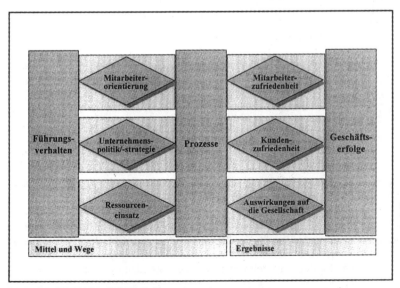

Bild 6-32 EFQM-Modell-Darstellung

Das EFQM-Excellence-Modell wird für das Jahr 2000 aktualisiert. Es ergeben sich Änderungen in der Darstellung und den Formulierungen, aber der Inhalt bleibt im wesentlichen gleich.

Im folgenden sind beispielhaft je zwei Unterkriterien aus den ersten beiden Befähigerkriterien des EFQM-Fragenkatalogs dargestellt. Wichtig ist dabei, daß hier dem Unternehmen keine fertige Lösung angeboten wird, sondern daß die genannten Unterpunkte zu den Kriterien des EFQM-Modells lediglich Hinweise für die Gestaltung der Strukturen und Prozesse im TQM-Führungssystem geben. Jedes Unternehmen sollte seinen eigenen Ansatz zur TQM-Umsetzung daraus ableiten.

Audit-Fragenliste (EFQM-Selbstbewertung):

1: Führung, d.h. wie das Verhalten und die Handlungen des gesamten Führungsteams eine Kultur des umfassenden Qualitätsmanagements anregt, unterstützt und fördert.

1.1 Wie Führungskräfte ihr Engagement für eine Kultur des umfassenden Qualitätsmanagements sichtbar unter Beweis stellen.

Ansatzpunkte könnten sein, wie Führungskräfte

- klare Werte für und Erwartungen an die Organisation entwickeln,

- sich als Vorbild für die Werte und Erwartungen an die Organisation verhalten und durch Beispiel führen,

- andere schulen und sich schulen lassen,

- für die Mitarbeiter in der Organisation ansprechbar sind, ihnen zuhören und auf sie eingehen,

- aktiv und persönlich an Verbesserungsmaßnahmen mitwirken,

- die Effektivität ihres eignen Führungsverhaltens überprüfen und verbessern

1.2 Wie Führungskräfte den Verbesserungsprozess und die Mitwirkung daran fördern, indem sie geeignete Ressourcen zur Verfügung zur Verfügung stellen und Unterstützung gewähren.

Ansatzpunkte könnten sein, wie Führungskräfte

- Prioritäten festlegen,

- Schulungs-, Moderations- und Verbesserungsaktivitäten finanzieren,

- Beurteilungs- und Laufbahnplanungssysteme nutzen, um Verbesserungen und die Mitwirkung daran zu unterstützen

2: Politik und Strategie, d.h. wie die Organisation Politik und Strategie formuliert, stufenweise herunterbricht, überprüft und in Pläne und Maßnahmen umsetzt.

2.1 Wie Politik und Strategie auf relevanten und umfassenden Informationen beruhen.

Ansatzpunkte könnten sein, wie die Organisation Informationen verwendet bezüglich

- Kunden und Lieferanten
- Mitarbeiter der Organisation
- Gemeinschaft und andere externe Organisationen
- Aktionäre
- Interne Leistungsindikatoren
- Benchmarking-Aktivitäten
- Leistungen von Konkurrenten und „klassenbesten" Organisationen
- Soziale, umweltrelevante und gesetzliche Belange
- Wirtschaftliche und demographische Indikatoren
- Neue Technologien

2.2 Wie Politik und Stratgie entwickelt werden.

Ansatzpunkte könnten sein, wie die Organisation

- ihre Werte, Mission und Vision erarbeitet
- Politik und Strategie aufgrund von relevanten Informationen erarbeitet und diese in Einklang mit den Werten, der Mission und der Vision hält
- kurz- und langfristige Notwendigkeiten und Anforderungen gegeneinander abwägt
- die gegenwärtigen und zukünftigen Wettbewerbsvorteile identifiziert
- die Prinzipien von umfassenden Qualitätsmanagement in ihrer Politik und Strategie zum Ausdruck bringt

Diesen **Befähiger- und Ergebniskriterien** des Business Excellence-Modells lassen sich, wie Bild 6-33 zeigt, die Anforderungen und Aufgaben innerhalb der drei TQM-Strategiefelder „Kundenorientierung, Mitarbeiterorientierung, Prozeßorientierung" mit dem übergeordneten Strategiefeld Erfolgsorientierung sowie die definierten Qualitätseinheiten einer umfassenden Unternehmensqualität, d.h. also die Qualitätseinheit „Produkte und Dienstleistungen", die Qualitätseinheit „Führung und Organisation", die Qualitätseinheit „Mitarbeiter und Zulieferer" sowie die Qualitätseinheit „Prozesse und Verfahren" direkt zuordnen, so daß ein in sich geschlossener Bewertungskreislauf möglich wird.

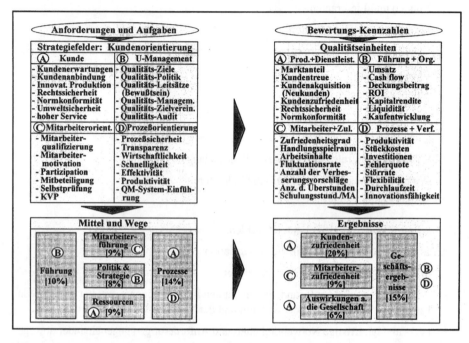

Bild 6-33 Bewertung der Unternehmensaktivitäten

Mit Hilfe des am Anfang in Kapitel 6 erläuterten Qualitätsmanagement-Regelkreismodells und dem dort beschriebenen TQM-Kennzahlensystem werden qualitätseinheitenbezogen die Leistungsmessungen und Auswertungen durchgeführt, die dann eine korrekte Bewertung innerhalb der Kriterien des EFQM-Modells ermöglichen. Den einzelnen EQA-Kriterien sind die jeweiligen Kennzahlen zugeordnet.

Ohne ein solches unternehmensspezifisch entwickeltes Meßsystem, das die notwendigen Informationen liefert, wird die nachfolgend beschriebene Selbstbewertung nur sehr schwierig durchführbar sein. Wobei die Informationen des Unternehmens für die Selbstbewertung nach den EQA-Kriterien natürlich neben dem Meßsystem auch aus anderen Quellen, wie z.B. internen Qualitätsaudits, Management-Reviews, Umweltbetriebsprüfungen, Kunden- oder Mitarbeiterbefragungen, resultieren können. Die Auswertungen dieser Quellen können beispielsweise in Form eines Radar- oder Netz-Diagrammes dargestellt werden. Aus solchen Darstellungen ist sehr gut zu erkennen, wo die Stärken und Verbesserungsbereiche des Unternehmens liegen und wie weit das Unternehmen bei der Verwirklichung der TQM-Strategie vorangekommen ist. Weiter ist zu erkennen, welche Fortschritte noch zu erzielen sind und auch, wie das Unternehmen im Vergleich zu anderen Unternehmen im Sinne des bereits erläuterten Unternehmens-Benchmarking abschneidet. Weitere Vorteile bei einer Selbstbewertung nach den EQA-Kriterien sind im nächstfolgenden Punkt genannt.

6.3.3 Selbstbewertung nach dem EFQM-Modell

Unternehmen und Organisationen, die sich den Herausforderungen des Marktes und der Kunden stellen und deshalb umfassende Qualitätskonzepte im Sinne einer umfassenden Qualitätsmanagement-Strategie (TQM) eingeführt haben, benutzen beispielsweise die Bewertungskriterien des Europäischen Qualitätspreises (European Quality Award, EQA) oder den Deutschen Ludwig-Erhardt-Preis um in Form einer Selbstbewertung den Grad der Durchdringung der TQM-Strategie zu erfassen und gleichzeitig Anstöße zu erhalten, die vorhandenen Verbesserungspotentiale im Unternehmen besser zu nutzen. Die Selbstbewertung kann dabei über das ganze Unternehmen oder auch nur für einen einzelnen Geschäftsbereich durchgeführt werden. Die angestrebten Selbstbewertungsergebnisse sind in Bild 6-34 dargestellt.

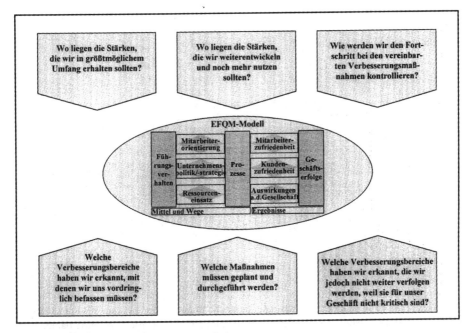

Bild 6-34 Angestrebte Selbstbewertungsergebnisse

Klar sollte sein, wo die bisherigen Stärken im Unternehmen liegen, um sie im größtmöglichen Umfang weiter zu erhalten, weil sie beispielsweise ein Abheben vom Mitbewerb ermöglichen. Deutlich werden sollte aber auch, wo Unternehmensstärken vorhanden sind, die noch nicht voll entwickelt sind und die stärker genutzt werden sollten. Gleichzeitig werden aber natürlich auch Schwächen aufgedeckt, die zu beseitigen oder zu reduzieren sind. Weiter werden auch Verbesserungsbereiche erkennbar, die jedoch nicht weiter verfolgt werden sollten, weil sie für das eigene Kerngeschäft nicht kritisch sind. Um so wichtiger ist es, sich auf die Verbesserungsbereiche zu konzentrieren, die den eigentlichen Wettbewerbserfolg durch Erfüllen der kritischen Erfolgsfaktoren am meisten beeinflussen. Für diese Verbesserungsbereiche müssen dann die Verbesserungsmaßnahmen geplant und durchgeführt werden. Abschließend ist festzuhalten, wie der Fortschritt bei den vereinbarten Verbesserungsmaßnahmen zu kontrollieren ist.

Die Selbstbewertung anhand des EFQM-Modells für Business-Excellence ist eine umfassende, systematische und regelmäßige Überprüfung der Tätigkeiten und Ergebnisse einer Organisation oder eines Unternehmens. Ziel ist es, dem Unternehmen die Stärken und Verbesserungsbereiche aufzuzeigen und über Maßnahmen und Aktionspläne die Wirtschaftlichkeit und den Erfolg zu verbessern. Nach den Aussagen der „European Foundation for Quality Management" (EFQM) bietet die Verwendung des vorgegebenen EFQM-Modells mit fünf Befähigerkriterien und vier Ergebniskriterien eine Vielzahl von Vorteilen, wie sie beispielhaft in Bild 6-35 genannt sind.

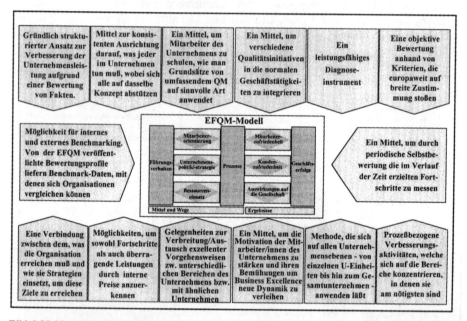

Bild 6-35 Nutzen der Selbstbewertung

Insbesondere bietet die Selbstbewertung nach EFQM-Kriterien einen gründlichen und strukturierten Ansatz zur Verbesserung der Unternehmensleistung aufgrund einer Bewertung durch Fakten anstatt subjektiver Wahrnehmungen [1]. Aufgezeigt wird dabei, was jeder im Unternehmen tun muß, wobei sich alle Beteiligten auf das selbe Konzept abstützen. Weiter sind die Bewertungskriterien des EFQM-Modells ein Mittel, um die Mitarbeiter des Unternehmens darin zu schulen, wie man die Grundsätze eines umfassenden Qualitätsmanagements auf sinnvolle Art anwendet und verschiedene Qualitätsinitiativen in die Geschäftstätigkeiten integriert. Gleichzeitig stellt die Selbstbewertung nach den EFQM-Kriterium ein leistungsfähiges Diagnoseinstrument dar, mit dem eine objektive Bewertung von europaweit akzeptierten Kriterien möglich ist. Die im Verlauf der Zeit erzielten Fortschritte werden über periodische Selbstbewertungen gemessen. Wobei die prozeßbezogenen Verbesserungsaktivitäten sich auf diese Bereiche konzentrieren, in denen sie am nötigsten sind.

Die Selbstbewertung läßt sich auf alle Unternehmensebenen anwenden und ist damit ein Hilfsmittel, um die Motivation der Mitarbeiter des Unternehmens zu stärken, sie in Verbesserungsprozesse einzubinden und ihren Bemühungen um Business-Excellence neue

Dynamik zu verleihen. Weiter ermöglicht die Anwendung der Methode den Austausch exzellenter Vorgehensweisen zwischen unterschiedlichen Bereichen des Unternehmens bzw. auf breiterer Basis mit ähnlichen oder andersartigen Unternehmen. Gleichzeitig wird es möglich, sowohl Fortschritte als auch überragende Leistungen durch interne Preise anzuerkennen sowie internes Benchmarking oder auch Benchmarking mit anderen Unternehmen vorzunehmen.

Deutlich wird bei der Anwendung dieser Methode eine Verbindung zwischen dem, was die Organisation erreichen muß und wie sie Strategien einsetzt, um diese Ziele zu erreichen. Im Kern läßt sich feststellen, daß durch die Selbstbewertung nach den EFQM-Kriterien das Unternehmen die Chancen erhält, selber zu erkennen wo die Stärken und Verbesserungsbereiche liegen und wie weit bisher die gesteckten Qualitätsziele erreicht sind bzw. welcher Weg noch nötig ist um zum Ziel zu gelangen. Gleichzeitig ist ein Vergleich mit anderen Unternehmen möglich. Die einzelnen Bewertungskriterien des EFQM-Modells lassen sich auch als Regelkreismodell, wie es Bild 6-36 darstellt, abbilden.

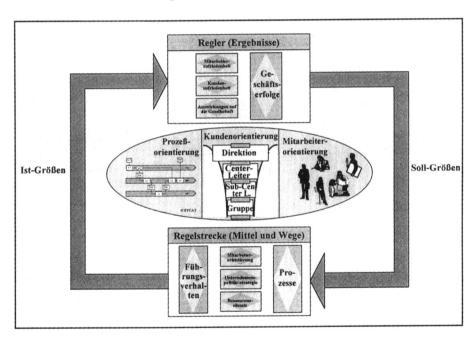

Bild 6-36 Business-Excellence-Regelkreismodell

Hierbei fungieren die Ergebniskriterien als Regler, die eingesetzten Mittel und Wege innerhalb des Netzwerkes der im Unternehmen ablaufenden Geschäfts- und Betriebsprozesse als Regelstrecke. Die Unternehmensziele innerhalb aller ablaufenden Prozesse und über alle hierarchischen Ebenen werden im Regler hinsichtlich der vereinbarten Zielsetzungen systematisch überprüft und bei Abweichung der Ist-Daten von den Planvorgaben bzw. Kennzahlen geeignete Maßnahmen zur Korrektur zu veranlassen. Der Regler übernimmt dabei die Führungs- bzw. Vorgesetztenfunktion, der die Führungsgrößen in Form von Kennzahlen (z.B. Mengen, Zeiten, Kosten, Qualität) für den Regelkreis, also an die ausführenden Mitarbeiter, innerhalb der betrachteten Geschäftsprozesse oder Produktionsabläufe als momentanen Sollwert weitergibt. Die Regelstrecke als der eigentliche Prozeß ist verschiedenen Störgrößen unterworfen. Unter Regelgrößen ist dabei der Ist-Wert (Momentwert) der zu regelnden Größe zu verstehen. Diese Regelgröße wird ebenfalls in Form von Prozeß-Ist-Kennzahlen an den Regler, also an die verantwortliche Stelle zurückgemeldet, damit sich dieser Regelkreis schließt. Wichtig ist hierbei, das richtige Maß an Information zum richtigen Zeitpunkt den Entscheidern zur Verfügung zu stellen.

Die Planung und Durchführung der Selbstbewertung muß sehr strukturiert erfolgen. Ein von der EFQM vorgeschlagener Ablauf untergliedert sich in die in Bild 6-37 gezeigten acht Schritte.

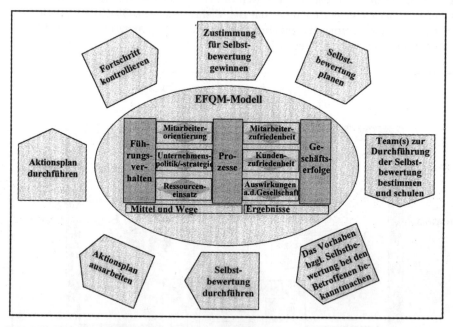

Bild 6-37 Planung und Durchführung der Selbstbewertung

In Schritt 1 geht es dabei um das Gewinnen der Zustimmung der Geschäftsführung für die Anwendung des EFQM-Modells. Zusätzlich muß die Geschäftsleitung geschult werden, wie man das Selbstbewertungsmodell als Motor für kontinuierliche Verbesserungsaktivitäten einsetzen kann. In Schritt 2 erfolgt die Planung der Selbstbewertung, wobei es unterschiedliche Selbstbewertungsmethoden gibt. Sie sind nachfolgend detailliert beschrieben. Weiter müssen geeignete Geschäftsbereiche für die Selbstbewertung festgelegt und Pilotprojekte ausgewählt werden. In Schritt 3 werden dann die Teams für die Durchführung der Selbstbewertung gebildet. Diese Teams können sich aus geschulten Assessoren, aus Führungspersonen oder auch aus Mitarbeitern aus der operativen Ebene zusammensetzen. Diese Teams müssen, beispielsweise mit Unterstützung von Fallstudien, geschult werden. Innerhalb dieser Fallstudien wird das Erarbeiten von Stärken und Verbesserungsbereichen geprobt. Vor der Durchführung ist in Schritt 4 die Selbstbewertung bei den Betroffenen bekanntzumachen, damit keine Widerstände oder Ängste entstehen. Danach erfolgt die eigentliche Selbstbewertung nach einer der oben erläuterten Selbstbewertungsmethoden.

Aus den gewonnenen Erkenntnissen, d.h. den Stärken und den Verbesserungsbereichen ergeben sich die einzelnen Aktionspläne in Schritt 6. Die Einzelmaßnahmen werden mit Zuständigkeiten und Meilensteinen fixiert und entsprechende Verbesserungsteams gebildet, die dann in Schritt 7 diese Aktionspläne durchführen. Abschließend wird in Schritt 8 der Verbesserungsfortschritt gemessen und ggf. weitere Korrekturmaßnahmen eingeleitet.

In der Praxis haben sich unterschiedliche Vorgehensweisen bei der Durchführung der Selbstbewertung in Schritt 5 herausgebildet. Diese Methoden unterscheiden sich im Bezug auf den zu erbringenden Arbeitsaufwand und der Durchführungsdauer. In der Selbstbewertungsrichtlinie für Unternehmen, der EFQM von 1997, sind insgesamt sechs Selbstbewertungsmethoden ausführlich beschrieben. Auf diese wird nachfolgend näher eingegangen. Wie Bild 6-38 zeigt, wird allerdings hier auch noch eine siebte rechnerunterstützte Selbstbewertungsmethode vorgestellt, die Bestandteile aus allen sechs der vorgenannten, mehr manuell orientierten Selbstbewertungsmethoden enthält.

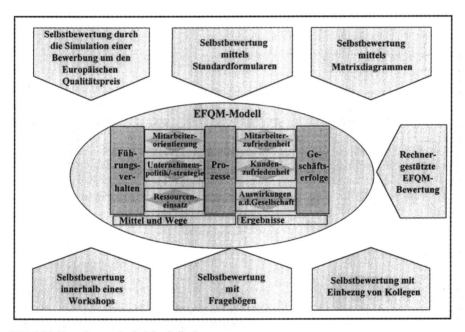

Bild 6-38 Vorgehensweise bei der Selbstbewertung

Die zeitaufwendigste und ressourcenintensivste beschriebene Vorgehensweise ist die zuerst genannte Selbstbewertung durch **Simulation einer Bewerbung** um den Europäischen Qualitätspreis. Durch den Einsatz eines geschulten Assessoren-Teams liefert diese Methode das genaueste Punkteprofil, welches dann legitime Vergleiche mit den Punktebewertungen weiterer Bewerber um den Europäischen Qualitätspreis zuläßt. Dieses Assessoren-Team erstellt während der Selbstbewertung auch eine Liste der Stärken und Verbesserungsbereiche des Unternehmens. Mit Hilfe dieser Liste können dann gezielte Verbesserungsmaßnahmen vorangetrieben werden und es kann immer wieder auf sie Bezug genommen werden, beispielsweise um sich mit der Unternehmenskultur der Unternehmensleistung auseinanderzusetzen. Spätere Dokumentationen über nachfolgende Bewertungen können in Anlehnung an diesen ersten Bericht relativ einfach und mit großer Genauigkeit und Konsistenz erstellt werden. Gerade in der Phase der Datenerhebung ergibt sich eine hervorragende Gelegenheit zur Mitwirkung und Kommunikation zwischen den Mitarbeitern sowie mit Kunden, Lieferanten und interessierten Dritten. Einige Unternehmen nutzen den Bericht auch für Marketingzwecke oder in Offerten. Die Assessoren können bei den Firmenbesuchen ihre Kommentare und Stellungnahmen im „Feedback-Bericht" ausführlich erläutern. Dadurch ergeben sich auch hervorragende Lernmöglichkeit für die Bewerbung um den Europäischen Qualitätspreis. Gesichert ist die Konsistenz, so daß es sehr leicht möglich wird, verschiedene Unternehmenseinheiten hinsichtlich ihrer Prozesse und Ergebnisse zu vergleichen. Auf diese Weise können auch gute Praktiken identifiziert werden, die man miteinander teilen kann.

Allerdings gibt es bei dieser Methode auch Nachteile. Beispielsweise könnte das verantwortliche Management relativ unbeteiligt bleiben, wenn es von der Möglichkeit Gebrauch macht, den größten Teil der Arbeit an die Mitarbeiter und Assessoren zu delegieren. Außerdem könnte diese Methode für Unternehmen, die erstmalig eine Selbstbewertung durchführen und noch am Anfang ihres Weges zum Business-Excellence stehen, zu anspruchsvoll sein.

Bei der Selbstbewertung mittels **Standardformularen** wird nach der Phase der Datenerhebung der Bericht über Stärken und Verbesserungsbereiche mit Standardformularen erstellt, wobei jeweils eine Seite pro Unterpunkt vorgesehen ist. Über die Benutzung des Standardformulars ist die Berichterstellung viel einfacher und weniger zeitaufwendig, als bei der oben beschriebenen Methode der Selbstbewertung durch die Simulation einer Bewerbung. Mitarbeitern wird durch diesen Bericht bzw. durch die Liste die Möglichkeit geboten, die Nachweise zu dokumentieren, auf denen Stärken, Verbesserungsbereiche und Punktebewertungen beruhen. Als Nachteil dieser Methode allerdings liefern die gesammelten Standardformulare kein umfassendes Bild des Unternehmens, sondern stellen nur eine Zusammenfassung seiner Positionen dar.

Bei der Selbstbewertung mittels **Matrix-Diagrammen** wird entweder eine bereits vorhandene unternehmensspezifische Leistungsmatrix genutzt bzw. im Rahmen des EFQM-Modells für Business-Excellence erstellt. In der Regel besteht diese Leistungsmatrix aus einer Reihe von Aussagen über erzielte Leistungen, die einer Punkteskala, beispielsweise von 0 bis 10, zugeordnet sind. Ist ein solches Matrixdiagramm bereits vorhanden, läßt sich eine Selbstbewertung sehr schnell und einfach durchführen. Nach einer Schulung bezüglich der Grundkenntnisse kann die Anwendung sofort beginnen, wobei alle Mitarbeiter des Unternehmens am Prozeß der Selbstbewertung beteiligt werden. Die Leistungsmatrix ermöglicht ein praxisorientiertes Verständnis der Bewertungskriterien und gibt den Bewertungsteams ein Mittel an die Hand, um die von Ihnen erzielten Fortschritte rasch und einfach zu bewerten. Neben dem einfachen Aufzeigen des Fortschritts werden aber auch Lücken lokalisiert, die darauf hinweisen, welches Problem als nächstes angegangen werden muß.

In Bild 6-39 ist beispielhaft eine solche EFQM-Matrix einmal zur Bewertung der Befähiger-Kriterien, zum zweiten in Bild 6-40 zur Bewertung der Ergebniskriterien, dargestellt.

Vorgehen		Umsetzung				
		Wenig (Keine) effiziente Anwendung	Bei etwa ein Viertel des Potentials angewandt,wenn alle relevanten Bereiche und Tätigkeiten berücksichtigt werden	Bei etwa der Hälfte des Potentials angewandt, wenn alle relevanten Bereiche und Tätigkeiten berücksichtigt werden	Bei etwa dreiviertel des Potentials angewandt, wenn alle relevanten Bereiche und Tätigkeiten berücksichtigt werden	Beim gesamten Potential in allen relevanten Bereichen und Tätigkeiten angewandt
		0 %	25 %	50 %	75 %	100 %
Anekdotisch oder ohne Wertschöpfung	0 %	0	0	0	0	0
Einige Anzeichen für fundierte Ansätze Und auf Prävention beruhende Systeme. Wird gelegentlich überprüft. Teilweise Integration in die tägliche Arbeit.	25 %	0	25	30	35	40
Nachweis für fundiertes systematisches Vorgehen und auf Prävention beruhende Systeme. Wird regelmäßig auf Gesamteffizienz überprüft.	50 %	0	30	50	60	65
Klarer Nachweis für fundiertes, systematisches Vorgehen und auf Prävention beruhende Systeme. Klarer Nachweis für Verfeinerung und verbesserte Gesamteffizienz durch Überprüfungszyklen.	75 %	0	35	60	75	85
Klarer Nachweis für fundiertes, systematisches Vorgehen und auf Prävention beruhende Systeme. Klarer Nachweis für Verfeinerung und verbesserte Gesamteffizienz durch Überprüfungszyklen. Vorgehen ist vollkommen in die tägliche Arbeit integriert.	100%	0	40	65	85	100

Bild 6-39 Bewertung der Befähiger-Kriterien des EFQM-Modells nach Vorgehen und Umsetzung

Ergebnisse: Qualität		Ergebnisse: Umfang				
		Ergebnisse betreffen wenige relevante Bereiche und Tätigkeiten	Ergebnisse betreffen einige relevante Bereiche und Tätigkeiten	Ergebnisse betreffen viele relevante Bereiche und Tätigkeiten	Ergebnisse betreffen die meisten relevanten Bereiche und Tätigkeiten	Ergebnisse betreffen alle relevanten Bereiche und Tätigkeiten
		0 %	25 %	50 %	75 %	100 %
Anekdotisch	0 %	0	0	0	0	0
Einige Ergebnisse weisen positive Trends und/oder zufriedenstellende Leistungen aus.	25 %	0	25	30	35	40
Viele Ergebnisse weisen positive Trends und/oder anhaltend gute Leistungen seit mind. 3 Jahren aus. In vielen Bereichen Übereinstimmung mit den eigenen Zielen. Einige Vergleiche mit externen Organisationen.	50 %	0	30	50	60	65
Die meisten Ergebnisse weisen positive Trends und/oder anhaltend hervorragende Leistungen seit mind. 3 Jahren aus. Günstige Vergleiche mit den eigenen Zielen in vielen Bereichen. Günstige Vergleiche mit externen Organisationen in vielen Bereichen.	75 %	0	35	60	75	85
Deutlich positive Trends und/oder anhaltend hervorragende Leistungen seit mind. 5 Jahren in allen Bereichen. Ausgezeichnete Vergleiche mit eigenen Zielen und externen Organisationen in den meisten Bereichen. "Klassenbester" in vielen Tätigkeitsbereichen. Ergebnisse sind eindeutig auf das TQM-Konzept zurückzuführen.	100%	0	40	65	85	100

Bild 6-40 Bewertung der Ergebnis-Kriterien des EFQM-Modells nach Umfang und Qualität

Zeitaufwendiger wird diese Methode jedoch dann, wenn erst ein eigenes Matrixdiagramm für das Unternehmen entwickelt werden muß. Hierbei sind Mitglieder des Managements gezwungen, einen Konsens über die gemeinsame Vision herzustellen sowie die notwendigen Schritte zu artikulieren, um diesen Konsens in allen neuen Bewertungskriterien zu erreichen.

Ein weiterer Nachteil dieser Methode ist, daß die Selbstbewertungsergebnisse nicht das Niveau besitzen, um sich damit um den Qualitätspreis zu bewerben. Eine Liste der Stärken und Verbesserungsbereiche wird nicht erstellt. Damit bieten sich auch keine Vergleichsmöglichkeiten mit den Ergebnissen von Bewerbern um den Europäischen Qualitätspreis, weil zwischen den einzelnen Schritten im Matrixdiagramm und den Unterpunkten der Kriterien des EFQM-Modells nicht zwingend eine direkte Verbindung besteht. Weiter kann sich die Punktebewertung als schwierig herausstellen. Dies wird immer dann der Fall sein, wenn die Mitarbeiter, die ihr Unternehmen bewerten, die Kästchen 1 und 2 eines bestimmten Kriteriums ganz markieren, das Kästchen 3 überhaupt nicht und das Kästchen 4 nur teilweise. Hier eine nachvollziehbare Punktebewertung abzuleiten, erweist sich in der Praxis als sehr schwierig.

Zu empfehlen ist, das Matrixdiagramm in Form eines Workshopansatzes, wie Bild 6-41 zeigt, zu entwickeln, wobei das verantwortliche Managementteam sich einbringen muß, um die Planung und Durchführung des kontinuierlichen Verbesserungsprozesses innerhalb ihres Geschäftsbereiches zu ihrem eigenen Anliegen zu machen.

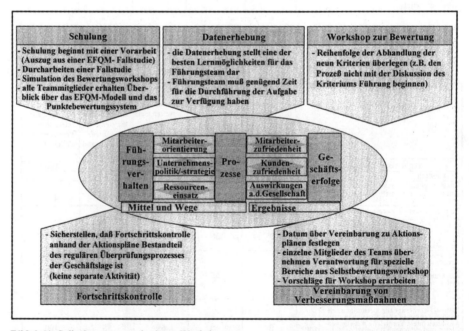

Bild 6-41 Selbstbewertung mit einem Workshop

Die Selbstbewertung mit einem **Workshop** ist nicht so aufwendig wie die zuerst genannte Methode der Simulation der Bewerbung, allerdings dauert diese Methode in der Regel länger als die Matrixdiagrammerstellung oder die Fragebogenmethode. Die Workshop-Methode hat jedoch den Vorteil, daß sich das Managementteam, das die Selbstbewertung der Unternehmenseinheit durchführt, daran aktiv beteiligen muß. Dieses Managementteam ist dafür verantwortlich, die Daten zu erheben und die im Rahmen eines Workshops gewonnenen Erkenntnisse ihren Kollegen vorzutragen. Über die Diskussion und Konsensfindung hinsichtlich der festgestellten Stärken und Verbesserungsbereiche ergibt sich eine gemeinsame Meinung über die aktuelle Situation des Unternehmens. Sie führt zur Identifikation des Managementteams mit den festgestellten Ergebnissen und erleichtert die anschließende Festlegung der Prioritäten sowie einer einvernehmlichen Maßnahmenplanung. Die gemeinsam erarbeitete und abgestimmte Liste der Stärken und Verbesserungsbereiche stärkt den Teamgeist des Managementteams und gibt wirkungsvolle Hilfestellung für die Durchsetzung der Verbesserungsmaßnahmen.

Für das Gelingen dieses Workshops ist es allerdings erforderlich, eine sehr gute Vorbereitung sicherzustellen, damit sich das ausgewählte Managementteam umfassend auf den Selbstbewertungsprozeß vorbereiten kann und damit gut zurecht kommt. Weiter sollten Grundregeln für das Verhalten während des Workshops vorab vereinbart werden. Bei der Umsetzung der Maßnahmen kommt es sehr auf das Engagement einzelner Führungsmitglieder an. Insofern ist es schwer einzuschätzen, inwieweit verschiedene Unternehmensprozesse nachweislich realisiert wurden. Die Möglichkeit einer unrealistischen Punktbewertung ist dabei nicht auszuschließen.

Die **Selbstbewertung mit Fragebögen** ist bei der Verwendung mit einfachen Ja-Nein-Fragen eine sehr einfache Methode, die sich sehr gut eignet, um Information darüber zu sammeln, wie die Mitarbeiter ihr Unternehmen sehen. Es können rasch sehr viele Mitarbeiter des Unternehmens in dem Prozeß der Selbstbewertung mit einbezogen werden. Die Präsentation der Resultate ist einfach, weil die zahlenmäßigen Ergebnisse leicht zu berechnen und zu verstehen sind. Das Feedback kann nach Funktion und Ebene aufgeschlüsselt werden. Alle Beteiligten werden in die Selbstbewertungsproblematik sehr gut eingeführt. Deshalb kann diese Methode auch parallel zur Workshop-Methode eingesetzt werden, um das Managementteam bei einer ausgewogeneren Beurteilung der Umsetzung zu unterstützen. Weiter werden Gruppendiskussionen zwischen einzelnen Teams über Verbesserungsmöglichkeiten innerhalb ihres Unternehmens erleichtert. Eine Gefahr bei dieser Methode liegt allerdings darin, daß nicht ausgeschlossen werden kann, daß die Fragen mitunter nicht richtig verstanden werden. Weiter sagen die gestellten Fragen nur aus, was die Befragten denken und nicht warum sie so denken. Weiter kann ein zu ausgiebiger Gebrauch von Fragebögen im Unternehmen zu einer niedrigen Rücklaufquote führen. Hier muß dann entschieden werden, welche Rücklaufquote noch als akzeptabel zu betrachten ist. Da bei dieser Fragebogen-Methode ebenfalls keine Liste der Stärken und Verbesserungsbereiche erstellt wird, ermöglicht diese Methode keinen Vergleich mit den Punktebewertungen der Bewerber um den Europäischen Qualitätspreis. Die Genauigkeit der Selbstbewertungergebnisse hängt sehr von der Qualität der Fragen ab.

Als weitere Methode ist in Bild 6-38 die Selbstbewertung unter **Einbezug von Kollegen** genannt. Diese Methode besitzt bezüglich dem benötigten Zeitaufwand und der einzusetzenden Ressourcen sehr große Ähnlichkeit mit der zuerst genannten Methode der Simulation einer Bewerbung um den Ludwig-Erhardt-Preis. Sie läßt dem Unternehmen, welches die Selbstbewertung durchführt, sehr große Freiheit bei der Erstellung der Bewerbung. Das Unternehmen muß keinen voll ausgearbeiteten Bericht erstellen, die Unterlagen können in jeder geeigneten Form eingereicht werden. Beim Vorgehen werden geschulte Assessoren aus dem Management anderer Unternehmensbereiche zusammen mit den Mitarbeitern der betreffenden Geschäftsbereiche eingesetzt. Dies führt zu einem hohen Maß an

funktionsübergreifendem Lernen für die Mitarbeiter aber auch für die Assessoren. Als
Ergebnis ergibt sich in der Regel eine umfassende Liste der Stärken und Verbesserungsbereiche aufgrund der Genauigkeit der Bewertung und des Feed-backs. Allerdings werden
eben hierbei auch mehr Ressourcen benötigt als bei den vorher beschriebenen Selbstbewertungsmethoden.

Das Unternehmen muß also bei der Auswahl der Selbstbewertungsmethoden selber entscheiden, welchen Zeit- und Kostenaufwand es im Hinblick auf die Qualität der angestrebten Selbstbewertungsergebnisse treiben möchte. Hierbei muß auch die Unternehmenskultur in die Auswahlüberlegung mit einbezogen werden.

6.3.4 Rechnerunterstützte Business-Excellence-Selbstbewertung

Eine zuletzt in Bild 6-38 dargestellte Selbstbewertungsmethode ist die **rechnerunterstützte Selbstbewertung.** Hierfür wurde ein Tool entwickelt, in das eine ganze Anzahl
der oben beschriebenen Selbstbewertungsmethoden integriert sind.

Dieses Tool unterstützt, wie Bild 6-42 zeigt, den Einsatz geschulter Assessoren bei der
Erstellung einer Liste der Stärken und Verbesserungsbereiche ebenso wie die Ar-
beitsteams auf der operativen Ebene. Im Rechner sind die EFQM-Auditfragebogen für die
Mitarbeiter und Führungsteams hinterlegt. Die Mitarbeiter können rechnerunterstützt in
den Standardformularen pro Unterpunkt die Stärken, Verbesserungsbereiche und Nachweise ausfüllen bzw. dokumentieren. Wobei eine Überprüfung dieser Bewertung durch
geschulte Assessoren möglich ist. Dieses Tool unterstützt damit die Workshop-
Durchführung mit den daran Beteiligten, wie zum Beispiel: Assessoren, Führungsteam,
Mitglieder und Mitarbeiter.

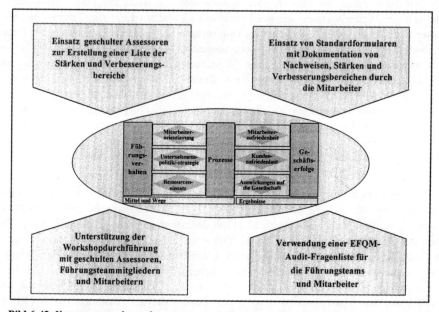

Bild 6-42 Komponenten der rechnergestützten Selbstbewertung

Dem Anwender wird innerhalb der vorgegebenen EFQM-Struktur mit den bereits erläuterten neun Kriterien und 32 Unterkriterien ein Excellence-Audit-Katalog vorgegeben.
Der Anwender kann sofort mit der Bewertung beginnen, d.h. zu den vorgegebenen Unterkriterien die für ihn passenden Stärken und Verbesserungspotentiale herausarbeiten und
eine entsprechende Prozentbewertung eingeben. Das System ermittelt daraus die Punktebewertung pro Kriterium unter Berücksichtigung der vorgegebenen Gewichtung und führt
anschließend eine Gesamtbewertung über alle Kriterien durch. Die Ergebnisse lassen sich
beispielsweise in Form einer Auditspinne grafisch darstellen. Aus den aktuellen EFQM-
Audit-Ergebnissen kann durch einen Vergleich mit den Ergebnissen vorausgegangener
EFQM-Audits die Entwicklung des Unternehmens über die letzten Jahre auf dem Wege
zum umfassenden Qualitätsmanagement dargestellt werden.

Beispielhaft ist in Bild 6-43 eine Bildschirmmaske „EFQM-Selbstbewertung, Gesamtergebnis" dargestellt.

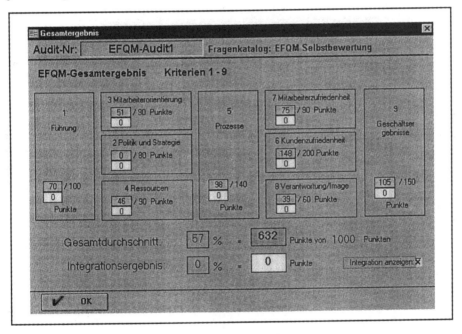

Bild 6-43 Bildschirmmaske „EFQM-Selbstbewertung, Gesamtergebnis"

Die Umsetzung der Selbstbewertungsergebnisse erfolgt ebenfalls rechnerunterstützt in der
in Bild 6-44 dargestellten Vorgehensweise. Nach der Erstellung einer Stär-
ken/Schwächenprofilliste, in der die Stärken und Verbesserungsbereiche sehr transparent
dokumentiert sind, werden die derzeitigen Prioritäten und strategischen Pläne in bezug auf
die Schlüsselprozesse der Organisation mit den dazugehörenden kritischen Erfolgsfaktoren beschrieben. Die Maßnahmen und Ansatzpunkte werden anschließend im nächsten
Schritt in einer 1:1-Beziehung zur jeweiligen Prozeßfunktion mit Hilfe einer Prozeßver-
besserungs- bzw. Aktionsplanmatrix hinsichtlich Termine, Verantwortlichkeiten und Erfolgskennzahlen detailliert festgelegt. Über ein Maßnahmencontrolling wird eine Fort-
schrittsmessung durchgeführt.

Sichergestellt ist dabei, daß die Maßnahmenplanung dynamisch und flexibel aufbaubar ist und auf externe Veränderungen reagiert werden kann.

Weiter lassen sich vielfältige Ausgaben, wie Protokolle, Listen, Abweichungsberichte, Grafiken usw. erstellen.

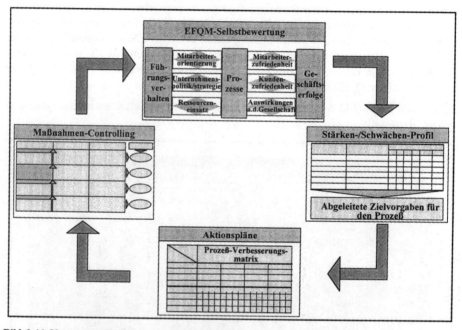

Bild 6-44 Umsetzung der Selbstbewertungsergebnisse

6.4 Systematische TQM-Weiterentwicklung

6.4.1 Ganzheitliche Unternehmensentwicklungs- und -führungssysteme

Bereits in Kapitel 1.2 mit dem Bild 1-1 wurde auf die Entwicklung integrierter Managementsysteme auf der Grundlage eines ganzheitlichen Unternehmensentwicklungs- und gestaltungsansatzes hingewiesen, der in Kapitel 1.4 als General-Management-Strategie bezeichnet wurde. Begründet wurde diese Entwicklung dadurch, daß zum einen die Ansprüche und Forderungen aus ganz unterschiedlichen Bereichen und wissenschaftlichen Teildisziplinen steigen und dabei immer mehr Vernetzungen untereinander auftreten. Gefördert wird diese Entwicklung durch die Harmonisierungsbestrebungen in der europäischen Union, um durch internationale Normung und Gesetzgebung Wettbewerbsverzerrungen zu verhindern und somit gleiche Wettbewerbsbedingungen für alle beteiligten Länder in der EU zu schaffen. Aufgrund der Globalisierung werden diese Harmonisierungsbestrebungen weltweit weitergeführt. In bezug auf das Qualitätsmanagement mit der dahinter stehenden umfassenden Qualitätsmanagementstrategie (TQM) wurde hierbei durch den Druck des Marktes eine Vorreiter-Rolle übernommen, die von den Ergebnissen als beispielhaft anzusehen ist und auch als Vorbild für die Entwicklung weiterer Managementsysteme benutzt wird.

Das in den bisherigen Kapiteln aus dieser Entwicklung abgeleitete prozeßorientierte TQM-Gesamtmodell ist in Bild 6-45 zusammengefaßt dargestellt.

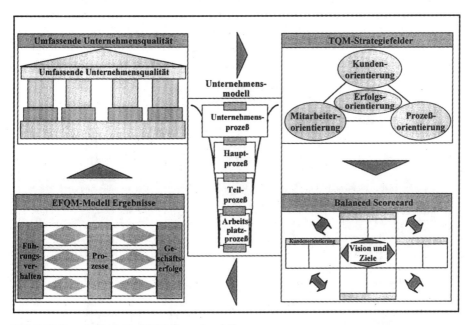

Bild 6-45 Prozeßorientiertes TQM-Gesamtmodell

Ausgangspunkt ist die Definition einer umfassenden Unternehmensqualität mit den vier Qualitätseinheiten:

- Qualitätseinheit „Produkte und Dienstleistungen"

- Qualitätseinheit „Führung und Organisation"

- Qualitätseinheit „Mitarbeiter und Zulieferer"

- Qualitätseinheit „Prozesse und Verfahren"

und den dahinter stehenden Qualitätszielen, Qualitätsstandards und Qualitätskennzahlen, die durchgängig über alle Bereiche und Ebenen innerhalb des nach kybernetischen Regelkreisgesichtspunkten ablaufenden Unternehmensmodell prozeßorientiert vorgegeben und abgearbeitet werden.

Diese umfassende Unternehmensqualität, die durch die Qualitätsfähigkeit des Unternehmens über alle Phasen im Produktlebenszyklus für den Kunden oder Konsumenten bezahlbar umzusetzen ist, wird mit Hilfe eines umfassenden Qualitätsmanagementansatz (TQM) erreicht, der die drei Strategiefelder „Kundenorientierung, Mitarbeiterorientierung und Prozeßorientierung" zum Zwecke der Ziel- und Erfolgsorientierung als obersten Ziel des Unternehmens abdeckt. Ergänzt wird dieser TQM-Ansatz über ein sich ebenfalls an diesen Qualitätseinheiten, TQM-Strategiefeldern sowie den Aufbau- und Ablaufstrukturen des betrachteten Unternehmens orientierendes TQM-Kennzahlensystems, das die Umsetzung bzw. Durchdringung der TQM-Strategie messen kann.

Über das EFQM-Management-Modell erhält das Unternehmen die Möglichkeit, eine ganzheitliche Führungsbewertung durchzuführen. Das ist auch der Grund, warum 1997 der Name des Modells in Business-Excellence abgeändert wurde. Hier wurde also eine Entwicklung eingeleitet, die vom Total-Quality-Management zum **Total-Business-Excellence** führt, dies spricht alle Führungsaufgaben an. Die zwangsläufige prozeßorientierte Weiterentwicklung eines Gesamtführungssystems wird auch aus Bild 6-46 deutlich.

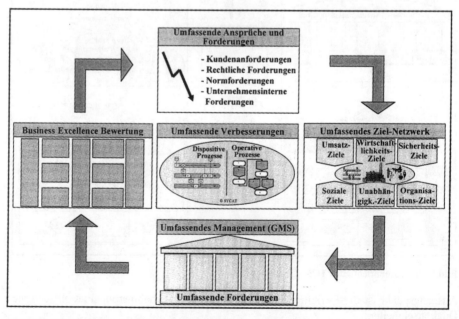

Bild 6-46 Prozeßorientierte Führungssystem-Weiterentwicklung

Hier ist ebenfalls in der schon bekannten Regelkreisdarstellung der Ausgangspunkt die umfassenden Forderungen der Kunden und Anspruchsgruppen. Sie sollen über ein von der Unternehmensführung vorgegebenes umfassendes Zielnetzwerk, wie es in Kapitel 1.4 in Bild 1-19 dargestellt ist, innerhalb der Prozesse erfolgsorientiert erfüllt werden. Neben dem strategischen Unternehmenshauptziel, den Ertrag zu erwirtschaften - dies auf der Grundlage bezahlbarer Qualität der Produkte - wird dies nur durch Kundenwunscherfüllung und Mitarbeiterzufriedenheit möglich sein, damit werden auch die Arbeitsplatzsicherung und das Erreichen ökologischer Ziele verwirklicht. Gleichzeitig muß ein umfassendes General-Management-System, das die einzelnen Managementsysteme im Sinne eines ganzheitlichen Unternehmensführungssystems integriert, zu einer ziel- und erfolgsgerichteten Erfüllung dieser Vorgaben sorgen. Dazu gehört natürlich auch als wesentlicher Bestandteil das hier betrachtete TQM-System.

Das ganzheitliche Unternehmensführungssystem baut sich deshalb ebenfalls auf den ablaufenden Geschäfts- und Betriebsprozessen im Unternehmen auf. Über das Total-Business-Ecxellence-Modell wird die Bewertung durchgeführt. Allerdings jetzt nicht mehr allein bezogen auf die Qualität, sondern eben auch auf Umwelt-, Arbeitssicherheit-, Informationssicherheit- oder auch Risk(Sicherheits)management. In Bild 6-47 sind dazu neben den bereits erläuterten Attributen „Umfassend, Durchgängig, Ganzheitlich und Integriert" weitere Anforderungen genannt, die dieses umfassende Managementsystem-Modell, das für die Unternehmensentwicklung, -gestaltung und -verbesserung zuständig ist, erfüllen muß.

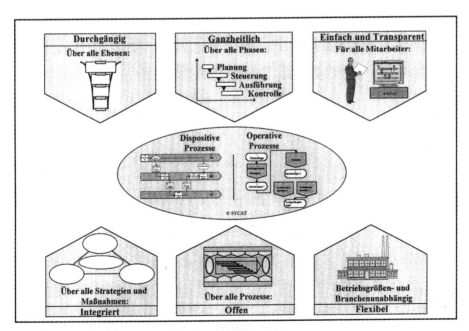

Bild 6-47 Anforderungen an ein umfassendes Vorgehensmodell

Durchgängig bedeutet innerhalb dieses Modells, daß es über alle hierarchischen Ebenen und Bereiche des Unternehmensmodells Gültigkeit besitzt und miteinander hierarchisch verknüpft ist. Unter der **ganzheitlichen Anforderung** ist zu verstehen, daß alle Ablaufphasen, d.h. Planung, Gestaltung, Steuerung, Ausführung, Controlling und die noch weiteren genannten Prozesse im Produktlebenszyklus, wie Nutzungsphase und Entsorgungsphase, mit abgedeckt werden. Die integrative Anforderung erfüllt den Anspruch, daß beispielsweise die Partner-, die Mitarbeiter-, die Anforderungs-, die Organisations-, die Informations-, Methoden- oder Prozeßintegration, aber auch die Strategieintegration bei Anwendung dieses Managementsystemmodells Anwendung findet. Die Anforderung „Offenheit" umfaßt die Erfüllung des Anspruchs auf eine beliebige Erweiterung und Detaillierung für zukünftige Aufgabenstellungen innerhalb aller Prozesse, jederzeit muß es möglich sein, neue oder geänderte Prozesse in dieses Modell mit aufzunehmen. Ein allgemeiner Anspruch an dieses Modell ist, daß es einfach handhabbar, verständlich und flexibel erweiterbar ist.

Die Erfüllung all dieser Anforderungen soll bewirken, daß kein unnötiger Doppelaufwand bei der Errichtung der einzelnen Managementsysteme getrieben werden muß und daß die Synergieeffekte, die auch im nächsten Punkt 6.4.3 noch einmal erläutert werden, zum Tragen kommen.

Bei der oben beschriebenen ganzheitlichen Entwicklung der Unternehmensführungssysteme wurde ein wichtiger Aspekt noch nicht beachtet, der aber zukünftig zum einen aus der reinen Qualitätsmanagementsicht, des weiteren aber auch aus der integrierten Managementsicht immer stärkere Beachtung erfahren wird. Gemeint ist, wie Bild 6-48 zeigt, daß neben der Umsetzung unternehmensinterner Managementstrategiekonzepte zukünftig auch sehr viel mehr unternehmensübergreifende Managementkonzept-Ansatzpunkte zu berücksichtigen sind.

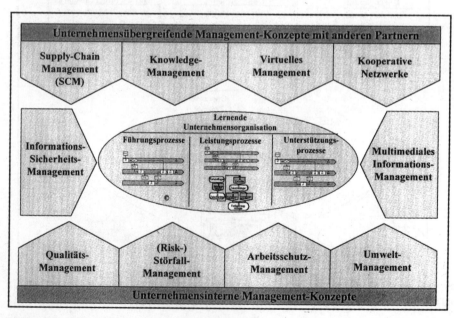

Bild 6-48 Zukünftige Management-Konzeptentwicklung

Waren bisher alle Überlegungen darauf ausgerichtet, die unternehmensinternen Prozesse anforderungs- und qualitätsgerecht zu erfüllen und ständig zu verbessern, so wird es in Zukunft im wesentlich höheren Maße darum gehen, Strategien wie beispielsweise Supply-Chain-Management (SCM), virtuelles Management oder Tele-Kooperationsnetzwerke mit unterschiedlichen Ausprägungen von Partnerschaften wie zum Beispiel: Strategische Allianzen, Produktentwicklungskooperation oder auch der Aufbau eines unternehmensübergreifenden Wissens- bzw. Knowledgemanagement, in die Überlegungen mit einzubeziehen. Weiter gehört dazu, daß auch die anderen bereits in Kapitel 1.1 genannten Anspruchsgruppen wie beispielsweise öffentliche Verwaltungen, Behörden aber auch Banken und Versicherungen, Verbände oder öffentliche Einrichtungen stärker als bisher formal mit eingebunden werden. Dies natürlich aufgrund der immer schneller fortschreitenden Entwicklung auf dem Gebiet der Informationstechnik. Multimediales Informationsmanagement ermöglicht globales Electronic-Business, wobei natürlich auch hier aus Managementsystemsicht die Informationssicherheit bei allen Beteiligten Partnern gewährleistet sein muß. Da das Knowledgemanagement im Rahmen des lernenden Unternehmens im letzten Punkt 6.4.4 noch einmal erläutert wird, soll im folgenden das SCM und das virtuelle Management noch einmal kurz erläutert werden.

Unter SCM wird eine gemeinsame unternehmensübergreifende Prozeßoptimierung für alle am Beschaffungs-, Herstellungs- und Vertriebsprozeß Beteiligten verstanden. Die innerhalb dieser Prozeßketten agierenden Zulieferer, Hersteller, Händler und Endverbraucher ziehen aus dieser Prozeßoptimierung im Schwerpunkt den logistischen Nutzen bezüglich kurzer Lieferzeiten, niedriger Lagerbestände und hoher Flexibilität bei niedrigeren Gesamtkosten. In Bild 6-49 wird eine Definition des Supply-Chain-Management vorgenommen.

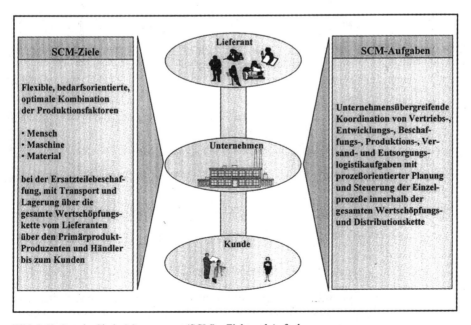

Bild 6-49 Supply-Chain-Management (SCM) - Ziele und Aufgaben

Erfolgreiches Supply-Chain-Management kann natürlich nur auf der Grundlage des Funktionierens informationslogistischer Integration erfolgen. Auch hier werden in Zukunft Electronic-Business-Lösungen dafür sorgen, daß erhebliche Einsparpotentiale vorhanden sind. Diese Informationstechnologie ist auch bei der virtuellen Managementbetrachtung eine der wichtigsten Grundvoraussetzungen.

Immer mehr Unternehmen versuchen ihre Ziele innerhalb virtueller Unternehmens-Strukturen zu erreichen, d.h. also in zeitlich begrenzten Zusammenschlüssen von verschiedenen Unternehmen mit spezifischen Kernkompetenzen, um damit eine gemeinsame Produkt- oder Dienstleistung am Markt zu plazieren. Es handelt sich hierbei um ein Netzwerk von unabhängigen Unternehmen, die unter Auflösung örtlicher und zeitlicher Restriktionen über die vorhandenen Unternehmensgrößen hinweg die gemeinsame Aufgabenerledigung durchführen. Diese Unabhängigkeit ist allerdings nur durch neue leistungsfähige Informations- und Technologiesystem-Infrastrukturen möglich.

Da diese Informations- und Kommunikationsstrukturen auch die Voraussetzungen für die Telearbeit sind, bilden sich Gemeinsamkeiten. Diese Gemeinsamkeiten liegen nach *Reichwald* in der Aufhebung vieler Gestaltungsfaktoren klassischer Arbeitsplatzstrukturen, z.B. der Ortsgebundenheit des Arbeitsplatzes, der Kopplung von Erreichbarkeit und Verfügbarkeit an die Anwesenheit am Arbeitsplatz, der Trennung von Arbeits- und Heimbereich oder der Aufhebung starrer Arbeitsverhältnisse durch neue Unternehmensformen zwischen Angestellten, Unternehmen und selbständigen Zulieferern. Weitere Gemeinsamkeiten zwischen Telearbeitsplätzen und virtuellen Unternehmungen liegen in der Auflösung von Abteilungs- oder Standortgrenzen durch abteilungs- und standortübergreifende Telearbeiten mit Mitarbeitern, Kunden, Lieferanten oder anderen Kooperationspartnern.

Aus diesem Grund wird auch diese Art der Zusammenarbeit mit Aufhebung der räumlichen und zeitlichen Restriktionen als Telekooperation bezeichnet. Nach *Reichwald/Möslein* ist Telekooperation die mediengestützte, arbeitsteilige Leistungserstellung von individuellen Aufgabenträgern, Organisationseinheiten und Organisationen, die über mehrere Standorte verteilt sind. Diese Zusammenarbeit wird kommunikationstechnologisch, d.h. elektronisch unterstützt.

Die Chancen der Telekooperation liegen in dem Freisetzen von Potentialen und Fähigkeiten, die allerdings nur über eine dieser Form der Zusammenarbeit angepaßte Organisation, eben der Teleorganisation, möglich werden.

In Bild 6-50 sind die Grundbegriffe der Teleorganisation genannt:

Bei der Teleorganisation handelt es sich um einen Ordnungsrahmen in Form einer flexiblen Kopplung von

- Partnern (Telekooperation)
- Raum (Telearbeitsplatz)
- Zeit (Telearbeitszeit)
- Aufgaben (Teleaufgaben)
- Know-how (Telewissen)
- Technologien (Teleinfrastruktur)
- Abläufen (Teleprozesse)

zur Erstellung einer **qualitätsgerechten** Teleleistung, d.h. eines mediengestützten Arbeitsoutputs als Ergebnis dieser zeitlich begrenzten Zusammenarbeit. Bei den Partnern kann es sich um die elektronische Anbindung der eigenen Mitarbeiter handeln, bei der flexiblen Kopplung von unabhängigen Unternehmen spricht man von virtueller Unternehmensbildung.

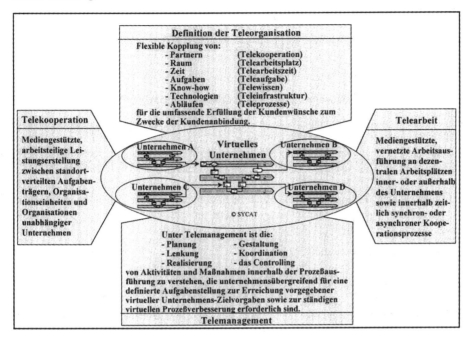

Bild 6-50 Virtuelles Management

6.4.2 Weitere Unternehmensführungssystem-Anforderungen

Im Mittelpunkt der zukünftigen Managementkonzept-Weiterentwicklungen steht die lernende Unternehmensorganisation zur Absicherung, daß das über den Aufbau und die Weiterentwicklung ganzheitlicher Führungssysteme aufgebaute und gesammelte Wissen nicht verloren geht. Dies wird im Sinne einer wertorientierten Unternehmensführung auch als **Economic-value-added (EVA)** bezeichnet.

Hierunter ist das wertorientierte Denken und Handeln zu verstehen, daß geschäfts-, bereichs-, funktions- und hierarchieübergreifend von jeder Führungskraft und jedem Mitarbeiter mit dem Ziel der langfristigen Steigerung des **Unternehmenswertes** umzusetzen ist. Jeder einzelne Mitarbeiter muß nach den Ressourcen fragen, die er kostet und bindet und nach den Beiträgen, die er für das Unternehmen erwirtschaftet. Dies vor allem aus dem Verständnis und aus dem Streben heraus, daß die erbrachten Leistungen höherwertig sein müssen, als die eingesetzten Ressourcen.

Im Rahmen dieser wertorientierten Führung müssen die strategischen und operativen Entscheidungen unter Einbezug der Bedürfnisse und Ansprüche aller genannten Anspruchsgruppen auf eine langfristige Unternehmenswertsteigerung ausgerichtet sein. Der Wert einer Unternehmung basiert nicht auf dem ausgewiesenen Periodenerfolg, sondern vielmehr auf den zukünftig zu erwartenden, auf den Bewertungszeitpunkt zu diskontierenden Einnahmen des Kapitalgebers, als des Anteilseigners bzw. der Aktionäre. Dies bedeutet auch, daß beispielsweise die Prozeßkostenermittlung und -verarbeitung zukünftig einen hohen Stellenwert erhält, um damit eine quantitative Wertebeurteilung, beispielsweise hinsichtlich Verbesserungen, einfach und transparent zu ermöglichen. Die Finanz- und Kostenrechnung mit den in Kapitel 4.4 beschriebenen betriebswirtschaftlichen und volkswirtschaftlichen Methoden muß ebenfalls sehr stark in diese Betrachtung integriert werden.

6.4.3 Integrierter Managementsystem (IMS)-Aufbau

Allen Managementsystemen gemeinsam ist die Forderung der ausführlichen Systemdokumentation als Nachweis für die Unternehmensführungsaktivitäten innerhalb des Produktlebenszyklusses. Der Zweck eines solchen integrierten Managementsystems ist vielfältig. Er läßt sich im Sinne der bereits aus Qualitätsmanagementsicht formulierten Qualitätseinheiten, jetzt als Unternehmenseinheiten bezeichnet, ebenfalls nach dieser Unterteilung beschreiben. Bezogen auf diese Unterscheidung läßt sich der Zweck eines integrierten Managementsystems in bezug auf die Unternehmenseinheit **„Produkte und Dienstleistungen"** formulieren als:

* Erfüllung vereinbarter Kundenforderungen

* Steigerung der Unternehmensleistung

* Zusatznutzen für den Kunden

Bezogen auf die Unternehmenseinheit **„Führung und Organisation"**:

* Erfüllung der behördlichen Kontroll- und Berichtspflichten

* Unterstützung bei der Führungsaufgabe

* Transparente Darstellung der Aufbau- und Ablauforganisation

* Harmonisierung

In bezug auf die Unternehmenseinheit **„Mitarbeiter und Zulieferer"**:

* Einbindung Qualifizierung der Mitarbeiter

* Sicherheitserhöhung

* KVP und Innovationsförderung

* Fehlerreduzierung

Sowie abschließend auf die Unternehmenseinheit **„Prozesse und Verfahren"**:

* Voraussetzung für Genehmigungsverfahren

* Kosteneinsparungen

* Prozeßbeherrschung

* Effizienzsteigerung

Wie Bild 6-51 zeigt, lassen sich die Dokumentationsanforderungen an integrierte Managementsysteme schwerpunktmäßig auf die Organisationsbeschreibung sowie auf die Dokumentation der ständigen Verbesserungen beziehen.

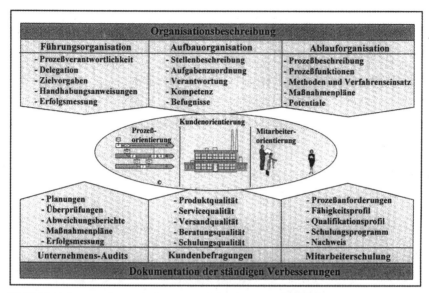

Bild 6-51 Dokumentationsanforderungen an integrierte Managementsysteme

In bezug auf die Organisationsbeschreibung sind die Inhalte von Führungsorganisation, Aufbauorganisation und Ablauforganisation genannt, ebenso für die Unternehmensaudits Kundenbefragung und Mitarbeiterschulung. Welche Dokumente im einzelnen innerhalb des unternehmensspezifischen Geschäftsprozeßmodells davon betroffen sind, zeigt beispielhaft Bild 6-52.

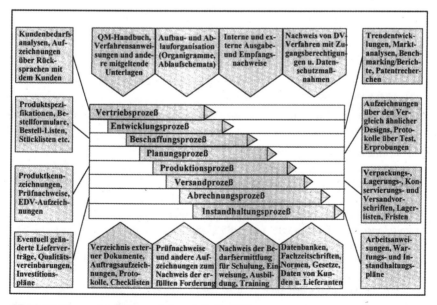

Bild 6-52 Verwendete Dokumente innerhalb des IMS

Hier sind den in Bild 2-23 gezeigten Führungs-, Leistungs- und Unterstützungsprozessen des unternehmensspezifischen Geschäftsprozeßmodells die Dokumente zugeordnet, wie sie in der neuen ISO 9000:2000 beispielhaft angeführt sind. Dabei werden die Synergieeffekte deutlich, weil beispielsweise die Personalplanung mit Nachweis der Bedarfsermittlung für Schulung, Einweisung, Ausbildung und Training mit den dazu gehörenden Plänen, die Qualifikationsnachweise, die Erfolgskontrolle aber auch die Dokumentation über Förderung, Motivationsmaßnahmen und Aufzeichnungen über Mitarbeiterbefragungen eben auch Kerninhalte eines Personalmanagement-Systems sind. Wichtig ist natürlich, daß, wie bereits in Kapitel 5 bei der Dokumentenlenkung und Verwaltung beschrieben, eine möglichst Intra- oder Internetfähige Systemlösung, wie sie in Bild 6-53 dargestellt ist, eine umfassende, aber dabei kostengünstige aktuelle und vollständige Informationserstellung, -verteilung und -pflege ermöglicht.

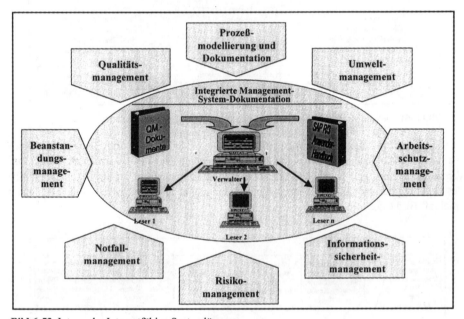

Bild 6-53 Intra- oder Internetfähige Systemlösung

Über diese Lösung erhalten alle per Gesetz, Verordnung oder Norm einzusetzenden Beauftragten im Unternehmen wie z.B.:

- Qualitätsmanagement-Beauftragter
- Umweltmanagement-Beauftragter
- Betriebsbeauftragte für den Umweltschutz:
  - Abfallschutz-Beauftragter (gem. §§ 53-55 KrW/AbfG),
  - Gewässerschutz-Beauftragter (gem. §§ 21a-22 WHG),
  - Immissionsschutz-Beauftragter (gem. §§ 53-58 BImSchG),
  - Störfall-Beauftragter (gem. § 58 BImSchG) und
  - Strahlenschutz-Beauftragter (gem. § 29 Strahlenschutz-VO)
- Gefahrgut-Beauftragter gemäß GbV
- Fachkraft für Arbeitssicherheit
- Betriebsarzt

damit ein gemeinsames Regelwerk, das ohne Redundanzen und lückenlos für alle Beteiligten immer auf dem neuesten Stand gehalten werden kann. Die Beauftragten können - wenn es sinnvoll ist - auch mehrere der genannten Funktionen in Personalunion übernehmen.

6.4.4 Entwicklung zu lernenden Unternehmen

Unter organisationalem Lernen versteht *G. Probst,* 1994 den Prozeß der Veränderung der organisationalen **Wissensbasis**, die Verbesserung der Problemlösungs- und Handlungskompetenz sowie die Veränderung des gemeinsamen Bezugsrahmens von und für Mitglieder der Organisation. Zu den in der heutigen Industriegesellschaft dominierenden Produktionsfaktoren „Arbeit und Kapital" kommt in der Informationsgesellschaft eine wesentliche Potentialgröße dazu. Hierbei handelt es sich um den Produktionsfaktor „Wissen", der die zuerst genannten an Bedeutung weit übertreffen wird. Kennzeichen dieses Produktionsfaktors „Wissen" ist beispielsweise, daß Wissen nicht mehr hierarchisierbar ist, ferner ist es hochgradig verteilbar und wird zu jeder Zeit an vielen Orten von vielen Personen und vielen Projekten generiert und angewendet. Dieses Wissen bestimmt daher in immer stärkerem Maße die langfristige Wettbewerbsposition des Unternehmens. Es kommt jetzt darauf an, dieses Wissen systematisch aufzubauen. Einfließen muß dieses Wissen beispielsweise in die unter Punkt 6.4.2 erläuterte wertorientierte Unternehmensführung, die nach den Prinzipien des Economic-value added (EVA) Anwendung findet.

Die Bausteine des Wissens- bzw. Knowledgemanagement, die nacheinander entwickelt die Zielerreichung eines lernenden Unternehmens ermöglichen sollen, sind in Bild 6-54 dargestellt.

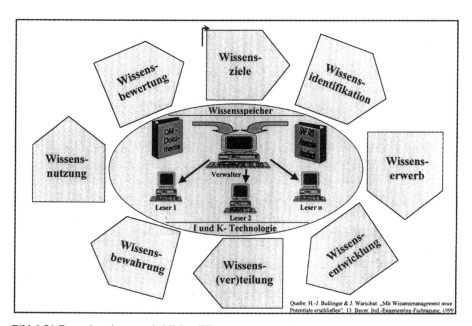

Bild 6-54 Bausteine eines ganzheitlichen Wissensmanagements

Es beginnt mit dem Wissenserwerb der Beteiligten als Voraussetzung für den Wissensaustausch. Konzeptionelle Maßnahmen sind dafür nach *Feige* der Besuch externer oder interner Seminare, Selbstlernprogramme, Erfahrungsaustausch, Gruppeninformationsveranstaltungen oder auch der die Übernahme des Wissens aus bereits hinterlegten Erfahrungsspeichern, wie sie beispielsweise die Dokumentation eines integrierten Managementsystems darstellt. Die darauf aufbauende Wissensentwicklung erfolgt über den Erfahrungsaustausch beispielsweise über Diskussionsforen und Abteilungsgrenzen hinaus. Durch diese Wissensentwicklung können Innovationen entstehen. Wichtig dabei ist, daß die Mitarbeiter, die Wissen besitzen, dieses auch systematisch für andere Mitarbeiter hinterlegen, damit dieses Wissen nicht verloren geht oder nicht genutzt wird.

In der neuen ISO 9000:2000 ist in Kapitel 6 „Ressourcenmanagement" dazu auch eine Normenforderung formuliert. Hierbei geht es um die Forderung nach Festlegen und Bereitstellen von benötigten Informationen und Wissen. Umgesetzt wird dies durch Verfahren zur Informationslenkung und Überwachung, die in den Unternehmen installiert werden müssen, damit das für die Prozeßlenkung sowie für die Sicherstellung fehlerfreier Produkte erforderliche Wissen erhalten und aktualisiert werden kann, wobei der Zugang und der Schutz der Daten sicherzustellen ist. Als Dokumentationsbeispiel sind in diesem Zusammenhang genannt, z.B. Hausmitteilung, Datenbank, Fachzeitschriften, Normen, Gesetze, Daten von Kunden und Lieferanten.

Die danach folgende **Wissensverteilung bzw. -teilung** erfolgt exakt über dieses Hinterlegen des bis dahin erworbenen Wissens. Die Hinterlegung bzw. Wissensspeicherung als nächster Baustein ist eine Voraussetzung für einen weiteren wissensträgerunabhängigen allgemeinen Zugriff, d.h. wiederum für Wissenserwerb oder Wissensverteilung. Dieses Wissen ist personenunabhängig an das Unternehmen gebunden. Der nun stattfindende Wissenstransfer als nächster Baustein ist die Voraussetzung für das Entstehen von Nutzen für den einzelnen und für das Unternehmen. Er ist sozusagen das eigentliche Ziel des Knowledgemanagement bzw. des lernenden Unternehmens und läßt sich nur durch die Installation der vorher beschriebenen Bausteine absichern.

Auch in Kapitel 5 „Verantwortung der Leitung" der DIN EN ISO 9000:2000 ist eine in diese Richtung gehende Normenforderung enthalten. Es handelt sich hierbei um die Forderung nach der Festlegung der internen Kommunikation. Gemeint sind damit Verfahren und Medien zur internen Kommunikation auf allen Ebenen und für alle Tätigkeiten, die zur Aufrechterhaltung des Qualitätsmanagement-Systems erforderlich sind. Diese Verfahren und Medien sind einzurichten und zu erhalten. Die dazu gehörenden Dokumentationen sind beispielsweise Besprechungsprotokolle oder das Festlegen von Zugangsberechtigungen sowie von Post- sowie Informationsverteilungswegen.

Insgesamt kann Knowledgemanagement allerdings nur erfolgreich sein, wenn auch ein Wissenscontrolling stattfindet. Hierbei wird festgestellt, ob das Wissen noch aktuell ist oder ob aufgrund der Veränderungen nicht schon veraltetes Wissen vorliegt. Wissenscontrolling ist also eine Voraussetzung für neuen Wissenserwerb. Damit schließt sich der Kreis des Knowledgemanagements. Aufgrund der sozialen Dimension läßt sich das Wissen im Gegensatz zur Informationsverarbeitung, d.h. zu reinen Daten nur im begrenzten Umfang automatisiert verarbeiten. Auch der Markt selber generiert Wissen, das dem leistungsunterstellenden Unternehmen vermittelt werden kann. Die Wissensvermittlung wird in zunehmendem Maße als Dienstleistung vermarktet. Aus der Verbindung zwischen wissensorientierter Dienstleistung und unternehmensinternen Wissen lassen sich neue Geschäftsfelder und Segmente bilden. Das Wissensmanagement wird eine zentrale Führungsaufgabe, das alle Managementsichten, also auch das Qualitätsmanagement, stark beeinflußt. Hier besteht in der Praxis noch ein hoher Bedarf für die methodische und organisatorische Weiterentwicklung zur Optimierung der Wissens- und Informationsbeschaffung.

Einen pragmatischen Ansatz innerhalb des hier vorgestellten prozeßorientierten TQM-Modells, jetzt aber auf die gesamte Unternehmensentwicklung bezogen, zeigt Bild 6-55.

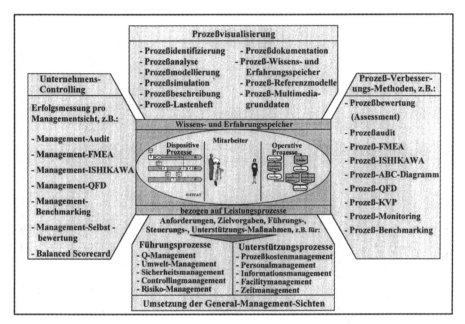

Bild 6-55 Ansatz des prozeßorientierten TQM-Modells

Grundlage ist die Prozeßvisualisierung mit den dabei bereits ausführlich beschriebenen Aktivitäten wie Prozeßidentifizierung, Prozeßanalyse, -modellierung und -simulation. Dies im Schwerpunkt bezogen auf die Leistungsprozesse bzw. die Kernprozesse des Unternehmens, auf die alle in Kapitel 4 bereits genannte Prozeßverbesserungsmethoden und Qualitätstechniken, wie z.B. Prozeßaudit, Prozeß-FMEA, sowie ISHIKAWA Anwendung finden können. Aus diesen modellierten Sollprozessen lassen sich die Anforderungen, Zielvorgaben, Führungs-, Steuerungs- und Unterstützungsmaßnahmen für Führungs- und Unterstützungsprozesse ableiten, die für den Erfolg der Leistungserstellung unter wirtschaftlichen, qualitätsgerechten und effektiven Gesichtspunkten notwendig sind. Die Erfolgsmessung erfolgt anschließend nach den ebenfalls erläuterten umfassenden Unternehmenscontrolling-Gesichtspunkten mit dem Schwerpunkt der Durchführung einer Selbstbewertung nach den Kriterien des Total-Business-Excellence-Modells.

Die Entwicklung zum lernenden Unternehmen wird durch ein prozeßorientiertes Unternehmensführungsmodell, das auf den erläuterten prozeßorientierten Unternehmensgestaltungs- und -entwicklungsansatz aufsetzt und sich an den bereits beschriebenen Modell-Ansprüchen hinsichtlich umfassend, durchgängig, ganzheitlich, offen, integriert und leicht handhabbar orientiert, wesentlich unterstützt. Die einzelnen Komponenten dieses Gesamtführungssystems sind in Anlehnung zu Bild 6-45 in Bild 6-56 noch einmal abschließend dargestellt. Hier werden ebenfalls die gleichen Komponenten verwendet. Allerdings jetzt nicht mehr unter dem spezifischen TQM-Gesichtspunkt, sondern bezogen auf die unternehmerische Gesamtaufgabenstellung.

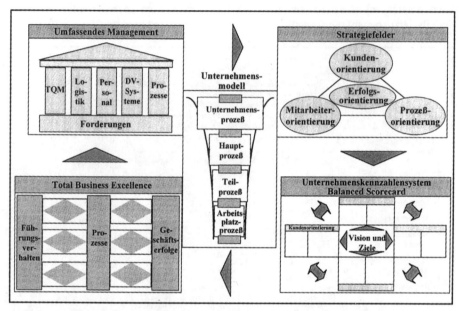

Bild 6-56 Prozeßorientiertes Unternehmensführungsmodell: **Lernendes Unternehmen**

Für die einzelnen Säulen der jeweiligen Managementstrategie bzw. des dahinter stehenden Managementsystems sind die jeweiligen Ziele, Leitsätze, Zielvereinbarungen, Standards und Kennzahlen dokumentiert, es finden gleichermaßen die Strategiefelder „Kundenorientierung, Mitarbeiterorientierung und Prozeßorientierung" zum Zwecke der Ziel- und Erfolgsorientierung des Unternehmens Anwendung. Über ein durchgängiges, umfassendes Unternehmenskennzahlenmodell wird die Leistungsfähigkeit des Unternehmens gemessen. Die Ergebnisse dieser Leistungsmessung finden Anwendung bei einer Unternehmensbewertung nach Total-Business-Excellence-Kriterien.

In diesem Sinne leistet die prozeßorientierte TQM-Umsetzung und -Bewertung, wie sie in diesem Buch systematisch und strukturiert beschrieben wurde, einen wesentlichen Beitrag, der nachhaltig die zukünftige Entwicklung von integrierten Managementsystemen mit den dazu gehörenden Wissensspeicheraufbau und dem dazugehörenden Wissensmanagement beeinflussen wird.

7 Literaturverzeichnis

Akao, Y.: Quality Function Deployment. Wie die Japaner Kundenwünsche in Qualitätsprodukte umsetzen. Verlag Moderne Industrie, Landsberg/Lech 1992

Antoni, Conny: Arbeit, Lernen und Organisation: ein Handbuch / hrsg. von Harald Geissler. Mit Beitrag von Conny Antoni. Deutscher Studien-Verlag, Weinheim 1996

Bakakis, Nektarios: Qualitäts- und Umweltmanagementsystem für den Schwer- und Großraumverkehr. In: Schriftenreihe Transport- und Verpackungslogistik-Forschungsberichte und Fachbeiträge Nr. 35 (Hrsg. Prof. Dr.-Ing. Rolf Jansen), Deutscher Fachverlag GmbH, Frankfurt am Main 1997

Bartz, Wilfried J.; Mutscheller, Ernst; Weiss Reinhold (Hrsg.): Qualität in der beruflichen Weiterbildung. Konzepte und Erfahrungen. Deutscher Instituts-Verlag, Köln 1997

Bayerisches Staatsministerium für Wirtschaft, Verkehr und Technologie (Hrsg.): Total Quality Management - Absolute Kundenorientierung als Herausforderung und Chance für die mittelständische Unternehmerin. Reihe Tagungsberichte Band 17, München 1995

Benes, Georg; Vossebein, Ulrich: Qualitätsmanagementsysteme im Mittelstand - eine empirische Analyse. VDI-Fortschrittbericht Nr. 465, Reihe 2: Fertigungstechnik, VDI-Verlag Düsseldorf 1998

Berndt, Ralph (Hrsg.): Total Quality Management als Erfolgsstrategie. Springer-Verlag, Berlin Heidelberg 1995

Binner, H.F.: Umfassende Unternehmensqualität. Ein Leitfaden zum Qualitätsmanagement. Springer-Verlag, Berlin Heidelberg 1996. 253 Seiten. ISBN 3-540-58995-3

Brakhahn, Wilhelm; Vogt, Ulrike: ISO 9000 für Dienstleister - schnell und effektiv zum Zertifikat. Verlag Moderne Industrie, Landsberg/Lech 1996

Büche, Rudolf; Chrobok, Reiner: GOM -Ganzheitliches Organisationsmodell. FBO (Fachverlag f. Büro- und Organisationstechnik)-Verlag, Baden-Baden 1994

Bundesanstalt für Arbeitsschutz (Hrsg.): Qualitätsmanagement und Arbeitsschutz. Vorträge der Fachtagung am 7. Dezember 1993 in Dortmund. Wirtschaftsverl. NW, Verl. für Neue Wiss., Bremerhaven 1994

Bungard, Walter; Wiendieck, Gerd (Hrsg.): Qualitätszirkel als Instrument zeitgemäßer Betriebsführung. Verlag Moderne Industrie, Landsberg/Lech 1986

Comelli, Gerhard: Band 4: Training als Beitrag zur Organisationsentwicklung, Carl Hanser Verlag, München 1985

Crosby, P. B.: Qualität bringt Gewinn. Deutsche Übersetzung von „Quality is free" 1976. Hamburg: McGraw Hill Book Company GmbH 1986

Dahlgaard, Jens J.; Kristensen, Kai; Kanji, Gopal K.: Fundamentals of Total Quality Management. Chapman & Hall, London 1998

Davenport, T.: Process Innovation - Reengineering Work through Information Technology, Harvard Business School Press, Boston 1993

Davenport, T.: Need Radical Innovation and Continous Improvement? Integrate Process Reengineering and TQM, in: Planning Review (1993)3, S. 6-12

Dell, Joachim; Schmidt, Günter; Tautenhahn, Frank: Qualitätsmanagement macht Schule. Lehrerfortbildung NRW. Landesinstitut für Schule und Weiterbildung (Hrsg.), Soest 1997

Deming, W.: Out of the Crisis. MIT Center for Advanced Engineering Study. Cambridge, Mass. 1986

Dilg, Peter: Praktisches Qualitätsmanagement in der Informationstechnologie. Carl Hanser Verlag, München 1995

DuPont, E. R.: An Inquiry into the Motivation of Work. MIT, Cambridge, Mass. 1964

Eversheim, Walter (Hrsg.): Qualitätsmanagement für Dienstleister. Springer-Verlag, Berlin, Heidelberg 1997

Eversheim, Walter (Hrsg.): Prozeßorientiertes Qualitätscontrolling. Springer-Verlag, Berlin, Heidelberg 1998

Esser, Michael: Modellierung und Gestaltung der Schnittstellen von Logistik- und Qualitätsmanagementaufgaben. Dissertation. ABHR, Bd. 19. Verlag der Augustinus Buchhandlung, Aachen 1995

Feigenbaum, Armand Vallin: Total Quality Control. 3. ed., rev., 40. Anniversary ed., New York [u.a.]: McGraw-Hill 1991

Fischer (Hrsg.)/ Seeger/ Wassermann: Einführung von Qualitätsmanagementsystemen. Franzis-Verlag, Poing 1998

FQS-DGQ (Hrsg.): Qualitätsmanagement für kleine und mittlere Dienstleistungsunternehmen. FQS-DGQ-Band 92-06, Januar 1998

FQS-DGQ (Hrsg.): Prozeßorientiertes Qualitätsmanagement für kleine und mittlere Unternehmen der Investitionsgüterindustrie. FQS-DGQ-Band 92-08, April 1998

Frehr, Hans-Ulrich (Hrsg.): Total Quality Management: unternehmensweite Qualitätsverbesserung. Ein Praxisleitfaden für Führungskräfte. 2. Aufl., Carl Hanser Verlag, München 1994

Füermann, Timo: Modell der zyklischen Prozeßrestrukturierung als Teil des Total Quality Managements. Produktionstechnisches Zentrum Berlin (PTZ), 1997

Georgi, Dominik: Wirtschaftlichkeit des Qualitätsmanagements

Gogoll, Alexander: Die sieben Management-Werkzeuge – einfache Techniken helfen, Probleme zu lösen. Qualität und Zuverlässigkeit 39 (1994) 5

Graebig, Klaus: Fallbeispiele ISO 9001 - Erfahrungen aus der Auditpraxis bei der Anwendung der DIN EN ISO 9001/9002/9003 und des DQS-Auditprotokolls. DQS-Schrift 02-01, Beuth-Verlag, Berlin 1998

Gumpp, Gunther B.; Wallisch, Franz: ISO 9000 entschlüsselt. Verlag Moderne Industrie, Landsberg/Lech 1995

Hannen, Christoph: Informationssystem zur Unterstützung des prozeßorientierten Qualitätscontrolling. Dissertation. ABHR, Bd. 26. Verlag der Augustinus Buchhandlung, Aachen 1996

Hanselmann, Martin; Selm, Roman: Qualitätsfähigkeit. Eine praxisorientierte Anleitung zum Aufbau von Total Quality Management in mittelgroßen Unternehmen. Verlag Paul Haupt, Bern Stuttgart, Wien 1996

Heilmann, Matthias L.: Geschäftsprozess-Controlling. Verlag Paul Haupt, Bern Stuttgart Wien 1996

Hering, Ekbert; Triemel, Jürgen; Blanks Hans-Peter (Hrsg.): Qualitätssicherung für Ingenieure, 2. Aufl.. VDI Verlag, Düsseldorf, 1994

Hess, Martin: TQM/Kaizen-Praxishandbuch: Qualitätszirkel und verwandte Gruppen im Total Quality Management. Verlag TÜV Rheinland, Köln 1995

Hirano: Poka-yoke, 240 Tips für Null-Fehler-Programme. Verlag Moderne Industrie, Landsberg/Lech 1992

Imai, Masaaki: Kaizen, der Schlüssel zum Erfolg der Japaner im Wettbewerb. 3. und 4. Auflage. Wirtschaftsverlag Langen Müller/Herbig, München 1992

Ishikawa, Kaoru: What is Total Quality Control? The Japanese Way, Prentice Hall, Eagle Wood Cliffs, N.Y. 1985

Juran, Josef, M.: Handbuch der Qualitätsplanung. Deutsche Übersetzung von „Juran on Planning for Quality". 3. überarb. Aufl., Verlag Moderne Industrie, Landsberg/Lech 1991

Juran, Josef, M.: Der neue Juran – Qualität von Anfang an. Verlag Moderne Industrie, Landsberg/Lech 1993

Horváth & Partner (Hrsg): Qualitätscontrolling. Schäffer-Poeschel Verlag, Stuttgart 1997

Kamiske, Gerd F (Hrsg.).: Rentabel durch TQM. Springer-Verlag, Berlin Heidelberg 1997

Kaplan, Robert F.; Norton, David P.: Balanced Scorecard. Schaeffer-Poeschel Verlag, Stuttgart 1997

Kehoe, Raymond; Jarvis, Alka: ISO 9000-3. A Tool for Software Product and Process Improvement. Springer-Verlag, Berlin Heidelberg 1996

Kostka, Claudia: Techniken zur Entwicklung von Führungsqualität im Total Quality Management. Produktionstechnisches Zentrum Berlin (PTZ), 1998

Krämer, Frank: Anpassung des Qualitätswesens bei Total Quality Management. Produktionstechnisches Zentrum Berlin (PTZ), 1997

Kuwan, Helmut; Waschbüsch, Eva: Zertifizierung und Qualitätssicherung in der beruflichen Bildung. Berichte zur beruflichen Bildung, Heft 193 (Hrsg.: Bundesinstitut für Berufsbildung, Berlin). Bertelsmann Verlag, Bielefeld 1996

Landesarbeitsamt Baden-Würtemberg: Qualität in der beruflichen Bildung

Masing, W.: (Hrsg. 1988): Handbuch der Qualitätssicherung. 2. Aufl. Carl Hanser Verlag, München 975 S.

Mengedoht, F. W.: Erfahrungsgeleitetes Qualitäts- und Prozeßmanagement in kleinen und mittleren Unternehmen

N.N.: Logistikmanagement. WEKA-Verlag

Petrick, K.; Eggert, R.: Umwelt- und Qualitätsmanagementsysteme. Eine gemeinsame Herausforderung. Carl Hanser Verlag, München 1995

Pfitzinger, Elmar: Der Weg von DIN EN ISO 9000 zu Total Quality Management (TQM). Beuth Verlag, Berlin 1998

Probst, Gilbert J. B.: Organisationales Lernen: Wettbewerbsvorteil der Zukunft. Gabler-Verlag, Wiesbaden 1994

Radtke, Philipp: Ganzheitliches Modell zur Umsetzung von Total Quality Management. Produktionstechnisches Zentrum Berlin (PTZ), 1997

Reichwald, Ralf: Spitzenleistungen durch Produkt- und Prozeßinnovationen. Schaeffer-Poeschel Verlag, Stuttgart 1995

Robeck, Andreas: Dynamische Zielfindung für das Total Quality Management. Springer-Verlag, Berlin Heidelberg 1998

Roy, Klaus-Peter: Beitrag zum Aufbau eines systematischen Q-Managements in Dienstleistungsunternehmen auf der Basis von Q-Regelkreisen. Dissertation. Berichte des fir und des Inst. f. Arbeitswissenschaft Aachen, Bd. 7. Shaker Verlag, Aachen 1997

Schmalzl, Bernhard/Schröder, Jakob: Managementkonzepte im Wettstreit. Total Quality Management versus Business Process Reengineering

Schnauber, Herbert; Grabowski, Sabine; Schlaeger, Sabine; Zülch, Joachim: Total Quality Learning. Springer-Verlag, Berlin Heidelberg 1997

Schubert, Hans-Joachim; Zink, Klaus J.(Hrsg.): Qualitätsmanagement in sozialen Dienstleistungsunternehmen. Luchterhand Verlag, Neuwied Kriftel/Ts. Berlin 1997

Schumacher, Thomas: Konzeption und Entwicklung eines integrierten maschinen-technischen Planungs- und Informationssystems für Rohstoffgewinnungsbetriebe. Verlag der Augustinus Buchhandlung, Diss., RWTH Aachen, 1998

Seghezzi, Hans Dieter: Integriertes Qualitätsmanagement: das St. Galler Konzept. Carl Hanser Verlag, München 1996

Siebert, Gunnar: Prozess-Benchmarking. Methode zum branchenunabhängigen Vergleich von Prozessen. IPK Berlin 1998

Specht, Dieter; Berger, Konrad; Scheithauer, Karl: Qualitätslernen. Ein Leitfaden für die Arbeitssystemgestaltung. Springer-Verlag, Berlin Heidelberg 1997

Stauss, Bernd (Hrsg.): Qualitätsmanagement und Zertifizierung. Von DIN ISO 9000 zum Total Quality Management, Gabler-Verlag, Wiesbaden 1994

Steger, Wilhelm; Stober, Thomas: Rahmenkonzept für das Qualitätsmanagement (Hrsg.: DIN e.V.). Beuth Verlag, Berlin Wien Zürich 1997

Steinbach, Ralf F.: Integratives Qualitäts-, Zeit- und Kostenmanagement , Verlag Peter Lang, Frankfurt am Main 1997

Striening, H.-D.: Integriertes Organisations- und Prozeßmanagement. Frankfurt: Verlag Peter Lang 1988

Striening, H.-D.: Prozeß-Management: Versuch eines integrierten Konzeptes situations-adäquater Gestaltung von Verwaltungsprozessen, Frankfurt/Main 1988

Szczurko, Peter: Steuerung von Informations- und Arbeitsflüssen auf Basis konzeptueller Unternehmensmodelle, dargestellt am Beispiel des Qualitätsmanagements, Diss., RWTH Aachen, 1997

Taguchi, G.: Introduction to Quality Engineering. Designing Quality into Products and Processes. American Supplier Institute (ASI), ASI-Press, Dearborn 1986

Thienel, A.: Professionelles Qualitätsmanagement in Dienstleistungsunternehmen

Töpfer, Armin (Hrsg.): Geschäftsprozesse: analysiert & optimiert. Luchterhand Verlag, Neuwied 1996

Töpfer, Armin; Mehdorn, Hartmut: Total Quality Management: Anforderungen und Umsetzung im Unternehmen. 3. Auflage. Luchterhand Verlag, Neuwied 1994

Von Ahsen, Anette: Total Quality Management. Schriften zum Controlling (Hrsg. Prof. Dr. Thomas Reichmann), Peter Lang Verlag, Frankfurt am Main 1996

Wagner, Helmut: Qualität – Herausforderung und Chance. Der sichere Weg zum QM-Handbuch nach DIN EN ISO 9000-9004. 2., völlig neubearbeitete Auflage. Expert-Verlag, Renningen Malmsheim 1995

Wengler, Michael Markus: Methodik für die Qualitätsplanung und –verbesserung in der Keramikindustrie, VDI Verlag, Düsseldorf, 1996

Wilmes, Dirk: Controlling des Fabrikbetriebes auf der Basis des Total Quality Managements (TQM). Dissertation. Produktionstechnisches Zentrum Berlin, FhG/IPK, Berlin 1998

Winzer, Petra: Chancen zur umfassenden Unternehmensgestaltung, Verlag Peter Lang, Frankfurt am Main 1997

Wolter, Olaf: Entwicklung und praktische Erprobung eines Kennzahlensystems für das Total Quality Management. Dissertation. Produktionstechnisches Zentrum Berlin, FhG/IPK, Berlin 1997

Wunderlich, Matthias: Qualitätsorientierte Organisationsstrukturen. Shaker Verlag, Diss., RWTH Aachen, 1998

Zink, Klaus J.: Bewertung ganzheitlicher Unternehmensführung am Beispiel des Ludwig-Erhard-Preises für Spitzenleistungen im Wettbewerb. Carl Hanser Verlag, München 1998

8   Index